21世纪普通高等教育“十四五”规划教材·会计系列

会计学原理

（第三版）

欧阳歆　主　编
周　丽　李　艳　副主编

上海财经大学出版社

图书在版编目(CIP)数据

会计学原理 / 欧阳歆主编. -- 3 版. -- 上海：上海财经大学出版社, 2024. 8. -- (21 世纪普通高等教育“十四五”规划教材). -- ISBN 978-7-5642-4441-5

I. F230

中国国家版本馆 CIP 数据核字第 2024YQ9075 号

□ 责任编辑　石兴凤
□ 封面设计　张克瑶

会计学原理
(第三版)

欧阳歆　主　编
周　丽　李　艳　副主编

上海财经大学出版社出版发行
(上海市中山北一路 369 号　邮编 200083)
网　　址：http://www.sufep.com
电子邮箱：webmaster@sufep.com
全国新华书店经销
上海新文印刷厂有限公司印刷装订
2024 年 8 月第 3 版　2024 年 8 月第 1 次印刷

787mm×1092mm　1/16　18 印张　461 千字
印数：20 001—24 000　定价：49.00 元

21世纪普通高等教育“十四五”规划教材

21 SHIJI PUTONG GAODENG JIAOYU "SHISIWU" GUIHUA JIAOCAI

编委会

BIAN WEI HUI

第三版前言

“会计学原理”是高等院校财会专业的核心课程，同时也是经济管理类相关专业的重要基础课，准确把握本门课程的内容将为后续课程的学习奠定良好的基础。本教材是为了培养技能型、应用型人才之需，同时结合我国新会计准则体系的内容编写而成，主要介绍了会计基本理论、基本方法和基本技能，为学生今后进一步学习和掌握会计知识和会计技能奠定基础。本书在编写过程中尽可能体现以下特点：

(1)突出应用能力的培养。按照应用型人才培养目标定位和教学要求，教材对学生必须掌握的会计基本理论作了必要阐述，但重点放在会计基本方法及其应用上，在每章后编写了与该章同步的练习题和业务题，科学、合理地将会计理论与会计实务操作结合起来，既方便教师的课堂实验教学，又可以供学生课后动手操作，突出了对学生应用能力的培养。

(2)力求教材的规范性和先进性。教材以新会计准则体系以及《中华人民共和国会计法》《企业会计制度》《企业财务会计报告条例》等法律法规为编写依据，积极吸纳会计学科的最新成果和最新发展动态，确保教材内容的规范性和先进性。

(3)以会计核算方法体系为主线。教材的内容结构基本上是按照会计核算方法体系构建的，并依照“会计凭证—会计账簿—会计报表”这一基本顺序，依次阐述了账户的设置方法、复式记账方法、凭证的填制方法、账簿的登记方法、成本的计算方法、财产清查方法和会计报表的编制方法等，以及这些方法的具体应用。通过本课程的教学，使学生能够对会计基本理论、会计基本方法和会计核算程序有完整的认识和掌握。

(4)每章内容包括本章导航、学习目的与要求、学习重点与难点、正文、本章小结、关键名词、复习思考题、同步练习。这样的编写体系既便于教师教学，又便于读者学习。

(5)课程思政。本书重视会计职业道德和企业伦理等“思政”元素与会计专业知识元素的有机融合，使学生在学习专业知识、技能的同时，逐步养成“爱岗敬业、诚实守信、客观公正、坚持准则”等会计职业道德和职业素养。

本教材由欧阳歆担任主编，周丽、李艳担任副主编。苏禹娴、汪婧、付秋平、夏梦瑗、简捷和徐江红参加本版的编写修订工作，最后欧阳歆对全书进行了总纂和定稿。

本教材在编写过程中参阅了不少会计学图书和不同版本、不同层次的教材，从内容上和结构上得到了一些启发和借鉴，在此向这些图书、教材的作者和出版社表示衷心的感谢！本书在编写过程中得到了武汉工程科技学院、武汉商学院、上海财经大学出版社和湖北众邦文化传播有限公司有关领导和教师们的大力帮助与支持，再次谨向他们致以诚挚的谢意。

由于编写水平有限，本教材在内容安排及语言表述等方面难免有不妥之处，敬请广大读者批评指正。

编　者
2024 年 8 月

目 录

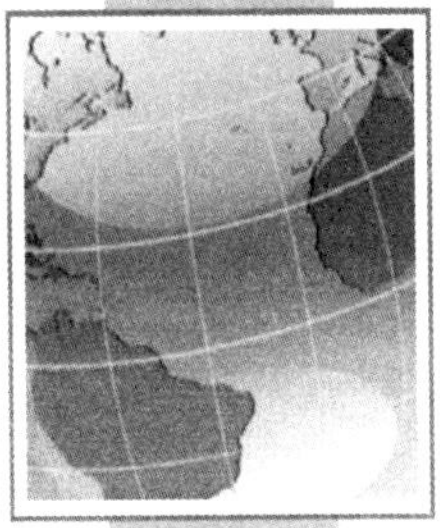

第一章 总 论

本章导航

- 总论
  - 会计概述
    - 会计的产生和发展
    - 会计的职能
    - 会计的目标
    - 会计的特点
    - 会计的概念
    - 会计学科体系
  - 会计对象
    - 产品制造企业的会计对象
    - 商品流通企业的会计对象
    - 行政事业单位的会计对象
  - 会计核算的基本前提
    - 会计主体
    - 持续经营
    - 会计分期
    - 货币计量
  - 会计信息质量要求
    - 可靠性
    - 相关性
    - 明晰性
    - 可比性
    - 实质重于形式
    - 重要性
    - 谨慎性
    - 及时性
  - 会计核算的基本程序与方法
    - 会计核算的基本程序
    - 会计处理基础
    - 会计核算方法

学习目的与要求

本章阐述了会计的基本概念和基本理论，是学习后续各章和会计学专业课程的基础。通过本章学习，要求了解会计的产生和发展、会计学科体系；熟悉会计对象、会计计量属性、会计核算方法的组成内容和相互联系；理解会计的概念、会计的职能和会计的目标、会计信息质量要求；初步掌握会计核算的基本前提和会计处理基础。

学习重点与难点

本章重点是会计概念、会计职能和会计目标、会计对象、会计核算的基本前提、会计信息的质量要求、会计处理基础、会计核算方法。本章难点是会计确认、会计计量属性、会计核算的基本前提、会计信息质量要求、会计处理基础、七种会计核算方法。

第一节　会计概述

一、会计的产生和发展

物质资料的生产是会计产生和发展的基础。人类要生存、社会要发展，就必须进行物质资料的生产。人类在进行物质资料生产活动时，一方面要创造物质财富，取得一定的劳动成果；另一方面要消耗人力、物力，发生一定的劳动耗费。因此，在进行生产活动时，人们总是希望以尽可能少的劳动耗费取得尽可能多的劳动成果，提高经济效益，以满足生活和生产的需要。长期的社会生产实践使人们渐渐认识到，要实现这一目的，除了不断采用新技术、新工艺以提高社会生产力水平以外，还必须不断提高经营管理水平，对劳动耗费和劳动成果进行观察、记录、计算、分析、比较，借以掌握生产活动的过程和结果，促使人们的生产活动按照预期的计划进行。于是，以记录、计算、分析、考核为主要工作内容的会计就产生了。

会计是应社会生产的发展和经济管理的需要而产生的，并伴随着人类生产经营活动的进行，经历了由简单到复杂、由低级到高级的漫长发展过程。具体而言，会计从产生至今大致经历了古代会计、近代会计和现代会计三个阶段。

(一)古代会计阶段

一般认为，从原始社会末期会计萌芽至公元15世纪，是古代会计阶段。

在原始社会末期，随着生产能力的提高，产品开始出现剩余，人们有了计量、记录的需要，从而出现了“结绳记事”“刻木记数”的做法。这种简单的记事方式是最原始的会计行为，是会计产生的萌芽时期。

会计在我国有着悠久的历史。据文献记载，我国“会计”一词最早见于西周。《周礼・天官》载：“会计，以参互考日成，以月要考月成，以岁会考岁成。”“参互”指反映一日或一旬经济情况的计算文书；“月要”指反映一个月经济情况的计算文书；“岁会”指反映一年经济情况的计算文书。可见，“参互”“月要”“岁会”均属报告文书，已初步具备现代会计报表的功能，相当于现在的旬报、月报和年报。《孟子・正义》中曾对“会计”的概念加以解释：“零星算之为计，总合算之为会。”西周官府还设置了会计官职即司会和单独的会计部门，掌管周王朝的钱粮和财务收支，定期对政府的收入和支出进行“月计”“岁会”，并实施会计监督。

唐宋时期，社会生产力发展迅速，社会财富不断增加，从而促使会计核算的方法有了较大的发展。宋朝初期,“四柱清册”出现了。“四柱”的内容包括“旧管”(期初结存)、“新收”(本期增加)、“开除”(本期减少)、“实在”(本期结存)。“四柱”之间的结算关系可用会计方程式表示为:旧管+新收=开除+实在。可以看出,在“四柱”中,每一“柱”都反映着经济活动的一个方面,各“柱”相互衔接,形成整体,不但彼此具有相互核对的作用,而且可以总括表现某一特定会计核算内容的增减变动和结余情况。“四柱清册”的创建和运用,是我国会计史上的一大成就,为我国通行多年的收付记账法奠定了理论基础。

在国外,随着人类社会的发展,会计行为也很早就出现在古希腊、古巴比伦、古印度等人类文明的发源地。例如,3 000 多年前,古巴比伦第六代国王汉谟拉比建立统一的奴隶制政权后,任命了负责财政、会计工作的各级官吏控制财政收支。在原始印度公社里,已经有“一个记账员,登记农业账目,登记和记录与此有关的一切事项”。

古代会计的发展尽管历时久远,形成了一些会计的概念与方法,但都十分浅显、朴素,尚未形成严格意义上的会计学科。然而,会计已经从生产职能中分离出来,由早期生产活动的附属部分发展成为一项专门的工作。

(二)近代会计阶段

近代会计一般是指 15 世纪至 20 世纪 30 年代的会计。1494 年,意大利数学家卢卡·帕乔利出版了《算术、几何、比及比例概要》一书,他在书中阐述了复式记账的原理,开创了会计理论研究的先河。这一事件也标志着近代会计阶段的开始,帕乔利也因其对复式簿记传播上的重大贡献而被后人赞誉为“近代会计之父”。

资本主义产生了信用、资本等新的经济概念,同时使得保护私有财产、扩大商业贸易规模、灵活使用货币等观念更广泛地应用于经济生活中。意大利沿海城市佛罗伦萨、威尼斯等资本主义商品经济的发源地首先出现了体现复式记账原理的簿记方法。这种区别于传统单式记账原理的簿记方法能够将商品经济活动加以全面的记录与反映。几百年来,复式记账原理在全世界广为流传,至今仍是会计核算方法体系的核心。为此,复式簿记的诞生被誉为会计发展史上第一个里程碑。

18 世纪末至 19 世纪初的产业革命,使得资本主义国家的生产力空前提高。与客观环境的要求相适应,会计理论研究十分活跃,体现崭新的会计思想的会计方法应运而生,实现了簿记向会计的转化,即会计不仅是记录经济事项的工具,而且形成了用于指导会计实践,同时使会计独立于其他管理学科的理论体系。这一时期形成并至今仍然影响会计思想的方法主要有折旧、成本会计、独立报表审计等。

需要说明的是,明末清初,我国商业和手工业趋向繁荣,会计工作者在总结官厅会计和“四柱清册”记账方法的基础上设计出具有复式记账思想的“龙门账”和“四脚账”。这些方法在盈亏计算、报表编制和账簿平衡等方面与西方复式记账法的原理相似。

(三)现代会计阶段

现代会计一般是指 20 世纪 50 年代后的会计,这一阶段是会计的跨越式发展时期。现代会计的主要标志是会计目标的重大变化、管理会计形成并与财务会计分离、电子计算机在会计上的应用、财务会计理论的形成与会计规范的国际趋同、会计发展的新趋势——会计信息化与智能化等。

1. 会计目标的重大变化

20 世纪 30 年代,现代经济的发展加速了企业组织形式的变革,股份公司这一新的企业组织形式如雨后春笋般在世界各地涌现,同时也对现代会计的发展起到了巨大的推动作用。与过去的私人企业、合伙企业不同,股份公司的经营资金主要来源于股东向企业的投资,并不同程度地产生了“两权分离”。在这种状况下,企业既应承担有效使用投资并保证投资保值增值的责任,也相应承担向投资者报告财务会计信息并切实保证会计信息质量的义务。因此,如何从会计的角度处理好企业与投资者之间的利益关系、企业发展与社会经济发展等方面的关系,成为现代会计面临的新问题,并对会计理论和会计实务的发展提出了新的要求。

2. 管理会计形成并与财务会计分离

20 世纪 50 年代,随着管理科学的发展,科学管理对企业兴衰的举足轻重的作用日益凸显。如何利用会计提供的信息分析企业经营活动现状、预测经营活动前景、为经营决策提供依据等,成为会计研究的重要课题。同时,在传统会计基础上,逐步形成并分离出一个新的学科——管理会计,进而形成了财务会计与管理会计并行的格局。在企业中,会计的分工也更为细化:管理会计主要服务于企业内部的经营管理,向企业管理层提供有助于经营预测和决策方面的相关信息;而财务会计则主要承担向投资者等财务报告使用者提供企业相关信息的责任,这也是会计目标变化所引发的必然结果。

3. 电子计算机在会计上的应用

随着科学技术日新月异的发展,电子计算机、互联网等现代科学技术手段在会计工作中的广泛应用为会计的发展提供了新的强大动力,从而引发了会计技术手段的伟大变革。管理会计的诞生、电子计算机等科学技术手段在会计上的应用,都堪称会计发展史上新的里程碑。

4. 财务会计理论的形成与会计规范的国际趋同

现代会计阶段也是会计理论,特别是现代财务会计理论体系建立和发展的繁荣时期。在近代会计理论框架的基础上,此阶段逐步形成了以会计目标为核心,包括会计定义、会计对象、会计假设、会计要素、会计信息质量要求、会计确认、会计计量和会计报告等概念在内的完整而系统的财务会计理论,并以此为指导建立了会计规范。

财务会计理论来自会计实务,反过来又用于指导会计实务。这种指导作用突出体现在:成熟的会计理论本身就属于会计规范的组成内容,同时又用来指导具体会计准则的建立,而会计准则体系的形成又可以具体用来指导会计实务的规范化处理。从 20 世纪后半叶开始,特别是进入 21 世纪以来,世界市场经济一体化进程加快,会计的发展也不再仅限于一个国家或地区。国际经济交往在各个领域的扩展,经营资本在国际上的流动,新的会计实务不断涌现,建立全球统一的会计规范的呼声越来越高,用以规范会计实务的会计准则在越来越多的国家或地区实现趋同,这些变化也给会计理论的进一步发展和完善提供了新历史契机,作为“世界商业语言”的会计必将会有一个更快、更好的发展。

5. 会计发展的新趋势——会计信息化与智能化

20 世纪 90 年代末,随着互联网技术的发展,信息技术迎来了互联网经济的浪潮,会计领域也进入了会计信息化阶段。会计信息化以互联网在会计中的应用为主要特征,最显著的表现是财务与业务实现一体化,包括数据采集一体化、流程处理一体化及控制监督一体化。会计信息化是会计与信息技术的结合,是信息社会对企业财务信息管理提出的一个新要求,是企业会计顺应信息化浪潮所做出的必要举措。

进入 21 世纪特别是 2010 年后,以大数据、人工智能、移动互联、云计算、物联网、区块链为代表的各种新技术在会计领域中的广泛应用,标志着第三次会计变革会计智能化阶段的到来。会计智能化的主要特征是人工智能技术在会计中的应用,其功能由会计信息核算进一步延伸至会计信息智能分析。智能会计就是会计的智能化,其核心技术是人工智能,包括数据挖掘、机器学习、自然语言处理等方面的技术。智能会计的主要功能包括：(1)自动化财务流程：智能会计可以自动化许多会计流程，例如记录、计算、报告和合并财务报表，会计工作变得更加高效和准确；(2)实时财务分析：智能会计可以实时分析财务数据，并提供实时的财务分析报告，有助于企业及时发现问题并采取相应的措施；(3)自动化税务申报：智能会计可以自动化税务申报流程，例如申报、缴纳和退税，税务工作变得更加高效和准确；(4)预测未来财务状况：智能会计可以预测未来的财务状况，并提供相应的财务建议，有助于企业做出更明智的商业决策。智能会计的应用不仅仅局限于企业内部，还可以应用于政府部门和非营利组织。例如，政府部门可以利用智能会计来监测财政收支和预算执行情况，非营利组织可以利用智能会计来管理捐款和财务报告。随着大数据、云计算和人工智能技术的加成，会计活动可以从微观活动的反馈体现宏观经济活动，会计概念的边界也从微观向宏观拓展。

会计产生和发展的历史进程表明，任何社会要发展经济都离不开会计，经济越发展，生产力水平越高，生产规模越大，人们对经济管理的要求就越高，会计也就越重要。会计正是随着社会经济的发展和科学的进步而不断发展变化，经历了一个由简单到复杂、由低级到高级的逐步完善的过程。

二、会计的职能

会计的职能是指会计在经济管理中所具有的功能。我国《会计法》第一章第五条规定："会计机构、会计人员依照本法规定进行会计核算，实行会计监督。"核算和监督是会计的两项基本职能。

(一)会计的核算职能

会计的核算职能又称为会计的反映职能，是指运用货币形式，通过对经济活动进行确认、计量、记录、报告，将经济活动的内容转换成会计信息的功能。管理经济，首先要掌握经济活动情况，对经济活动内容，即会计的对象进行记账、算账和报账。记账就是把一个企事业单位发生的所有经济业务运用一定的记账方法在账簿上记载。算账就是在记账的基础上计算企业在生产经营过程中的资产、负债、所有者权益、收入、成本和经营成果，以及行政单位预算资金的收入、支出和结余情况。报账就是在记账和算账的基础上把企业的财务状况和经营成果或行政事业单位的资金收支状况，通过编制会计报表的方式向内部和外部有关部门通报。会计核算是会计最基本的职能，记账、算账和报账是整个会计工作的基础。

(二)会计的监督职能

会计的监督职能又称为会计的控制职能，是指对各单位发生的经济活动的合理性、合法性和有效性实行审查，控制和规范单位经济活动的运行，使其达到预定目标的功能。《会计法》规定了会计监督的内容主要包括六个方面：一是对原始凭证的真实性、合法性、准确性和完整性的审核和监督；二是对会计账簿的监督，主要是对单位账外设账行为进行监督；三是对实物、款项的监督，主要是对单位财产清查制度的执行情况进行监督；四是对财务报告的监督，主要是对会计报表编制依据的合法性、合规性以及报告数字的真实性进行监督；五是对财务收支的监督，主要是对财务收支审批手续是否完备，单位的财务收支是否符合国家统一的财政、财务、会计等各项制度要求进行监督；六是对各种计划的监督，包括对预算计划、财务计划、经济计划、业务计划等各种计划的制订和执行情况进行监督。

企业单位除了做好内部会计监督外，还要主动接受国家监督和社会监督。国家政府部门和社会中介组织对单位会计工作的监督，是会计监督的重要组成部分。各单位必须依照法律和国家有关规定接受财政、审计、税务等机关的监督，如实提供会计凭证、会计账簿、会计报表以及其他会计资料和有关情况，不得拒绝提供或隐匿、谎报；按照法律规定应当委托注册会计师进行审计的单位，应积极配合注册会计师的工作，如实提供有关会计资料以及有关情况，不得示意注册会计师出具不当的审计报告。

会计的核算职能和监督职能是相辅相成的。会计核算是执行会计监督的前提，离开了会计核算，会计监督就失去了基础；会计监督是会计核算的保证，只有通过会计监督，才能保证会计核算资料真实、可靠。

会计职能也是一个发展的概念。随着社会经济的发展，会计的职能也在扩充和延伸。会计除了核算和监督两项基本职能外，还有分析经济状况、预测经营前景、控制经济活动过程、参与经营决策等职能。

三、会计的目标

会计目标是指会计工作所要达到的目的，是设计、组织和评价会计工作的标准。就财务会计体系而言，会计目标也称为财务会计报告的目标。我国《企业会计准则——基本准则》第四条明确规定，财务会计报告的目标是向财务会计报告使用者提供与企业财务状况、经营成果和现金流量等有关的会计信息，反映企业管理层受托责任履行情况，有助于财务会计报告使用者做出经济决策。因此，会计目标应该从以下三个方面加以理解：

(一)会计目标的主要观点

目前，会计理论界关于会计目标归纳起来主要有两大观点："受托责任观"和"决策有用观"。受托责任观认为，财务会计的目标就是提供企业管理当局(受托者)履行经济管理责任的信息，向所有者(即委托人)报告受托资产的使用、管理情况，以帮助所有者确认或解除受托责任。受托责任观强调会计信息的可靠性。决策有用观认为，会计目标就是为了向会计信息使用者提供对他们决策有用的信息。决策有用观强调会计信息的相关性。

(二)会计信息使用者

在目前的社会经济环境下，会计信息的使用者呈现出多元化的特征。凡是直接或间接地与企业经营活动发生联系的部门、单位或个人，都是该企业会计信息的使用者，主要包括投资者、债权人、政府及其有关部门、社会公众等。

1. 投资者

现代企业制度是建立在经营权与所有权分离基础上的受托代理制度。两权分离使得投资人获取企业经营信息的能力受到极大限制，尤其是上市公司，众多的中小投资者及公众投资者无法直接参与企业的经营。财务会计报告成为投资人(包括现实的与潜在的)获知被投资企业经营状况的主要途径。投资者获取信息的权力是受法律保护的，如我国《公司法》规定，企业必须在规定的期限内向股东报送财务报告。上市公司则定期通过报纸、网络等媒体向社会公众披露其财务报告。

2. 债权人

负债经营是现代企业经营的特点之一。当企业资金不足时，可以通过发行债券、贷款等方式向其他单位或个人融通资金，借贷双方形成债务契约关系。债权人最为关心的是贷款企业有无到期偿还债务本金及支付利息的能力。因此，债权人会要求贷款企业在贷款时及贷款期内提供财务会计报告及相关信息，以便掌握贷款企业的偿债能力。另外，潜在的债权人也要根据申请企业提供的会计信息进行风险判断后才能做出是否向企业提供贷款的决策。

3. 政府及其有关部门

会计信息资料是国家推行一系列宏观管理措施执行结果的集中反映。通过分析会计资料，可以发现国家在宏观管理中存在的问题。因此，财政、税务、统计等政府部门需要利用汇总的会计信息适时地进行宏观调控。

4. 社会公众

除上述信息使用者外，在日益强调企业应履行社会责任的今天，社会公众已成为关注会计信息的重要群体。他们十分关心企业与社会环境的关系、企业为社会所做的贡献等。同时，企业为树立良好的自身形象，更注重履行社会责任，因此，在会计报表中也需要披露社会公众所需信息，例如，在财务会计报告中披露企业有关环境保护开支及相应的收益、企业对社会的贡献率等信息。这些信息的披露已成为会计发展和研究的新课题。

（三）会计信息

会计信息主要包括三方面的内容：关于企业财务状况的会计信息、关于企业经营成果的会计信息及关于企业现金流量情况的会计信息。这三方面的会计信息分别通过“资产负债表”“利润表”“现金流量表”三张主要的会计报表提供。至于信息使用者的特殊需要，可以采用实地调查、分析研究相关数据资料等方式得到解决。

为了保证会计信息的有用性，我国《企业会计准则——基本准则》对会计信息质量做出了明确规定，企业提供的会计信息应当满足可靠性、相关性、明晰性、可比性、实质重于形式、重要性、谨慎性、及时性八条会计信息质量要求。

四、会计的特点

与其他经济管理学科相比较，会计具有如下特征：

（一）以货币为主要计量单位

会计在对会计主体的经济活动进行核算和监督中主要是运用统一的货币单位来记录、计算、分析和考核。货币是衡量和计算一切财产物资的价值尺度。通过统一的货币单位来计量，可以把会计主体凡是能用货币计量的会计核算对象进行折算，求得综合性指标，总括地反映经济活动过程及其成果。会计的这一特点，决定了会计核算的对象只限于那些能够用货币计量的经济活动。对于有关企业产品质量、企业在市场中的竞争能力等情况的变化，虽然也是企业的经济活动，但是因为不能用货币单位来计量，也就不成为企业会计核算的对象。

（二）以真实、合法的会计凭证为依据

会计提供的经济信息必须真实、可靠，才能为会计信息使用人提供有用的经济决策资料。因此，企业在会计核算过程中必须依法取得或填制凭证，并严格按照有关规定对凭证进行审核，审核无误后，才能作为会计核算的依据。

（三）有一套专门的会计方法

在长期的会计实践活动中，为适应生产发展与经济管理的需要，会计形成了一套系统、科学的专门方法，包括会计核算、会计分析、会计考核、会计预测、会计决策和会计控制等。

（四）对经济活动的管理具有连续性、系统性、全面性、综合性

所谓连续性，是指在经济活动中所发生的经济业务，要按业务发生的时间顺序不间断地进行记录；所谓系统性，是指对会计对象要按科学的方法进行分类、汇总，进行系统的加工整理，以便提供会计管理所必需的系统化的数据资料；所谓全面性，是指把属于会计对象的全部经济业务加以记录；所谓综合性，是指要通过货币计量尺度把会计记录加以汇总，以反映会计对象的各项总括的价值指标。

五、会计的概念

通过以上分析，我们对会计有了一个基本的了解，对于什么是会计，可以做出如下表述：会计是以货币为主要计量单位，以经济业务发生时所取得的凭证为会计核算依据，运用一系列专门方法，对特定会计主体的经济活动进行连续、系统、全面、综合的核算与监督，向会计信息使用者提供有用的会计信息，并参与经济预测和决策，以提高经济效益的一种经济管理活动。这一概念包括以下五个基本要点：

(1)会计的特点：四个特点已如前述。

(2)会计的对象：经济活动(经济活动错综复杂，具体内容详见本章第二节)。

(3)会计的职能：两个基本职能和相关拓展职能。

(4)会计的目标：提供有用的会计信息。

(5)会计的本质：是一种经济管理活动。

需要指出的是，会计在其发展过程中为更好地满足企业管理者和投资者的需要，会计信息资料一部分为内部管理者服务，渐渐自成体系，出现了新的会计学科——管理会计；而另一部分会计资料专门为企业外部的投资者、债权人等提供，渐渐形成了财务会计学科体系。本书在以后章节涉及的会计核算方法体系是指财务会计学科体系，即对外报告会计，而管理会计的方法则是管理会计课程的内容。

六、会计学科体系

会计学科也称会计学，是人们对会计实践进行科学总结而形成的知识体系，是研究会计理论、会计方法，并有效地管理经济活动的一门管理科学。由此可以看出，会计学与会计是两个不同的概念，会计学是一个完整的会计知识体系，而会计是一种经济管理活动。会计实践是不断发展和不断丰富的，相应地，会计学理论也在不断地发展和完善。会计实践的发展和丰富推动了会计学的发展和完善，并已形成了一个独立的、完整的现代会计学科体系。会计学科体系有以下几种分类：

(一)按其研究的内容划分

会计学按其研究的内容的不同，可分为理论会计学和应用会计学。理论会计学包括会计史和会计理论，应用会计学包括财务会计、管理会计和审计三部分。

(二)按其从事的领域划分

会计学按其从事领域的不同，可分为营利组织会计和非营利组织会计。营利组织会计即企业会计，由财务会计和管理会计组成。非营利组织会计又称行政事业单位会计，是学校、医院、科研机构、图书馆及各级政府机构等采用的会计。

(三)按会计主体划分

按会计主体的不同，会计学可分为微观会计学和宏观会计学。微观会计学是以具体的微观单位为核算范围，包括营利组织会计(又称企业会计)和非营利组织会计。宏观会计学是以一个国家或某一地区为核算范围，核算该国或该地区的经济活动与成果，包括总预算会计、社会会计和国际会计等。

会计学科体系在会计教育中具体表现为会计课程体系。会计课程体系一般由以下课程组成：基础会计学、财务会计学、成本会计学、财务管理学、管理会计学、审计学、会计制度设计、会计理论、特殊业务会计学(高级会计学)、国际会计学(涉外会计学)等。其中，基础会计学、财务会计学、成本会计学、管理会计学、财务管理学和审计学是会计学科体系中的主干学科，也是会计课程体系中的主要课程。研究会计学及其学科体系，对于了解会计研究的内容、把握会计研究的方向、掌握每个分支学科在整个会计学科体系中的位置都具有十分重要的意义，也可以为今后科学地学习和研究会计学奠定基础。

会计学科体系并不是一成不变的。随着科学的发展和技术的进步，自然科学和社会科学相互渗透，边缘科学或交叉科学的出现，以及人类社会生产实践和会计实践活动的不断丰富，传统的会计理论将会被新的会计理论替代，现行的会计学科将被改造，适应会计实践需要的新会计理论和学科体系将会出现并展现其强大的生命力。

第二节　会计对象

会计对象是指会计核算和监督的内容。在商品经济条件下，产品制造企业的经营活动或业务活动，总是表现为一定的资金运动。所谓资金，就是指财产物资的货币表现。资金在社会再生产过程中不断变换着实物形态和价值形态，这种不断的变换，就是资金运动。资金运动及其所反映的经营活动的内容就是会计核算和会计监督的内容，也就是会计的对象。

会计的一般对象就是社会再生产过程中发生的能够用货币表现的经济活动，即社会再生产过程中的资金运动。会计的具体对象是指产品制造企业、商品流通企业、行政事业单位等各自的会计核算内容。由于各类企业单位经济活动的方式和内容不尽相同，所以会计的具体对象也就不完全一致。概括来说，产品制造企业、商品流通企业的资金运动是指经营资金的运动；行政事业单位的资金运动是指预算资金的运动。下面分别介绍不同行业的会计对象。

一、产品制造企业的会计对象

产品制造企业的主要经济活动是生产和销售产品，为社会提供商品或劳务，同时，也为投资者和企业赚取利润，以满足国家经济发展的需要，满足企业自身扩大再生产的需要。产品制造企业生产经营活动分为供应、生产和销售三个阶段。

为了正常地从事产品生产经营活动，企业必须拥有一定的财产物资作为物质基础。这些财产物资的货币表现（包括货币本身），称为经营资金，简称资金。企业取得经营资金的渠道主要有向银行贷款和向投资者投入资金。企业用筹集到的资金购买经营所需的厂房、设备、交通运输工具等财产物资，标志着企业生产经营活动进入第一阶段，即供应过程。

供应过程是生产的储备过程，主要是为产品生产提供所需原材料。在供应过程中，企业用货币资金购买材料物资、支付材料运输及装卸费用等，并将所购材料存放在仓库备用，这时货币资金形态就转化为储备资金形态。

企业生产经营活动的第二阶段是生产过程。生产过程是各种劳动资料和劳动对象的消耗过程。在生产过程中，车间从仓库领用材料投入生产，生产工人借助劳动工具对材料进行加工，使其改变原有的实物形态，变为半成品，最后形成成品。在这个过程中，除要消耗各种材料物资外，机器设备也发生磨损，同时还要支付工人工资及其他相关费用等。这些物化劳动和活劳动的耗费，形成了产品的使用价值和价值。这时，储备资金形态及部分货币资金形态转化为生产资金（在产品）形态；产品生产完工，产成品验收入库后，生产资金形态转化为成品资金形态。

企业生产经营活动的第三阶段是销售过程。销售过程是企业实现产品价值、取得收入、抵偿消耗、获得盈利的过程。在销售过程中,企业主要通过对产品进行包装、运输、广告宣传等活动,将产品销售出去,并收回货币资金。这时,成品资金形态又转化为货币资金形态。

企业将取得的货币资金,补偿生产、销售过程中的全部耗费之后,剩余部分是企业实现的利润。企业利润需按国家有关制度的规定进行分配,分配结束后,产品制造企业便完成了一个完整的生产经营过程。

资金从货币资金形态开始,经过储备资金形态、生产资金形态、成品资金形态,又回到货币资金形态的过程,称为资金循环。企业生产经营活动是连续不断的,资金循环也是不断重复的,这种周而复始的资金循环,称为资金周转。如图 1—1 所示,产品制造企业会计核算和监督的内容就是企业的资金循环和资金周转过程。

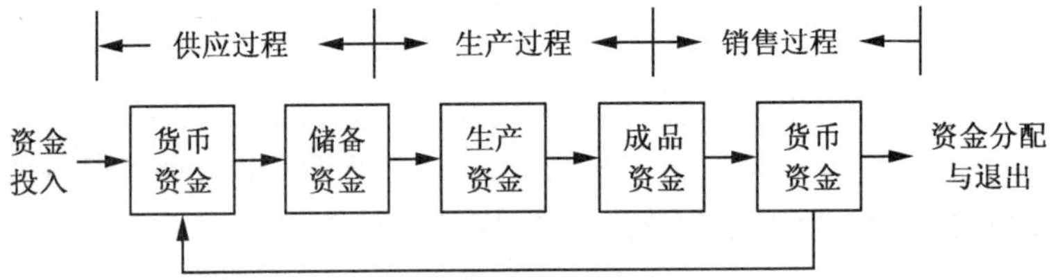

图 1—1　产品制造企业的资金循环和资金周转过程

二、商品流通企业的会计对象

商品流通企业的主要经营活动是组织商品流通,满足市场对各种商品的需要,并为投资者提供利润,为企业自身发展积累资金。它的经营活动与产品制造企业有所不同。

商品流通企业的经营活动可分为商品购进和商品销售两个阶段。购进阶段主要是用筹集的货币资金购买商品,以备销售。在这个过程中,企业的货币资金转化为商品资金。在销售过程中,企业将库存的商品出售,取得货币,补偿原来的支出后,获得利润。同样,利润也需按国家有关制度的规定进行分配,商品流通企业便完成了一个经营活动过程。如图 1—2 所示,商品流通企业会计核算和监督的内容可以概括为商品流通企业的资金运动,具体包括资金的投入与退出、资金的循环与周转、资金的耗费与收回等方面。与生产制造企业相比较,商品流通企业没有生产,因此会计核算和监督的内容相对简单。

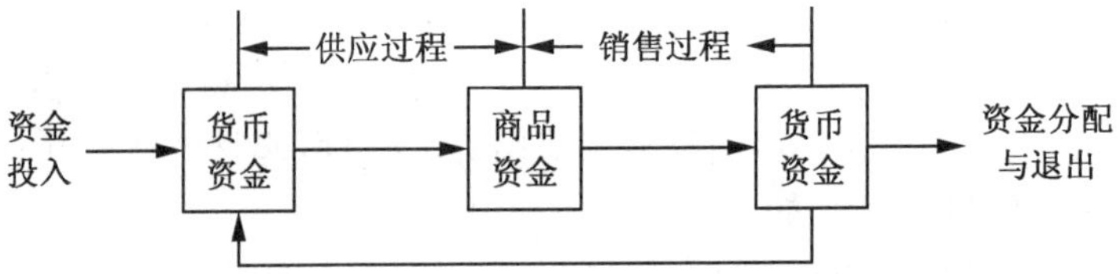

图 1—2　商品流通企业的资金运动

三、行政事业单位的会计对象

行政事业单位不从事产品生产和商品流通活动,是非营利单位,如政府部门、学校等,它们的职责是完成国家赋予的各项任务。各行政事业单位为完成各自的任务都必须具备一定数量的资金,这些资金一般由国家划拨,列入每年的财政预算,称为预算拨款。各单位在完成任务的过程中以货币形式支付的各项费用，称为预算支出。预算拨款和预算支出构成行政事业单位的预算资金运动形式。行政事业单位会计核算和监督的内容是预算资金的运动，包括行政事业单位的资金来源和运用、预算资金的收入和支出等。

第三节 会计核算的基本前提

会计核算的基本前提（也称会计假设）是指为了保证会计工作的正常进行和会计信息的质量，对会计核算所处的时间、空间环境所做的基本假定。由于这些假定都是通过合理推断或人为规定而做出的，所以也称为会计假设。会计准则中所规定的各种程序和方法只能在满足会计核算基本前提的基础上进行选择使用。因此，会计人员在进行会计核算之前必须对所处的经济环境是否符合会计核算的基本前提做出正确的判断。按照我国 2006 年修订的《企业会计准则——基本准则》的规定，我国企业会计核算的基本前提包括会计主体、持续经营、会计分期和货币计量四项内容。

一、会计主体

会计主体是指会计为之服务的特定单位。会计核算应当以一个特定独立的或相对独立的经营单位的经营活动为对象，对其本身发生的交易或者事项进行会计确认、计量、记录和报告。会计主体典型的是企业，但也可以是企业内部相对独立的经营单位。会计主体不同于法律主体的概念。会计主体可以是一个独立的法律主体，如企业法人；也可以不是一个独立的法律主体，如企业内部的相对独立核算单位、由多个企业法人组成的企业集团等。

会计主体规定了会计核算内容的空间范围，这一前提就是要明确会计所提供的信息，特别是财务报表，反映的是特定会计主体的财务状况与经营成果，既不能与其他会计主体相混淆，也不能将本会计主体的会计事项遗漏或转嫁。

二、持续经营

持续经营是指会计主体在可以预见的未来不会发生破产或清算，将会按照既定的目标持续不断地经营下去。

持续经营规定了会计工作的时间范围。有了这一前提，会计主体的资产就能按原定用途在正常的经营过程中使用，负债到期将予以偿付，债权到期也将及时收回，收入与费用按期正常地计量和记录等。同时，在此基础上，企业所采用的会计方法、会计程序才能保持稳定，按正常的基础反映企业的财务状况、经营成果和现金流量。当然，如果在实际业务中可以判断企业不能持续经营，企业就应当改变会计核算的原则和会计处理方法，并在会计报告中予以相应披露。

三、会计分期

会计分期是指在企业持续不断的经营过程中人为划分一个个间距相等、首尾相接的会计期间，以便确定每一个会计期间的收入、费用和盈亏及该会计期间期初、期末的资产、负债和所有者权益的数量，并据以结算账目和编制财务报表。会计分期是对会计工作时间范围的具体划分，从而进一步明确了会计计算经营成果和提供会计信息的时间。

会计期间分为年度和中期，按照惯例，一般以年度为最基本的会计期间。我国以日历年度作为企业的会计年度，即公历 1 月 1 日起至 12 月 31 日止。中期是指短于一个完整的会计年度的报告期间，即在会计年度内再划分，有半年、季、月等。企业可在相应的会计期间进行核算，提供该会计期间内企业的会计信息。

会计分期假设有着重要的意义。有了会计分期，才产生了本期与非本期的区别、收付实现制与权责发生制以及划分收益性支出和资本性支出、配比等要求。只有正确地划分会计期间，才能准确地提供财务状况和经营成果的资料和进行会计信息的对比。

四、货币计量

货币计量是指会计核算过程中应当以货币作为计量单位，计量、记录和报告会计主体的经济活动。货币计量明确了会计核算和报告的计量单位。

货币计量假设有两方面的含义：一是以货币为计量单位；二是假设货币的币值保持稳定，也就是在正常的会计处理及会计报表中不考虑币值变动因素的影响。但是，按照国际惯例，如果客观环境发生剧变而引发恶性通货膨胀，则应采用通货膨胀会计处理方法调整由于币值变动对会计信息的影响。

我国《企业会计准则》规定，企业会计核算以人民币为记账本位币。业务收支以人民币以外的货币为主的企业，可以选定其中一种货币作为记账本位币，但是编报的财务会计报告应当折算为人民币。在境外设立的中国企业向国内报送的财务会计报告，应当折算为人民币。

货币计量对完整、连续、系统地反映各会计主体的经济活动，综合汇总会计信息，分析、比较、评价不同时期、不同部门的会计信息具有重要意义。

上述四项会计核算的基本前提，主要是针对企业的情况提出，但对行政事业单位也同样适用。

第四节　会计信息质量要求

会计信息质量要求是会计核算工作的基本规范，也是对会计核算工作的基本要求。企业会计核算符合这些要求，就可以提高会计信息的质量，满足会计信息使用者的决策需要。会计信息质量要求主要包括可靠性、相关性、明晰性、可比性、实质重于形式、重要性、谨慎性和及时性等。

一、可靠性

可靠性要求企业应当以实际发生的交易或者事项为依据进行会计确认、计量和报告，如实反映符合确认和计量要求的各项会计要素及其他相关信息，保证会计信息真实可靠、内容完整，具体包括以下要求：

(1)企业应当以实际发生的交易或者事项为依据进行会计确认、计量和报告，不能以虚构的交易或者事项为依据进行会计确认、计量和报告；

(2)企业应当如实反映其所应反映的交易或者事项，将符合会计要素定义及其确认条件的资产、负债、所有者权益、收入、费用和利润等如实反映在财务报表中，刻画出企业生产经营及财务活动的真实面貌；

(3)企业应当在符合重要性和成本效益原则的前提下保证会计信息的完整性，其中包括编报的报表及其附注内容等应当保持完整，不能随意遗漏或者减少应予披露的信息，与使用者决策相关的有用信息都应当充分披露。

二、相关性

相关性要求企业提供的会计信息应当与财务报告使用者的经济决策需要相关，有助于财务会计报告使用者对企业过去、现在或者未来的情况做出评价或者预测。

相关性，也称有用性，是会计信息质量的基本特征，是会计工作和会计信息本质的体现，因为会计的目标就是向信息使用者提供会计信息。只有对信息使用者决策有用的信息，才是会计应当披露的信息。因此，相关性所指的相关，是指与信息使用者的决策相关。

三、明晰性

明晰性，又称可理解性，是指企业提供的会计信息应当清晰明了，便于财务报告使用者理解和使用。

对会计信息使用者来说，首先要能弄明白财务报告反映的信息内容，才能加以利用，并作为决策的依据，因此，可理解性是会计信息质量的首要要求。明晰性就是要求会计核算提供的信息简明、易懂，能简单地反映企业的财务状况、经营成果和现金流量，为大多数使用者所理解。在会计核算中只有坚持可理解性，才能有利于会计信息使用者准确、完整地把握会计信息的内容，从而更好地加以利用。

四、可比性

可比性要求企业提供的会计信息应当具有可比性，具体包括下列要求：

一方面，为了便于使用者了解企业财务状况和经营成果的变化趋势，比较企业在不同时期的财务报告信息，从而全面、客观地评价过去，并预测未来，会计信息质量的可比性要求同一企业对于不同时期发生的相同或者相似的交易或者事项，应当采用一致的会计政策，不得随意变更。当然，满足会计信息可比性的要求，并不表明不允许企业变更会计政策。企业按照规定或者会计政策变更后可以提供更可靠、更相关的会计信息时就有必要变更会计政策，以向使用者提供更为有用的信息。但是，有关会计政策变更的情况，应当在附注中予以说明。

另一方面，为了便于使用者评价不同企业的财务状况、经营成果的水平及其变动情况，从而帮助使用者做出科学合理的决策，会计信息质量的可比性还要求不同企业发生的相同或者相似的交易或者事项应当采用规定的会计政策，确保会计信息口径一致、相互可比，即对于相同或者相似的交易或者事项，不同企业应当采用一致的会计政策，以使不同企业按照一致的确认、计量和报告基础提供有关会计信息。

五、实质重于形式

实质重于形式是指企业应当按照交易或者事项的经济实质进行会计确认、计量和报告，不应仅以交易或者事项的法律形式为依据。

在实际工作中，交易或事项的外在法律形式并不总能真实反映其实质内容。为了使会计信息真实反映企业的财务状况和经营成果，就不能仅仅依据交易或事项的外在表现形式来进行核算，而要反映交易或事项的经济实质。违背这一原则，就可能会出现误导会计信息使用者的决策。例如，会计核算将以融资租赁方式租入的固定资产视为企业的固定资产管理，就是这个原则的具体体现。

六、重要性

重要性要求企业提供的会计信息应当反映与企业财务状况、经营成果和现金流量等有关的所有重要交易或者事项。

重要性要求在核算过程中应区别不同交易或事项的重要性程度而采用不同的会计处理程序和方法。具体来说，对于影响会计信息使用者决策的重要交易或事项，应当分别核算、单独反映，并在会计报表中重点说明；对会计信息使用者决策时影响不大的交易或事项，则可适当简化核算手续，在会计报表中简化或合并反映。

在会计核算中坚持重要性原则，既能提供对信息使用者决策至关重要的信息，保证其决策质量，又能减少核算中人力、物力、财力的投入，提高会计工作效率。在会计核算中，评价某些项目的重要性，很大程度上取决于会计人员的职业判断，一般来说，应当从性质和数量两个方面进行分析：从性质上说，当某一事项有可能对决策产生一定影响时，就属于重要项目；从数量方面来说，当某一项目的数量达到一定规模时，就可能对决策产生影响。

七、谨慎性

谨慎性要求企业对交易或者事项进行会计确认、计量和报告时应当保持应有的谨慎，不应高估资产或者收益、低估负债或者费用。

在市场经济环境下，企业的生产经营活动面临着许多风险和不确定性，例如，应收款项的可收回性、固定资产的使用寿命、无形资产的使用寿命、售出存货可能发生的退货或者返修等。谨慎性要求企业在面临不确定性因素的情况下做出职业判断时保持应有的谨慎，充分估计各种风险和损失，既不高估资产或者收益，也不低估负债或者费用。

但是，谨慎性的应用并不允许企业设置秘密准备。如果企业故意低估资产或者收益，或者故意高估负债或者费用，这不符合会计信息的可靠性和相关性要求，损害会计信息质量，扭曲企业实际的财务状况和经营成果，从而对使用者的决策产生误导，这是《企业会计准则》所不允许的。

八、及时性

及时性要求企业对于已经发生的交易或者事项应当及时进行会计确认、计量和报告，不得提前或者延后。

及时性要求会计核算应当及时进行，按期完成会计信息的披露工作，讲求实效，不得拖延。及时性原则依赖于会计分期假设而存在，同时与相关性息息相关。及时是保证信息有用的必要条件。

在市场环境变化莫测的今天，信息使用者对于信息及时性的要求越来越高，甚至希望获得实时的会计信息。根据及时性要求，会计核算中应当做到：(1)及时收集会计数据；(2)及时对所收集的会计数据进行会计处理和编制会计报表；(3)及时将会计信息提供给信息使用者。

第五节　会计核算的基本程序与方法

会计在实践过程中形成了一定的会计程序以及相应的会计方法。它们被认为可适用于任何类型的组织，这种普遍公认使会计行为得以规范。

一、会计核算的基本程序

会计核算的基本程序是指对经济业务进行加工、处理并形成最终会计信息的步骤，包括会计确认、会计计量、会计记录和会计报告四个基本环节，如图 1—3 所示。

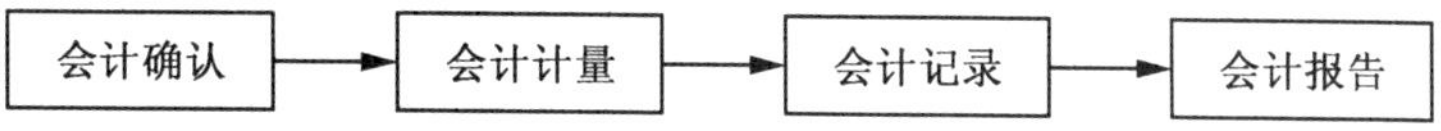

图 1—3 会计核算基本程序

(一)会计确认

会计确认是指把某一项目作为资产、负债、所有者权益、收入、费用、利润等会计要素加以正式记录，并最终列入会计报表的过程。会计确认包括初始确认和再确认。初始确认是指将经济业务纳入会计核算，通过会计凭证、账簿加以记录的过程。再确认是指将初始确认的会计数据加工整理后，列示于财务会计报告的过程。可见，会计确认贯穿于会计核算的全过程。

企业每天都有大量的经济活动发生。在这些经济活动中，有的属于会计应核算和监督的内容，有的不属于会计核算和监督的内容。会计确认就是要从中筛选会计资料，并进行相应的核算。具体来说，就是当一项经济活动发生时，会计要解决以下三个问题：该项经济活动是否应作为会计项目加以记录；作为什么要素记录；何时记录。其中，前两个问题属于确认标准的问题，第三个问题则属于确认时间的问题。

(二)会计计量

会计计量是以货币或其他度量单位计算各项经济业务及其结果的过程。会计计量包括计量单位和计量属性两个方面的内容。会计核算主要以货币为计量单位，但也会辅助采用实物和时间等计量单位，如记录采购材料的数量、记录机器运转的生产工时等。计量属性是计量会计要素时的价格标准。目前，我国《企业会计准则》中规定的会计计量属性主要包括以下几种情况：

1. 历史成本

在历史成本计量下，资产按照购置时支付的现金或者现金等价物的金额，或者按照购置资产时所付出的对价的公允价值计量。负债按照因承担现时义务而实际收到的款项或者资产的金额，或者承担现时义务的合同金额，或者按照日常活动中为偿还负债预期需要支付的现金或者现金等价物的金额计量。

2. 重置成本

在重置成本计量下，资产按照现在购买相同或者相似资产所需支付的现金或者现金等价物的金额计量。负债按照现在偿付该项债务所需支付的现金或者现金等价物的金额计量。

3. 可变现净值

在可变现净值计量下，资产按照其正常对外销售所能收到现金或者现金等价物的金额扣减该资产至完工时估计将要发生的成本、估计的销售费用以及相关税费后的金额计量。

4. 现值

在现值计量下，资产按照预计从其持续使用和最终处置中所产生的未来净现金流入量的折现金额计量。负债按照预计期限内需要偿还的未来净现金流出量的折现金额计量。

5. 公允价值

在公允价值计量下，资产和负债按照市场参与者在计量日发生的有序交易中出售资产所能收到或者转移负债所需支付的价格计量。

企业在对会计要素进行计量时一般应当采用历史成本。现代会计多采用历史成本进行计量,主要是因为历史成本是客观存在的,易于取得,也有助于对各项资产、负债项目的核算进行监督检查,从而提高会计信息的客观性。此外,对于某些交易或事项还需要采用其他计量属性,如固定资产盘盈需使用重置成本计量、计提存货跌价准备时需使用可变现净值计量、预计负债时需使用现值计量、非货币性交易需使用公允价值计量等。采用重置成本、可变现净值、现值、公允价值计量的,应当保证所确定的会计要素金额能够取得并可靠计量。

(三)会计记录

会计记录就是将经会计确认与计量的经济业务,按照复式记账的要求,登记会计账簿的过程。通过会计记录,可以对会计数据进行加工、整理、分类和汇总。

(四)会计报告

会计报告是以账簿记录为依据,采用表格和文字形式,把所形成的财务信息传递给信息使用者的过程。通过记录生成的信息量多又很分散,因此必须压缩信息的数量,提高其质量,使其形成相互联系的财务指标体系,这样才能便于信息使用者使用。会计信息必须以一定的方式和格式传递给信息使用者,会计报告就是要把按照各种会计核算方法确认、计量、记录的资产、负债、所有者权益、收入、费用和利润的数据编制成财务会计报表,为使用者提供企业财务状况和经营成果的信息。

二、会计处理基础

(一)会计处理基础的含义

企业会计对企业生产经营过程及其结果的全面核算与控制,是以会计主体、持续经营、会计分期和货币计量假设为其前提条件的。企业开展生产经营活动,能够不断地获得收入和发生费用,将企业实现的收入与其相关费用配比,就能计算、确定生产经营的成果——利润。

由于会计分期假设的存在,为使企业的收入与费用能够合理配比,真实、正确地核算企业在一定会计期间的损益,在客观上就必须明确某项经济业务所产生后果的具体归属期间,是将其归属于与该项经济业务相关的货币资金收入或支出期间,还是归属于该项经济业务所产生的实际影响期间?这就是会计确认的时间基础问题,会计专业术语称其为会计处理基础。

所谓会计处理基础,也称会计确认基础,是指不同会计期间的收入与费用的确认标准,即一定会计期间的损益确认标准。在市场经济条件下,企业生产经营活动发生的收入或费用所体现的权利或责任,与其相关的货币资金的收入或支出行为并不能做到完全一致。尽管从一个较长时期来考察,两者终将会取得一致,但在一个较短时期内,特别是在一个会计期间内很可能出现时间差。某一会计期间因生产经营活动所发生的收入与费用,可能在本期已收到、付出相关的货币资金,也可能在本期尚未收到、付出相关的货币资金;本期发生的费用,可能与本期获得的收入相关,也可能与本期获得的收入无关。所有这些经济业务的会计核算,均必须以相应的会计处理基础为其基本依据。

从会计的产生与发展的历史过程来看,会计处理基础主要有两种:权责发生制与收付实现制。

(二)会计处理基础的种类

1. 权责发生制

权责发生制是指以“应收应付”为标准来确认本期收入和费用的方法。其要点是:凡是当期已经实现的收入和已经发生或应当负担的费用,不论款项是否收付,都应当作为当期的收入和费用；凡是不属于当期的收入和费用，即使款项已在当期收付，也不应当作为当期的收入和费用。

有时，企业发生的货币收支业务与交易或事项本身并不完全一致。例如，款项已经收到，但销售并未实现；或者款项已经支付，但并不是为本期生产经营活动而发生的。为了明确会计核算的确认基础，更真实地反映特定会计期间的财务状况和经营成果，《企业会计准则——基本准则》第九条规定："企业应当以权责发生制为基础进行会计确认、计量和报告。"行政事业单位的经营业务活动也采用权责发生制。

2. 收付实现制

收付实现制是指以"款项的实际收付"为标准来确定本期收入和费用的方法。其要点是：凡是本期收到的款项，无论是否归属本期，都作为本期收入处理；凡是本期付出的款项，无论是否归属本期，都作为本期费用处理。

收付实现制是与权责发生制相对应的一种确认基础。目前，我国的行政单位主要采用收付实现制，事业单位除经营业务采用权责发生制外，其他业务也采用收付实现制。

权责发生制与收付实现制之间的对比如表 1—1 所示。

表 1—1　　权责发生制与收付实现制的对比

序　号	经济业务	本期会计处理	
		权责发生制	收付实现制
1	本期应收的收入本期收款	确认	确认
2	本期应付的费用本期付款	确认	确认
3	本期不应收的收入本期收款	不确认	确认
4	本期不应付的费用本期付款	不确认	确认
5	本期应收的收入本期未收款	确认	不确认
6	本期应付的费用本期未付款	确认	不确认

三、会计核算方法

会计方法是用来反映和监督会计对象、完成会计任务的手段。会计方法是在长期会计工作实践中不断总结、建立并逐步完善起来的，现已具有一整套严密的方法体系，包括会计核算方法、会计分析方法、会计检查方法、会计预测和决策方法。正确运用会计方法，对提高会计工作质量、完成会计任务具有重要意义。在各种会计方法中，最基本的方法是会计核算方法。本教材只介绍会计核算方法，其他方法将在会计专业课中学习。

会计核算方法是指执行会计程序，对经济业务进行确认、计量、记录和报告时所采用的各种专门方法，主要包括下列专门方法：

(一)设置账户

设置账户就是对会计对象的具体内容进行分类反映和监督的一种专门方法。会计对象的具体内容是复杂多样的，要对它们进行系统的反映和监督，就必须进行科学的分类，将会计对象划分为若干个项目，即设置不同的账户，以便取得各种不同性质的核算指标。因此，对各项资产、负债、所有者权益、收入、费用、利润的增减变化，都要分别在一定的账户中归集登记，以便取得经济管理所需要的分类核算资料。

（二）复式记账

复式记账是指对发生的每项经济业务都以相等的金额，在相互联系的两个或两个以上账户中进行登记的一种记账方法。由于对每项经济业务都在相互联系的账户中做双重记录，不仅可以了解资金运动的来龙去脉，而且在把全部经济业务都登记入账后，可以通过账户记录，完整、系统地反映经济活动的过程和结果，便于检查经济业务是否合理、合法。同时，由于对每项经济业务都以相等的金额进行登记，因此，可以对记录的结果进行试算平衡，检查账户记录的正确性。

（三）填制和审核会计凭证

会计凭证是记录经济业务、明确经济责任，并作为登记账簿依据的书面证明。任何一项经济业务的发生，都需由经办人员或有关单位填制凭证，并签名盖章；所有凭证都要经过会计部门的审核，只有经过审核并认为正确无误的凭证，才能作为记账的依据。可见，填制和审核凭证是会计核算工作的第一步，可为经济管理提供真实、可靠的资料，也是实行会计监督的一个重要方面。

（四）登记账簿

账簿是由具有一定格式、相互联系的账页所组成的，以会计凭证为依据，用于全面、系统、序时、分类记录各项经济业务的簿籍。登记账簿是完整、连续、系统地记录和反映企业经营活动的专门方法。企业应以审核无误的会计凭证为依据，运用复式记账方法，在具有规定格式的簿籍中把全部经济业务既序时又分类地反映出来，以便提供系统、分类的核算资料，为编制会计报表提供依据。

（五）成本计算

成本计算是把经营过程中所发生的费用，按一定的对象进行归集和分配，以确定各对象的总成本和单位成本的一种专门方法。通过成本计算，可以提供实际成本资料，借以考核成本计划的执行情况，确定实际与计划的差异，分析原因，挖掘潜力，以降低成本；通过成本计算所提供的实际成本资料，还可以对比收支、计算盈亏，并为国家制定价格政策提供依据。

（六）财产清查

财产清查是通过盘点实物、核对账目，查明各项财产物资、货币资金、往来款项的实存数，并将实存数与账存数比较，看其是否相符的一种专门方法。通过财产清查，可以保证会计记录的正确性，做到账实相符；同时，还可以查明各项财产物资的保管和使用情况以及往来款项的结算情况，以便对积压或残损的财产物资和逾期未收回的款项及时采取措施进行清理，从而挖掘物资潜力，加速资金周转。

（七）编制财务会计报告

财务会计报告又称财务报告或会计报告，是企业对外提供的反映企业某一时点财务状况和一定时期经营成果、现金流量的文件。编制财务报告是对日常会计核算资料的总结。由于财务报告是以账簿记录为主要依据，经过加工整理而产生的报告文件，因此它提供的各项指标不仅是企业分析、检查和编制计划的依据，也是投资者、债权人决策的重要依据，更是进行国民经济综合平衡所必需的参考资料。

以上各种会计核算方法相互联系、紧密结合，形成了一个完整的会计核算方法体系。它们之间的基本关系可归纳如下：对于日常发生的经济业务，要填制和审核凭证，按规定的账户，运用复式记账法登记有关账簿，月末进行成本计算和财产清查，在账实相符的基础上编制财务报告。可见，从填制和审核凭证到编制财务报告是一个会计循环，其中，填制和审核会计凭证是起点，编制财务报告是终点，其余各环节是中间点，如图 1—4 所示。

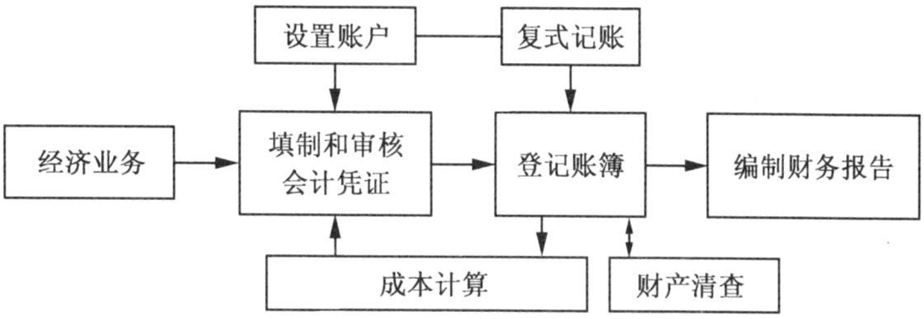

图 1—4 会计核算方法关系结构

本章小结

会计是为适应社会生产实践活动和经济管理的客观要求而产生和发展起来的。会计从其产生与发展过程来看，大致可划分为古代会计、近代会计和现代会计三个历史发展阶段。

会计的职能是指会计在经济管理中所具有的功能。核算和监督是会计的两项基本职能。会计的其他职能均是在这两大基本职能基础上的派生职能。

会计目标是指会计工作所要达到的目的，是设计、组织和评价会计工作的标准。会计目标应该从三个方面加以理解：一是会计目标的主要观点，即"受托责任观"和"决策有用观"；二是会计信息的使用者，会计信息的使用者包括投资者、债权人、政府及其有关部门、社会公众等；三是会计信息，会计信息主要包括三个方面的内容，即关于企业财务状况的会计信息、关于企业经营成果的会计信息及关于企业现金流量情况的会计信息。

会计具有如下特点：以货币为主要计量单位；以真实、合法的会计凭证为依据；有一套专门的会计方法；对经济活动的管理具有连续性、系统性、综合性、全面性。

会计的基本含义是：会计是以货币为主要计量单位，以经济业务发生时所取得的凭证为会计核算依据，运用一系列专门方法，对特定会计主体的经济活动进行连续、系统、全面、综合的核算与监督，为会计信息使用者提供有用的会计信息，并参与经济预测和决策，以提高经济效益的一种经济管理活动。会计学科也称会计学，是人们对会计实践进行科学总结而形成的知识体系，是研究会计理论、会计方法，并有效地管理经济活动的一门管理科学。

会计对象是指会计核算和监督的内容。会计的一般对象就是社会再生产过程中发生的能够用货币表现的经济活动，即社会再生产过程中的资金运动。会计的具体对象是指产品制造企业、商品流通企业、行政事业单位等各自的会计核算内容。

会计核算的基本前提也称会计假设，是对会计核算所处的时间、空间环境所做的合理设定。会计核算的基本前提包括会计主体、持续经营、会计分期和货币计量四项内容。

会计信息质量要求是会计核算工作的基本规范，也是对会计核算工作的基本要求。企业会计核算符合这些原则要求，就可以提高会计信息的质量，满足会计信息使用者的决策需要。会计信息质量要求主要包括可靠性、相关性、明晰性、可比性、实质重于形式、重要性、谨慎性和及时性等。

会计核算的基本程序是指对经济业务进行加工、处理并形成最终会计信息的步骤，包括会计确认、会计计量、会计记录和会计报告四个基本环节。

会计确认是把某一项目作为资产、负债、所有者权益、收入、费用、利润等会计要素加以正式记录，并最终列入会计报表的过程。会计计量是以货币或其他度量单位计算各项经济业务及其结果的过程。会计计量包括计量单位和计量属性两个方面的内容。会计核算主要以货币为计量单位，但也会辅助采用实物和时间等计量单位。计量属性是计量会计要素时的价格标准，主要包括历史成本、重置成本、可变现净值、现值和公允价值等。

会计记录就是将经会计确认与计量的经济业务，按照复式记账的要求，登记会计账簿的过程。会计报告是指以账簿记录为依据，按照一定的格式，为会计信息使用者提供财务状况、经营成果和现金流量等会计信息。

会计处理基础，也称会计确认基础，是指不同会计期间的收入与费用的确认标准，即一定会计期间的损益确认标准。会计处理基础主要有两种：权责发生制与收付实现制。权责发生制是指以"应收应付"为标准来确认本期收入和费用的方法；收付实现制是指以"款项的实际收付"为标准来确定本期收入和费用的方法。

会计方法是用来反映和监督会计对象、完成会计任务的手段，包括会计核算方法、会计分析方法、会计检查方法、会计预测和决策方法。在各种会计方法中，最基本的方法是会计核算方法。会计核算方法是指执行会计程序，对经济业务进行确认、计量、记录和报告时所采用的各种专门方法，主要包括下列 7 个专门方法：设置账户、复式记账、填制和审核会计凭证、登记账簿、成本计算、财产清查、编制财务会计报告。各种会计核算方法相互联系、紧密结合，形成了一个完整的会计核算方法体系。

关键名词

会计	会计职能	会计目标	会计对象	会计确认
会计计量	会计处理基础	权责发生制	收付实现制	会计主体
持续经营	会计分期	货币计量	会计核算方法	

复习思考题

1. 什么是会计？会计具有哪些基本特征？
2. 举例说明会计在现代经济社会中的作用。
3. 什么是会计职能？会计的基本职能有哪些？
4. 什么是会计对象？简述产品制造企业会计对象的内容。
5. 会计信息使用者有哪些？他们对会计信息的质量有何要求？
6. 会计核算的基本前提有哪些？如何理解？
7. 会计信息质量要求有哪些？如何理解其在实际工作中的运用？
8. 会计核算的基本程序是什么？包括哪些环节？
9. 会计核算的方法有哪些？它们之间的相互关系是怎样的？
10. 什么是会计计量？会计计量属性有哪些？
11. 什么是会计处理基础？如何理解权责发生制和收付实现制？

同步练习

一、单项选择题

1. 会计的基本职能是（　　）。

A. 预测与决策　　B. 控制与分析　　C. 核算与监督　　D. 计算与考核

2. 会计核算中的主要计量单位是（　　）。

A. 实物量度　　B. 货币量度　　C. 劳动量度　　D. 时间量度

3. 会计的一般对象是社会再生产过程中的（　　）。

A. 物资运动　B. 资金运动　C. 基金运动　D. 货币运动

4. 相关性通常也被称为(　　)。

A. 重要性　B. 清晰性　C. 客观性　D. 有用性

5. 企业在进行会计核算时应将企业财产与个人财产、其他企业财产及国家财产区分开来，是依据(　　)前提。

A. 会计主体　B. 会计分期　C. 持续经营　D. 货币计量

6. 企业使用加速折旧法是(　　)的运用。

A. 谨慎性　B. 重要性　C. 及时性　D. 真实可靠性

7. 下列各项中，属于退出企业资金运动的是(　　)。

A. 支付购货款　B. 将现金存入银行

C. 支付日常维修费　D. 支付给股东现金股利

8. 经过评估，企业有 10 000 元应收账款可能收不回来，但没有确认记账，这违背了会计信息质量要求中的(　　)。

A. 可比性　B. 一致性　C. 谨慎性　D. 重要性

9. 会计主体对会计工作范围从(　　)上进行了界定。

A. 时间　B. 内容　C. 空间　D. 空间和时间

10. 下列属于会计核算方法的是(　　)。

A. 会计分析　B. 会计检查　C. 复式记账　D. 会计监督

11. 下列各项中，不属于会计核算环节的是(　　)。

A. 确认　B. 记录　C. 报告　D. 报账

12. 形成权责发生制和收付实现制不同的记账基础，进而出现应收、应付、预收、折旧、摊销等会计处理方法所依据的会计基本假设是(　　)。

A. 会计主体　B. 持续经营　C. 会计分期　D. 货币计量

13. 根据历史记载，我国"会计"一词起源于 3 000 多年前的(　　)。

A. 西周　B. 原始社会　C. 商朝　D. 夏朝

14. 下列各项中，不属于会计核算具体内容的是(　　)。

A. 制订企业计划　B. 收入的计算　C. 资本的增减　D. 财务成果的计算

15. (　　)是指会计核算和监督的内容。

A. 会计职能　B. 会计本质　C. 会计对象　D. 会计方法

二、多项选择题

1. 下列各项中，属于会计主体的有(　　)。

A. 股份有限公司　B. 事业单位　C. 企业集团　D. 独资企业

2. 下列各项中，属于会计核算基本前提的有(　　)。

A. 会计主体　B. 持续经营　C. 货币计量　D. 会计确认

3. 下列各项中，属于对会计信息质量要求的有(　　)。

A. 可靠性　B. 重要性　C. 可比性　D. 配比性

4. 下列符合谨慎性的方法有(　　)。

A. 计提坏账准备　B. 直线折旧法　C. 加速折旧法　D. 加权平均法

5. 会计信息的使用者主要包括(　　)。

A. 投资者　B. 债权人　C. 政府　D. 社会公众

6. 下列属于会计核算方法的有(　　)。

A. 复式记账　B. 成本计算　C. 登记账簿　D. 会计检查

7. 会计核算的基本程序包括(　　)。

A. 会计核算　B. 会计确认　C. 会计计量　D. 会计记录

8. 会计期间可分为(　　)。

A. 月度　B. 季度　C. 半年度　D. 年度

9. 会计核算主要表现为(　　)。

A. 记账　B. 算账　C. 结账　D. 报账

10. 资金运动的内容包括(　　)。

A. 资金的投入　B. 资金的循环　C. 资金的退出　D. 资金的周转

11. 会计除了核算和监督两项基本职能以外,还具有(　　)等职能。

A. 会计分析　B. 会计预测　C. 会计决策　D. 会计考核

12. (　　)是会计信息的外部使用者。

A. 企业投资人　B. 企业债权人　C. 企业债务人　D. 企业生产经营管理者

13. 会计的特点有(　　)。

A. 以货币为主要计量单位

B. 以真实、合法的会计凭证为依据

C. 提供有助于会计信息使用者作出有效决策的会计信息

D. 有一套专门的会计方法

14. 关于会计基本假设,下列各项表述中,不正确的有(　　)。

A. 会计主体确定了会计核算的空间范围

B. 会计主体就是法律主体

C. 持续经营是收付实现制的基础

D. 持续经营是会计分期的前提

15. 下列关于会计信息质量要求的表述中,正确的有(　　)。

A. 流通企业在采购过程中发生的金额较小的运费计入当期损益而不是计入存货成本,体现了重要性原则

B. 会计政策不得随意变更体现了会计信息质量的可比性

C. 母子公司编制合并财务报表体现实质重于形式的会计信息质量要求

D. 企业提供的信息应清晰地反映其财务状况和经营成果,体现了会计信息质量的相关性要求

三、判断题

1. 会计所提供的信息是以货币为主要计量尺度并假设币值稳定。(　　)

2. 会计核算的基本前提只适用于企业会计。(　　)

3. 持续经营前提规定了会计工作的空间范围。(　　)

4. 按照重要性原则,所有的交易或事项都应当分别核算,并在财务会计报告中重点说明。(　　)

5. 会计核算和监督的内容包括社会再生产过程中所有的经济活动。(　　)

6. 实质重于形式是指对于重要的项目详细核算的要求。(　　)

7. 我国《企业会计制度》规定,会计核算应当以权责发生制为基础。(　　)

8. 可比性原则解决的是企业之间的横向比较问题。(　　)

9. 会计主体所核算的生产经营活动也包括其他企业或投资者个人的其他生产经营活动。(　　)

10. 会计主体不一定是法律主体,但法律主体一定是会计主体。(　　)

11. 我国企业会计采用的计量单位只有一种,即货币计量。(　　)

12. 会计核算上将融资租赁的资产视为自有资产进行管理,是实质重于形式的具体体现。(　　)

13. 企业为应对市场经济环境下生产经营活动面临的风险和不确定性,应高估负债和费用,低估资产和收益。(　　)

14. 财务会计报告使用者包括投资者、债权人、企业管理者、政府及其有关部门和社会公众。(　　)

15. 我国的行政单位主要采用收付实现制,事业单位除经营业务采用权责发生制外,其他业务也采用收

付实现制。 (　　)

四、业务题

【目的】掌握权责发生制与收付实现制下本期收入和费用的确定。

【资料】南投公司 2024 年 7 月发生下列经济业务：

1. 销售产品 4 000 元，货款存入银行。
2. 用银行存款支付本月水电费 900 元。
3. 预收销货款 12 000 元，从本月起分 3 个月各按 1/3 交货。
4. 预付 7—12 月份的租金 6 000 元。
5. 销售产品 20 000 元，货款尚未收到。
6. 本月应计提银行借款利息 1 000 元。

【要求】分别按权责发生制与收付实现制计算南投公司 2024 年 7 月各项经济业务的收入和费用，并将计算结果填入表 1—2。

表 1—2

业务号	权责发生制		收付实现制	
	收入	费用	收入	费用
1				
2				
3				
4				
5				
6				
合　计				

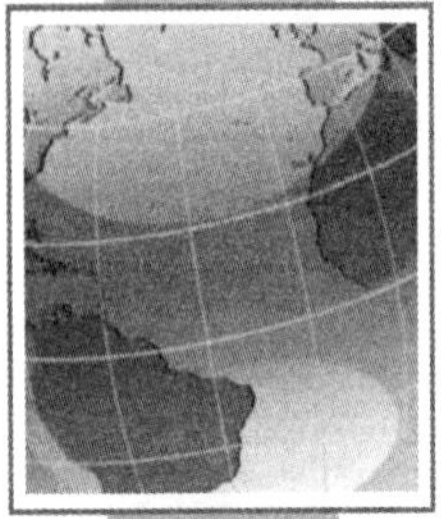

第二章 会计要素与会计账户

本章导航

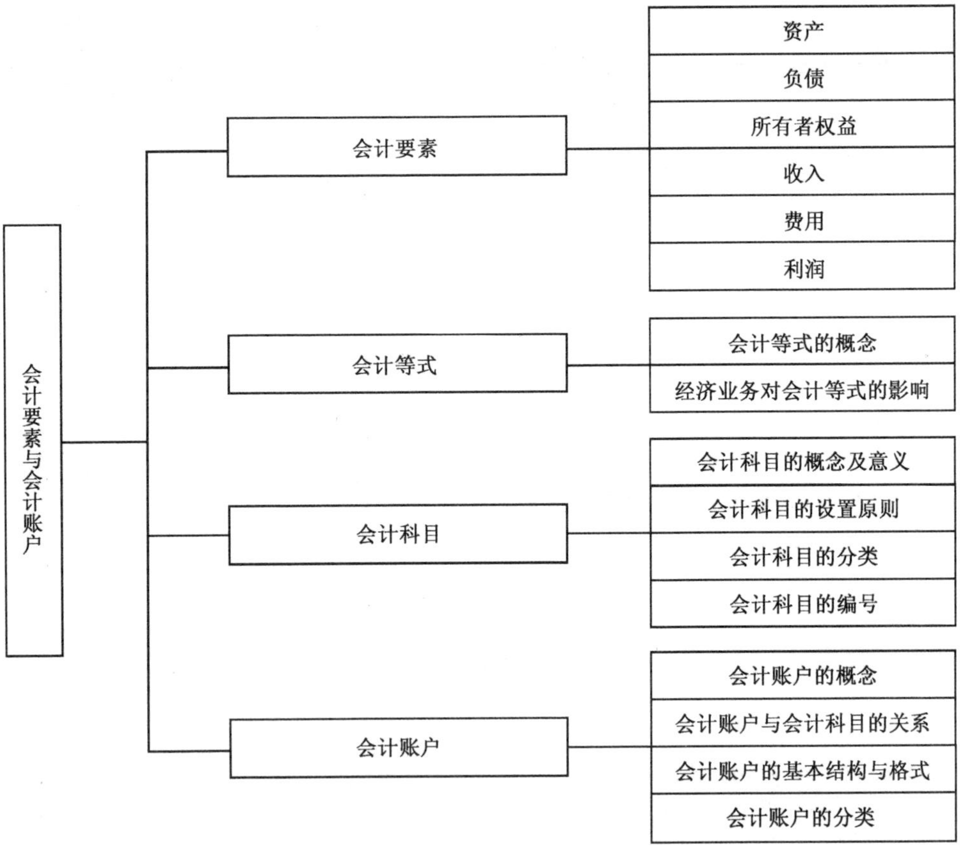

学习目的与要求

本章主要介绍会计要素、会计等式、会计科目和会计账户。通过本章学习，要求理解并掌握资产、负债、所有者权益、收入、费用和利润六大会计要素的概念、特征和分类，会计等式；理解会计等式的恒等原理，会计科目与账户之间的关系；掌握会计科目与账户的概念和分类、账户的基本结构、账户余额的计算公式；熟悉经济业务对会计等式的四种影响类型、会计科目的设置原则和常用会计科目；了解会计账户的分类。

学习重点与难点

本章重点是六大会计要素的概念、特征和分类，会计等式，会计科目和账户的概念、分类，账户的基本结构，账户余额的计算公式；本章难点是对六大会计要素概念的理解，会计等式的恒等原理，会计科目与账户之间的关系以及对会计等式、经济业务类型的认识。

第一节　会计要素

会计要素是对会计对象的具体内容所做的最基本分类，是会计对象的具体化。

在实际工作中，为了能够对企业的经济活动进行正确的核算和有效的监督，同时为会计信息使用者提供有效信息，企业必须对会计对象的丰富内容进行分类，以使会计核算和监督的对象具体化。我国《企业会计准则——基本准则》将“会计对象”划分为资产、负债、所有者权益、收入、费用和利润六大会计要素。其中，资产、负债和所有者权益侧重于反映企业的财务状况，是组成资产负债表的会计要素，也称资产负债表要素；收入、费用和利润侧重于反映企业的经营成果，是组成利润表的会计要素，也称利润表要素。

一、资产

（一）资产的定义

资产是指由企业过去的交易或者事项形成的、企业拥有或者控制的、预期会给企业带来经济利益的资源。资产具有以下基本特征：

1. 资产是由企业过去的交易或者事项形成的资源

企业过去的交易或者事项包括购买、生产、建造行为或其他交易或者事项。预期在未来发生的交易和事项不形成资产。比如，已经发生的固定资产购买交易才形成资产，而计划中的固定资产购买则不形成企业的资产。

2. 资产是由企业拥有或者控制的资源

所谓企业拥有或者控制，是指企业享有某项资源的所有权，或者虽然不享有某项资源的所有权，但该资源能被企业所控制。这种资源，可以是以货币形式存在的，也可以是以实物形式存在的；可以是有形的，也可以是无形的。判断某项资源是否属于企业的资产，主要是看企业对该资源是否拥有所有权或控制权。如果企业不能拥有或控制能创造经济利益的某项资源，则企业不能将该资源视作其资产。比如某项专利权，如果企业不能通过自创并申请成功或通过购入等方式拥有或控制它，那么企业就不能将该专利权视作其资产。又比如经营租入的固定资产，由于企业对其既无所有权又无控制权，因此不能将其作为企业的资产。对于某些以特殊方式形成的资产，如融资租入的固定资产，企业虽然不拥有其所有权，但能够控制它，按照实质重于形式的原则，应当将其作为企业的资产。

3. 资产是预期会给企业带来经济利益的资源

所谓预期会给企业带来经济利益，是指直接或者间接导致现金或现金等价物流入企业的潜力。如果某项目不能给企业带来经济利益，那么该项目不能作为企业的资产。资产导致经济利益流入企业的方式有多种，例如，单独或与其他资产结合起来为企业创造经济利益、换取其他资产、用于偿付债务。

（二）资产的分类

企业的资产按其流动性分为流动资产和非流动资产两大类。所谓流动性，是指某项资产变现或耗用的周期长短或时间快慢。

1. 流动资产

流动资产是指在一年或超过一年的一个营业周期内变现或者耗用的资产，主要包括货币资金、应收及预付款项、存货和交易性金融资产等。

2. 非流动资产

非流动资产是指在一年或超过一年的一个营业周期以上变现或者耗用的资产，也称长期资产，主要包括固定资产、无形资产、长期股权投资、投资性房地产等。

二、负债

(一)负债的定义

负债是指由企业过去的交易或者事项形成的、预期会导致经济利益流出企业的现时义务。负债具有以下基本特征：

1. 负债是企业承担的现时义务

负债是企业必须承担的现时义务，这是负债的一个基本特征。现时义务是指企业在现行条件下已承担的义务。未来发生的交易或者事项形成的义务，不属于现时义务，不应当确认为负债。现时义务可以是法定义务，也可以是推定义务。其中，法定义务是指具有约束力的合同或者法律、法规规定的义务，通常在法律意义上需要强制执行。推定义务是指根据企业多年来的习惯做法、公开的承诺或者公开宣布的政策而导致企业将承担的责任，这些责任也使有关各方形成了企业将履行义务解脱责任的合理预期。

2. 负债的清偿预期会导致经济利益流出企业

无论负债对应的现时义务是法定义务还是推定义务，通常需要由企业在未来某个时日加以清偿，其清偿义务的履行预期均会导致企业经济利益的流出，这具体表现为交付资产、提供劳务、将一部分股权转给债权人等。对此，企业不能或很少可以回避。从这个意义上讲，如果企业能够回避某项义务，则该项义务不能相应确认为一项负债。

3. 负债是由企业过去的交易或事项形成的

负债应当由企业过去的交易或者事项所形成。过去的交易或者事项包括购买货物、使用劳务、接受银行贷款等，即只有过去发生的交易或者事项才形成负债，企业在未来将发生的承诺、签订的合同等交易或者事项，不形成负债。

(二)负债的分类

企业的负债按其流动性分为流动负债和非流动负债。

1. 流动负债

流动负债是指将在一年或超过一年的一个营业周期内偿还的债务，主要包括短期借款、应付及预收款项、应付职工薪酬、应交税费、其他应付款等。

2. 非流动负债

非流动负债是指偿还期在一年或超过一年的一个营业周期以上的债务，也称长期负债，主要包括长期借款、应付债券、长期应付款等。

三、所有者权益

(一)所有者权益的定义

所有者权益是指企业资产扣除负债后由所有者享有的剩余权益。股份公司的所有者权益又称为股东权益。所有者权益具有以下基本特征：

(1)除非发生减资、清算，否则企业不需要偿还所有者权益；

(2)企业清算时，只有在清偿所有的负债后，所有者权益才返还给所有者；

(3)投资者可按出资比例分享企业利润，并承担企业风险；

(4)所有者权益金额的大小取决于资产和负债的计量，即所有者权益＝资产－负债。

(二)所有者权益的分类

所有者权益的来源包括所有者投入的资本、直接计入所有者权益的利得和损失、留存收益，会计核算上一般分为实收资本、其他权益工具、资本公积、其他综合收益、盈余公积和未分配利润六部分，盈余公积和未分配利润又合称为留存收益。

实收资本是指投资者按照企业章程或合同、协议的约定，实际投入企业的资本，在股份公司称为"股本"。我国目前实行的是注册资本制度，要求企业的实收资本与其注册资本相一致。

其他权益工具是指企业发行的除普通股以外的归类为权益工具的各种金融工具。

资本公积是指企业收到投资者的超出其在企业注册资本(股本)中所占份额的投资，以及某些特定情况下直接计入所有者权益的项目。

其他综合收益是指企业根据其他会计准则规定未在当期损益中确认的各项利得和损失。

盈余公积是指企业按照国家有关规定从利润中提取的公积金，包括法定盈余公积、任意盈余公积等。

未分配利润是指企业留待以后年度分配的利润，在数量上等于企业净利润扣除提取盈余公积和分配给投资者利润后的余额。

资产、负债、所有者权益三个要素构成企业的资产负债表，通过对资产负债表信息进行分析，可以了解企业的财务状况。

四、收入

(一)收入的定义

收入是指企业在日常活动中形成的、会带来所有者权益增加的、与所有者投入资本无关的经济利益的总流入。收入具有以下基本特征：

1. 收入是企业在日常活动中产生的，而不是产生于偶发的交易或事项

日常活动是指企业为完成其经营目标所从事的经常性活动以及与之相关的活动。例如，工业企业制造并销售产品、商业企业销售商品、保险公司签发保单、咨询公司提供咨询服务、软件企业开发软件、安装公司提供安装服务、商业银行对外贷款、租赁公司出租资产等，均属于企业的日常活动。明确界定日常活动是为了将收入与利得相区分，因为企业非日常活动所形成的经济利益的流入不能确认为收入，而应当计入利得，如企业接受捐赠取得的收益等。

2. 收入应当会带来经济利益的流入，该流入不包括所有者投入的资本

收入应当会带来经济利益的流入，从而带来资产的增加。例如，企业销售商品，必须收到现金或者有权利收到现金，才表明该交易符合收入的定义。但是，企业经济利益的流入有时是由所有者投入资本的增加所带来的，所有者投入资本的增加不应当确认为收入，应当将其直接确认为所有者权益。因此，与收入相关的经济利益的流入应当将所有者投入的资本排除在外。

3. 收入最终会增加企业的所有者权益

收入的取得可能表现为企业资产增加或负债减少，或者资产增加和负债减少两者兼而有之，最终将带来所有者权益的增加。不会带来所有者权益增加的经济利益的流入不符合收入

的定义，不应确认为收入。

(二)收入的分类

1. 按照企业所从事日常活动的性质分类

按照企业所从事日常活动的性质，收入可分为销售商品收入、提供劳务收入和让渡资产使用权收入。

(1)销售商品收入：是指那些以取得货币资金或赊销方式销售商品所取得的收入。

(2)提供劳务收入：是指企业为他人提供劳务时取得的收入，如交通运输企业提供运输劳务取得的收入等。

(3)让渡资产使用权收入：是指他人使用本企业资产取得的收入，如利息收入、使用费收入等。

2. 按照日常活动在企业所处的地位分类

按照日常活动在企业所处的地位，收入可分为主营业务收入和其他业务收入。两者之和统称为营业收入。

(1)主营业务收入：是指企业为完成其经营目标所从事的日常活动中的主要项目而取得的收入，如工业企业销售产品、商业企业销售商品等取得的收入。

(2)其他业务收入：是指企业从事主营业务以外的其他日常活动而取得的收入，如工业企业销售原材料、提供非工业性劳务等取得的收入。

五、费用

(一)费用的定义

费用是指企业在日常活动中发生的、会导致所有者权益减少的、与向所有者分配利润无关的经济利益的总流出。费用具有以下基本特征：

1. 费用是企业在日常活动中发生的经济利益的流出，而不是从偶发的交易或事项中发生的经济利益的流出

日常活动中所产生的费用通常包括销售成本、职工薪酬、折旧费、无形资产摊销费等。将费用界定为日常活动中所形成的，目的是将其与损失相区分，因为企业非日常活动所形成的经济利益的流出不能确认为费用，而应当计入损失，如固定资产报废损失等。

2. 费用应当会导致经济利益的流出，该流出不包括向所有者分配的利润

费用应当会导致经济利益的流出，从而导致资产减少或者负债增加(最终也会导致资产减少)。其表现形式包括现金或者现金等价物的流出，以及存货、固定资产和无形资产等的流出或者消耗等。鉴于企业向所有者分配利润也会导致经济利益流出，而该经济利益的流出属于所有者权益的抵减项目，因此不应确认为费用，应当将其排除在费用之外。

3. 费用最终会减少企业的所有者权益

费用的发生可能表现为企业资产减少或负债增加，或者资产减少和负债增加两者兼而有之，最终将导致所有者权益的减少。不会导致所有者权益减少的经济利益的流出不符合费用的定义，不应确认为费用。

(二)费用的分类

按照费用与收入的关系，费用可以分为营业成本和期间费用。

1. 营业成本

营业成本是指销售商品或提供劳务的成本。营业成本按照其销售商品或提供劳务在企业

日常活动中所处地位，可以分为主营业务成本和其他业务成本。

2. 期间费用

期间费用是指本期发生的不能直接或间接归入营业成本，而直接计入当期损益的各项费用，包括管理费用、销售费用和财务费用。管理费用是企业行政管理部门为组织和管理生产经营活动而发生的各种费用；销售费用是企业在销售商品、提供劳务等日常活动中发生的除营业成本以外的各项费用以及专设销售机构的各项经费；财务费用是企业筹集生产经营所需资金而发生的费用。

六、利润

（一）利润的定义

利润是指企业在一定会计期间的经营成果，包括收入减去费用后的净额、直接计入当期利润的利得和损失等。其中，收入减去费用后的净额反映的是企业日常活动的业绩，直接计入当期利润的利得和损失反映的是企业非日常活动的业绩。

（二）利润的构成

利润按其形成情况不同，可分为营业利润、利润总额和净利润。

营业利润是指主营业务收入加上其他业务收入，减去主营业务成本、其他业务成本、税金及附加、销售费用、管理费用、财务费用、资产减值损失等，再加上公允价值变动净收益、投资净收益和资产处置净收益后的金额。它是狭义收入与狭义费用配比后的结果。

利润总额是指营业利润加上营业外收入，减去营业外支出后的金额。

净利润是指利润总额减去所得税费用后的金额。它是广义收入与广义费用配比后的结果。

收入、费用和利润三个会计要素构成了企业的利润表。通过对利润表信息的分析，可以了解企业一定期间的经营成果。

总之，会计要素是对会计对象进行的具体分类，对核算和监督企业的经济管理活动具有重要作用。

第二节　会计等式

一、会计等式的概念

会计等式，又称会计恒等式或会计平衡公式，是反映各会计要素之间数量关系的表达式。

（一）静态会计等式

任何企业要从事生产经营活动，就必须拥有一定数量的能给企业带来经济利益的资源，这些资源就是会计上所说的资产。资产有不同的存在形式，如货币资金、存货、固定资产、无形资产及其他资产。企业资产来源于两个方面：一是由投资者投入；二是向债权人借入。因此，投资者和债权人对企业的资产享有要求权。对企业资产的要求权，在会计上称为“权益”，其中，向债权人借入部分，形成债权人的权益，称为“负债”；由投资者投入部分，形成投资人的权益，称为“所有者权益”。

资产表明企业拥有多少经济资源和经济资源的具体构成，权益则表明这些经济资源的来源渠道以及谁对这些经济资源拥有要求权。资产与权益实际上是对同一事物从两个不同方面进行观察的结果，它们是相互依存的关系。从数量上看，有一定数额的资产，就必然有一定数额的权益；反之，有一定数额的权益，也必然有一定数额的资产。也就是说，一个企业的资产总额与权益总额相等，两者之间保持着数量上的平衡关系，通常用公式表示为：

资产＝权益

即　　资产＝负债＋所有者权益

这一会计等式反映了企业资金运动的相对静止状态，即在某一特定日期企业资产的构成、占用状况，以及资产的来源渠道和权益状况。因此，这一会计等式被称为静态会计等式，也是基本会计等式。它是设置账户、复式记账、编制资产负债表等会计方法的理论依据。

（二）动态会计等式

企业在生产经营过程中资产不断被消耗，形成费用，同时也取得一定的收入。企业将一定会计期间内取得的收入与发生的费用进行配比，就可以确定该期间企业的经营成果。当收入大于费用时，表明企业实现了利润；当收入小于费用时，则意味着企业发生了亏损。收入、费用和利润三者之间的关系可用公式表示如下：

收入－费用＝利润

这一会计等式反映了企业资金运动的显著变动状态，即在某一时期内企业取得的经营成果。因此这一会计等式被称为动态会计等式，它是编制利润表的理论依据。

（三）综合会计等式

在会计期初，会计等式的形式表现为：

资产＝负债＋所有者权益

在会计期中，企业进行生产经营，一方面发生耗费，另一方面取得收入。收入、费用相抵减形成的利润是企业的经营成果，作为所有者投资的回报，在未分配之前全部归企业所有，是所有者权益的一部分。因此，企业在会计期间内生产经营过程中的任一时点上会计等式又会转化为下面的形式：

资产＝负债＋所有者权益＋利润
　　＝负债＋所有者权益＋（收入－费用）

移项得：

资产＋费用＝负债＋所有者权益＋收入

上一等式被称为综合会计等式，也称扩展会计等式，是由静态会计等式和动态会计等式综合而成的，用以全面反映企业的财务状况和经营成果。

在会计期末，企业将收入与费用相配比，计算利润或亏损。实现的税后净利润，按照利润分配的规定与顺序进行分配，一部分以利润的形式分配给投资者，作为投资者的收益；另一部分以公积金的形式留归企业，作为企业抵御风险能力的资金。利润在未支付给投资者之前形成了负债，提取的公积金与未分配利润形成了所有者权益。在会计期间终了时，上述等式又恢复到转化前的会计等式，即

资产＝负债＋所有者权益

从以上分析可以看出，会计等式揭示了会计要素之间的数量关系，是设置账户、进行复式记账、编制会计报表的理论依据。

二、经济业务对会计等式的影响

经济业务也称为会计交易或事项，是指企业在生产经营过程中发生的能以货币计量的，并

能引起会计要素发生增减变化的事项。如所有者投入资本、企业购买材料、支付工资、销售商品等，都是企业的经济业务，也是会计事项。企业在生产经营过程中每天发生着大量的经济业务。任何一项经济业务的发生，都必然使资产、负债等会计要素的数额发生变化。这些变化是否会影响会计等式的平衡关系，可以通过下面的分析来加以说明。

东方公司 2024 年 4 月 1 日的财务状况是：

资产＝负债＋所有者权益

即　　100 000＝20 000＋80 000

下面以东方公司 2024 年 4 月发生的经济业务为例，分析其对会计等式的影响。

【例 2—1】 购入原材料一批，货款 50 000 元，材料已经收到，款项尚未支付。

该项经济业务的发生，使资产项目（原材料）增加 50 000 元，同时，使负债项目（应付账款）增加 50 000 元，等式两边同时增加 50 000 元，不影响会计等式的平衡。

	资产	＝	负债	＋	所有者权益
变动前数额	100 000	＝	20 000	＋	80 000
购入原材料	＋50 000		＋50 000		
变动后数额	150 000	＝	70 000	＋	80 000

【例 2—2】 收到投资者追加投入资本 200 000 元，款项已经收到，并存入银行。

该项经济业务的发生，使资产项目（银行存款）增加 200 000 元，同时，使所有者权益项目（实收资本）增加 200 000 元，等式两边同时增加 200 000 元，不影响会计等式的平衡。

	资产	＝	负债	＋	所有者权益
变动前数额	150 000	＝	70 000	＋	80 000
追加投资	＋200 000				＋200 000
变动后数额	350 000	＝	70 000	＋	280 000

【例 2—3】 用银行存款偿还到期的短期借款 10 000 元。

该项经济业务的发生，使资产项目（银行存款）减少 10 000 元，同时，使负债项目（短期借款）减少 10 000 元，等式两边同时减少 10 000 元，不影响会计等式的平衡。

	资产	＝	负债	＋	所有者权益
变动前数额	350 000	＝	70 000	＋	280 000
偿还借款	－10 000		－10 000		
变动后数额	340 000	＝	60 000	＋	280 000

【例 2—4】 由于经济形势的变化，经协商，退还投资者张某的投资额 100 000 元。

该项经济业务的发生，使资产项目（银行存款）减少 100 000 元，同时，使所有者权益项目（实收资本）减少 100 000 元，等式两边同时减少 100 000 元，不影响会计等式的平衡。

	资产	＝	负债	＋	所有者权益
变动前数额	340 000	＝	60 000	＋	280 000
退还投资	－100 000				－100 000
变动后数额	240 000	＝	60 000	＋	180 000

【例 2—5】 收回客户前欠的货款 30 000 元，款项已存入银行。

该项经济业务的发生，使资产项目（银行存款）增加 30 000 元，同时，使资产项目（应收账款）减少 30 000 元，资产项目内部一增一减，增减变化的金额相等，资产总额不变，不影响会计等式的平衡。

	资产	=	负债	+	所有者权益
变动前数额	240 000	=	60 000	+	180 000
收回货款	+30 000				
	−30 000				
变动后数额	240 000	=	60 000	+	180 000

【例 2—6】 从银行取得期限为 6 个月的借款 50 000 元，直接偿还前欠购货款。

该项经济业务的发生，使负债项目（短期借款）增加 50 000 元，同时，使负债项目（应付账款）减少 50 000 元，负债项目内部一增一减，增减变化的金额相等，负债总额不变，不影响会计等式的平衡。

	资产	=	负债	+	所有者权益
变动前数额	240 000	=	60 000	+	180 000
借款偿还前欠货款			+50 000		
			−50 000		
变动后数额	240 000	=	60 000	+	180 000

【例 2—7】 按法定程序报经批准后，将 20 000 元的资本公积转增资本。

该项经济业务的发生，使所有者权益项目（实收资本）增加 20 000 元，同时，使所有者权益项目（资本公积）减少 20 000 元，所有者权益项目内部一增一减，增减变化的金额相等，所有者权益总额不变，不影响会计等式的平衡。

	资产	=	负债	+	所有者权益
变动前数额	240 000	=	60 000	+	180 000
资本公积转增资本					+20 000
					−20 000
变动后数额	240 000	=	60 000	+	180 000

【例 2—8】 供应商金通公司将企业原欠的购料款 10 000 元转作对企业的投资。

该项经济业务的发生，使所有者权益项目（实收资本）增加 10 000 元，同时，使负债项目（应付账款）减少 10 000 元，等式右边一增一减，增减变化的金额相等，权益总额不变，不影响会计等式的平衡。

	资产	=	负债	+	所有者权益
变动前数额	240 000	=	60 000	+	180 000
欠款转作投资			−10 000		+10 000
变动后数额	240 000	=	50 000	+	190 000

【例 2—9】 与大宇公司的联营合同到期，应向其归还投资款 40 000 元，但款项尚未支付。

该项经济业务的发生，使负债项目（其他应付款）增加 40 000 元，同时，使所有者权益（实收资本）减少 40 000 元，等式右边一增一减，增减变化的金额相等，权益总额不变，不影响会计等式的平衡。

	资产	=	负债	+	所有者权益
变动前数额	240 000	=	50 000	+	190 000
归还投资			+40 000		−40 000
变动后数额	240 000	=	90 000	+	150 000

通过对上述经济业务的分析，可以得出如下结论：任何企业经济业务的发生，都会引起资产、负债和所有者权益发生变化，但这种变化不会破坏“资产＝负债＋所有者权益”这一会计等式的平衡关系。企业的经济业务多种多样，但所有经济业务对资产、负债和所有者权益的影响归纳起来可以分为四种类型、九种情况。

（1）资产类项目一增一减，增减的金额相等。

（2）权益类项目一增一减，增减的金额相等。这一类经济业务具体有以下四种情况：

①一项负债类项目减少，另一项负债类项目增加；

②一项所有者权益类项目减少，另一项所有者权益类项目增加；

③一项负债类项目减少，另一项所有者权益类项目增加；

④一项所有者权益类项目减少，另一项负债类项目增加。

（3）资产类项目和权益类项目同增，双方增加的金额相等。这一类经济业务具体有以下两种情况：

①一项资产类项目增加，一项所有者权益类项目增加；

②一项资产类项目增加，一项负债类项目增加。

（4）资产类项目和权益类项目同减，双方减少的金额相等。这一类经济业务具体有以下两种情况：

①一项资产类项目减少，一项负债类项目减少；

②一项资产类项目减少，一项所有者权益类项目减少。

这四种类型的经济业务都会直接影响资产、负债和所有者权益数量上的增减变化，但始终不会破坏会计等式的平衡关系。因此，会计等式又被称为会计恒等式。经济业务变化的四种类型可用图 2—1 表示。

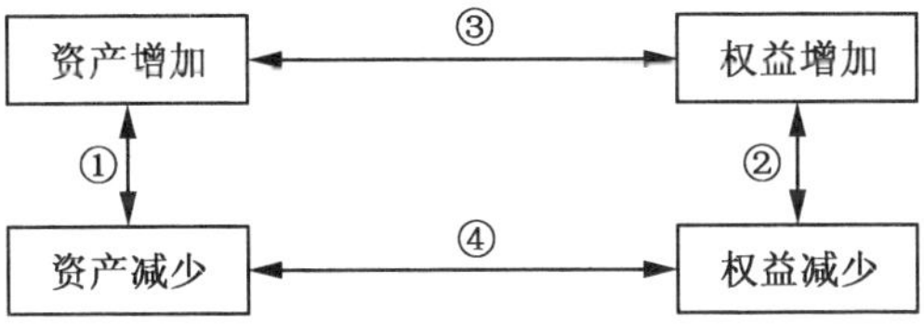

图 2—1 经济业务变化的四种类型

第三节 会计科目

一、会计科目的概念及意义

会计科目是对会计要素的具体内容进行分类核算的项目，具体来说，它是按照经济业务的内容和经济管理的要求，对会计要素所做的进一步分类。企业在经营过程中会发生各种各样的经济业务。经济业务的发生，必然会引起各项会计要素的具体内容发生数量、金额的增减变动。为了达到会计的目标，不仅需要取得各项会计要素增减变化及其结果的总括数字，而且还要取得一系列更加具体的分类核算指标。这就必须对会计要素按其经济内容和管理的要求做进一步分类，分类的各项目即为会计科目。图 2—2 反映了会计对象、会计要素与会计科目之间的关系。

图 2—2 会计对象、会计要素与会计科目的关系

会计科目设置的意义：(1)能分门别类地反映经济活动情况，为经济管理提供系统的会计核算资料；(2)是设置账户、填制记账凭证、登记账簿、编制会计报表的基础。

二、会计科目的设置原则

设置会计科目是正确组织会计核算的一个重要条件。为了使会计科目科学、合理、适用，设置会计科目一般应遵循下列原则：

(一)必须结合会计对象的特点

由于会计科目是在会计要素的基础上对会计对象的具体内容的进一步分类，因此，各单位的会计科目体系一方面应能全面、系统、分类核算和监督会计对象的全部内容；另一方面，各单位应结合本单位会计对象特点设置相应的会计科目，不必千篇一律，如工业企业应设置“生产成本”“制造费用”会计科目，用以核算和监督工业产品的生产过程，而商品流通企业则不需要设置这样的科目。

(二)必须符合会计目标的要求

会计的主要目标是提供有用的会计信息，为会计信息使用者服务，因此，企业要设置相关科目。如企业的盈亏情况是会计信息使用者非常关心的，为此，企业必须设置“主营业务收入”“主营业务成本”“管理费用”“本年利润”等科目，用以反映盈亏的形成。又由于企业内部经营管理和企业外部有关方面对会计信息的要求并不完全相同，企业为了加强内部的经营管理，需要会计提供尽可能详细、具体的资料，而对外报告往往只需提供比较综合的数据，因此，企业对许多科目要设置总账科目和明细科目，以提供详细程度各异的信息。

(三)统一性与灵活性相结合

统一性是指会计科目的设置要符合《企业会计准则》和国家统一的会计制度规定的会计科目名称及其涵盖的范围和内容，保证会计核算指标口径一致，信息可比；灵活性是指企业在设置会计科目时在不违反会计准则的前提下可根据本单位的实际情况自行增设、分拆、合并某些会计科目。

(四)稳定性与适应性相结合

稳定性是指企业的会计科目名称、内容和数量等应在较长时间内保持相对稳定,不能经常变动;适应性是指企业应根据社会经济环境和本单位经营活动内容的变化而对会计科目加以修改、补充和完善。

(五)完整性与互斥性相结合

完整性是指企业设置的会计科目能全面、系统、完整地体现其所有能用货币表现的经济业务,企业所发生的任何一笔经济业务都有相应的会计科目予以反映;互斥性是指会计科目要概念清楚、核算内容明确,相互之间不得混淆和交叉。

在国外,企业所使用的会计科目表一般都是由企业自行编制的,科目的名称及其内涵、外延通常都是约定俗成的,政府并不为所有企业都规定统一的科目表。在我国,财政部制定并颁布的会计准则和会计制度对企业所使用的会计科目做出了统一规定,企业需要遵照执行。从这个角度来看,我国企业所使用的会计科目具有更强的可比性。

三、会计科目的分类

为了在会计核算中正确地掌握和运用好会计科目,企业必须对会计科目进行科学的分类。会计科目的分类方法通常有以下两种:

(一)按反映的经济内容分类

这是会计科目的基本分类方法。按照《企业会计准则》的规定,会计科目可以分为资产类、负债类、共同类、所有者权益类、成本类和损益类六类科目。

(1)资产类科目,如库存现金、银行存款、应收账款、原材料、固定资产、无形资产等。

(2)负债类科目,如短期借款、应付账款、应付职工薪酬、应交税费、长期借款等。

(3)共同类科目,指同时具有资产、负债性质的科目,如衍生工具、套期工具、被套期项目等。

(4)所有者权益类科目,如实收资本、资本公积、盈余公积、本年利润、利润分配等。

(5)成本类科目,如生产成本、制造费用等。

(6)损益类科目,如主营业务收入、主营业务成本、营业外收入、营业外支出等。

一般企业所使用的基本会计科目如表2—1所示。

表2—1　　会计科目表

顺序号	编号	会计科目名称	顺序号	编号	会计科目名称
一、资产类			9	1132	应收利息
1	1001	库存现金	10	1221	其他应收款
2	1002	银行存款	11	1231	坏账准备
3	1012	其他货币资金	12	1401	材料采购
4	1101	交易性金融资产	13	1402	在途物资
5	1121	应收票据	14	1403	原材料
6	1122	应收账款	15	1404	材料成本差异
7	1123	预付账款	16	1405	库存商品
8	1131	应收股利	17	1406	发出商品

续表

顺序号	编号	会计科目名称	顺序号	编号	会计科目名称
18	1407	商品进销差价	57	2502	应付债券
19	1408	委托加工物资	58	2701	长期应付款
20	1411	周转材料	59	2702	未确认融资费用
21	1471	存货跌价准备	60	2801	预计负债
22	1473	合同资产	三、共同类		
23	1475	合同履约成本	61	3101	衍生工具
24	1477	合同取得成本	62	3201	套期工具
25	1481	持有待售资产	63	3202	被套期项目
26	1501	债权投资	四、所有者权益类		
27	1502	债权投资减值准备	64	4001	实收资本
28	1503	其他债权投资	65	4002	资本公积
29	1504	其他权益工具投资	66	4003	其他综合收益
30	1511	长期股权投资	67	4101	盈余公积
31	1512	长期股权投资减值准备	68	4103	本年利润
32	1521	投资性房地产	69	4104	利润分配
33	1531	长期应收款	70	4201	库存股
34	1532	未实现融资收益	71	4401	其他权益工具
35	1601	固定资产	五、成本类		
36	1602	累计折旧	72	5001	生产成本
37	1603	固定资产减值准备	73	5101	制造费用
38	1604	在建工程	74	5201	劳务成本
39	1605	工程物资	75	5301	研发支出
40	1701	无形资产	六、损益类		
41	1702	累计摊销	76	6001	主营业务收入
42	1703	无形资产减值准备	77	6051	其他业务收入
43	1711	商誉	78	6101	公允价值变动损益
44	1801	长期待摊费用	79	6111	投资收益
45	1901	待处理财产损溢	80	6115	资产处置损益
二、负债类			81	6301	营业外收入
46	2001	短期借款	82	6401	主营业务成本
47	2201	应付票据	83	6402	其他业务成本
48	2202	应付账款	84	6403	税金及附加
49	2203	预收账款	85	6601	销售费用
50	2205	合同负债	86	6602	管理费用
51	2211	应付职工薪酬	87	6603	财务费用
52	2221	应交税费	88	6701	资产减值损失
53	2231	应付利息	89	6711	营业外支出
54	2232	应付股利	90	6801	所得税费用
55	2241	其他应付款	91	6901	以前年度损益调整
56	2501	长期借款			

（二）按会计科目的级次分类

会计科目按级次分类也称按隶属关系分类。所谓会计科目的级次，是指同一会计科目纵向的层次关系，会计科目所处的层次不同，提供信息的详细程度也有所不同。会计核算既需要提供总括的会计数据，又需要提供比较详细的会计数据，因此，会计科目应分级次设置。会计科目按其提供指标的详细程度不同，可分为以下两类：

1. 总分类科目

总分类科目也称总账科目（简称“总目”）或一级科目，是对会计要素进行总括分类的科目，它所提供的核算指标是企业各类经济业务的总括指标。例如，通过“固定资产”科目，可以了解到某一时期内企业所有固定资产的增加、减少和结存情况；通过“原材料”科目，可以了解到在一定时期内企业全部材料的购入、发出和结存的总括情况。

2. 明细分类科目

明细分类科目也称明细科目，是对总分类科目所含内容再做详细分类的会计科目。明细科目又可分为二级明细科目（简称“子目”或“二级科目”）和三级明细科目（简称“细目”或“三级科目”），二级明细科目是对总账科目做进一步的分类，三级明细科目是对二级明细科目的分类。如“原材料”科目属于一级科目，下设“主要材料”“辅助材料”“零配件”等二级明细科目，而在二级明细科目下再根据不同的品种、规格、型号分设三级明细科目。

总账科目的名称和核算的内容由财政部统一规定，而明细科目一般是企业根据自身经济业务的特点和经济管理的要求自行设计。在实际工作中并不是所有的总分类科目都必须设置明细分类科目，明细科目设多少、叫什么名称都由企业自主决定，如“累计折旧”科目一般就不设明细科目。

总分类科目概括地反映会计对象的具体内容，明细分类科目详细反映会计对象的具体内容。总分类科目对明细分类科目具有统驭、控制作用，明细分类科目对总分类科目起补充和说明作用。各级次会计科目的隶属关系是：一级科目金额为所属二级科目金额之和，二级科目金额为所属三级科目金额之和，以此类推。

下面以“原材料”科目为例，说明各级次会计科目的关系，如表2－2所示。

表2－2　　会计科目的级次关系

<table>
<tr><th rowspan="2">总分类科目
（一级科目）</th><th colspan="2">明细分类科目</th></tr>
<tr><th>二级科目（子目）</th><th>三级科目（细目）</th></tr>
<tr><td rowspan="5">原材料</td><td rowspan="3">主要材料</td><td>钢板</td></tr>
<tr><td>圆钢</td></tr>
<tr><td>角钢</td></tr>
<tr><td rowspan="2">辅助材料</td><td>润滑油</td></tr>
<tr><td>防锈剂</td></tr>
</table>

四、会计科目的编号

为了便于编制会计凭证、登记账簿、查阅账目、实行会计电算化，需要对会计科目进行编号。会计科目编号，是指以数字确定会计科目所属类别及其在类别中的位置的方法。

我国《企业会计制度》规定会计科目采用四位数字编号：第一位数字代表大类，例如，“1”表示资产类科目,"2"表示负债类科目,"3"表示共同类科目,"4"表示所有者权益类科目,"5"表示成本类科目,"6"表示损益类科目;第二位数字代表大类下的进一步分类,例如,在资产类科目中,"0"表示货币资金类,"6"表示固定资产类等;第三、第四位数字代表顺序号,表示各小类下的会计科目的自然序号,其中某些会计科目之间可能有空号,以便增加科目。企业各会计科目的统一编号可参见表2—1。

会计人员在编制记账凭证和登记账簿时应填写会计科目全称或同时填写编号,不得只填写会计科目编号而不填写会计科目名称。

第四节　会计账户

一、会计账户的概念

会计科目仅仅是对会计要素按经济内容进行分类的名称或标志,要将经济业务产生的原始数据加工成有用的会计信息,尚需按照一定结构来进行登记。所以,为了便于分类,合理、连续地核算和监督经济业务的发生情况,以及由此而引起的各会计要素增减变动的情况和结果,企业有必要设置和使用会计账户。

会计账户是根据会计科目开设的,用来分类、连续地记录经济业务,反映会计要素增减变化及其结果的具有一定格式的账页。设置账户是会计核算的一种专门方法。

会计账户是按照会计科目名称开设的,每一个账户都有一个名称,反映一定的经济内容,各个账户之间既有严格的界限,又有科学的联系。根据总分类科目设置的账户,称为总分类账户,简称"总账账户"或"总账";根据明细分类科目设置的账户,称为明细分类账户,简称"明细账户"或"明细账"。

二、会计账户与会计科目的关系

会计账户与会计科目在会计学中是两个既有联系又有区别的概念。

(一)会计科目与会计账户的联系

(1)会计科目与会计账户都是对会计对象的具体内容在按照会计要素分类的基础上所做的进一步分类,两者的名称和反映的经济内容相同。

(2)会计科目是设置账户的基础和依据,是账户的名称;账户是会计科目的具体运用。从一定意义上讲,没有账户,设置会计科目就失去了作用和意义;反之,没有会计科目,设置账户也就没有依据。

(3)在实际工作中,会计科目和账户常被作为同义词使用。

(二)会计科目与会计账户的区别

(1)会计科目只是对经济业务进行分类核算的标志或名称,不存在结构问题,而账户具有一定的结构和格式。

(2)会计科目只能定性界定核算内容,而账户可以对经济业务进行定量记录,通过具有一定格式的账页记录经济业务的增减变化及其结果。

(3)会计科目一般是国家通过制定会计制度、准则统一规定的,而账户是由企业根据设置的会计科目和自身经营管理的需要在账簿中开设的。

三、会计账户的基本结构与格式

(一)会计账户的基本结构

为了科学、系统地记录和反映各项经济业务，会计账户不但要有明确的核算内容和范围，而且还必须具有一定的结构。

账户的结构是指账户要设置哪几个部分，每一部分反映什么内容。由于经济业务的发生，对资产、负债、所有者权益、收入、费用和利润的影响，从数量方面看，不外乎是增加和减少两种情况。为了反映这两种变化情况，账户在结构上也必须相应地分为两个基本部分：一部分登记经济业务引起会计要素的增加额，另一部分登记经济业务引起会计要素的减少额。这样，会计账户的基本结构就划分为左右两方，在会计学中，经常用“T 型账户”来表示，如图 2—3 所示。

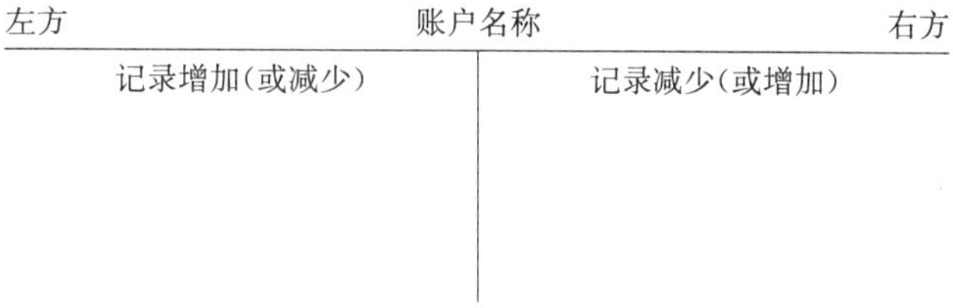

图 2—3　T 型账户

从图 2—3 中可以看到，T 型账户包括三个部分：账户名称、记录增加的部分和记录减少的部分。如果在 T 型账户左边记录增加，则必然在其右边记录减少；反之亦然。账户的哪一方记录增加、哪一方记录减少，是由企业所采取的记账方法和所记录的经济内容决定的。由于现代会计普遍采用借贷记账法记账，在借贷记账法之下，人们将 T 型账户的左方称作借方，右方称作贷方，因此 T 型账户通常又被表示为图 2—4 的形式。

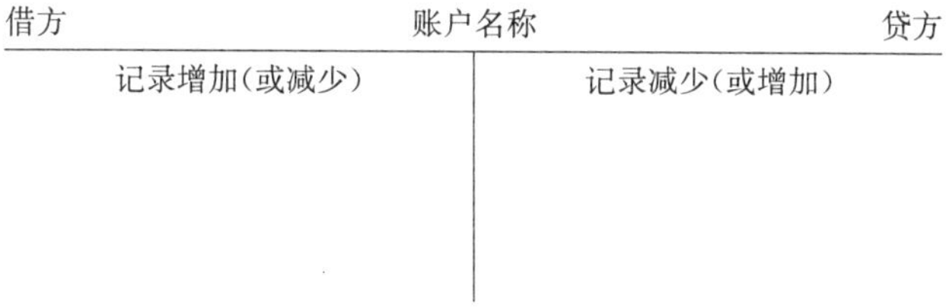

图 2—4　T 型账户

(二)会计账户的基本格式

T 型账户以抽象概括的形式描述了账户的基本结构。在会计实务中，账户表现为具有特定格式的账页或账簿。实际使用的账户格式有许多种，如三栏式、数量金额式、多栏式，但无论哪一种，账户格式的设计一般包括以下内容：

(1)账户的名称：会计科目。

(2)年、月、日：用来记录经济业务的确认日期。

(3)凭证编号：用来说明登记账户的来源和依据。

(4)摘要：用来简明扼要地说明经济业务的内容。

(5)增加金额和减少金额。

(6)余额：增加额减去减少额。

会计实务中，常采用的账户基本格式如表 2—3 所示。

表 2—3　　　　账户的基本格式

账户名称(会计科目)

年		凭证编号	摘要	借方							贷方							借或贷	余额						
月	日			万	千	百	十	元	角	分	万	千	百	十	元	角	分		万	千	百	十	元	角	分

(三)会计账户的四个指标

账户的主要功能是提供一系列有用的信息数据,这些数据主要是以价值形式体现出来的,包括期初余额、本期增加发生额、本期减少发生额和期末余额。

(1)期初余额,是指会计期间开始时的余额,如月初余额、季初余额、年初余额,上期期末余额就是本期期初余额。

(2)本期增加发生额,是指在一定会计期间内账户所登记的增加金额的合计,也称本期增加额。

(3)本期减少发生额,是指在一定会计期间内账户所登记的减少金额的合计,也称本期减少额。

本期增加发生额和本期减少发生额统称为本期发生额。本期发生额是一个动态指标,说明在某一会计期间内各会计要素金额的增减变动情况。

(4)期末余额,是指会计期间结束时的余额,如月末余额、季末余额、年末余额。本期期末余额就是下期期初余额。

账户余额是指账户结存的金额,即到某一时点为止,账户左右两方增加金额与减少金额相抵后的差额,包括期初余额和期末余额。余额是一个静态指标,说明在某一会计时点各会计要素金额增减变化的结果。

综上所述,通过账户记录可以提供期初余额、本期增加发生额、本期减少发生额和期末余额四个核算金额指标,它们之间的相互关系是:

期初余额+本期增加发生额—本期减少发生额=期末余额

四、会计账户的分类

(一)会计账户按提供信息详细程度分类

会计账户是根据会计科目开设的,会计科目按其提供指标的详细程度不同分类为总分类科目和明细分类科目,因此,根据总分类科目开设总分类账户,根据明细分类科目开设明细分类账户。

(1)总分类账户。总分类账户提供的是总括核算指标,一般只用货币计量。例如,根据“固定资产”科目开设的“固定资产”账户,能够提供企业所拥有的固定资产总额。

(2)明细分类账户。明细分类账户是用来提供详细核算资料的账户,除可以用货币计量外,有的还用实物量度(件、千克、吨)辅助计量。例如,根据“应付账款”科目下属的各明细科目开设的明细账户，就可以了解企业应付有关债权单位货款的金额。

在总分类账户和明细分类账户之间，根据二级科目开设的二级账户，也将其归入明细分类账户中。

（二）会计账户按经济内容分类

会计账户的经济内容是指会计账户所核算和监督的会计对象的具体内容。会计账户之间最本质的差别在于反映经济内容的不同。按会计账户的经济内容进行分类便于准确区分每个账户的经济性质和从账户中取得需要的核算指标，因此账户的经济内容是账户分类的基础。

由于会计对象的具体内容分为六大会计要素，因此账户按经济内容可分为六大类，分别是资产类账户、负债类账户、所有者权益类账户、收入类账户、费用类账户和利润类账户。账户按经济内容分类是账户最基本的分类方法。

（1）资产类账户。资产类账户是用来反映企业资产的增减变动及其结存情况的账户。例如，“库存现金”“银行存款”“应收账款”“原材料”“库存商品”“固定资产”“长期股权投资”“累计折旧”“无形资产”等账户。

（2）负债类账户。负债类账户是用来反映企业负债的增减变动及其结存情况的账户。例如，“短期借款”“应付账款”“应付职工薪酬”“长期借款”“应付债券”等账户。

（3）所有者权益类账户。所有者权益类账户是用来反映企业所有者权益增减变动及其结存情况的账户。例如，“实收资本”“资本公积”“盈余公积”等账户。

（4）收入类账户。收入类账户是用来反映企业在生产经营过程中取得各种营业收入情况的账户。例如，“主营业务收入”“其他业务收入”等账户。

（5）费用类账户。费用类账户是用来反映企业在生产经营过程中所发生的各种耗费情况的账户。例如，“主营业务成本”“税金及附加”“其他业务成本”“销售费用”“管理费用”“财务费用”等账户。

（6）利润类账户。利润类账户是用来反映企业利润的实现和分配情况的账户。例如，“本年利润”“利润分配”等账户。

资产类账户、负债类账户和所有者权益类账户是反映企业财务状况的三类账户，期末一般都有余额，因此，也称为实账户，它们的余额是编制资产负债表的数据来源，因此也可以将其称为资产负债表账户。收入类、费用类和利润类账户是反映企业经营成果的三类账户，期末经过结转一般没有余额，因此，也称为虚账户。它们的发生额是编制利润表的主要依据，因此也可以称其为利润表账户。

账户按其反映的经济内容分为六类，每个账户的基本结构分为左右两方。在已经知道账户的经济内容的条件下，哪一方记增加数，哪一方记减少数，取决于所采用的记账方法。

账户也可以按照会计科目的分类方式，分为资产类、负债类、所有者权益类、成本类和损益类。各类账户所包括的范围与会计科目一致。

（三）会计账户按用途和结构分类

账户的用途是指设置和运用账户的目的是什么，通过账户记录能够提供哪些核算指标。账户的结构是指在账户中如何记录经济业务，以取得各种必要的核算指标。在借贷记账法下，账户的结构具体是指账户的借方核算什么内容、账户的贷方核算什么内容、期末余额（如果有余额）在哪方、具体表示什么内容。

按照用途和结构，账户可分为 11 小类，分别是盘存账户、结算账户、投资权益账户、跨期摊配账户、集合分配账户、成本计算账户、收入账户、费用账户、财务成果账户、计价对比账户和调整账户。其中,盘存账户、结算账户、投资权益账户、跨期摊配账户是用来反映企业资产、负债、所有者权益基本情况的,所以这 4 小类账户又称为基本账户。集合分配账户、成本计算账户、收入账户、费用账户、财务成果账户和计价对比账户是用来核算和监督企业在供应、生产、销售过程中的业务活动情况的,所以这 6 小类账户又称为业务账户。调整账户是专门用来调整其他账户而设置的账户。

(1)盘存账户。盘存账户是用来核算、监督各项财产物资和货币资金的增减变动及其实存数额的账户,例如,“原材料”“库存商品”“固定资产”“库存现金”等账户。

(2)结算账户。结算账户是用来核算、监督企业与其他单位或个人之间的债权、债务结算情况的账户。按照结算业务的性质及账户的具体用途和结构,结算账户可分为债权结算账户、债务结算账户和债权债务结算账户,例如,“应收账款”“应付账款”等账户。

(3)投资权益账户。投资权益账户也称资本账户,是用来核算、监督企业所有者权益的增减变动和结存情况的账户,如“实收资本”“资本公积”等账户。

(4)跨期摊配账户。跨期摊配账户是指用来核算和监督在某个会计期间一次支付,但应由若干会计期间共同负担费用的账户,例如,“长期待摊费用”等账户。

(5)集合分配账户。集合分配账户是用来归集、分配企业生产经营过程中某一阶段所发生的有关间接费用,借以反映和监督有关间接费用计划执行情况和分配情况的账户,例如,“制造费用”账户。

(6)成本计算账户。成本计算账户是用来核算和监督企业生产经营过程中某一阶段所发生的应计入成本的全部费用,并据以计算、确定各个成本计算对象实际成本的账户,例如,“生产成本”“在建工程”“材料采购”等账户。

(7)收入账户。收入账户是用来核算和监督企业在一定时期内所发生的、应记入本期损益的各种收入的账户,例如,“主营业务收入”“其他业务收入”等账户。

(8)费用账户。费用账户是用来核算和监督企业在一定时期内所发生的、应记入本期损益的各项费用的账户,例如,“主营业务成本”“销售费用”“管理费用”“财务费用”“所得税费用”等账户。

(9)财务成果账户。财务成果账户是用来核算和监督企业在一定时期内全部经营活动最终财务成果的账户,例如,“本年利润”账户。

(10)计价对比账户。计价对比账户是用来对某项经济业务,按照两种不同计价标准进行对比,借以确定其业务成果的账户,例如,原材料按计划成本进行日常核算的企业所设置的“材料采购”账户。

(11)调整账户。调整账户是用来调整有关账户的账面余额,以求得被调整账户实际余额的账户。调整账户按其调整方式的不同,可分为备抵账户、附加账户和备抵附加账户三类。

备抵账户是用来抵减被调整账户的余额,以求得被调整账户实际余额的账户。备抵账户的调整方式为:被调整账户实际金额＝被调整账户账面余额－备抵账户账面余额。例如,“累计折旧”账户就属于“固定资产”账户的备抵账户。

附加账户是用来调增被调整账户的账面余额,以求得被调整账户实际余额的账户。附加账户的调整方式为:被调整账户实际余额＝被调整账户账面余额＋附加账户账面余额。

备抵附加账户是通过既可调增又可调减被调整账户的余额,以求得被调整账户实际余额的账户。

本章小结

会计要素是对会计对象的具体内容所做的最基本分类，是会计对象的具体化。我国《企业会计准则——基本准则》将会计对象划分为资产、负债、所有者权益、收入、费用和利润六大会计要素。其中，资产、负债和所有者权益侧重于反映企业的财务状况，是组成资产负债表的会计要素，也称资产负债表要素；收入、费用和利润侧重于反映企业的经营成果，是组成利润表的会计要素，也称利润表要素。

会计等式是反映各会计要素之间数量关系的表达式。“资产＝负债＋所有者权益”，是反映企业资金运动过程中某一特定时点财务状况的基本会计等式；“收入－费用＝利润”，是反映企业资金运动过程中一定期间经营成果的会计等式；“资产＋费用＝负债＋所有者权益＋收入”，是反映企业资金运动过程中任一时点全部会计要素之间数量关系的综合会计等式。任何经济业务的发生，都不会破坏会计等式的平衡关系。通过会计等式，可以充分揭示企业会计要素之间的规律性联系，它是设置会计账户、复式记账、试算平衡和编制会计报表的理论依据。

会计科目是对会计要素的具体内容进行分类核算的项目，具体来说，它是按照经济业务的内容和经济管理的要求，对会计要素所做的进一步分类。会计科目按反映的经济内容可分为资产类、负债类、共同类、所有者权益类、成本类和损益类六类科目；按提供指标的详细程度不同分为总分类科目和明细分类科目两类。

会计账户是根据会计科目开设的，用来分类、连续地记录经济业务，反映会计要素增减变化及其结果的具有一定格式的账页。设置账户是会计核算的一种专门方法。会计账户与会计科目，是两个既有联系又有区别的概念。

账户的结构是指账户要设置哪几个部分，每一部分反映什么内容。会计账户的基本结构划分为左右两方：一方登记增加额，另一方登记减少额。通过账户记录金额，可以反映期初余额、本期增加额、本期减少额、期末余额四个核算指标。它们之间的相互关系可用下列等式来表示：

期初余额＋本期增加发生额－本期减少发生额＝期末余额

会计账户按提供信息的详细程度可分为总分类账户和明细分类账户；会计账户按经济内容可分为六大类，分别是资产类账户、负债类账户、所有者权益类账户、收入类账户、费用类账户和利润类账户。会计账户按照用途和结构可分为十一类，分别是盘存账户、结算账户、投资权益账户、跨期摊配账户、集合分配账户、成本计算账户、收入账户、费用账户、财务成果账户、计价对比账户和调整账户。

关键名词

会计要素	会计等式	资产	负债	所有者权益
收入	费用	利润	会计科目	会计账户

复习思考题

1. 什么是会计要素？会计要素包括哪些？
2. 举例说明利得、损失、收入、费用的不同。
3. 什么是会计等式？会计等式包括哪些？
4. 为什么说企业各种经济业务的变化都不会破坏会计等式的平衡关系？
5. 什么是会计科目？什么是会计账户？两者有什么区别和联系？
6. 会计科目的设置应遵循哪些原则？

7. 试述账户的基本结构。
8. 会计科目按经济内容如何分类?

同步练习

一、单项选择题

1. 某企业仓库中的原材料对该企业来讲属于(　　)。
A. 流动资产　B. 固定资产　C. 其他资产　D. 长期投资
2. 下列科目中属于负债类科目的是(　　)。
A."坏账准备"　B."资本公积"　C."待处理财产损溢"　D."应付职工薪酬"
3. 引起资产内部一个项目增加,另一个项目减少,而资金总额不变的经济业务是(　　)。
A. 收到外单位前欠货款　B. 收到金融机构借款,存入银行
C. 用银行存款偿还短期借款　D. 收到投资者投入的机器设备一台
4. 所有者权益是企业所有者在企业资产中享有的经济利益,在数量上等于(　　)。
A. 全部资产减去全部所有者权益　B. 全部资产减去流动负债
C. 企业的新增利润　D. 全部资产减去全部负债
5. 一个企业的资产总额与权益总额(　　)。
A. 必然相等　B. 有时相等　C. 不会相等　D. 只有在期末时相等
6. 某企业资产总额为60万元,权益总额为60万元,现发生一笔以银行存款10万元偿还银行借款的经济业务。此时,该企业的资产总额为(　　)万元。
A. 80　B. 70　C. 50　D. 100
7. 一项资产增加,不可能引起(　　)。
A. 另一项资产的减少　B. 一项负债的增加
C. 一项所有者权益的增加　D. 一项负债的减少
8. 某企业采购员预借差旅费,所引起的变动为(　　)。
A. 一项资产增加,一项负债增加　B. 一项资产增加,一项资产减少
C. 一项资产减少,一项负债减少　D. 一项负债增加,一项负债减少
9."应付账款"账户的期初余额为8 000元,本期增加额为12 000元,期末余额为6 000元,该账户的本期减少额为(　　)元。
A. 10 000　B. 4 000　C. 2 000　D. 14 000
10. 收到某单位预付货款,存入银行,所引起的变化为(　　)。
A. 一项资产增加,一项负债增加　B. 一项资产减少,一项负债减少
C. 一项资产增加,一项所有者权益增加　D. 一项资产减少,一项所有者权益减少
11. 下列项目中,引起所有者权益有增有减的经济业务是(　　)。
A. 收到国家投入的固定资产　B. 以银行存款偿还长期借款
C. 将资本公积金转增资本金　D. 以厂房对外单位投资
12. 会计科目是(　　)。
A. 记账的依据　B. 账户的名称
C. 会计要素　D. 资产负债表的项目
13. 会计科目与会计账户之间的区别在于(　　)。
A. 资产和权益的增减变动情况不同　B. 资产和负债的结果不同
C. 两者的经济内容不同　D. 账户有结构而会计科目无结构
14. 是否设置明细科目、设置多少,主要取决于(　　)的需要。

A. 一级科目　　B. 企业效益　　C. 企业经营管理　　D. 领导意图

15. 总分类科目一般按(　　)进行设置。

A. 企业管理的需要　　B. 统一会计制度的规定

C. 会计核算的需要　　D. 经济业务的种类不同

二、多项选择题

1. (　　)属于流动资产的内容。

A. 存放在银行的存款　　B. 存放在仓库的材料

C. 厂房和机器　　D. 应收票据

2. 下列项目中,属于无形资产的有(　　)。

A. 土地使用权　　B. 商标权　　C. 商誉　　D. 专利权

3. (　　)属于正确的会计等式。

A. 资产＝负债＋所有者权益　　B. 资产＝净资产

C. 收入－费用＝利润　　D. 资产＋费用＝负债＋所有者权益＋收入

4. (　　)属于引起会计等式左右两边会计要素变动的经济业务。

A. 收到某单位前欠货款 10 000 元存入银行　　B. 以银行存款偿还银行借款 50 000 元

C. 收到某单位投来机器一台,价值 80 万元　　D. 以银行存款偿还前欠货款 10 万元

5. (　　)属于只引起会计等式左边会计要素变动的经济业务。

A. 购买材料 700 元,货款暂欠　　B. 从银行提取现金 400 元

C. 购买机器一台,以银行存款支付 9 万元价款　　D. 接受国家投资 100 万元

6. 会计科目按照提供核算指标的详细程度,可以分为(　　)。

A. 总分类科目　　B. 明细分类科目

C. 次要科目　　D. 主要科目

7. 资产类会计科目包括(　　)。

A."利润分配"　　B."坏账准备"　　C."累计折旧"　　D."固定资产"

8. 成本类会计科目包括(　　)。

A."应付职工薪酬"　　B."生产成本"　　C."制造费用"　　D."财务费用"

9. 若一项经济业务发生后,引起银行存款减少 5 000 元,则相应地有可能引起(　　)。

A. 固定资产增加 5 000 元　　B. 短期借款增加 5 000 元

C. 应收账款减少 5 000 元　　D. 应付账款减少 5 000 元

10. 账户的内容一般包括(　　)。

A. 账户的名称　　B. 凭证号数

C. 日期和摘要　　D. 增加和减少的金额及余额

11. 下列账户中,属于负债类账户的有(　　)。

A."应付利息"　　B."累计折旧"　　C."预付账款"　　D."预收账款"

12. 下列各项中,不属于企业资产的有(　　)。

A. 约定未来购入的存货　　B. 盘亏的固定资产

C. 临时租入的半年租期的仓库　　D. 在产品

13. 下列关于负债要素的说法,正确的有(　　)。

A. 负债是指由企业过去的交易或事项形成的、预期会导致经济利益流出企业的现时义务

B. 未来发生的交易或事项形成的义务也应当确认为负债

C. 负债预期会导致经济利益流出企业

D. 短期借款、应付股利、应付债券都属于流动负债

14. 下列各项中,会引起所有者权益总额发生增减变化的情况有(　　)。

A. 资产、负债同时等额增加 B. 资产、负债同时等额减少
C. 资产不变,负债增加 D. 资产不变,负债减少

三、判断题

1. 亏损企业的资产总额必然小于其权益总额。 ( )
2.“以银行存款偿还短期借款”,该项经济业务不会引起企业的资产和权益总额增加。 ( )
3. 会计要素中既有反映财务状况的要素,又有反映经营成果的要素。 ( )
4. 债权人无权参与企业的生产经营管理和收益分配。 ( )
5. 从数量上看,资产与权益始终保持平衡关系,任何经济业务的发生均不会改变资产和权益的金额。 ( )
6. 企业接受捐赠物资一批,计价 9 万元,该项经济业务会引起收入增加、权益增加。 ( )
7. 企业预期经济业务将发生的债务,应当作为负债处理。 ( )
8. 一切经济业务的发生,都会引起会计等式左右两边数额发生变化。 ( )
9. 企业使用的会计科目应由国家统一规定,企业不得自行增设、合并。 ( )
10. 会计恒等式是设置账户、复式记账和编制会计报表等会计核算方法的理论依据。 ( )
11. 所有者权益与企业特定的、具体的资产并无直接关系,不与企业任何具体的资产项目发生对应关系。 ( )
12. 资产包括固定资产和流动资产两部分。 ( )
13. 所有者权益体现的是所有者在企业中的剩余权益,其确认和计量主要依赖于资产、负债等其他会计要素的确认和计量。 ( )
14. 利润包括收入减去费用后的净额和直接计入当期损益的利得和损失。 ( )
15. 现时义务可以是法定义务,也可以是推定义务和潜在义务。 ( )

四、业务题

习题一

【目的】熟悉与掌握会计科目分类。

【资料】木兰公司设置下列会计科目:

银行存款	应收账款	应付账款	原材料	预付账款
主营业务收入	预收账款	管理费用	利润分配	投资收益
应交税费	所得税费用	营业外收入	主营业务成本	实收资本
短期借款	盈余公积	其他业务收入	固定资产	其他应收款
应付职工薪酬	库存现金			

【要求】根据上列资料,分别列出资产类、负债类、所有者权益类、损益类会计科目。

习题二

【目的】练习对会计要素进行分类,并掌握它们之间的关系。

【资料】昌兴公司月末各项目余额如下:

1. 投资者投入资本 700 000 元;
2. 出纳处存放现金 2 000 元;
3. 向银行借入两年期的借款 300 000 元;
4. 应付外单位货款 20 000 元;
5. 机器设备价值 258 000 元;
6. 仓库里存放的原材料 20 000 元;
7. 在银行的存款 450 000 元;

8. 向银行借入半年期的借款 50 000 元；

9. 房屋及建筑物价值 300 000 元；

10. 应收外单位货款 40 000 元。

【要求】

1. 判断上述资料中各项目的类别(资产、负债、所有者权益)，并将各项目金额填入表 2—4。

表 2—4　　**昌兴公司资产负债表**　　单位:元

资　产	金　额	负债和所有者权益	金　额
合　计		合　计	

2. 计算表内资产总额、负债总额、所有者权益总额，并检验是否符合会计等式。

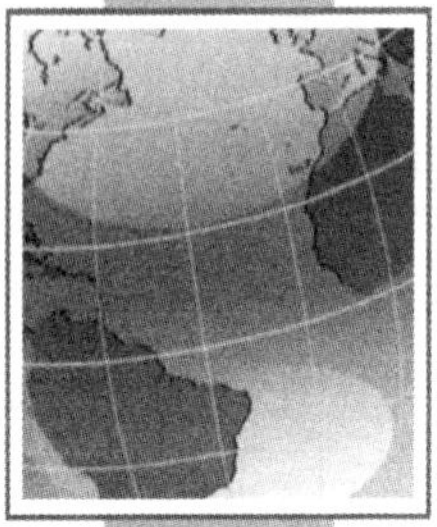

第三章
复式记账

本章导航

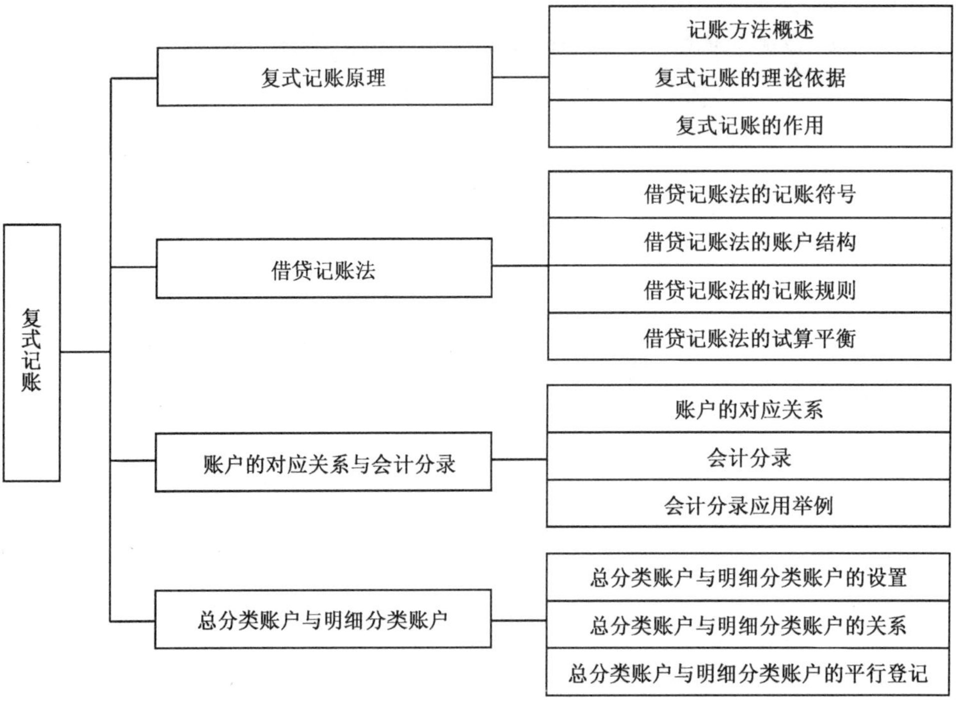

学习目的与要求

本章阐述在会计核算中居于核心地位的复式记账法，重点介绍为当今世界各国所通用的借贷记账法。通过本章学习，要求理解复式记账的原理和特点；重点掌握借贷记账法的记账符号、账户结构、记账规则和试算平衡；掌握会计分录的编制；熟悉账户的对应关系、总分类账户与明细分类账户的平行登记。

学习重点与难点

本章重点是借贷记账法的记账符号、账户结构、记账规则和试算平衡，以及会计分录的编制。本章难点是对复式记账原理、借贷记账法的账户结构和记账规则的理解。

第一节　复式记账原理

一、记账方法概述

为了对会计要素进行核算与监督，在按一定原则设置了会计科目，并按会计科目开设了账户之后，企业就需要采用一定的记账方法将会计要素的增减变动登记在账户中。所谓记账方法，是指根据一定的记账原理，运用一定的记账符号和记账规则，在账户中登记各项经济业务的方法。记账方法随着经济的发展和计算方法的进步而不断发展，经历了从单式记账法到复式记账法的演进。

(一)单式记账法

单式记账法是指对发生的每项经济业务只在一个账户中进行登记的记账方法。在单式记账法下，企业通常只登记现金、银行存款的收付业务以及应收应付款项的结算业务，而不登记实物增减业务，一般情况下，只设“库存现金”“银行存款”“应收账款”“应付账款”等账户。例如，用库存现金 500 元购买材料，只记录“库存现金”账户减少 500 元，而不记录“原材料”账户增加 500 元。

单式记账法具有以下四个特点：第一，没有一套完整的账户体系；第二，不需要对每一项经济业务进行反映和记录；第三，账户之间的记录没有直接的联系；第四，账户之间的记录没有平衡的概念。采用单式记账法，由于账户之间不能形成相互对应的关系，不能全面、系统地反映经济业务的来龙去脉，也不便于检查账户记录的正确性和完整性，因此，世界各国早已不再采用这种记账方法。

(二)复式记账法

复式记账法是指对发生的每一项经济业务，都以相等的金额，在相互联系的两个或两个以上账户中进行登记的记账方法。如上例：用现金 500 元购买材料一批，这项业务的发生，一方面使企业的现金减少了 500 元，另一方面使企业的材料增加了 500 元。若采用复式记账法，此项经济业务涉及“库存现金”和“原材料”这两个相互联系的账户，应以相等的金额同时在“库存现金”和“原材料”两个账户中进行登记，即“库存现金”账户登记减少 500 元，“原材料”账户登记增加 500 元。

复式记账法具有以下四个特点：第一，有完整的账户体系；第二，对每一项经济业务都进行如实反映和记录；第三，对每一项经济业务都要在相互关联的两个或两个以上的账户中做双重记录；第四，每项经济业务都以相等的金额进行分类登记，对应账户之间总是保持平衡关系，可以进行试算平衡。可见，复式记账法突破了单式记账法的局限性，能全面、系统地反映经济业务的来龙去脉，并可以通过试算平衡检查账户记录的正确性。因此，复式记账法是一种科学的记账方法。

二、复式记账的理论依据

企业发生的任何一项经济业务，都会引起企业资金的增加和减少，并且某项资金在量上的增加或减少，总是与另一项资金在量上的增加或减少相伴而生。换言之，在资金运动中，一部分资金的减少或增加，总是有另一部分资金的增减变动作为其变化的原因。这样就要求会计必须把每项经济业务所涉及的资金增减变化的原因和结果都记录下来，从而全面、完整地反映经济业务所引起的资金运动的来龙去脉。而复式记账法恰恰就是适应了资金运动的这一规律性的客观要求，把每一项经济业务所涉及的资金在量上的增减变化，通过两个或两个以上账户的记录予以全面反映。

从会计要素的角度而言，有一定数量的资产就要求有相应数量的负债和所有者权益与之对应；在一个会计要素的项目发生变化时，就会有同一类会计要素其他项目或另一类会计要素的项目同时发生增减变化，并且增减变化的数量相等。从一定时点来看，它们总表现为一定的数量恒等关系，即表现为"资产＝负债＋所有者权益"这种会计平衡关系。至于显著变动的反映，在会计实践中也可以截取某一时刻作为相对静止状态的表现，通过不断的相对静止状态的反映来综合体现其显著变化的结果。

总之，会计等式所反映的会计要素之间的平衡关系，决定了复式记账的基本方法和内容，是复式记账的理论依据。

三、复式记账的作用

(一)能够全面、系统地记录企业发生的所有交易或事项

按照复式记账的要求，企业应建立能够涵盖企业所有会计要素具体内容的账户系统。利用这个系统采用复式记账法进行记录，就能够把企业发生的所有涉及会计要素增减变动的交易或事项毫无遗漏地全面记录下来。不仅如此，由于账户是按反映会计要素内容的要求分门别类设置的，复式记账还可以系统地、有条理地记录企业发生的所有交易或事项。

(二)能够清晰地反映企业资金变化的来龙去脉，便于对交易或事项内容的了解和检查

从复式记账对发生的交易或事项加以记录的过程和结果观察，可以清晰地了解各交易或事项所引起的资金运动变化的全貌，以及账户所反映的会计要素之间的变化关系；同时，也有利于检查交易或事项处理的合理性，从而保证账户记录的正确性。

(三)能够运用有关数据的平衡关系检查账户记录有无差错

按照复式记账法记录企业在一定会计期间所发生的全部交易或事项，该会计期间所有账户的增减发生额之间以及该期间所有账户的余额之间会实现自动平衡。这种平衡关系可以为检验交易或事项处理过程的正确性提供重要参考依据。

综上所述，复式记账法具有单式记账法所不可比拟的优势，因此它也是世界各国公认的一种科学的记账方法。目前，我国的企业和行政事业单位采用的记账方法都是复式记账法。复式记账法从其发展历史看，曾经有"借贷记账法""增减记账法""收付记账法"等。我国现行有关制度规定企业、事业等单位一律采用借贷记账法。这是因为：一方面，借贷记账法经过多年的实践已被全世界的会计工作者普遍接受，是一种比较成熟、完善的记账方法；另一方面，从会计实务角度看，统一记账方法会对企业单位之间横向经济联系和加强国际交往等都带来极大的方便，并且对会计核算工作的规范和更好地发挥会计的作用具有重要意义。因此，本书只阐述借贷记账法的有关内容，对其他复式记账方法将不予介绍。

第二节　借贷记账法

借贷记账法是以"借"和"贷"二字作为记账符号，以"有借必有贷，借贷必相等"为记账规则，反映各项会计要素增减变化情况的一种复式记账方法。以下从记账符号、账户结构、记账规则和试算平衡方面全面介绍借贷记账法。

一、借贷记账法的记账符号

为了便于记账，采用复式记账法时，对所设立的账户都要固定记账方向。表示记账方向的记号，就是记账符号。记账符号是区分各种复式记账法的重要标志，借贷记账法是以“借”和“贷”作为记账符号。

“借”和“贷”最初的含义与债权、债务有关，后来逐步转化为抽象的记账符号，并获得了新的含义：第一，表示资金的增减。“借”表示资金运动时，一方面表示资产、费用的增加，另一方面表示负债、所有者权益、收入、利润的减少；“贷”表示资金运动时，一方面表示负债、所有者权益、收入、利润的增加，另一方面表示资产、费用的减少。第二，表示记账的方向。“借”表示账户的左方，“贷”表示账户的右方。

综上所述，“借”和“贷”的含义可归纳为图 3—1。

借方　　　　账户名称　　　　贷方

资产的增加	资产的减少
费用的增加	费用的减少
负债的减少	负债的增加
所有者权益的减少	所有者权益的增加
收入、利润的减少	收入、利润的增加

图 3—1　“借”和“贷”的含义

二、借贷记账法的账户结构

在借贷记账法下，任何账户都分为借、贷两方，而且把账户的左方称为“借方”，账户的右方称为“贷方”。记账时，账户的借、贷两方必须做相反方向的记录，即对于每一个账户来说，如果借方用来登记增加额，则贷方就用来登记减少额；如果借方用来登记减少额，则贷方就用来登记增加额。在一个会计期间内，借方登记的合计数称为借方发生额；贷方登记的合计数称为贷方发生额。那么，究竟用哪一方登记增加额、哪一方登记减少额呢？这要根据各个账户所反映的经济内容，也就是它的性质来决定。

下面分别说明借贷记账法下各类账户的结构：

(一)资产类账户

反映各项资产占用形态的账户称为资产类账户。资产类账户的结构是：借方登记资产的增加额，贷方登记资产的减少额，期末余额一般在借方，表示资产的期末实有数。在一定会计期间内(月、季、年)，借方增加额合计数称为借方发生额，贷方减少额合计数称为贷方发生额，期末，借、贷方差额称为期末余额，本期的期末余额结转到下期，即为下期的期初余额。资产类账户的结构如图 3—2 所示。

借方　　　　资产类账户　　　　贷方

期初余额	
本期增加额	本期减少额
本期发生额	本期发生额
期末余额	

图 3—2　资产类账户结构

资产类账户的期末余额可根据下列公式计算：

资产类账户期末借方余额＝期初借方余额＋本期借方发生额－本期贷方发生额

(二)负债类账户

反映企业各项债务情况的账户称为负债类账户。按照会计平衡式“资产＝负债＋所有者权益”的原理以及经济业务变化的四种情况，负债类账户结构的内容与资产类账户结构的内容必须相反，这样才能保证既全面反映经济业务的全貌，又不影响会计等式。所以，对于负债类账户，贷方登记负债的增加额，借方登记负债的减少额，期末余额一般在贷方，表示负债的期末实有数。负债类账户的结构如图 3—3 所示。

负债类账户

借方	贷方
	期初余额
本期减少额	本期增加额
本期发生额	本期发生额
	期末余额

图 3—3　负债类账户结构

负债类账户的期末余额可根据下列公式计算：

负债类账户期末贷方余额＝期初贷方余额＋本期贷方发生额－本期借方发生额

(三)所有者权益类账户

反映各项所有者权益状况的账户称为所有者权益类账户。所有者权益类账户的方向与负债类账户相同，贷方登记所有者权益的增加额，借方登记所有者权益的减少额，期末余额一般在贷方，表示所有者权益的期末实有数。所有者权益类账户的结构如图 3—4 所示。

所有者权益类账户

借方	贷方
	期初余额
本期减少额	本期增加额
本期发生额	本期发生额
	期末余额

图 3—4　所有者权益类账户结构

所有者权益类账户的期末余额可根据下列公式计算：

所有者权益类账户期末贷方余额＝期初贷方余额＋本期贷方发生额－本期借方发生额

(四)收入类账户

反映收入增加及结转情况的账户称为收入类账户。收入类账户的结构与负债及所有者权益类账户的结构基本相同，贷方登记收入的增加额，借方登记收入的减少额(转出额)。由于贷方登记的收入增加额期末一般都是从借方转出，以便确定一定期间的利润，因此，该类账户通常没有期末余额。收入类账户的结构如图 3—5 所示。

收入类账户

借方	贷方
本期减少额	本期增加额
本期发生额	本期发生额

图 3—5　收入类账户结构

(五)费用类账户

反映费用增加及结转情况的账户称为费用类账户。费用类账户的结构与资产类账户的结构基本相同,借方登记费用的增加额,贷方登记费用的减少额(转出额)。由于借方登记的费用增加额期末一般都要从贷方转出,以便确定一定期间的利润,因此,该类账户通常也没有期末余额。费用类账户的结构如图 3—6 所示。

借方　　　　费用类账户	贷方
本期增加额	本期减少额
本期发生额	本期发生额

图 3—6　费用类账户结构

(六)利润类账户

利润类账户是反映企业利润的实现和分配情况的账户。利润类账户的结构与负债及所有者权益类账户大致相同,账户的贷方登记利润的增加额,借方登记利润的减少额,期末若有余额,则余额在贷方。利润类账户的结构如图 3—7 所示。

借方　　　　利润类账户	贷方
	期初余额
本期减少额	本期增加额
本期发生额	本期发生额
	期末余额

图 3—7　利润类账户结构

由此可以看出,借贷记账法下各类账户的期末余额都在记录增加额的一方,即资产类账户的期末余额在借方,负债及所有者权益类账户的期末余额在贷方。基于此,可以得出一个结论:根据账户余额所在的方向,也可以判断账户的性质,即账户若有借方余额,则为资产(包括有余额的费用)类账户;账户若有贷方余额,则为负债或所有者权益(包括利润)类账户。

三、借贷记账法的记账规则

账户的结构说明每个账户所记录的经济内容和记账方向,但将经济业务记入有关账户中还必须遵循一定的记账规则。记账规则是指运用记账方法记录经济业务时应当遵守的规律,是记账方法本质特征的具体表现。

借贷记账法的记账规则是“有借必有贷,借贷必相等”。这一记账规则包括两层含义:第一,对任何一项经济业务,在记入一个账户借方的同时必须记入另一个或几个账户的贷方;在记入一个账户贷方的同时必须记入另一个或几个账户的借方。第二,登记在账户借方的金额,必须与登记在其他账户贷方的金额相等。

采用借贷记账法记录经济业务时一般应按下列步骤进行:首先,根据经济业务的内容,确定应记录哪些账户;其次,确定各账户是记增加还是记减少;最后,确定各账户记录的借贷方向及金额。

现以金阳公司 2024 年 4 月份发生的经济业务为例,说明借贷记账法的记账规则。

【例 3—1】　收回客户前欠的货款 40 000 元,款项已存入银行。

该项经济业务，使银行存款增加 40 000 元，同时使企业应收账款减少 40 000 元，涉及“银行存款”和“应收账款”这两个资产类账户。银行存款的增加是资产的增加，应记入“银行存款”账户的借方；应收账款的减少是资产的减少，应记入“应收账款”账户的贷方。该项经济业务在账户中登记的结果如图 3—8 所示。

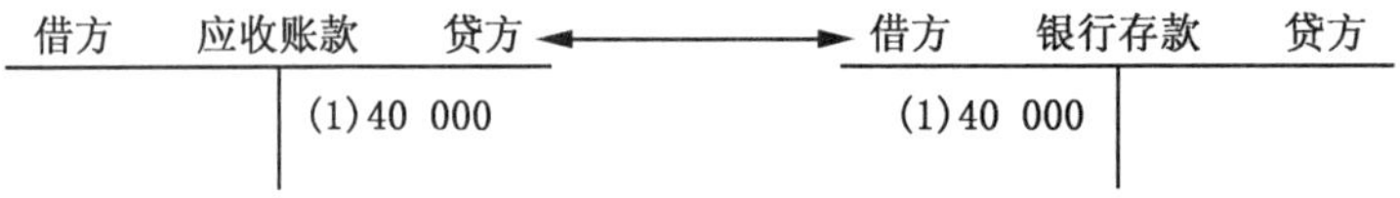

图 3—8

【例 3—2】 购入原材料，货款为 30 000 元，原材料已验收入库，货款尚未支付，假定不考虑增值税。

该项经济业务，使企业的原材料增加 30 000 元，同时使应付账款增加 30 000 元，涉及“原材料”这个资产类账户和“应付账款”这个负债类账户。原材料的增加是资产的增加，应记入“原材料”账户的借方；应付账款的增加是负债的增加，应记入“应付账款”账户的贷方。该项经济业务在账户中登记的结果如图 3—9 所示。

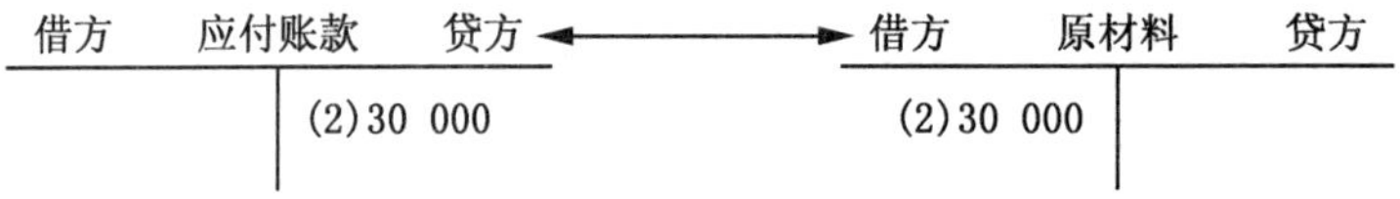

图 3—9

【例 3—3】 从银行借入短期借款 10 000 元，直接偿还应付账款。

该项经济业务，使企业的应付账款减少 10 000 元，同时使企业的短期借款增加 10 000 元，涉及“应付账款”和“短期借款”这两个负债类账户。应付账款的减少是负债的减少，应记入“应付账款”账户的借方；短期借款的增加是负债的增加，应记入“短期借款”账户的贷方。该项经济业务在账户中登记的结果如图 3—10 所示。

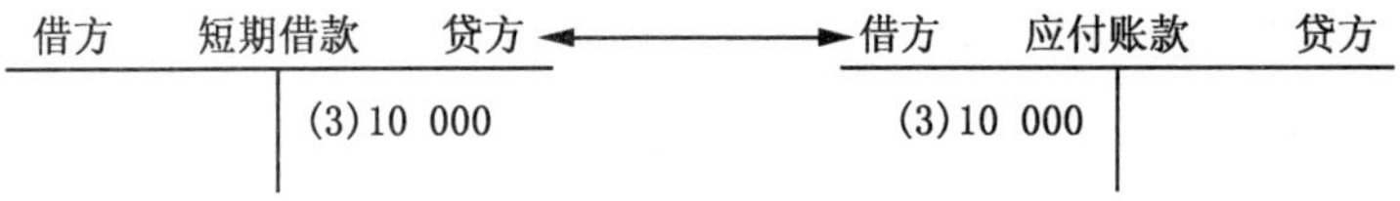

图 3—10

【例 3—4】 用银行存款偿还短期借款 30 000 元。

该项经济业务，使企业的银行存款减少 30 000 元，同时使企业的短期借款减少 30 000 元，涉及“银行存款”这个资产类账户和“短期借款”这个负债类账户。银行存款的减少是资产的减少，应记入“银行存款”账户的贷方；短期借款的减少是负债的减少，应记入“短期借款”账户的借方。此项经济业务在账户中登记的结果如图 3—11 所示。

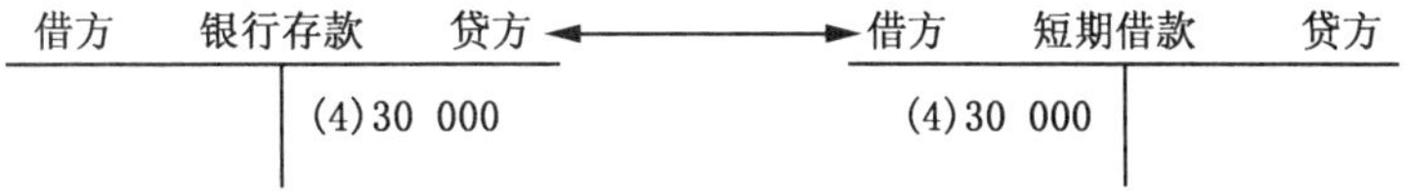

图 3—11

【例 3—5】 收到投资人追加投资 50 000 元,并存入银行(假定全部为实收资本)。

该项经济业务,使企业的银行存款增加 50 000 元,同时使企业的所有者权益增加 50 000 元,涉及"银行存款"这个资产类账户和"实收资本"这个所有者权益类账户。银行存款的增加是资产的增加,应记入"银行存款"账户的借方;实收资本的增加是所有者权益的增加,应记入"实收资本"账户的贷方。该项经济业务在账户中登记的结果如图 3—12 所示。

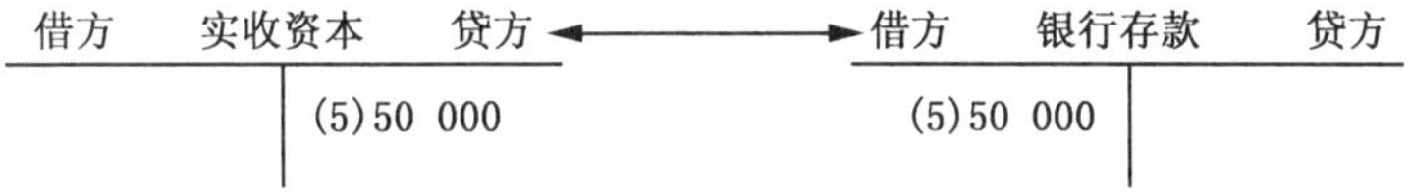

图 3—12

【例 3—6】 用银行存款 20 000 元购入原材料,假定不考虑增值税,原材料已验收入库。

该项经济业务,使企业的原材料增加 20 000 元,同时使企业的银行存款减少 20 000 元,涉及"原材料"和"银行存款"这两个资产类账户。原材料的增加是资产的增加,应记入"原材料"账户的借方;银行存款的减少是资产的减少,应记入"银行存款"账户的贷方。该项经济业务在账户中登记的结果如图 3—13 所示。

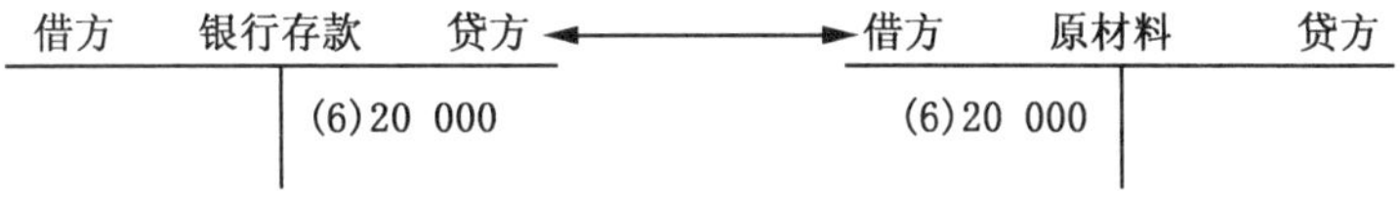

图 3—13

通过以上举例可以看出,不论经济业务的类型如何,在运用借贷记账法时,都要在两个或两个以上相互联系的账户中进行分类记录,即记录一个账户的借方,必须同时记录另一个或几个账户的贷方;记录一个账户的贷方,必须同时记录另一个或几个账户的借方。而且,记入借方的金额与记入贷方的金额必须相等。因此,借贷记账法的记账规则是"有借必有贷,借贷必相等"。

四、借贷记账法的试算平衡

试算平衡是指根据借贷记账法的记账规则与资产和权益的恒等关系,通过对所有账户的发生额和余额的汇总计算和比较,检查账户记录是否正确的一种方法。借贷记账法的试算平衡方法包括发生额试算平衡法和余额试算平衡法。

(一)发生额试算平衡法

发生额试算平衡法是根据本期所有账户借方发生额合计与贷方发生额合计的恒等关系,检验本期账户发生额记录是否正确的方法。其理论依据是借贷记账法的记账规则。发生额试算平衡公式可表示为：

全部账户本期借方发生额合计＝全部账户本期贷方发生额合计

(二)余额试算平衡法

余额试算平衡法就是根据本期所有账户借方余额合计与贷方余额合计的恒等关系，检验本期账户记录是否正确的方法。其理论依据是资产和权益的平衡关系。余额试算平衡法又可分为期初余额平衡与期末余额平衡两类。余额试算平衡公式可表示为：

全部账户期初借方余额合计＝全部账户期初贷方余额合计

全部账户期末借方余额合计＝全部账户期末贷方余额合计

在实际工作中，试算平衡是在月末结算出各账户的本期发生额和期末余额之后，通过编制试算平衡表来进行的。试算平衡表通常是在期末结出各账户的本期发生额合计和期末余额后编制的。试算平衡表中一般应设置“期初余额”“本期发生额”和“期末余额”三大栏，每一大栏分设“借方”和“贷方”两小栏。各大栏中的借方合计与贷方合计应该相等。

【例 3—7】 现以上述六笔经济业务为例，说明如何进行试算平衡。假设金阳公司有关账户的期初余额如表 3—1 所示。

表 3—1 **期初余额** 单位：元

资　产	金　额	负债及所有者权益	金　额
银行存款	30 000	短期借款	40 000
应收账款	50 000	应付账款	30 000
原材料	40 000	实收资本	50 000
合　计	120 000	合　计	120 000

基本步骤：

(1)将每个账户的期初余额记入相关的 T 型账户(开设账户)。

(2)将发生的经济业务记入 T 型账户(登账)。

(3)结出各账户本期发生额和期末余额(结账)，如图 3—14 所示。

借方　银行存款　贷方

期初余额：	30 000		
(1)	40 000	(4)	30 000
(5)	50 000	(6)	20 000
本期发生额：	90 000	本期发生额：	50 000
期末余额：	70 000		

借方　应收账款　贷方

期初余额：	50 000		
		(1)	40 000
本期发生额：		本期发生额：	40 000
期末余额：	10 000		

借方　原材料　贷方

期初余额：	40 000		
(2)	30 000		
(6)	20 000		
本期发生额：	50 000	本期发生额：	
期末余额：	90 000		

借方　短期借款　贷方

		期初余额：	40 000
(4)	30 000	(3)	10 000
本期发生额：	30 000	本期发生额：	10 000
		期末余额：	20 000

借方	应付账款		贷方
		期初余额：	30 000
(3)	10 000	(2)	30 000
本期发生额：	10 000	本期发生额：	30 000
		期末余额：	50 000

借方	实收资本		贷方
		期初余额：	50 000
		(5)	50 000
本期发生额：		本期发生额：	50 000
		期末余额：	100 000

图 3—14　T型账户

(4)编制试算平衡表。根据上述各账户的期初余额、本期借方发生额、本期贷方发生额和期末余额编制的试算平衡表如表 3—2 所示。

表 3—2

金阳公司试算平衡表

2024 年 4 月 30 日

单位：元

账户名称	期初余额		本期发生额		期末余额	
	借方	贷方	借方	贷方	借方	贷方
银行存款	30 000		90 000	50 000	70 000	
应收账款	50 000			40 000	10 000	
原材料	40 000		50 000		90 000	
短期借款		40 000	30 000	10 000		20 000
应付账款		30 000	10 000	30 000		50 000
实收资本		50 000		50 000		100 000
合　计	120 000	120 000	180 000	180 000	170 000	170 000

通过编制试算平衡表，如果发现试算不平衡，即借方发生额(余额)合计不等于贷方发生额(余额)合计，则说明账户记录或计算肯定有误；如果试算平衡，即借方发生额(余额)合计等于贷方发生额(余额)合计，则可大体上推断账户记录或计算正确，但不能绝对肯定记账无误，因为有的错误是不影响借贷平衡关系的。发生这类不影响借贷平衡关系的错误通常包括以下几个方面：

(1)一项经济业务在有关账户中全部重记、全部漏记或多记、少记，且金额一致，借贷仍然平衡；

(2)某项经济业务记错账户，而方向无误，借贷仍然平衡；

(3)某项经济业务记录的应借、应贷账户相互颠倒，借贷仍然平衡；

(4)记录某账户的错误金额一多一少，恰好互相抵销，借贷仍然平衡。

由于账户记录可能存在不能由试算平衡表来体现的错误，所以需要对每项会计记录进行日常或定期的复核，以保证账面记录的正确性。

第三节　账户的对应关系与会计分录

一、账户的对应关系

根据借贷记账法的记账规则，对每项经济业务都要在两个或两个以上相互联系的账户中进行分类记录，即记录一个账户的借方，必须同时记录另一个或几个账户的贷方；记录一个账户的贷方，必须同时记录另一个或几个账户的借方，于是在有关账户之间便形成了应借、应贷的关系。账户之间的这种关系，称作账户的对应关系。

简言之，账户的对应关系是指运用借贷记账法的记账规则在记账时形成的有关账户之间的借贷对应关系。发生对应关系的账户，称为对应账户。例如，从银行提取现金 20 000 元这项业务，要分别在“库存现金”账户的借方和“银行存款”账户的贷方进行登记，此时这两个账户之间就形成了对应关系，“库存现金”账户和“银行存款”账户就是对应账户。

二、会计分录

为了保证账户对应关系的正确性，便于正确地记账，企业在将经济业务记入账户之前，应先根据经济业务所涉及的账户及其借贷方向和金额编制会计分录，然后根据会计分录登记有关账户。

会计分录是指运用复式记账法，在记账之前标明每笔经济业务应记账户名称、记账方向和记账金额的一种记录。会计分录简称分录，在实际工作中是根据每笔经济业务的原始凭证，通过填制记账凭证来确定的。

编制会计分录是处理经济业务的首要环节，也是一项技术性较强的工作，一般应按以下步骤进行：

(1)分析经济业务所涉及的会计账户；

(2)确定这些会计账户的金额是增加还是减少；

(3)根据会计账户借、贷方结构的规定，确定各账户应借、应贷方向及其金额；

(4)按照会计分录书写格式编制会计分录；

(5)检查会计分录中的应借、应贷账户是否正确以及借贷双方金额是否相等。

三、会计分录应用举例

编制会计分录的目的是保证账户记录的正确性，便于事后检查和分析。每一笔会计分录应包括三个要素，即账户名称(会计科目)、记账方向(借方或贷方)、记账金额。编制会计分录，必须按规范的格式要求书写。对在教学中编制的会计分录书写格式应特别注意以下四点：

(1)先写借方，后写贷方，要求分上、下行书写，借方在上，贷方在下。

(2)书写内容：“借”“贷”及冒号，借方账户名称、贷方账户名称，借方金额、贷方金额；账户名称要与科目表一致，金额以元为单位，保留到小数点后两位，但不得写货币符号或“元”。

(3)书写贷方的文字和数字时要缩进一个字符。

(4)在一借多贷、一贷多借或多借多贷的情况下，只写一个“借”、一个“贷”，借方或贷方的文字要对齐，金额也应对齐。账户名称左对齐，金额右对齐。

应用借贷记账法编制会计分录是会计人员的基本功，必须熟练掌握。下面以新星公司 2024 年 5 月份发生的部分经济业务说明会计分录的编制方法。

【例 3—8】 公司为了扩大经营规模，经批准由内部职工集资，筹集资本 100 万元，款项存入银行。

分析：款项存入银行，表现为公司资产增加 100 万元，这 100 万元存款的来源渠道是内部职工集资，即公司所有者权益增加 100 万元。它涉及“银行存款”和“实收资本”两个账户。由于资产类账户增加应记在借方，所有者权益类账户增加应记在贷方，因此，对这项业务应编制如下会计分录：

借：银行存款　　1 000 000

　贷：实收资本　　1 000 000

【例3—9】 为及时组织货源，公司向当地工商银行取得借款50万元，存入银行。

分析：款项存入银行，表现为公司资产增加50万元；取得的借款是公司的一项负债，表现为公司负债增加50万元。它涉及“银行存款”和“短期借款”两个账户。由于资产类账户增加应记在借方，负债类账户增加应记在贷方，因此，对这项业务应编制如下会计分录：

借：银行存款　　500 000

　贷：短期借款　　500 000

【例3—10】 签发现金支票，从银行提取现金20 000元备用。

分析：从银行提取现金，使公司的“银行存款”（资产）减少，同时，公司的“库存现金”（资产）增加；由于资产类账户增加应记在借方，减少应记在贷方，因此，编制会计分录如下：

借：库存现金　　20 000

　贷：银行存款　　20 000

【例3—11】 公司用银行存款归还短期借款30万元。

分析：这项业务使“银行存款”（资产）减少30万元，“短期借款”（负债）也减少30万元；由于资产类账户减少记在贷方，负债类账户减少记在借方，因此，编制会计分录如下：

借：短期借款　　300 000

　贷：银行存款　　300 000

会计分录有简单分录和复合分录两种。简单分录是指涉及两个账户的会计分录，即“一借一贷”的分录，以上举例都是简单分录。复合分录是指由两个以上账户所组成的分录，即“一借多贷”“多借一贷”或“多借多贷”的分录。由于“多借多贷”分录不能清楚地反映账户之间的对应关系，在实际工作中一般不编制这种对应关系的分录。现举例说明复合分录的编制方法。

【例3—12】 新星公司购入材料一批，价款50 000元，其中40 000元用银行存款支付，10 000元尚未支付，材料已验收入库。假定不考虑增值税。

分析：公司购入材料使“原材料”（资产）增加50 000元，支付部分货款使“银行存款”（资产）减少40 000元，未付款使公司“应付账款”（负债）增加10 000元。根据资产类账户增加记借方、减少记贷方，负债类账户增加记贷方的方法，编制复合会计分录如下：

借：原材料　　50 000

　贷：银行存款　　40 000

　　　应付账款　　10 000

【例3—13】 新星公司用现金800元支付办公用品款，其中，公司总部用500元，生产车间用300元。

分析：公司购买办公用品使“库存现金”（资产）减少800元，公司总部领用使“管理费用”（费用）增加500元，车间领用使“制造费用”（费用）增加300元。根据费用类账户增加记借方、资产类账户减少记贷方的方法，编制复合会计分录如下：

借：管理费用　　500

　　制造费用　　300

　贷：库存现金　　800

复合分录实际上是由若干简单分录复合而成的。一笔复合分录可以分解为若干简单分录，而若干简单分录又可复合为一笔复合分录。

【例3－12】的复合分录可分解为以下两个简单分录：

借：原材料 40 000
　贷：银行存款 40 000
借：原材料 10 000
　贷：应付账款 10 000

【例3－13】的复合分录可分解为以下两个简单分录：

借：管理费用 500
　贷：库存现金 500
借：制造费用 300
　贷：库存现金 300

第四节　总分类账户与明细分类账户

一、总分类账户与明细分类账户的设置

在会计核算工作中，为了适应经济管理工作的需要，对于企业的一切经济业务都要在有关账户中进行记录核算，既要提供总括的核算指标，又要提供明细的核算指标，因此，必须同时设置总分类账户和明细分类账户。

所谓总分类账户，是指按照总账科目设置，提供会计要素具体内容增减变动的总括情况的账户。总分类账户以货币计量单位作为统一计量尺度予以登记，因此它只提供各账户经济内容的总括价值指标，不提供有关明细项目、单价、实物数量等具体详细资料。通过总分类账户提供的各种总分类核算资料，可以概括了解企业的各种资产、负债、所有者权益、成本、费用、经营收入和经营成果情况，满足企业生产经营管理时总括资料信息的需要，有利于加强对企业经营资金运动的全面控制。

所谓明细分类账户，是指按照明细科目设置，提供会计要素具体内容增减变动的详细情况的账户。比如，为了详细反映企业与有关购、销往来单位的账款结算情况，需在"应收账款"总分类账户下按具体债务人设置明细分类账户。再如，为了详细掌握库存商品、原材料等存货的实际收入、发出和结存情况，需在"库存商品""原材料"等总分类账户下按其类别、品名、规格等分别设置若干明细分类账户，并在应用货币计量单位登记的同时应用实物计量单位进行登记，以适应库存商品、原材料等存货的实物管理需要。

如果某些总分类账户所属的明细分类账户较多，为了便于控制和核算，则还可增设二级账户。二级账户的核算口径比总分类账户稍细，比明细分类账户稍粗，是介于总分类账户与明细分类账户之间的账户。二级账户也是由企业根据经营管理及会计核算的具体需要和经济业务内容的繁简自行设置的。设置二级账户时，习惯上把总分类账户称为一级账户，把详细、具体的明细账户称为三级账户。在日常工作中，人们有时习惯将二级账户也作为明细分类账户的一部分看待，这时明细分类账户实际上已经分为子目和细目（即二级账户和三级账户）两个层次。

二、总分类账户与明细分类账户的关系

如前所述，总分类账户是按总账科目开设，提供有关总括资料的账户；明细分类账户是按明细科目开设，提供详细资料的账户。它们是既有内在联系又有一定区别的两类账户。两者的相互联系主要表现在以下两方面：

一是反映的经济业务内容相同。如“原材料”总分类账户与所属的“主要材料”“辅助材料”“外购半成品”等明细账户，反映的均为原材料的增减变化及结存情况，其经济性质均为资产类账户。

二是登记的原始依据相同。如产成品验收入库或销售发货出库，引起“库存商品”总分类账户与所属明细分类账户登记增加或减少的原始凭证，均为“产品入库单”或“产品出库单”及相关记账凭证等。

但两者也有区别，主要表现为以下两点：

一是反映经济内容的详细程度不同。总分类账户提供会计要素各会计科目的总括价值资料，反映各会计科目经济内容的概括货币金额情况；明细分类账户则提供各会计科目的详细资料，并从数量、单价、金额等多方面反映会计科目经济内容的具体核算情况。

二是提供资料所起的作用不同。总分类账户与所属明细分类账户提供的资料相互配合、互为补充，既总括又详细地说明同一会计科目的经济内容。总分类账户提供综合的经济指标，对所属明细分类账户起着统驭作用；明细分类账户则提供详细的经济指标，对总分类账户起着补充作用。

由此可见，企业在实际会计核算工作中有必要同时设置和应用两类账户，即总分类账户和明细分类账户。

三、总分类账户与明细分类账户的平行登记

总分类账户与明细分类账户登记的经济业务内容是相同的，只是详细程度不一样，因此，在会计核算中，要采取平行登记的方法。所谓平行登记，是指对所发生的每一笔经济业务要以会计凭证为依据，一方面记入有关总分类账户，另一方面记入总分类账户所属的有关明细分类账户。采用平行登记，不仅可以满足经营管理者对总括资料及详细核算资料的需要，而且通过总分类账户与明细分类账户的关系，可以检查账户记录的正确性，可见平行登记是企业内部牵制制度在会计核算上的具体运用。

（一）总分类账户与明细分类账户平行登记的要点

1. 同依据登记

对于发生的经济业务事项，要依据相同的会计凭证，既登记总账，又登记总账所属的明细账。

2. 同时期登记

同时期登记又称双重登记，是指对同一笔经济业务，在同一会计期间内（如月度内），既要记入有关的总分类账户，又要记入其所属的有关明细分类账户，不能漏记或重记。在实际工作中，对于同一笔经济业务，总分类账户与明细分类账户的具体登记时间可能有先有后，但在同一会计期间内（如一个月度内），必须全部登记入账。

3. 同方向登记

同方向登记是指对同一笔经济业务，在登记总分类账户和所属的明细分类账户时，其各自

的记账方向必须一致，即总分类账户登记在借方，明细分类账户也应登记在借方；总分类账户登记在贷方，明细分类账户也应登记在贷方。

4. 同金额登记

同金额登记是指将同一笔经济业务记入总分类账户和所属的明细分类账户时，记入总分类账户的金额应与记入所属明细分类账户的金额（或金额之和）相等。

（二）总分类账户与明细分类账户平行登记方法举例

现以三星公司2024年1月份发生的有关"原材料"账户和"应付账款"账户的部分经济业务为例，具体说明总分类账户与明细分类账户平行登记的方法（假设不考虑增值税）。

【例3—14】 三星公司2024年1月1日"原材料"账面余额为200 000元，其中明细分类账户情况如表3—3所示。

表3—3　　三星公司原材料明细账

名　称	数量（千克）	单价（元）	金额（元）
A材料	12 000	10	120 000
B材料	10 000	8	80 000
合　计			200 000

"应付账款"总分类账户账面余额为60 000元，其中明细分类账户情况如表3—4所示。

表3—4　　三星公司应付账款明细账

供应单位名称	应付账款金额（元）
乙公司	20 000
丙公司	40 000
合　计	60 000

本月发生有关业务如下：

（1）1月1日，三星公司向乙公司购进A材料1 000千克，每千克单价为10元，货款以银行存款支付，材料已验收入库。假定不考虑增值税。会计分录如下：

借：原材料——A材料　　10 000
　贷：银行存款　　10 000

（2）1月3日，三星公司向乙公司购进A材料2 000千克，单价为10元，计20 000元；向丙公司购进B材料2 500千克，单价为8元，计20 000元。全部货款尚未支付，材料验收入库。假定不考虑增值税。会计分录如下：

借：原材料——A材料　　20 000
　　　　——B材料　　20 000
　贷：应付账款——乙公司　　20 000
　　　　　　——丙公司　　20 000

（3）1月6日，三星公司以银行存款10 000元归还前欠丙公司材料款。会计分录如下：

借：应付账款——丙公司　　10 000

贷:银行存款　　10 000

(4)1月7日,三星公司向乙公司购入A材料3 000千克,单价为10元,计30 000元,货款尚未支付;同时,向丙公司购入B材料3 750千克,单价为8元,计30 000元,货款以银行存款支付,材料已验收入库。假定不考虑增值税。会计分录如下:

借:原材料——A材料　　30 000

——B材料　　30 000

贷:应付账款——乙公司　　30 000

银行存款　　30 000

将月初余额及有关经济业务分别记入"原材料""应付账款"两个总分类账户及其所属明细分类账户。相关内容分别如表3—5、表3—6、表3—7、表3—8、表3—9、表3—10所示。

表3—5　　总分类账户　　第×页

账户名称:原材料　　单位:元

2024年		凭证		摘　要	借　方	贷　方	借或贷	余　额
月	日	字	号					
1	1			期初结存			借	200 000
	1		①	购进	10 000		借	210 000
	3		②	购进	40 000		借	250 000
	7		④	购进	60 000		借	310 000

表3—6　　原材料明细分类账户　　第×页

账户名称:A材料　　单位:千克,元

2024年		凭证		摘　要	收　入			发　出			结　存		
月	日	字	号		数量	单价	金额	数量	单价	金额	数量	单价	金额
1	1			期初结存							12 000	10	120 000
	1		①	购进	1 000	10	10 000				13 000	10	130 000
	3		②	购进	2 000	10	20 000				15 000	10	150 000
	7		④	购进	3 000	10	30 000				18 000	10	180 000

表3—7　　原材料明细分类账户　　第×页

账户名称:B材料　　单位:千克,元

2024年		凭证		摘　要	收　入			发　出			结　存		
月	日	字	号		数量	单价	金额	数量	单价	金额	数量	单价	金额
1	1			期初结存							10 000	8	80 000
	3		②	购进	2 500	8	20 000				12 500	8	100 000
	7		④	购进	3 750	8	30 000				16 250	8	130 000

表 3—8　　总分类账户　　第×页

账户名称：应付账款　　单位：元

2024年		凭证		摘要	借方	贷方	借或贷	余额
月	日	字	号					
1	1			期初结存			贷	60 000
	3		②	购进材料款未付		40 000	贷	100 000
	6		③	归还丙公司材料款	10 000		贷	90 000
	7		④	购进材料款未付		30 000	贷	120 000

表 3—9　　应付账款明细分类账　　第×页

账户名称：乙公司　　单位：元

2024年		凭证		摘要	借方	贷方	借或贷	余额
月	日	字	号					
1	1			期初结存			贷	20 000
	3		②	购进材料款未付		20 000	贷	40 000
	7		④	购进材料款未付		30 000	贷	70 000

表 3—10　　应付账款明细分类账户　　第×页

账户名称：丙公司　　单位：元

2024年		凭证		摘要	借方	贷方	借或贷	余额
月	日	字	号					
1	1			期初结存			贷	40 000
	3		②	购进材料款未付		20 000	贷	60 000
	6		③	归还丙公司材料款	10 000		贷	50 000

从上述平行登记的结果可以看出，“原材料”总分类账户与其所属明细分类账户所登记的方向是一致的，金额是相等的；“应付账款”总分类账户与其所属明细分类账户所登记的方向是一致的，金额也是相等的。利用总分类账户与其所属明细分类账户平行登记所形成的有关数字必然相等的关系，可以通过定期核对双方有关数字，来检查账户的记录是否正确、完整。如果通过核对发现有关数字不等，则表明账户的登记必有差错，应及时查明原因，予以更正。在实际工作中，这项核对工作通常是采用月末编制“明细分类账户本期发生额及余额表”的形式来进行的。

本章小结

记账方法是指根据一定的记账原理、记账符号和记账规则，在账户中登记经济业务的方法。记账方法经历了从单式记账法到复式记账法的演进。单式记账法是指对发生的每项经济业务只在一个账户中进行登记的记账方法。复式记账法是指对发生的每一项经济业务都以相等的金额，在相互联系的两个或两个以上账户中进行登记的记账方法。会计等式是复式记账法的理论依据；复式记账法包括借贷记账法、增减记账法和收付记账法三类。

借贷记账法是以“借”和“贷”二字作为记账符号，以“有借必有贷，借贷必相等”为记账规则，反映各项会计要素增减变化情况的一种复式记账方法。“借”和“贷”为借贷记账法的记账符号；“有借必有贷，借贷必相等”是借贷记账法的记账规则；以设置一套科学、完整的账户体系来分门别类地反映会计主体的全部经济业务为其账户设置的基本要求；以全部账户期初借方余额之和等于全部账户期初贷方余额之和、全部账户本期借方发生额之和等于全部账户本期贷方发生额之和、全部账户期末借方余额之和等于全部账户期末贷方余额之和为其试算平衡的基本方法。

账户的对应关系是指运用借贷记账法的记账规则在记账时形成的有关账户之间的借贷对应关系。发生对应关系的账户，称为对应账户。通过账户的对应关系，可以明晰地反映每一项经济业务的内容，并能清楚地说明业务的发生引起会计要素及其项目增减变化的来龙去脉。

会计分录是根据借贷记账法原理，标明每项经济业务应记账户名称、记账方向和记账金额的一种记录。会计分录可分为简单会计分录和复合会计分录两种。会计分录在实际工作中是根据每项经济业务的原始凭证，通过编制记账凭证来确定的。

会计账户按其反映经济业务内容的详简程度，可分为总分类账户和明细分类账户两种。总分类账户是指按照总账科目设置，提供会计要素具体内容增减变动的总括情况的账户；明细分类账户是指按照明细科目设置，提供会计要素具体内容增减变动的详细情况的账户。

总分类账户与明细分类账户是既有内在联系又有一定区别的两类账户。总分类账户与所属明细分类账户应采用平行登记。所谓平行登记，是指每发生一笔经济业务，既在有关总分类账户中进行总括登记，又在其所属明细分类账户中进行明细登记的方法。平行登记的要点为：同依据登记、同时期登记、同方向登记、同金额登记。

关键名词

记账方法　单式记账法　复式记账法　借贷记账法　对应账户
会计分录　简单分录　复合分录　试算平衡　总分类账户
明细分类账户　账户对应关系　平行登记

复习思考题

1. 什么是复式记账法？复式记账法有何特点？
2. 什么是借贷记账法？借贷记账法记账符号的含义是什么？
3. 如何理解“有借必有贷，借贷必相等”这一记账规则？
4. 什么是账户的对应关系？什么是对应账户？
5. 什么是会计分录？会计分录有哪些类型？正确编制会计分录的基本步骤包括哪些？
6. 何谓总分类账户、明细分类账户？两者的关系如何？
7. 总分类账户与明细分类账户平行登记的含义是什么？平行登记的要点有哪些？
8. 会计核算记录为何要试算平衡？试算平衡的依据是什么？
9. 试算平衡能否说明账户记录正确？举例说明。

同步练习

一、单项选择题

1. 我国所有企业记账方法统一采用(　　)。

A. 借贷记账法　　B. 增减记账法　　C. 收付记账法　　D. 单式记账法

2. 资产类账户的借方反映(　　)。

A. 增加　　B. 减少　　C. 结转　　D. 前三项都可

3. 负债类账户的借方反映(　　)。

A. 增加　　B. 减少　　C. 结转　　D. 前三项都可

4. 在借贷记账法下,将账户划分为借、贷两方,哪一方记增加额,哪一方记减少额,是根据(　　)。

A. 记账方法决定　　B. 凡借方都记增加,贷方都记减少

C. 账户性质决定　　D. 核算方法决定

5. 收入类账户期末结账后,应是(　　)。

A. 贷方余额　　B. 借方余额　　C. 没有余额　　D. 两方都可

6. 月末进行账户试算平衡前,首先要将所编制的本月经济业务的会计分录登记入账,这一过程会计上称为(　　)。

A. 过账　　B. 结账　　C. 对账　　D. 复核

7. 在月末计算出各账户的本月借、贷方发生额和期末余额,这一过程会计上称为(　　)。

A. 过账　　B. 结账　　C. 对账　　D. 复核

8. (　　)是由一个借方账户与一个贷方账户相对应所组成的会计分录。

A. 简单会计分录　　B. 复合会计分录

C. "一贷多借"会计分录　　D. "一借多贷"会计分录

9. (　　)是由一个借方账户与几个贷方账户或一个贷方账户与几个借方账户相对应所组成的会计分录。

A. 简单会计分录　　B. 复合会计分录

C. "一借一贷"会计分录　　D. "多借多贷"会计分录

10. 复式记账法,就是对发生的每一项经济业务都要以(　　)的金额,在两个或两个以上账户中相互联系地进行登记的一种记账方法。

A. 不等　　B. 相等　　C. 合计　　D. 前三项都可

11. 借贷记账法的理论依据是(　　)。

A. 复式记账法　　B. 资产=负债+所有者权益

C. 有借必有贷,借贷必相等　　D. 借贷平衡

12. 在借贷记账法下,发生额试算平衡的依据是(　　)。

A. 资产=负债+所有者权益　　B. 收入-费用=利润

C. 有借必有贷,借贷必相等　　D. 资产=负债+所有者权益+收入

13. 下列记账错误中,不能通过试算平衡检查发现的是(　　)。

A. 将某一账户的借方发生额600元,误写成6 000元,贷方金额无误

B. 某项经济业务在记账过程中颠倒了借贷科目,金额无误

C. 借方的金额误记到贷方

D. 漏记了借方的发生额

14. 下列各项中,会导致试算不平衡的因素是(　　)。

A. 重记某项经济业务　　B. 漏记某项经济业务

C. 借方多记金额　　D. 借贷科目用错

15. 下列会计分录中,属于简单会计分录的是(　　)。

A. 一借一贷　　B. 一借多贷　　C. 一贷多借　　D. 多借多贷

二、多项选择题

1. 记账方法按记录方式不同，分为(　　)。

A. 单式记账法　　B. 复式记账法　　C. 借贷记账法　　D. 增减记账法

2. 借贷记账法下的试算平衡公式有(　　)。

A. 期末借方余额＝期初借方余额＋本期借方发生额－本期贷方发生额

B. 全部账户本期借方发生额合计＝全部账户本期贷方发生额合计

C. 全部账户期初借方余额合计＝全部账户期初贷方余额合计

D. 全部账户期末借方余额合计＝全部账户期末贷方余额合计

3. 会计分录的种类有(　　)。

A. 简单会计分录　　B. 复合会计分录　　C. 组合会计分录　　D. 一般会计分录

4. 以银行存款归还到期的借款影响(　　)账户。

A. 资产类　　B. 负债类　　C. 所有者权益类　　D. 成本类

5. 接受投资者投入资本影响(　　)账户。

A. 资产类　　B. 负债类　　C. 所有者权益类　　D. 收入类

6. 在借贷记账法下，账户的贷方登记(　　)。

A. 资产的减少　　B. 收入的减少　　C. 费用的减少　　D. 所有者权益的减少

7. 借贷记账法下的“贷”字表示(　　)。

A. 负债的增加　　B. 费用的增加　　C. 收入的增加　　D. 资产的增加

8. 下列项目中，试算平衡不能发现的错误有(　　)。

A. 借贷双方中一方多记金额，一方少记金额

B. 某项交易、事项未入账

C. 某项交易、事项重复入账

D. 某项交易、事项借方应记“库存现金”，误记“银行存款”

9. 在借贷记账法下，关于成本类账户，下列说法中，正确的有(　　)。

A. 借方登记增加额　　B. 贷方登记减少额

C. 期末一定没有余额　　D. 期末余额一般在借方

10. 下列选项中，属于试算平衡理论依据的有(　　)。

A. 有借必有贷，借贷必相等

B. 资产＝负债＋所有者权益

C. 收入－费用＝利润

D. 全部账户本期借方发生额合计＝全部账户本期贷方发生额合计

11. 下列关于借贷记账法试算平衡的说法中，正确的有(　　)。

A. 在一定时期内，全部账户本期借方发生额之和应等于全部账户本期贷方发牛额之和

B. 在某一特定时日，全部账户期末借方余额之和应等于全部账户期末贷方余额之和

C. 在某一特定时日，全部账户期初借方余额之和应等于全部账户期初贷方余额之和

D. 若本期全部账户期末借方余额之和等于全部账户期末贷方余额之和，则说明记账工作无差错

12. 负债类账户的记账规则有(　　)。

A. 增加记借方　　B. 增加记贷方　　C. 减少记借方　　D. 减少记贷方

13. “银行存款”账户本期期初余额为 169 660 元，本期有两笔金额均为 50 000 元的经济业务导致银行存款增加，同时也有两笔金额分别为 30 000 元和 500 元的经济业务导致银行存款减少。下列关于“银行存款”账户记录的观点，正确的有(　　)。

A. 本期借方发生额合计 100 000 元　　B. 本期贷方发生额合计 30 500 元

C. 期末余额在借方为 234 160 元　　D. 期末余额在贷方为 239 160 元

14. 关于借贷记账法，下列表述正确的有（　　）。

A. 可多借一贷　　B. 只可一借一贷　　C. 借贷必相等　　D. 有借必有贷

15. 明细分类账户本期发生额和余额可以与总分类账户核对的数额有（　　）。

A. 期初余额　　B. 本期借方发生额　　C. 本期贷方发生额　　D. 期末余额

三、判断题

1. 借贷记账法中的“借”“贷”分别表示债权和债务。（　　）
2. 在借贷记账法下，费用类账户期末一般无余额。（　　）
3. 会计科目和账户之间的主要区别在于账户有结构而会计科目无结构。（　　）
4. 账户的对应关系是指两个账户之间形成的应借应贷关系。（　　）
5. 能清楚地反映每一项交易、事项的来龙去脉是复式记账法的特点。（　　）
6. 任何交易、事项的发生都不会破坏会计等式的平衡关系。（　　）
7. 当一笔交易、事项发生时，既要记入有关总分类账户，又要记入其所属明细分类账户。（　　）
8. 借贷记账法下账户的基本结构是：每一个账户的左边均为借方，每一个账户的右边均为贷方。（　　）
9. 一般来说，利润类账户结构与所有者权益类账户结构大致相同。（　　）
10. 一般来说，借贷记账法下各类账户的期末余额都在记录增加额的一方。（　　）
11. 试算平衡一定能检查出记账的所有错误。（　　）
12. 实际工作中，会计分录是在记账凭证中编制的。（　　）
13. 总分类账户试算平衡表的期初余额、本期发生额和期末余额的借贷方合计数相等，表明记账一定正确。（　　）
14. 企业漏记某项经济业务会导致试算平衡表中的本期借贷方发生额不平衡。（　　）
15. 凡是借方余额的账户均为资产类账户。（　　）

四、业务题

习题一

【目的】练习借贷记账法。

【资料】海河公司 2024 年 4 月发生如下经济业务：

1. 将现金 3 000 元存入银行。
2. 购入 A 材料 45 000 元，货款欠北京厂，材料已验收入库。假定不考虑增值税。
3. 收到外商投入新设备一台，价值 250 000 元。
4. 采购员李丰预借差旅费 1 300 元，用现金支付。
5. 收到上海厂归还的货款 36 000 元。
6. 用存款归还半年期借款 55 000 元。
7. 收到投资 20 000 元，存入银行。
8. 购入 B 材料 12 000 元，货款用银行存款支付，材料已验收入库。假定不考虑增值税。
9. 从银行借款 10 000 元，直接归还所欠货款。
10. 用银行存款归还欠广州厂货款 96 000 元。

【要求】根据以上经济业务编制会计分录。

习题二

【目的】熟悉账户试算平衡。

【资料】红星公司 2024 年 5 月总分类账户发生额及余额如表 3－11 所示。

表 3—11　　**总分类账户发生额及余额**　　单位:元

账户名称	期初余额		本期发生额		期末余额	
	借方	贷方	借方	贷方	借方	贷方
库存现金	(　)		23 000	16 000	31 000	
银行存款	50 000		(　)	24 000	49 000	
原材料	35 000		32 000	12 000	(　)	
应收账款	15 000		23 800	(　)	21 500	
其他应收款	3 000		800	(　)	2 100	
库存商品	16 000		65 000	32 000	(　)	
固定资产	(　)		17 000		(　)	
长期借款		55 000	38 000	25 000		(　)
应付账款		12 000	9 000	32 000		(　)
其他应付款		4 000	(　)	3 200		5 100
应交税费		23 000	19 000	(　)		16 000
实收资本		(　)		77 500		(　)
合　计	200 000	(　)	(　)	(　)	(　)	(　)

【要求】根据表 3—11 中的资料填写有关数据,并进行试算平衡。

习题三

【目的】练习 T 型账户的登记。

【资料】新华公司 2024 年 6 月 30 日的资产、权益状况如下:

固定资产	110 000	银行存款	60 000	本年利润	50 000
应付账款	16 800	原材料	35 000	盈余公积	100 000
短期借款	46 000	无形资产	82 000	预收账款	74 200

7 月份发生以下经济业务:

1. 国家投入资本 25 000 元,存入银行。
2. 通过银行转账支付欠北方公司的货款 3 000 元。
3. 从银行提取现金 15 000 元,准备发放工资。
4. 收到预收账款 4 500 元,存入银行。
5. 以银行存款归还短期借款 10 000 元。
6. 购入材料 2 100 元,款未付,材料已验收入库。假定不考虑增值税。
7. 采购员预借差旅费 3 000 元,以现金支付。
8. 将现金 10 000 元存入银行。

【要求】

1. 开设各有关账户,登记期初余额。
2. 根据以上经济业务编制会计分录,并登入各有关账户。
3. 结出各账户的本期发生额和期末余额。
4. 编制本期发生额和期末余额试算平衡表。

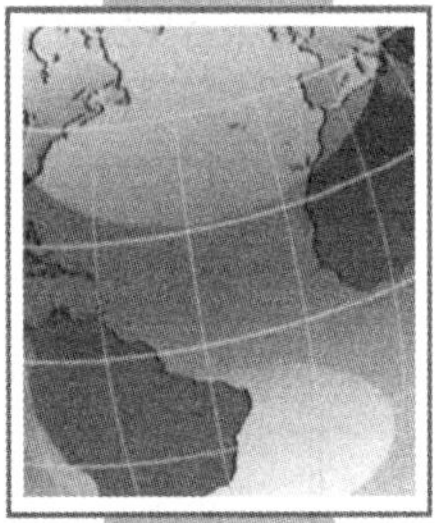

第四章
产品制造企业主要经济业务的核算

本章导航

- 产品制造企业主要经济业务的核算
  - 产品制造企业主要经济业务概述
    - 产品制造企业的含义及其生产经营过程
    - 产品制造企业的主要经济业务
  - 资金筹集业务的核算
    - 投入资本的核算
    - 借入资金的核算
  - 供应过程业务的核算
    - 固定资产购入业务的核算
    - 材料采购业务的核算
  - 生产过程业务的核算
    - 生产过程业务核算的主要内容
    - 生产过程业务核算设置的主要账户
    - 生产过程业务核算的账务处理
  - 销售过程业务的核算
    - 销售过程业务核算的主要内容
    - 销售过程业务核算设置的主要账户
    - 销售过程业务核算的账务处理
  - 利润形成和分配业务的核算
    - 利润形成业务的核算
    - 利润分配业务的核算

学习目的与要求

本章主要简述产品制造企业主要经济业务的核算。通过本章学习，了解产品制造企业主要经济业务的内容；熟悉产品制造企业资金筹集业务、供应过程业务、生产过程业务、销售过程业务和利润形成与分配业务核算设置的主要账户及有关的账务处理；理解材料采购成本、生产成本的计算，利润计算及结转的核算；进一步加深对借贷记账法的理解与运用。

学习重点与难点

本章重点是资金筹集业务的核算、材料采购成本的计算及供应过程业务的核算、生产成本的计算及生产过程业务的核算、销售过程业务的核算、利润形成和分配业务的核算；本章难点是材料采购成本的计算及供应过程业务的核算、生产成本的计算及生产过程业务的核算、销售过程业务的核算、利润的计算及结转。

第一节　产品制造企业主要经济业务概述

一、产品制造企业的含义及其生产经营过程

产品制造企业是按照社会主义市场经济体制的要求，面向市场独立核算、自主经营、自负盈亏、自我积累、自我发展的经济实体。其基本任务是生产产品，满足社会各方面的需要，同时，做到降低成本、增加盈利、提高经济效益，为社会创造出更多的财富。

为了独立地进行生产经营活动，产品制造企业必须拥有一定数量的资金，作为其从事经营活动的物质基础。这些资金从一定渠道取得后，随着企业生产经营活动的进行，资金的占用形态不断转化。最初的货币资金在供应过程中转化为原材料、固定资产等储备资金；在生产过程中转化为生产资金；伴随着产品的完工，进一步转化为成品资金；产成品出售后，资金形态转化为结算资金；最后随着货款的收回，重新回归货币资金，周而复始，便形成了资金的循环和周转。产品制造企业的生产经营过程一般可以分为三个阶段：供应过程、生产过程和销售过程。

二、产品制造企业的主要经济业务

（一）资金筹集业务

企业首先通过各种渠道筹集生产经营所必需的资金，这一过程主要包括发行股票、接受所有者直接投资、从银行借款等筹资业务。会计核算的主要目的在于确认和计量各项权益的性质和金额。

（二）供应过程业务

供应过程是生产的准备过程，主要包括购买固定资产、原材料等必要的劳动资料和劳动对象等采购业务，从而为产品生产形成必要的物资储备。会计核算的主要目的在于计量各项资产的初始成本。

（三）生产过程业务

在生产过程中，劳动者借助于劳动资料对劳动对象进行加工，逐渐形成在产品，进一步加工制造出各种社会需要的产成品。生产过程的主要业务包括各项成本费用的发生、归集及分配，如劳动力消耗形成薪酬费用、材料耗用形成材料费用、机器设备磨损形成折旧费用等。会计核算的主要目的就是将这些费用项目归集并按照其用途进行分配，分别计入产品生产成本和期间费用，进而通过将全部生产成本在完工产品和期末在产品之间分配，最终得出产成品成本。

（四）销售过程业务

销售过程是产品价值的实现过程，主要包括销售产品、货款结算等业务。会计核算的主要目的在于确认和计量各项销售收入、销售成本、销售费用和销售税金。

（五）利润形成与分配业务

在周而复始的生产经营过程中，企业不断地取得收入，发生耗费，一定期间取得的全部收

入与费用相抵后的差额,形成企业的财务成果(利润或亏损)。财务成果应按国家法律规定和企业自身发展要求进行分配,其中一部分将会以留存收益的形式继续留在企业用于企业长远发展,另一部分则会作为对投资者的回报流出企业。这一过程主要包括结转收入、费用至本年利润,计算所得税费用,将税后利润进行分配等业务。会计核算的主要目的在于确认和计量本期财务成果及其对企业留存收益的影响。

综合上述内容,产品制造企业在经营过程中发生的主要经济业务内容包括资金筹集业务、供应过程业务、生产过程业务、销售过程业务、利润形成与分配业务。

为了连续、系统、全面、综合地核算和监督产品制造企业主要经济业务所组成的生产经营活动过程及其结果,企业必须根据各项经济业务的具体内容和管理上的要求,相应设置不同的账户,应用借贷记账方法对所发生的经济业务进行账务处理,以提供管理上所需要的各种会计信息。

本章将以华兴公司2023年12月份发生的经济业务(例4—1～例4—50)为例,介绍产品制造企业主要经济业务的核算,以进一步加深对账户和借贷记账法的理解。

第二节 资金筹集业务的核算

作为独立核算、自负盈亏的生产经营性实体,企业必须拥有生产经营活动所必需的资金。资金是企业的“血液”,资金筹集是企业开展生产经营的首要活动。企业筹集资金的渠道有两个:一是吸收投资者的投资;二是向债权人借款。投资者投入的资金形成投入资本,向债权人借入的资金形成负债。

一、投入资本的核算

(一)资本金制度

《公司法》规定,现代企业应建立资本金制度。资本金是指企业在工商行政管理部门注册登记的资金,又称注册资本。在企业成立时,投资者必须首先按照其占企业注册资本的份额向企业投入财产物资,形成企业的资本,同时也作为企业未来向投资者分配利润的依据。资本金是企业从事生产经营活动的基本条件,是企业独立承担民事责任的资金保证。因此,企业必须拥有一定数量的资本金。资本金按投资主体分为国家资本金、法人资本金、外商资本金和个人资本金。投资者可以用现金、实物资产、无形资产等向企业投资。投资者投入的资本金在企业经营期内除法律、法规另有规定的以外,投资者一般不能要求收回。企业扩大规模增资或收缩规模减资都要报有关部门批准,并在行政管理部门注册登记。

投资者投入的资本金也称实收资本,在股份有限公司称为股本。投资者投入的超过其所认缴的资本金的数额,不能记入实收资本或股本,而只能作为资本溢价记入资本公积。如果溢价发行股票,则应当按股票面值作为股本入账,而溢价则作为资本公积入账。

(二)投入资本核算设置的主要账户

为了核算和监督投资者的投资,企业应分别设置“实收资本”“资本公积”“银行存款”“固定资产”(详见本章第三节)、“无形资产”等账户。

1.“实收资本”账户

(1)核算内容:核算企业实际收到的投资者投入资本的增减变动及其结余情况(股份有限公司通过“股本”账户核算)。

(2)性质:所有者权益类账户。

(3)结构:贷方登记企业实际收到投资者投入的资本数额;借方登记按法定程序减少的资本数额;余额在贷方,表示企业实有的资本数额,如图 4—1 所示。

(4)本账户应按投资者分设明细账。

借方　　　　　　实收资本	贷方
实收资本的减少额	实收资本的增加额
	期末余额:实收资本的实有额

图 4—1　“实收资本”账户结构

2.“资本公积”账户

(1)核算内容:核算企业资本公积的增减变动及其结余情况。

(2)性质:所有者权益类账户。

(3)结构:贷方登记资本公积的增加额;借方登记资本公积的减少额;余额在贷方,表示企业资本公积的实际结存数额,如图 4—2 所示。

(4)本账户应按资本公积形成的类别设置明细账。

借方　　　　　　资本公积	贷方
资本公积的减少额	资本公积的增加额
	期末余额:资本公积的实际结存数额

图 4—2　“资本公积”账户结构

3.“银行存款”账户

(1)核算内容:核算企业存入银行和其他金融机构的各种存款的增减变动及结余情况。

(2)性质:资产类账户。

(3)结构:借方登记银行存款的增加额;贷方登记银行存款的减少额;余额在借方,表示银行存款的实有金额,如图 4—3 所示。

(4)本账户应按开户银行和其他金融机构及存款种类、存款币种分别设置“银行存款日记账”进行序时核算。

借方　　　　　　银行存款	贷方
银行存款的增加额	银行存款的减少额
期末余额:银行存款的实有额	

图 4—3　“银行存款”账户结构

4.“无形资产”账户

(1)核算内容:核算企业无形资产原始价值的增减变动及其结存情况。

(2)性质:资产类账户。

(3)结构:借方登记无形资产原始价值的增加额;贷方登记无形资产原始价值的减少额;余额在借方,表示无形资产原始价值的实有数额,如图 4—4 所示。

(4)本账户应按无形资产的类别设置明细账。

借方	无形资产　　　　　　贷方
无形资产原价的增加额	无形资产原价的减少额
期末余额：结存无形资产的原价	

图 4—4 “无形资产”账户结构

(三)投入资本核算的账务处理

【例 4—1】 华兴公司收到投资者的投资款 5 000 000 元，存入银行。

此笔业务的发生，引起资产和所有者权益两个要素发生变化，一方面使银行存款增加 5 000 000 元，另一方面使实收资本增加 5 000 000 元。因此，这项交易事项涉及“银行存款”和“实收资本”两个账户。银行存款是一项资产，增加记入“银行存款”账户的借方；投资者对本企业的投资是一项所有者权益，增加记入“实收资本”账户的贷方。会计分录为：

借：银行存款　　5 000 000
　贷：实收资本　　5 000 000

【例 4—2】 华兴公司收到华达公司作为投资投入的全新设备一套，价值 2 000 000 元，全新运输车辆 3 台，价值 1 500 000 元，全部投入使用；收到投入的投资款 1 500 000 元，存入银行。

此笔业务的发生，引起资产和所有者权益两个要素发生变化，一方面使银行存款增加 1 500 000 元，固定资产增加 3 500 000 元，另一方面使实收资本增加 5 000 000 元。因此，这项交易事项涉及“银行存款”“固定资产”和“实收资本”三个账户。银行存款和固定资产是资产，增加应记入“银行存款”账户和“固定资产”账户的借方；华达公司对本企业的投资是一项所有者权益，增加记入“实收资本”账户的贷方。会计分录为：

借：银行存款　　1 500 000
　固定资产　　3 500 000
　贷：实收资本　　5 000 000

【例 4—3】 华兴公司收到星光公司投资的一项商标权，双方协议确认价值 400 000 元，已办妥相关手续。

此笔业务的发生，引起资产和所有者权益两个要素发生变化，一方面使无形资产增加 400 000 元，另一方面使实收资本增加 400 000 元。因此，这项交易事项涉及“无形资产”和“实收资本”两个账户。无形资产为资产，增加应记入“无形资产”账户的借方；星光公司对本企业的投资是一项所有者权益，增加记入“实收资本”账户的贷方。会计分录为：

借：无形资产　　400 000
　贷：实收资本　　400 000

二、借入资金的核算

(一)借款的分类

企业为进行生产经营活动，除了要吸收投资者的投资外，还需要经常向银行或非银行金融机构借款。以借款方式筹集资金来源称为负债。公司的借款按偿还时间的长短，分为短期借款和长期借款。短期借款在企业一般称作流动资金借款，偿还期在一年以内(含一年)；长期借款一般要有特定的项目，如购置大型设备、技术改造等，偿还期在一年以上(不含一年)。短期借款形成企业的流动负债，长期借款形成企业的非流动负债。

(二)借入资金核算设置的主要账户

1."短期借款"账户

(1)核算内容:核算企业向银行和其他金融机构借入的偿还期限在一年以内(含一年)的各种借款(本金)的增减变动及其结余情况。

(2)性质:负债类账户。

(3)结构:贷方登记取得的各种短期借款;借方登记到期偿还的各种短期借款;余额在贷方,表示尚未偿还的各种短期借款,如图 4—5 所示。

(4)该账户按债权人设置明细账。

借方　　短期借款	贷方
偿还的短期借款数额	取得的短期借款数额
	期末余额:尚未偿还的短期借款

图 4—5　"短期借款"账户结构

2."长期借款"账户

(1)核算内容:核算企业向银行和其他金融机构借入的偿还期限在一年以上(不含一年)的各种借款的增减变动及其结余情况。

(2)性质:负债类账户。

(3)结构:贷方登记借入的长期借款本金和应付利息;借方登记偿还的长期借款本金及已付利息;余额在贷方,表示尚未偿还的长期借款的本金及利息,如图 4—6 所示。

(4)该账户按债权人设置明细账。

借方　　长期借款	贷方
偿还的长期借款本金及已付利息	取得的长期借款本金及应付利息
	期末余额:尚未偿还的长期借款的本金及利息

图 4—6　"长期借款"账户结构

3."财务费用"账户

(1)核算内容:核算企业为筹集生产经营活动所需资金而发生的费用,包括利息支出(减利息收入)、汇兑损失(减汇兑收益)以及相关手续费等。为购建固定资产而筹集资金所发生的借款利息,在固定资产达到预定可使用状态前发生,符合资本化条件的,按规定计入固定资产的成本,在此后发生的,记入本账户。

(2)性质:损益类账户。

(3)结构:借方登记发生的财务费用,如利息支出、手续费及汇兑损失等;贷方登记发生的应冲减财务费用的利息收入、汇兑收益及期末结转数;期末,本账户余额应转入"本年利润"账户,结转后本账户无余额,如图 4—7 所示。

(4)本账户按费用项目设置明细账。

借方　　财务费用	贷方
利息支出、手续费、汇兑损失	利息收入、汇兑收益 期末转入"本年利润"账户的财务费用

图 4—7　"财务费用"账户结构

(三)借入资金业务核算的账务处理

1. 短期借款的核算

短期借款必须按期归还本金并按时支付利息。短期借款的利息支出属于企业在生产经营活动过程中为筹集资金而发生的一项耗费。在会计核算中,企业应将其作为期间费用(财务费用)加以确认。短期借款的会计处理涉及三个方面的问题:(1)取得借款;(2)借款利息;(3)归还借款。企业在取得短期借款本金时,借记"银行存款"账户,贷记"短期借款"账户;期末计算借款利息时,借记"财务费用"账户,贷记"银行存款"或"应付利息"账户;偿还借款本金、支付利息时,借记"短期借款""应付利息"账户,贷记"银行存款"账户。

【例4—4】 华兴公司2023年12月1日向银行贷得一笔本金3 000 000元、年利率为6%、期限为3个月的借款,存入开户行。

此笔业务发生,引起资产和负债两个会计要素发生变化,一方面使银行存款增加3 000 000元,另一方面使短期借款增加3 000 000元。因此,这项交易事项涉及"银行存款"和"短期借款"两个账户。银行存款是一项资产,增加应记入"银行存款"账户的借方;向银行借入的短期借款是一项负债,增加记入"短期借款"账户的贷方。会计分录为:

借:银行存款　　3 000 000

　　贷:短期借款　　3 000 000

【例4—5】 承上例,12月31日,计提本月短期借款利息15 000元(3 000 000×6%/12)。

华兴公司在12月31日计算确认应付未付的短期借款利息(一个月)。该项业务的发生,一方面使公司的财务费用增加15 000元,另一方面使公司的应付利息增加15 000元。因此,该项交易事项涉及"财务费用"和"应付利息"两个账户。财务费用也是一项费用,增加应记入"财务费用"账户的借方;应付利息是一项负债,增加应记入"应付利息"账户的贷方。会计分录为:

借:财务费用　　15 000

　　贷:应付利息　　15 000

2. 长期借款的核算

由于内容定位,本教材只讲述长期借款本金取得时的会计处理,对长期借款利息的会计处理不予介绍。

【例4—6】 华兴公司向银行贷得一笔本金1 000 000元、年利率为6%、期限为3年的长期借款,存入开户行。

此笔业务发生,引起资产和负债两个会计要素发生变化,一方面使银行存款增加1 000 000元,另一方面使长期借款增加1 000 000元。因此,这项交易事项涉及"银行存款"和"长期借款"两个账户。银行存款是一项资产,增加应记入"银行存款"账户的借方;向银行借入的长期借款是一项负债,增加记入"长期借款"账户的贷方。会计分录为:

借:银行存款　　1 000 000

　　贷:长期借款　　1 000 000

第三节　供应过程业务的核算

供应过程是为生产产品做准备的过程。为了进行产品生产,企业必须购建厂房,采购机器设备等劳动资料,形成材料储备。因此,企业供应过程业务核算的主要内容包括固定资产购入业务和材料采购业务。

一、固定资产购入业务的核算

(一)固定资产的含义及计价

固定资产是指企业为生产商品、提供劳务、出租或经营管理而持有的且使用寿命超过一个会计年度的有形资产。从固定资产的定义来看,固定资产具有以下三个特征:第一,固定资产为有形资产;第二,固定资产是为生产商品、提供劳务、出租或经营管理而持有;第三,固定资产的使用寿命超过一个会计年度。

固定资产的计价标准一般有原始价值、重置成本和净值三种。下面主要介绍原始价值和净值两种。

原始价值也称为原价或原值,是指购建固定资产达到预定使用状态前所发生的一切合理、必要的支出,即固定资产的实际成本。分析各项支出是否应当作为固定资产原始价值的内容时,要着重研究每项支出是否必需、是否合理。在会计实务中,会计准则和会计制度具体规定了企业以不同方式(如购入、建造、投资者投入、融资租入、接受捐赠、改建和扩建等)取得固定资产原始价值的具体内容,如购入固定资产的原始价值包括购买价款和支付的运输费、保险费、包装费、安装调试费,以及缴纳的税金(不包括支付但可抵扣的增值税)等。

固定资产净值也称为折余价值,是指固定资产原始价值减去已提折旧后的净额。固定资产净值可以反映企业实际占用在固定资产上的资金数额和固定资产的新旧程度。企业根据这个计价标准可以合理制订固定资产的更新计划,适时进行固定资产的更新等。

企业取得固定资产的方式主要有外购、自行建造、投资者投入、非货币性资产交换取得、债务重组方式取得、企业合并取得、融资租赁取得等。取得方式不同,固定资产的计价方法也不同。本章只介绍固定资产购入业务的核算。

(二)固定资产购入业务核算设置的主要账户

1.“固定资产”账户

(1)核算内容:核算企业固定资产原始价值的增减变动及结余情况。

固定资产在使用过程中由于有形损耗及无形损耗,其价值逐渐减少,并转移到产品成本或期间费用中去,称为折旧。固定资产折旧不在本账户核算,而另设“累计折旧”账户核算。关于“累计折旧”账户,将在本章“第四节　生产过程业务的核算”部分介绍。

(2)性质:资产类账户。

(3)结构:借方登记各种来源的固定资产原始价值的增加额;贷方登记各种原因减少的固定资产原始价值;余额在借方,表示企业现有固定资产的原始价值,如图4—8所示。

(4)本账户应按固定资产的类别设置明细账。

借方　　　　固定资产　　　　贷方

借方	贷方
固定资产原始价值的增加额	固定资产原始价值的减少额
期末余额:结存固定资产的原始价值	

图4—8　“固定资产”账户结构

2.“在建工程”账户

(1)核算内容:核算企业为进行固定资产基建、安装、技术改造以及大修理等工程而发生的全部支出,并据以计算确定工程成本的账户。

(2)性质:资产类账户。

(3)结构:借方登记工程支出的增加;贷方登记结转完工工程的成本;余额在借方,表示未完工工程的成本,如图4—9所示。

(4)本账户应按在建工程的类别设置明细账。

借方	在建工程 贷方
工程发生的全部支出	结转完工工程成本
期末余额:未完工工程的成本	

图4—9 "在建工程"账户结构

(三)固定资产购入业务核算的账务处理

1. 购入不需要安装的固定资产

【例4—7】 华兴公司购入一台不需要安装的新设备,专用发票注明的价款为100 000元,增值税额为13 000元,发生运杂费(不考虑增值税)2 500元,款项全部以银行存款支付。

这是一台不需要安装的设备,在购买过程中发生的支出102 500元(100 000+2 500),形成固定资产的取得成本。增值税单独核算。该项经济业务的发生,一方面使公司固定资产的取得成本增加102 500元,应交税费——应交增值税(进项税额)增加13 000元,另一方面使公司的银行存款减少115 500元。编制会计分录如下:

借:固定资产	102 500	
应交税费——应交增值税(进项税额)	13 000	
贷:银行存款		115 500

2. 购入需要安装的固定资产

对于企业购置需要安装的固定资产,在交付使用之前需要通过"在建工程"账户进行核算,在购建过程中发生的全部支出都应归集在"在建工程"账户,待工程达到可使用状态后,再转入"固定资产"账户。

【例4—8】 华兴公司用银行存款购入一台需要安装的设备,买价为100 000元,增值税为13 000元,运杂费等(不考虑增值税)为5 000元,该设备投入安装。

这是一台需要安装的设备,购买过程中发生的各项支出构成购置固定资产安装工程的成本,在设备达到预定可使用状态前的支出应先在"在建工程"账户中进行归集。因此,一方面,在建工程成本增加105 000元(100 000+5 000),应交税费——应交增值税(进项税额)增加13 000元,另一方面使公司的银行存款减少118 000元。编制会计分录如下:

借:在建工程	105 000	
应交税费——应交增值税(进项税额)	13 000	
贷:银行存款		118 000

【例4—9】 承上题,华兴公司的上述设备在安装过程中发生应付本公司安装工人的薪酬20 000元。

设备在安装过程中发生的安装费也构成了安装工程成本,需要在"在建工程"账户中核算,一方面增加在建工程成本,另一方面增加公司的应付职工薪酬。编制会计分录如下:

借:在建工程	20 000	
贷:应付职工薪酬——工资		20 000

【例4—10】 承上两题,上述设备安装完毕,达到预定可使用状态,并验收合格,交付使

用，结转工程成本。

工程安装完毕，交付使用，意味着固定资产的取得成本已经形成，于是就可以将工程的全部支出转入“固定资产”账户，其工程的全部成本为125 000元。该项经济业务的发生，一方面使得公司的固定资产取得成本增加125 000元，另一方面使得公司的在建工程成本减少125 000元，涉及“固定资产”和“在建工程”两个账户。编制会计分录如下：

借：固定资产　　125 000

　　贷：在建工程　　125 000

二、材料采购业务的核算

(一)材料采购业务核算的主要内容

企业要进行正常的生产经营活动，就必须购买和储备一定品种和数量的材料。在材料采购的过程中，一方面是企业用货币资金从供应单位购进各种材料物资作为生产的储备，用来保证生产的需要；另一方面是企业要支付材料的买价和各种采购费用，包括运输费、装卸费和入库前的整理挑选费用等，并与供应单位发生货款结算关系。企业购进的材料，经验收入库后即为可供生产领用的库存材料。材料是生产过程中必不可少的物质要素，是产品成本的重要组成部分。

材料的买价加上各种采购费用，就构成了材料的采购成本。其计算公式如下：

某种材料的采购成本＝该种材料的买价＋该种材料的采购费用

材料买价是指企业购入某种材料时供货单位开出的发票上确认的货款金额。材料买价是材料采购成本的主要组成部分，其计算公式如下：

材料买价＝购买数量×单价

采购费用是指企业在采购材料过程中发生的，除购买价款、进项税之外所需支付的各项费用，包括购入材料的运输费、包装费、保险费、检验费、装卸费以及入库前的整理挑选费用等，是材料采购成本的组成内容。

采购费用可分为直接采购费用和共同采购费用两种。直接采购费用是指发生时能直接确认由某种材料负担的费用，该费用发生后直接计入各种材料的采购成本。共同采购费用是指应由多种材料共同负担的采购费用，该种费用发生后应按一定的标准分配计入各种材料的采购成本。分配标准主要有采购材料总重量、总体积、总买价等。共同采购费用的分配方法和步骤有：

第一步：计算分配率。

采购费用分配率＝待分配的共同采购费用÷分配标准(货物总重量、总体积、总买价)

第二步：计算某材料应负担的共同采购费用。

某材料应负担的采购费用＝该材料分配标准(重量、体积、买价)×采购费用分配率

综上所述，材料采购过程中会计核算的主要内容包括取得原材料、结算采购货款、支付采购费用、计算并结转采购成本等。

企业采购材料，可以按计划成本核算，也可以按实际成本核算。本章采购材料按实际成本核算予以介绍。

(二)材料采购业务核算设置的主要账户

根据材料采购业务的核算内容及其相关的款项结算方式，企业应设置“在途物资”“原材料”“应交税费”“应付账款”“应付票据”“预付账款”“银行存款”等账户，其中，“银行存款”账户前已介绍。

1."在途物资"账户

(1)核算内容:核算企业采用实际成本进行材料等物资的日常核算、货款已付尚未验收入库的在途物资的采购成本。

(2)性质:资产类账户。

(3)结构:借方登记企业购入的在途物资的实际采购成本,即购入材料的买价和采购费用;贷方登记验收入库材料的实际采购成本;余额在借方,表示尚未验收入库的在途材料的采购成本,如图4—10所示。

(4)本账户应按材料品种设置明细账。

借方　　　　在途物资	贷方
购入材料的买价和采购费用	验收入库材料的实际采购成本
期末余额:在途材料的采购成本	

图4—10 "在途物资"账户结构

2."原材料"账户

(1)核算内容:用来核算企业库存的各种原材料的收入、发出和结存情况的账户。

(2)性质:资产类账户。

(3)结构:借方登记企业验收入库的库存原材料实际成本的增加额;贷方登记企业发出库存原材料实际成本的减少额;余额在借方,表示企业库存原材料实际成本的结存额,如图4—11所示。

(4)本账户应按不同的原材料的种类设置明细账。

借方　　　　原材料	贷方
库存原材料实际成本的增加额	库存原材料实际成本的减少额
期末余额:库存原材料实际成本的结存额	

图4—11 "原材料"账户结构

3."应交税费"账户

(1)核算内容:核算企业按照税法等规定计算应缴纳的各种税费,如增值税、消费税、企业所得税、土地增值税、城市维护建设税、房产税、城镇土地使用税、车船使用税、教育费附加等。

(2)性质:负债类账户。

(3)结构:贷方登记各种应交税费的增加额;借方登记各种应交税费的减少额;期末余额在贷方,反映企业尚未缴纳的税费;期末余额在借方,反映企业多交或尚未抵扣的税费,如图4—12所示。

(4)本账户应按不同税费分设明细账。如"应交税费——应交增值税""应交税费——应交消费税""应交税费——应交教育费附加"等,以此类推,其中与材料购进交易事项密切相关而又具有特殊账户结构的是"应交税费——应交增值税"明细账户。

借方　　　　应交税费	贷方
应交税费的减少额	应交税费的增加额
期末余额:多交或尚未抵扣的税费	期末余额:尚未缴纳的税费

图4—12 "应交税费"账户结构

“应交税费——应交增值税”是“应交税费”总账户的明细账户，用来核算企业应交和实交增值税的结算等情况。“应交税费——应交增值税”明细账的贷方登记企业因销售货物或提供应税劳务而向购买单位收取的增值税销项税额等；借方登记企业因购进货物或接受应税劳务而向供应商支付的增值税进项税额、实际缴纳的增值税额等；期末余额一般在贷方反映期末企业尚未交纳的增值税，期末余额如在借方，反映多交或尚未抵扣的增值税。“应交增值税”明细账采用多栏式账页，并按所核算的内容，分别设置“进项税额”“已交税金”“销项税额”和“进项税额转出”等专栏进行明细核算，如图4—13所示。

借方　　　　　应交税费——应交增值税	贷方
购进货物、接受应税劳务支付的进项税额和实际已缴纳的增值税额等	销售货物、提供应税劳务收取的销项税额等
期末余额：多交或尚未抵扣的增值税	期末余额：尚未缴纳的增值税

图4—13　“应交税费——应交增值税”账户结构

增值税是对商品生产或流通各个环节的新增价值或商品附加值进行征税。增值税是一种价外税，采取两段征收法，分为增值税进项税额和销项税额。当期应纳税额＝当期销项税额－当期进项税额。其中，销项税额是指纳税人销售货物或提供应税劳务，按照销售额和规定的税率计算并向购买方收取的增值税额。其计算公式为：

销项税额＝销售货物或劳务价款×增值税税率

进项税额是指纳税人购进货物或接受应税劳务所支付或负担的增值税额。其计算公式为：

进项税额＝购进货物或劳务价款×增值税税率

增值税的进项税额与销项税额是相对的，销售方的销项税额就是购买方的进项税额。

企业购进材料收到的增值税专用发票上注明的增值税税额，不计入购进材料的采购成本，而记入“应交税金——应交增值税（进项税额）”账户单独反映。

4.“应付账款”账户

（1）核算内容：核算企业因购买材料、物资和接受劳务供应等而应付给供应单位的款项。

（2）性质：负债类账户。

（3）结构：贷方登记因购买材料或接受劳务供应而发生的应付未付的款项；借方登记偿还应付供应单位的款项；期末余额在贷方，表示尚未偿还的应付账款，如图4—14所示。

（4）本账户应按供应单位设置明细账。

借方　　　　　　　　应付账款	贷方
偿还应付供应单位的款项	应付供应单位款项的增加
	期末余额：尚未偿还的应付账款

图4—14　“应付账款”账户结构

5.“应付票据”账户

（1）核算内容：核算企业因购买材料、物资和接受劳务供应等而开出、承兑的商业汇票（包括银行承兑汇票和商业承兑汇票）。

（2）性质：负债类账户。

（3）结构：贷方登记企业已开出、承兑的汇票金额；借方登记汇票到期实际支付的金额；期末余额在贷方，表示尚未到期的应付票据的金额，如图 4－15 所示。

（4）本账户应按供应单位设置明细账。

借方 应付票据	贷方
汇票到期实际支付的金额	已开出、承兑的商业汇票的金额
	期末余额：尚未到期的应付票据的金额

图 4－15 "应付票据"账户结构

6."预付账款"账户

（1）核算内容：核算企业因购买材料、物资和接受劳务供应等按照合同规定预付给供应单位的款项，企业预付款情况不多的，可以将预付款直接记入"应付账款"账户。

（2）性质：资产类账户。

（3）结构：借方登记企业因订购材料或预订劳务而预付给供应单位的款项；贷方登记收到供应单位提供的产品或劳务时，冲销预付供应单位的款项；期末余额在借方，表示尚未结算的预付款项；期末余额在贷方，表示尚未补付的货款，如图 4－16 所示。

（4）本账户应按供应单位设置明细账。

借方 预付账款	贷方
企业预付给供应方的款项 企业补付给供应方的款项	冲销的预付账款 收到供应方退回的企业多付的款项
期末余额：尚未结算的预付款项	期末余额：企业尚未补付给供应方的款项

图 4－16 "预付账款"账户结构

（三）材料采购业务核算的账务处理

【例 4－11】 华兴公司自红光工厂购入甲材料 5 吨，每吨 2 000 元，应交增值税税率 13%，进项税额 1 300 元，共计 11 300 元；从蓝光工厂购进乙材料 7 吨，每吨 3 500 元，进项税额 3 185 元，共计 27 685 元。材料已验收入库，货款尚未支付。

此笔业务发生，引起资产和负债两个会计要素发生变化，一方面使本期的原材料增加 34 500 元，进项税额增加 4 485 元；另一方面使应付账款增加 38 985 元。因此，该项交易事项涉及"原材料""应交税费"和"应付账款"三个账户。原材料是一项资产，增加应记入"原材料"账户的借方；进项税额增加应记入"应交税费——应交增值税（进项税额）"账户的借方；应付账款是一项负债，增加应记入"应付账款"账户的贷方。会计分录为：

借：原材料——甲材料	10 000	
——乙材料	24 500	
应交税费——应交增值税（进项税额）	4 485	
贷：应付账款——红光工厂		11 300
——蓝光工厂		27 685

【例 4－12】 向紫光工厂购进丙材料 2 吨，每吨为 4 000 元，进项税额为 1 040 元，共计 9 040 元，材料已在途中，签发转账支票付讫。

此笔业务，一方面使在途物资增加 8 000 元，进项税额增加 1 040 元；另一方面使银行存款减少 9 040 元。因此，该项交易事项涉及"在途物资""应交税费"和"银行存款"三个账户。在途物资是一项资产，增加应记入"在途物资"账户的借方；进项税额增加应记入"应交税费——

应交增值税(进项税额)”账户的借方;银行存款是一项资产,减少应记入“银行存款”账户的贷方。会计分录为:

借:在途物资——丙材料　　8 000
　应交税费——应交增值税(进项税额)　　1 040
　贷:银行存款　　9 040

【例 4—13】 签发商业汇票一张,期限为 3 个月,年利率为 5%,偿付蓝光工厂乙材料款。

此笔业务发生,引起负债会计要素内部发生变化,是一笔用应付票据抵偿应付账款的业务,一方面使应付票据增加 27 685 元,另一方面使应付账款减少 27 685 元。因此,该项交易事项涉及“应付票据”和“应付账款”两个账户。应付票据是一项负债,增加应记入“应付票据”账户的贷方;应付账款也是一项负债,减少应记入“应付账款”账户的借方。会计分录为:

借:应付账款——蓝光工厂　　27 685
　贷:应付票据——蓝光工厂　　27 685

【例 4—14】 开出转账支票一张,支付通畅运输公司承运甲、乙材料的运费(不考虑增值税)1 500 元。

假定华兴公司采用按外购材料的重量标准分配采购费用,则本例分配采购费用的计算如下:

采购费用分配率=1 500÷(5+7)=125(元/吨)

甲材料应负担的采购费用=5×125=625(元)

乙材料应负担的采购费用=7×125=875(元)

此笔业务的发生,只引起资产会计要素内部发生变化,一方面使原材料增加 1 500 元,其中,甲材料增加 625 元,乙材料增加 875 元;另一方面使银行存款减少 1 500 元。因此,该项交易事项涉及“原材料”和“银行存款”两个账户。原材料是一项资产,增加应记入“原材料”账户的借方;银行存款也是一项资产,减少应记入“银行存款”账户的贷方。会计分录为:

借:原材料——甲材料　　625
　　　　——乙材料　　875
　贷:银行存款　　1 500

【例 4—15】 以现金支付丙材料的采购费用 360 元。

此笔采购费用的发生可以确认为购买丙材料发生的,因此可以直接计入丙材料的采购成本。

此笔业务的发生,只引起资产会计要素内部发生变化,一方面使材料采购费用增加 360 元;另一方面使库存现金减少 360 元。因此,该项交易事项涉及“在途物资”和“库存现金”两个账户。在途物资是一项资产,增加应记入“在途物资”账户的借方;库存现金也是一项资产,减少应记入“库存现金”账户的贷方。会计分录为:

借:在途物资——丙材料　　360
　贷:库存现金　　360

【例 4—16】 华兴公司通过银行转账预付紫光工厂丙材料订金 20 000 元,

此笔业务的发生,只引起资产会计要素内部发生变化,一方面使预付账款增加 20 000 元,另一方面使银行存款减少 20 000 元。因此,该项交易事项涉及“预付账款”和“银行存款”两个账户。预付账款是一项资产,增加应记入“预付账款”账户的借方;银行存款也是一项资产,减少应记入“银行存款”账户的贷方。会计分录为:

借:预付账款——紫光工厂　　20 000

贷:银行存款　20 000

【例 4—17】 紫光工厂发运来丙材料 7 吨,每吨为 3 900 元,进项税额为 3 549 元。紫光工厂代垫运费(不考虑增值额)1 000 元,冲销预付账款后余款暂欠。

此笔业务的发生,在不考虑运输费进项税额的条件下,引起资产和负债两个会计要素发生变化,一方面材料的买价加运费使材料采购成本增加 28 300 元,进项税额增加 3 549 元;另一方面冲销预付账款 20 000 元后的差额增加了应付账款 11 849 元。因此,该项交易事项涉及"在途物资""应交税费""预付账款"和"应付账款"四个账户。在途物资是一项资产,增加应记入"在途物资"账户的借方;进项税额增加应记入"应交税费——应交增值税(进项税额)"账户的借方;预付账款是一项资产,减少应记入"预付账款"账户的贷方;应付账款是一项负债,增加应记入"应付账款"账户的贷方。会计分录为:

借:在途物资——丙材料　28 300
　应交税费——应交增值税(进项税额)　3 549
　贷:预付账款——紫光工厂　20 000
　　应付账款——紫光工厂　11 849

【例 4—18】 本月所购原材料全部验收入库,根据收料单,结转材料采购成本。

此笔业务的发生,只引起资产会计要素内部发生变化,一方面使原材料增加 36 660 元,另一方面使在途物资减少 36 660 元。因此,该项交易事项涉及"原材料"和"在途物资"两个账户。原材料是一项资产,增加应记入"原材料"账户的借方;"在途物资"也是一项资产,减少应记入"在途物资"账户的贷方。会计分录为:

借:原材料——丙材料　36 660
　贷:在途物资——丙材料　36 660

第四节　生产过程业务的核算

一、生产过程业务核算的主要内容

对产品制造企业来说,生产过程是其生产经营活动的中心环节,是劳动者利用劳动资料对劳动对象进行加工,使其成为产成品的过程。产品的生产过程既是新产品的制造过程,又是生产耗费过程。生产过程的耗费包括生产资料中的劳动手段(如机器设备)和劳动对象(如原材料)的耗费,以及劳动力等方面的耗费。企业在一定时期的生产经营活动中发生的各项耗费统称为费用。费用按是否构成产品的生产成本划分,可分为生产费用和期间费用。

生产费用是指企业在一定时期为生产产品所发生的各项费用,具体包括:有关劳动对象消耗的费用,如消耗的原料、燃料、辅助材料等;有关劳动资料消耗的费用,如固定资产折旧费、修理费等;有关劳动者消耗的费用,如支付给职工的工资及提取的职工福利等;其他有关费用,如办公费、水电费、差旅费、租金支出、书报费等。

以上生产费用,有的能够直接计入产品的生产成本,有的需要分配后才能计入产品的生产成本。能够直接计入产品生产成本的生产费用称为直接生产费用;需要分配后才能计入产品生产成本的生产费用称为间接生产费用,间接生产费用也称为制造费用。

期间费用是指与产品生产无直接关系、属于某一期间耗费的费用,不计入产品成本,而是直接计入当期损益。期间费用包括管理费用、财务费用和销售费用。

生产成本也称制造成本，是指企业为生产一定种类和数量的产品所发生的生产费用，即将生产费用按照一定的产品成本计算对象进行归集分配形成的生产成本。简言之，生产成本就是对象化的生产费用。

为了正确计算产品的制造成本，通常将构成产品制造成本的各种耗费按其用途划分为三个成本项目：直接材料费、直接人工费和制造费用。这三个成本项目简称为料、工、费。

直接材料费是指企业在制造产品的生产过程中直接用于产品生产，构成产品实体的原料、主要材料、外购半成品及有助于产品形成的辅助材料和其他材料的价值。

直接人工费是指企业在制造产品的生产过程中直接参加产品生产的工人工资，以及按生产工人工资总额和规定的比例计算并提取的职工福利费等。

制造费用是指企业生产车间为组织和管理生产活动而发生的各项间接生产费用，包括车间管理人员的工资和福利费用等。

综上所述，生产过程业务核算的主要内容包括产品生产过程中费用的发生、归集和分配，以及产品成本的形成等。

二、生产过程业务核算设置的主要账户

生产过程中主要交易事项是生产费用的支出、归集、分配和核算产品的实际成本。为了组织生产业务的核算，企业需要设置“生产成本”“制造费用”“应付职工薪酬”“累计折旧”“管理费用”“库存商品”等账户。

1.“生产成本”账户

(1)核算内容：归集和分配企业进行工业性生产所发生的各项生产费用，以正确计算产品生产成本。

(2)性质：成本类账户。

(3)结构：借方登记为生产产品所发生的各种费用；贷方登记企业已完工并已验收入库产成品的生产成本；期末余额在借方，反映企业尚未完工的各种在产品的成本，如图4—17所示。

(4)本账户按生产产品的品种设置明细账，并按费用项目设置专栏核算。

借方　　　　生产成本	贷方
生产产品发生的生产费用 直接材料 直接人工 制造费用	结转完工入库产品的生产成本
期末余额：尚未完工的在产品成本	

图4—17　“生产成本”账户结构

2.“制造费用”账户

(1)核算内容：归集和分配企业生产车间为组织和管理产品的生产活动而发生的各项间接费用，包括生产车间实际发生的机物料消耗、车间管理人员的工资和福利费、车间计提的固定资产折旧费，以及车间支付的办公费、水电费、劳动保护费等。

(2)性质：成本类账户。

(3)结构：借方登记实际发生的各项制造费用；贷方登记月末分配结转应由各种产品负担

的制造费用，即将借方归集的所有间接费用按照一定的标准在各种产品中进行分配，并从“制造费用”账户的贷方转入“生产成本”账户的借方；本账户一般无余额，如图4－18所示。

（4）本账户按不同的车间、部门设置明细账。

借方	制造费用　　　　贷方
本期发生的各项制造费用	月末分配转入“生产成本”账户的制造费用

图4－18　“制造费用”账户结构

3.“应付职工薪酬”账户

职工薪酬是企业支付给职工的各种劳动报酬，构成企业生产经营过程中的人工费用，是企业劳动的耗费。月末，企业要根据职工当月的出勤率和劳动效率等工作情况结算出应付给每个职工的工资、奖金、津贴，据此确定企业当月工资总额。同时，企业还要依照有关规定按工资总额的一定比例计提用于向职工支付的福利费、用于工会的经费和职工教育经费，按照国家有关规定缴纳的社会保险费和住房公积金，以及因解除与职工的劳动关系而给予的补偿等。这部分职工薪酬与职工工资一样属于人工费，但并不随同工资一起发放给职工，而是按月提取，按规定转存或发放。

（1）核算内容：核算企业根据有关规定应付给职工的各种薪酬，包括应付职工的工资，按工资总额一定比例计提的职工福利费、社会保险费、住房公积金、工会经费、职工教育经费、解除职工劳务关系补偿费等。

（2）性质：负债类账户。

（3）结构：贷方登记月末计算分配的职工薪酬；借方登记实际支付的职工薪酬；期末贷方余额，表示企业应付未付的职工薪酬，如图4－19所示。

（4）本账户应按照职工类别设置明细账，按照职工薪酬的组成内容分设专栏进行明细核算。

借方	应付职工薪酬　　　　贷方
实际支付的职工薪酬	月末计算分配的职工薪酬
	期末余额：应付未付的职工薪酬

图4－19　“应付职工薪酬”账户结构

4.“累计折旧”账户

（1）核算内容：核算企业固定资产已提折旧的累计情况。固定资产折旧，是指固定资产在使用过程中因为损耗而转移到成本费用中去的那部分价值。固定资产在使用过程中的损耗，具体包括有形损耗和无形损耗。

（2）性质：资产类账户。

（3）结构：由于本账户是为了既要保持固定资产原值，又要反映固定资产净值而设，所以它属于资产类账户，但账户的结构与“固定资产”账户的结构相反。贷方登记固定资产价值的减少，即累计折旧的增加；借方登记已提折旧的减少或转销额；期末余额在贷方，反映企业提取的固定资产折旧累计数额，如图4－20所示。

（4）本账户只进行总分类核算，不进行明细分类核算。如果要查明某项固定资产已提折旧的具体情况，则可以通过固定资产卡片（台账）来了解。

借方	累计折旧　　　　贷方
固定资产已提折旧的减少或转销额	固定资产计提折旧的增加额
	期末余额：现有固定资产已计提累计折旧额

图 4－20　“累计折旧”账户结构

为了管理需要，“固定资产”账户是核算固定资产的原始价值。企业固定资产因损耗而减少的价值，通过“累计折旧”账户反映。“累计折旧”账户是“固定资产”账户的备抵调整账户，“固定资产”账户被调整后，反映固定资产的实际价值，即固定资产净值＝“固定资产”账户借方的余额－“累计折旧”账户贷方的余额。

5.“管理费用”账户

(1)核算内容：核算企业行政管理部门为组织和管理企业的生产经营活动而发生的各项费用，包括行政管理人员的工资和计提的福利费、董事会费、行政部门的办公费、诉讼费、业务招待费等。

(2)性质：损益类账户。

(3)结构：借方登记本期发生的各项管理费用；期末将本期管理费用的借方发生额从其贷方全部转入“本年利润”账户的借方，经结转后，“管理费用”账户期末无余额，如图 4－21 所示。

(4)本账户应按费用项目分设明细账。

借方	管理费用　　　　贷方
本期发生的管理费用	期末转入“本年利润”账户的管理费用

图 4－21　“管理费用”账户结构

6.“库存商品”账户

(1)核算内容：核算企业库存产成品实际成本的增加、减少和结存情况。

(2)性质：资产类账户。

(3)结构：借方登记已经完工验收入库的各种产成品的实际生产成本；贷方登记出库产成品的实际生产成本；余额在借方，表示现有库存产成品的实际成本，如图 4－22 所示。

(4)本账户应按库存产成品的类别、品种和规格分设明细账。

借方	库存商品　　　　贷方
验收入库的产成品的实际生产成本	出库产成品的实际生产成本
期末余额：期末库存产成品的实际成本	

图 4－22　“库存商品”账户结构

三、生产过程业务核算的账务处理

(一)材料费用的归集与分配

在生产过程中，对于直接用于某种产品生产的材料消耗，应直接计入该产品生产成本明细账中的直接材料费项目；对于由几种产品共同耗用、应由这些产品共同负担的材料费，应当选择适当的标准在各种产品之间进行分配后，计入各有关成本计算对象；对于为创造生产条件等需要而间接消耗的各种材料费，应先在“制造费用”账户中归集，然后再分配计入各有关产品成本中。

【例 4—19】 华兴公司仓库库存甲材料单位成本为 2 125 元，库存乙材料单位成本为 3 834 元，库存丙材料单位成本为 4 180 元。企业生产 A、B 产品领用材料，其中，A 产品领用甲材料 3 吨、乙材料 3 吨、丙材料 0.5 吨；B 产品领用甲材料 1 吨、乙材料 8 吨、丙材料 1 吨；生产车间一般性耗用乙材料 1 吨、丙材料 0.2 吨，则

A 产品领用材料＝(2 125×3＋3 834×3＋4 180×0.5)＝19 967(元)

B 产品领用材料＝(2 125×1＋3 834×8＋4 180×1)＝36 977(元)

生产车间领用材料＝(3 834×1＋4 180×0.2)＝4 670(元)

此笔业务的发生，引起费用和资产两个会计要素发生变化，一方面使原材料投入产品生产和被生产车间耗用，形成生产费用，使生产成本、制造费用增加 61 614 元；另一方面使原材料减少 61 614 元。因此，该项交易事项涉及“生产成本”“制造费用”和“原材料”三个账户。生产成本和制造费用构成产成品的制造成本，增加应记入“生产成本”账户的借方和“制造费用”账户的借方；原材料是一项资产，减少应记入“原材料”账户的贷方。会计分录为：

借：生产成本——A 产品	19 967	
——B 产品	36 977	
制造费用	4 670	
贷：原材料——甲材料		8 500
——乙材料		46 008
——丙材料		7 106

【例 4—20】 华兴公司管理部门领用甲材料 0.6 吨，领用丙材料 0.8 吨。

公司管理部门领用材料＝2 125×0.6＋4 180×0.8＝4 619(元)

此笔业务的发生，引起费用和资产两个会计要素发生变化，一方面使管理费用增加 4 619 元，另一方面使原材料减少 4 619 元。因此，该项交易事项涉及“管理费用”和“原材料”两个账户。“管理费用”账户是费用类账户，增加应记入“管理费用”账户的借方；原材料是一项资产，减少应记入“原材料”账户的贷方。会计分录为：

借：管理费用	4 619	
贷：原材料——甲材料		1 275
——丙材料		3 344

(二)人工费用的归集与分配

职工作为企业的劳动者，需要从企业获得一定的报酬。对于企业来讲，人工费用包括工资和福利费，其中，工资是按照劳动分配的原则支付给劳动者的劳动报酬，包括各种工资、奖金和津贴。企业职工除按规定取得工资外，还享受一定的福利待遇，如公费医疗、职工生活困难补助等，这些也构成相应的成本费用。

【例 4—21】 华兴公司本月应付职工工资共计 180 000 元，其中，制造 A 产品工人工资 60 000 元，制造 B 产品工人工资 40 000 元，车间管理人员工资 20 000 元，公司行政管理人员工资 60 000 元。

此笔业务的发生，引起费用和负债两个会计要素发生变化，一方面使生产成本、制造费用和管理费用增加 180 000 元，另一方面使应付职工薪酬增加 180 000 元。因此，该项交易事项涉及“生产成本”“制造费用”“管理费用”和“应付职工薪酬”四个账户。生产成本、制造费用都是生产费用，构成产品的制造成本，增加应记入成本类账户“生产成本”账户和“制造费用”账户

的借方；“管理费用”账户是费用类账户，增加应记入“管理费用”账户的借方；应付职工薪酬是一项负债，增加应记入“应付职工薪酬”账户的贷方。会计分录为：

借：生产成本——A产品　　60 000
　　　　　　——B产品　　40 000
　　制造费用　　20 000
　　管理费用　　60 000
　贷：应付职工薪酬——工资　　180 000

【例4—22】 将本月华兴公司职工薪酬结算表提供给开户银行，并签发转账支票一张，委托银行代发职工薪酬180 000元。

此笔业务的发生，引起负债和资产两个会计要素发生变化，一方面使应付职工薪酬减少180 000元，另一方面使银行存款减少180 000元。因此，该项交易事项涉及“应付职工薪酬”和“银行存款”两个账户。应付职工薪酬是一项负债，减少应记入“应付职工薪酬”账户的借方；银行存款是一项资产，减少应记入“银行存款”账户的贷方。会计分录为：

借：应付职工薪酬——工资　　180 000
　贷：银行存款　　180 000

【例4—23】 按本月职工工资总额的14%计提职工福利费，分别计算如下：

制造A产品工人福利费＝60 000×14%＝8 400(元)

制造B产品工人福利费＝40 000×14%＝5 600(元)

车间管理人员福利费＝20 000×14%＝2 800(元)

行政管理人员福利费＝60 000×14%＝8 400(元)

合计＝25 200(元)

此笔业务的发生，引起费用和负债两个会计要素发生变化，一方面使生产成本、制造费用和管理费用增加25 200元，另一方面使应付职工薪酬增加25 200元。因此，该项交易事项涉及“生产成本”“制造费用”“管理费用”和“应付职工薪酬”四个账户。生产成本和制造费用都是产品的制造成本，增加应记入成本类账户即“生产成本”账户和“制造费用”账户的借方；管理费用是一项费用类账户，增加应记入“管理费用”账户的借方。

依本例，生产工人的福利费属于制造成本的直接费用，应记入“生产成本”账户的借方；车间管理人员的福利费属于制造成本的间接费用，应记入“制造费用”账户的借方；公司行政管理人员的福利费属于公司维持生产经营活动的期间费用，应记入“管理费用”账户的借方；应付职工薪酬是一项负债，增加应记入“应付职工薪酬”账户的贷方。会计分录为：

借：生产成本——A产品　　8 400
　　　　　　——B产品　　5 600
　　制造费用　　2 800
　　管理费用　　8 400
　贷：应付职工薪酬——职工福利　　25 200

(三)固定资产折旧费用的归集与分配

在会计上，由于管理的需要，“固定资产”账户按原始价值反映其增减变动及结余情况，但固定资产的特点又决定了必须反映其损耗的价值，计算固定资产的净值，为此需要设置“累计折旧”账户，用来核算固定资产的累计损耗价值。

企业在按月提取折旧时为制造产品而发生的固定资产折旧费构成制造成本，与制造产品无直接关系的固定资产折旧费不构成制造成本，直接作为当期损益计入期间费用。

【例4—24】 计提本月固定资产折旧7 200元，其中，车间使用的固定资产折旧4 800元，管理部门使用的固定资产折旧2 400元。

对固定资产计提折旧，会引起费用和资产两个会计要素发生变化，一方面使制造费用增加4 800元，使管理费用增加2 400元；另一方面使累计折旧增加7 200元。因此，该项交易事项涉及“制造费用”“管理费用”和“累计折旧”三个账户。制造费用是产品制造成本中的间接费用，增加应记入“制造费用”账户的借方；管理费用是一项期间费用，增加应记入“管理费用”账户的借方；累计折旧增加表明固定资产价值减少，应记入“累计折旧”账户的贷方。会计分录为：

借：制造费用　　4 800
　　管理费用　　2 400
　　贷：累计折旧　　7 200

（四）其他费用的归集与分配

企业在生产过程中除了发生以上费用外，还发生一些其他的费用，如耗用水电费、发生的办公费和差旅费等。

【例4—25】 租赁办公用房屋，开出转账支票支付应由本月负担的办公用房租金3 750元。

此笔业务的发生，引起费用和资产两个会计要素发生变化，一方面使管理费用增加3 750元，另一方面使银行存款减少3 750元。因此，该项交易事项涉及“管理费用”和“银行存款”两个账户。管理费用是一项期间费用，增加应记入“管理费用”账户的借方；银行存款是一项资产，减少应记入“银行存款”账户的贷方。会计分录为：

借：管理费用　　3 750
　　贷：银行存款　　3 750

【例4—26】 以银行存款支付车间办公费980元、公司办公费1 020元。

此笔业务的发生，引起费用和资产两个会计要素发生变化，一方面使制造费用增加980元，管理费用增加1 020元；另一方面使银行存款减少2 000元。因此，该项交易事项涉及“制造费用”“管理费用”和“银行存款”三个账户。制造费用是产品制造成本中的间接费用，增加应记入“制造费用”账户的借方；管理费用是一项期间费用，增加应记入“管理费用”账户的借方；银行存款是一项资产，减少应记入“银行存款”账户的贷方。会计分录为：

借：制造费用　　980
　　管理费用　　1 020
　　贷：银行存款　　2 000

【例4—27】 质量管理部职工李可出差预借差旅费2 000元，以现金支付。

管理人员的差旅费属于管理费用。此笔业务只是出差人员借支现金，公司的现金从保险柜中转移到李可手中，但它仍为公司所控制。管理费用目前尚未发生，发生的是公司增加一项债权，将来李可出差归来，报销出差费用时则冲销此项应收款。此笔业务引起资产要素内部发生变化，一方面使其他应收款增加2 000元，另一方面使库存现金减少2 000元。因此，该项交易事项涉及“其他应收款”和“库存现金”两个账户。其他应收款是一项资产，增加应记入“其他应收款”账户的借方；库存现金也是一项资产，减少应记入“库存现金”账户的贷方。会计分录为：

借：其他应收款——李可　　2 000
　　贷：库存现金　　2 000

【例 4－28】 按计划预提应由本月负担的到期一次支付租赁费用的固定资产租赁费 5 200 元，其中，生产用固定资产 3 800 元，管理用固定资产 1 400 元。

发生租入固定资产的租赁业务，肯定要支付租赁费，以前及本月对固定资产的使用导致今后租赁费的支出，尽管本月不支付租赁费，但本月存在实际耗费，就应该计入本月费用。此笔业务的发生，引起费用和负债两个会计要素发生变化，一方面使制造费用增加 3 800 元，管理费用增加 1 400 元；另一方面使其他应付款增加 5 200 元。因此，该项交易事项涉及“制造费用”“管理费用”和“其他应付款”三个账户。制造费用是产品制造成本中的间接费用，增加应记入“制造费用”账户的借方；管理费用是一项期间费用，增加应记入“管理费用”账户的借方；其他应付款是一项负债，增加应记入“其他应付款”账户的贷方。会计分录为：

借：制造费用　　3 800
　　管理费用　　1 400
　　贷：其他应付款　　5 200

【例 4－29】 李可出差归来，报销差旅费 1 850 元，余额以现金交回。

此笔业务的发生，引起费用和资产两个会计要素发生变化，一方面，由于差旅费报销使管理费用增加 1 850 元，李可交回未使用完的预借现金使库存现金增加 150 元；另一方面，由于收回公司债权使其他应收账款减少 2 000 元。因此，此项业务涉及“管理费用”“库存现金”和“其他应收款”三个账户。管理费用是一项期间费用，增加应记入“管理费用”账户的借方；现金是一项资产，增加应记入“库存现金”账户的借方；其他应收款也是一项资产，减少应记入“其他应收款”账户的贷方。会计分录为：

借：管理费用　　1 850
　　库存现金　　150
　　贷：其他应收款——李可　　2 000

【例 4－30】 以银行存款支付本月水电费 4 000 元，其中，车间应负担 2 900 元，公司管理部门应负担 1 100 元。

此笔业务的发生，引起费用和资产两个会计要素发生变化，一方面使制造费用增加 2 900 元，管理费用增加 1 100 元；另一方面使银行存款减少 4 000 元。因此，该项交易事项涉及“制造费用”“管理费用”和“银行存款”三个账户。制造费用是产品制造成本中的间接费用，增加应记入“制造费用”账户的借方；管理费用是一项期间费用，增加应记入“管理费用”账户的借方；银行存款是一项资产，减少应记入“银行存款”账户的贷方。会计分录为：

借：制造费用　　2 900
　　管理费用　　1 100
　　贷：银行存款　　4 000

（五）制造费用的归集与分配

企业为了归集和分配当期发生的间接生产费用，设置了“制造费用”账户。在实际工作中，企业先通过“制造费用”账户归集间接生产费用，期末按照一定的分配标准分配给各产品。制造费用的分配标准主要有生产工人工资、生产工人工时、机器工时、直接材料成本和直接总成本。企业在选择制造费用的分配标准时应结合实际情况，选择与制造费用发生有直接关系的分配标准，以保证产品成本计算的正确性。制造费用分配的计算公式如下：

制造费用分配率＝待分配制造费用总额÷分配标准总额

某种产品应分配的制造费用＝该产品的分配标准×制造费用分配率

【例 4－31】 月末，将本月发生的制造费用按工时比例分配转入“生产成本”账户。本月生产工时总计 6 800 工时，其中，A 产品用工 2 720 工时，B 产品用工 4 080 工时。

此项业务属于会计转账行为，即将“制造费用”账户借方归集的本期全部间接生产费用 39 950 元(4 670＋20 000＋2 800＋4 800＋980＋3 800＋2 900)，按 A、B 产品的工时比例分配转入“生产成本”账户，则

制造费用分配率＝待分配制造费用总额÷分配标准总额

＝39 950÷6 800＝5.875(元/工时)

A 产品应负担的制造费用＝A 产品的分配标准额×制造费用分配率

＝2 720×5.875＝15 980(元)

B 产品应负担的制造费用＝B 产品的分配标准额×制造费用分配率

＝4 080×5.875＝23 970(元)

此笔业务的发生，引起费用会计要素内部发生此增彼减的变化，一方面使生产成本增加 39 950 元(其中，A 产品成本增加 15 980 元，B 产品生产成本增加 23 970 元)，另一方面使制造费用减少 39 950 元。因此，该项交易事项涉及“生产成本”和“制造费用”两个账户。生产成本增加应记入成本类账户“生产成本”账户的借方；制造费用减少应记入成本类账户“制造费用”账户的贷方。会计分录为：

借：生产成本——A 产品	15 980	
——B 产品	23 970	
贷：制造费用		39 950

(六)完工产品生产成本的计算与结转

产品完工后，企业应进行完工产品成本的计算。产品生产费用通过上述归集和分配后，都归集到“生产成本”账户的借方，最后就可以将归集到某种产品的各项费用在本月完工产品和月末在产品之间进行分配，确定完工产品的成本。

在月末没有在产品的情况下，生产成本明细分类账内归集的费用总额就是完工产品的总成本。总成本除以本月该种产品产量，就是单位成本。如果月末全部产品未完工，则该种产品生产成本所归集的费用总额就是该种产品的在产品总成本。如果月末既有完工产品，又有在产品，这时，生产成本明细分类账内归集的费用就要采用适当的方法在完工产品和在产品之间进行分配，然后才能计算出完工产品的总成本和单位成本。其计算公式为：

完工产品成本＝期初在产品成本＋本期发生的生产费用－期末在产品成本

【例 4－32】 本月投产的 A 产品 100 台、B 产品 50 台全部完工并验收入库，计算结转完工产品的成本。库存商品存货按实际成本核算，A、B 产品期初均无在产品。

A 产品本月发生的直接材料费用为 19 967 元，直接人工费用为 68 400 元(60 000＋8 400)，负担的制造费用为 15 980 元；B 产品本月发生的直接材料费用为 36 977 元，直接人工费用为 45 600 元(40 000＋5 600)，负担的制造费用为 23 970 元。因为期初、期末均无在产品，本月发生的生产费用即为完工产品成本，所以完工的 A、B 产品的成本计算如下：

完工 A 产品总成本＝0＋(19 967＋68 400＋15 980)－0＝104 347(元)

完工 A 产品单位成本＝104 347÷100＝1 043.47(元/台)

完工 B 产品总成本＝0＋(36 977＋45 600＋23 970)－0＝106 547(元)

完工B产品单位成本＝106 547÷50＝2 130.94(元/台)

结转完工产品的成本,一方面引起库存的产成品增加,其中,A产品为100台,实际成本为104 347元;B产品为50台,实际成本为106 547元,应记入“库存商品”账户的借方;另一方面,完工产品成本从生产成本中转出后,引起生产成本的减少,应记入“生产成本”账户的贷方。会计分录为:

借:库存商品——A产品　　104 347
　　　　　——B产品　　106 547
　贷:生产成本——A产品　　104 347
　　　　　　——B产品　　106 547

A、B产品的生产成本明细分类账如表4—1、表4—2所示。

表4—1　　生产成本明细分类账

产品品种或类别:A产品　　单位:元

年		凭证号数	摘要	借方(成本项目)				贷方	借或贷	余额
月	日			直接材料	直接人工	制造费用	合计			
(略)	(略)	19	生产耗用材料	19 967			19 967		借	19 967
		21	分配工资		60 000		60 000		借	79 967
		23	分配福利费		8 400		8 400		借	88 367
		31	分配制造费用			15 980	15 980		借	104 347
		32	结转完工产品成本					104 347	平	—
			本期发生额及余额	19 967	68 400	15 980	104 347	104 347	平	—

表4—2　　生产成本明细分类账

产品品种或类别:B产品　　单位:元

年		凭证号数	摘要	借方(成本项目)				贷方	借或贷	余额
月	日			直接材料	直接人工	制造费用	合计			
(略)	(略)	19	生产耗用材料	36 977			36 977		借	36 977
		21	分配工资		40 000		40 000		借	76 977
		23	分配福利费		5 600		5 600		借	82 577
		31	分配制造费用			23 970	23 970		借	106 547
		32	结转完工产品成本					106 547	平	—
			本期发生额及余额	36 977	45 600	23 970	106 547	106 547	平	—

第五节　销售过程业务的核算

一、销售过程业务核算的主要内容

销售业务是指产品制造企业从产成品完工并验收入库、形成库存商品开始,至将库存商品出售给买方为止的全部业务。对于制造业企业来说,销售环节是保证企业资金周转的最重要的环节。因为，如果企业生产出来的产品不能顺利售出，那么积压在产成品上的成品资金就不能顺利地转化为货币资金，制造成本的耗费就得不到补偿，所以，制造业企业必须通过销售环节，将企业制造完工的库存商品及时销售给购买单位并收回销货款，以保证企业再生产的顺利进行。

制造业企业在经营销售环节的业务中因对外出售商品而收取货币资金或取得债权，同时形成销售收入。通常，企业销售收入的实现是以资产流入企业为标志，比如，以现销成交，获得现金、银行存款；以赊销成交，则取得收回货款的权利，即应收账款或应收票据；有时企业销售收入的实现也表现为原有债务的消失。按照《企业会计准则第14号——收入》，企业应当在履行了合同中的履约义务，即在客户取得相关商品控制权时确认收入。确认收入的金额应当反映企业因转让商品（或服务）而预期有权收取的对价金额。

企业为取得销售收入，必然要付出一定的代价并缴纳流转税，比如，发生库存商品的销售成本、销售费用及流转税等。销售成本就是企业已经售出的库存商品的制造成本，即为制造这些出售的、与销售收入相配比的产成品所耗费的直接材料、直接人工和间接费用。换句话说，未被售出的产成品称为库存商品，形成存货资产；已被售出的产成品的制造成本形成销售成本，与销售收入配比。

企业销售产品取得销售收入的同时还要发生各种销售费用，如包装费、运输费、广告费、保险费，以及为销售本企业产品而专设的销售机构的职工工资、福利费、业务经费等经常性费用。这些费用与一定时期销售收入的取得有关，因此具有期间费用的性质。企业还要按国家有关税法规定的税种和税率，计算缴纳销售税金及附加。

综上所述，销售过程业务核算的主要内容包括：销售产品、确认产品销售收入；与购货单位结算货款，收回货款或取得收取货款的权利；结转已销商品成本；支付销售费用；计算和缴纳销售税金；等等。

二、销售过程业务核算设置的主要账户

为了进行销售业务的核算，处理好与各方面的结算关系，企业应设置“主营业务收入”“其他业务收入”“主营业务成本”“税金及附加”“其他业务成本”“销售费用”“应收账款”“预收账款”和“应收票据”等账户。

（一）“主营业务收入”账户

（1）核算内容：核算企业确认的销售商品、提供劳务等主营业务收入。

（2）性质：损益类账户。

（3）结构：贷方登记企业取得的主营业务收入；借方登记发生的销售退回和转入“本年利润”账户的主营业务收入；结转后，“主营业务收入”账户期末无余额，如图4—23所示。

（4）本账户应按主营业务的种类分设明细账。

借方　　　　主营业务收入	贷方
销售退回等应冲减的主营业务收入 期末转入“本年利润”账户的主营业务收入	实现的主营业务收入

图4—23　“主营业务收入”账户结构

(二)“其他业务收入”账户

(1)核算内容:核算企业除主营业务以外的其他销售或其他经营活动实现的收入,如材料销售、包装物租金收入等。

(2)性质:损益类账户。

(3)结构:贷方登记企业取得的其他经营活动实现的收入;借方登记期末结转到“本年利润”账户的其他业务收入;结转后,“其他业务收入”账户期末无余额,如图 4—24 所示。

(4)本账户应按其他业务收入的种类分设明细账。

借方　　　　其他业务收入	贷方
期末转入“本年利润”账户的其他业务收入	取得的其他业务收入

图 4—24　“其他业务收入”账户结构

(三)“主营业务成本”账户

(1)核算内容:核算企业因销售商品、提供劳务等主营业务而发生的实际成本及其结转情况。

(2)性质:损益类账户。

(3)结构:借方登记企业已售商品的制造成本;贷方登记因销售退货而退回已售商品的制造成本,期末将本期“主营业务成本”账户的借、贷方发生额的差额从其贷方全部转入“本年利润”账户的借方;经结转后,“主营业务成本”账户期末无余额,如图 4—25 所示。

(4)本账户应按主营业务的种类分设明细账。

借方　　　　主营业务成本	贷方
发生的主营业务成本	因销售退货而退回已售商品的制造成本 期末转入“本年利润”账户的主营业务成本

图 4—25　“主营业务成本”账户结构

(四)“其他业务成本”账户

(1)核算内容:核算企业除主营业务以外的其他销售或其他经营活动所发生的支出,如材料销售成本、出租包装物成本的摊销等。

(2)性质:损益类账户。

(3)结构:借方登记企业其他业务成本的增加额;贷方登记其他业务成本的转销额,即期末将本期“其他业务成本”账户的借方发生额从其贷方全部转入“本年利润”账户的借方;经结转后,“其他业务成本”账户期末无余额,如图 4—26 所示。

(4)本账户应按其他业务成本的种类分设明细账。

借方　　　　其他业务成本	贷方
发生的其他业务成本	期末转入“本年利润”账户的其他业务成本

图 4—26　“其他业务成本”账户结构

(五)“税金及附加”账户

(1)核算内容:核算企业从事经营活动应负担的消费税、城市维护建设税、资源税、房产税、车船使用税、土地使用税、印花税和教育费附加等税金及附加。

(2)性质:损益类账户。

(3)结构:借方登记按照计税依据计算出的税金及附加,贷方登记因销售退货而减少的有关税金及附加,期末将本期“税金及附加”账户的借、贷方发生额的差额从其贷方全部转入“本年利润”账户的借方,经结转后,“税金及附加”账户期末无余额,如图4—27所示。

(4)本账户应按业务的税金种类分设明细账。

借方	税金及附加 贷方
按照计税依据计算出的税金及附加	销售退货而减少的有关税金及附加 期末转入“本年利润”账户的税金及附加

图4—27 “税金及附加”账户结构

(六)“销售费用”账户

(1)核算内容:核算企业销售商品和材料、提供劳务过程中发生的各项销售费用,包括运输费、装卸费、包装费、保险费、展览费、广告费,以及为销售本企业商品而专设的销售机构的职工工资及福利费、业务费等经营费用。

(2)性质:损益类账户。

(3)结构:借方登记企业发生的各种销售费用;贷方登记本期借方归集的各种销售费用的转销,即期末将本期“销售费用”账户的借方发生额从贷方全部转入“本年利润”账户的借方;经结转后,“销售费用”账户期末无余额,如图4—28所示。

(4)本账户应按销售费用项目分设明细账。

借方	销售费用 贷方
发生的销售费用	期末转入“本年利润”账户的销售费用

图4—28 “销售费用”账户结构

(七)“应收账款”账户

(1)核算内容:核算企业因销售商品或提供劳务等应向购货单位或接受劳务单位收取的款项。

(2)性质:资产类账户。

(3)结构:借方登记因企业对外销售商品或提供劳务而应向购货单位收取款项的增加额;贷方登记已收回的应收款项和已确认坏账并转销的应收账款;余额在借方,反映企业尚未收回的应收账款,如图4—29所示。

(4)本账户应按购货单位或接受劳务的单位设置明细账。

借方	应收账款 贷方
发生的应收账款	收回的应收账款和已确认的坏账损失
期末余额:尚未收回的应收账款	

图4—29 “应收账款”账户结构

(八)“应收票据”账户

(1)核算内容:核算企业因销售产品、提供劳务等而收到的商业汇票,包括银行承兑汇票和商业承兑汇票。

(2)性质:资产类账户。

(3)结构:借方登记企业收到的应收票据金额;贷方登记应收票据到期收回的票面金额和持有未到期票据向银行贴现的票面金额;期末余额在借方,表示尚未到期的应收票据金额,如图 4—30 所示。

(4)本账户应按购货单位或接受劳务的单位设置明细账。

借方　　　　应收票据	贷方
本期收到的商业汇票票面金额	票据到期收回的票面金额 票据贴现的票面金额
期末余额:尚未收回的商业汇票票面金额	

图 4—30　“应收票据”账户结构

(九)“预收账款”账户

(1)核算内容:核算企业因销售商品或提供劳务等按照合同规定预收购货单位的款项。预收账款情况不多的,可以不设本账户,将预收的款项直接记入“应收账款”账户。

(2)性质:负债类账户。

(3)结构:贷方登记企业根据合同规定预收购货单位的款项;借方登记企业提供产品或劳务与购货单位结算时,冲销预收购货单位的款项;期末余额在贷方,表示企业预收款的结余额;期末余额在借方,表示购货单位应补付给本企业的款项,如图 4—31 所示。

(4)本账户应按购货单位设置明细账。

借方　　　　预收账款	贷方
预收账款的减少	预收账款的增加
期末余额:购货单位应补付的款项	期末余额:预收款的结余额

图 4—31　“预收账款”账户结构

三、销售过程业务核算的账务处理

(一)主营业务收入的核算

企业应当在履行了合同中的履约义务,即在客户取得相关商品控制权时确认收入。商品销售收入又称主营业务收入,企业一般应按售出库存商品的单位售价计算确认销售收入金额。其计算公式为:

$$商品销售收入=商品销售数量\times单位售价$$

作为增值税一般纳税人的企业,产品销售后除收取销售收入以外,还应向购货方收取销项税额,以便期末以销项税额抵扣进项税额后,以其余额作为应缴纳的增值税。

【例 4—33】　华兴公司销售给大京公司 A 产品 30 台,每台售价为 2 500 元,增值税税率为 13%,收到销货款共计 84 750 元,存入银行。

此笔业务的发生,引起资产、负债和收入三个会计要素发生变化,一方面收到销货款使银行存款增加84 750元，另一方面实现销售，使销售收入增加75 000元，应交增值税销项税额增加9 750元，因此，涉及"银行存款""主营业务收入"和"应交税费"三个账户。销货款增加应记入资产类账户"银行存款"账户的借方；销售收入增加应记入收入类账户"主营业务收入"账户的贷方；增值税销项税额增加应记入负债类账户"应交税费——应交增值税(销项税额)"账户的贷方。会计分录为：

借：银行存款　　84 750
　贷：主营业务收入　　75 000
　　应交税费——应交增值税(销项税额)　　9 750

【例4—34】 华兴公司向大名公司销售A产品40台，每台售价为2 500元；销售B产品40台，每台售价为4 100元。增值税税率为13%，价税共计298 320元，货款尚未收回。

此笔业务的发生，引起资产、负债和收入三个会计要素发生变化，一方面，销售未收款使应收账款增加298 320元，另一方面，实现销售，使销售收入增加264 000元，应交增值税销项税额增加34 320元，因此，涉及"应收账款""主营业务收入"和"应交税费"三个账户。应收账款增加应记入资产类账户"应收账款"账户的借方；销售收入增加应记入收入类账户"主营业务收入"账户的贷方；增值税销项税额增加应记入负债类账户"应交税费——应交增值税(销项税额)"账户的贷方。会计分录为：

借：应收账款——大名公司　　298 320
　贷：主营业务收入　　264 000
　　应交税费——应交增值税(销项税额)　　34 320

【例4—35】 根据合同规定，华兴公司预收大吉公司购买A产品20台的货款56 500元，货款已存入银行。

此笔业务的发生，引起资产和负债两个会计要素发生变化，一方面，使银行存款增加56 500元，另一方面，使预收销货款增加56 500元，因此，涉及"银行存款""预收账款"两个账户。银行存款增加应记入资产类账户"银行存款"账户的借方；预收销货款增加应记入负债类账户"预收账款"账户的贷方。会计分录为：

借：银行存款　　56 500
　贷：预收账款——大吉公司　　56 500

【例4—36】 收到大名公司转账支票一张，支付其前欠部分货款计98 320元，已收存银行。

此笔业务的发生，引起资产会计要素内部发生此增彼减的变化，一方面，使银行存款增加98 320元，另一方面使应收账款减少98 320元，因此，涉及"银行存款""应收账款"两个账户。银行存款增加应记入资产类账户"银行存款"账户的借方；应收账款减少应记入资产类账户"应收账款"账户的贷方。会计分录为：

借：银行存款　　98 320
　贷：应收账款——大名公司　　98 320

【例4—37】 收到大名公司交来银行承兑汇票一张，用以偿付其前欠剩余货款计200 000元。

应收账款和应收票据都是企业的债权。此笔业务的发生是以一项新债权抵偿一项旧债权，引起资产会计要素内部发生此增彼减的变化，一方面使应收票据增加200 000元，另一方面使应收账款减少200 000元，因此，涉及"应收票据""应收账款"两个账户。应收票据是一项资产，增加应记入资产类账户"应收票据"账户的借方；应收账款也是一项资产，减少应记入资产类账户"应收账款"账户的贷方。会计分录为：

借：应收票据——大名公司　　200 000
　　贷：应收账款——大名公司　　200 000

【例 4—38】 给大吉公司发运 A 产品 20 台，每台售价为 2 500 元，增值税税率为 13%，开出销货发票，冲销已收大吉公司的预收货款。

此笔业务的发生引起负债和收入两个会计要素发生变化。一方面，企业以产品抵偿预收货款使债务减少 56 500 元，另一方面实现销售，使销售收入增加 50 000 元，应交增值税销项税额增加 6 500 元，因此，涉及"预收账款""主营业务收入"和"应交税费"三个账户。预收账款是负债，减少应记入负债类账户"预收账款"账户的借方；销售收入增加应记入收入类账户"主营业务收入"账户的贷方；增值税销项税额增加应记入负债类账户"应交税费——应交增值税(销项税额)"账户的贷方。会计分录为：

借：预收账款——大吉公司　　56 500
　　贷：主营业务收入　　50 000
　　　　应交税费——应交增值税(销项税额)　　6 500

(二)主营业务成本的计算与结转

主营业务成本即已销产品的生产成本。当产品销售后，产品实物随之从产成品库转移到购货方，即产成品实物发生了转移(库存商品减少)，同时表明企业为取得主营业务收入而垫付了资金，即主营业务成本。为使账实相符，产成品价值即产成品的生产成本也要转移，即从"库存商品"账户的贷方结转到"主营业务成本"账户的借方。主营业务成本的计算公式如下：

本期应结转的主营业务成本＝本期销售商品的数量×单位商品生产成本

式中，单位商品生产成本应考虑期初库存的商品成本和本期入库的商品成本，分情况采用先进先出法、加权平均法等计算取得，这一内容将在《中级财务会计》中进行学习。

【例 4—39】 结转已售 A 产品 90 台的实际生产成本 93 912.30 元(1 043.47×90)，已售 B 产品 40 台的实际生产成本 85 237.60 元(2 130.94×40)，计 179 149.90 元。

此笔业务的发生，引起费用和资产两个会计要素发生变化，一方面使销售成本增加 179 149.90 元，另一方面使库存商品减少 179 149.90 元，因此，涉及"主营业务成本"和"库存商品"两个账户。销售成本是一项与本期收入相配比的费用，增加应记入"主营业务成本"账户的借方；库存商品是一项资产，减少应记入"库存商品"账户的贷方。会计分录为：

借：主营业务成本　　179 149.90
　　贷：库存商品——A 产品　　93 912.30
　　　　　　　　——B 产品　　85 237.60

(三)税金及附加的核算

主营业务收入实现后，按规定应缴纳一定比例的税金及附加，包括消费税、城市维护建设税、资源税、教育费附加及房产税等相关税费，当计算出当月应交数额后，就构成企业当月的一项费用；另外，由于当月并不实际缴纳(一般是当月计算，下月初缴纳)，同时又形成了企业对国家的应交税费及应交教育费附加负债。

【例 4—40】 月末，计算并结转本月应缴纳的城市维护建设税 1 084.72 元，教育费附加 464.88 元。

此笔业务的发生，引起费用和负债两个会计要素发生变化，一方面使税金及附加增加

1 549.6 元，另一方面使应交税费增加 1 549.6 元，因此涉及“税金及附加”和“应交税费”两个账户。税金及附加是一项费用，增加应记入“税金及附加”账户的借方；应交税费是一项负债，增加应记入“应交税费”账户的贷方。会计分录为：

借：税金及附加　　1 549.6
　　贷：应交税费——应交城市维护建设税　　1 084.72
　　　　　　　——应交教育费附加　　464.88

(四)销售费用的核算

销售费用是为了取得当期的主营业务收入而发生的，本着权责发生制的要求，当期发生的销售费用应记入“销售费用”账户中。

【例 4—41】 以银行存款支付产品保险费 5 000 元、展览费 10 000 元、广告费 8 000 元。

此笔业务的发生，引起费用和资产两个会计要素发生变化，一方面使销售费用增加 23 000 元，另一方面使银行存款减少 23 000 元，因此，涉及“销售费用”和“银行存款”两个账户。销售费用是为企业销售产品发生的一项期间费用，增加应记入损益类账户“销售费用”账户的借方；银行存款是一项资产，减少应记入“银行存款”账户的贷方。会计分录为：

借：销售费用　　23 000
　　贷：银行存款　　23 000

第六节　利润形成和分配业务的核算

利润是企业在一定会计期间所实现的最终财务成果，是反映企业工作质量的一项重要指标，因此也是企业会计核算的重要组成部分。企业作为独立的经济实体，要在市场经济环境下求得生存与发展，并为投资者提供一定的投资收益，就必须有能力以自身的经营收入抵补各项费用支出。如果当期收入大于当期费用，收入扣减费用后剩余的差额就是利润，企业实现的利润在扣除所得税费用后，应按照国家规定进行分配；如果当期收入小于当期费用，则形成亏损，企业发生的亏损，应按有关规定进行弥补。因此，利润业务核算的基本内容包括利润的形成和利润的分配两个部分。

一、利润形成业务的核算

(一)利润的构成与计算

企业在生产经营过程中通过销售业务将商品卖给购买方实现收入，收入扣除所出售产品的成本以及其他一系列费用，产生营业利润或亏损。企业的营业利润或亏损只反映营业成果，并不是企业的最终财务成果。最终财务成果是净利润，净利润是利润总额减所得税费用，利润总额由营业利润和营业外收支净额构成。因此，利润有营业利润、利润总额和净利润之分，其构成和它们之间的关系如下：

营业利润＝营业收入－营业成本－税金及附加－销售费用－管理费用－财务费用－研发费用＋其他收益＋投资收益(－损失)＋公允价值变动收益(－损失)－信用减值损失－资产减值损失＋资产处置收益(－损失)

其中：

营业收入＝主营业务收入＋其他业务收入

营业成本＝主营业务成本＋其他业务成本

利润总额＝营业利润＋营业外收入－营业外支出

净利润＝利润总额－所得税费用

营业收入是指企业经营业务所确定的收入总额，包括主营业务收入和其他业务收入。

营业成本是指企业经营业务所发生的成本，包括主营业务成本和其他业务成本。

研发费用是指企业进行研究与开发过程中发生的费用化支出。

投资收益（或损失）是指企业对外投资取得的收益或损失。

公允价值变动收益（或损失）是指企业交易性金融资产等公允价值变动形成的应计入当期损益的利得或损失。

信用减值损失是指企业按照《企业会计准则第 22 号——金融工具确认和计量》（2017 年修订）的要求计提的各项金融工具减值准备所形成的预期信用损失。

资产减值损失是指企业计提的各项资产减值准备所形成的损失。

资产处置收益（或损失）是指企业因处置固定资产、无形资产等非流动资产所产生的损益。

所得税费用是企业按照国家税法的有关规定，对企业某一经营年度实现的经营所得和其他所得，按照规定的所得税税率计算缴纳的一种税款。其计算公式如下：

应交所得税＝应纳税所得额×所得税税率

应纳税所得额是在利润总额的基础上进行纳税调整所得。本教材不考虑纳税调整，即假设纳税调整额为零，此种情况下应纳税所得额等于利润总额。

（二）利润形成业务核算设置的主要账户

1.“营业外收入”账户

（1）核算内容：核算企业发生的与企业生产经营活动无直接关系的各项收入，主要包括非流动资产毁损报废利得、与企业日常活动无关的政府补助、盘盈利得、捐赠利得等。

（2）性质：损益类账户。

（3）结构：贷方登记营业外收入的增加；借方登记期末转入“本年利润”账户的营业外收入额；经结转后，“营业外收入”账户无余额，如图 4－32 所示。

（4）本账户按收入项目分设明细账。

借方	营业外收入　　　　贷方
期末转入“本年利润”账户的营业外收入	营业外收入的增加

图 4－32　“营业外收入”账户结构

2.“营业外支出”账户

（1）核算内容：核算企业发生的与企业生产经营活动无直接关系的各项支出，主要包括非流动资产毁损报废损失、公益性捐赠支出、非常损失、盘亏损失、罚款支出等。

（2）性质：损益类账户。

（3）结构：借方登记营业外支出的增加；贷方登记期末转入“本年利润”账户的营业外支出额；经结转后，“营业外支出”账户无余额，如图 4－33 所示。

（4）本账户按支出项目分设明细账。

借方	营业外支出　　　　　　贷方
发生的各项营业外支出	期末转入“本年利润”账户的营业外支出

图 4—33　“营业外支出”账户结构

3.“投资收益”账户

(1)核算内容:核算企业对外投资取得的收益及发生的损失。

(2)性质:损益类账户。

(3)结构:贷方登记企业取得的各项投资收益和期末转入“本年利润”账户的投资净损失;借方登记企业发生的各项投资损失和期末转入“本年利润”账户的投资净收益;经结转后,本账户无余额,如图 4—34 所示。

(4)本账户按投资收益种类设置明细账。

借方	投资收益　　　　　　贷方
发生的投资损失	实现的投资收益
期末转入“本年利润”账户的投资净收益	期末转入“本年利润”账户的投资净损失

图 4—34　“投资收益”账户结构

4.“所得税费用”账户

(1)核算内容:核算企业根据所得税准则确认的应从当期利润总额中扣除的所得税费用。

(2)性质:损益类账户。

(3)结构:借方登记按照应纳税所得额计算出的所得税费用额;贷方登记期末转入“本年利润”账户的所得税费用额;结转后,本账户无余额,如图 4—35 所示。

(4)本账户按照“当期所得税费用”“递延所得税费用”设置明细账。

借方	所得税费用　　　　　　贷方
计算出的所得税费用额	期末转入“本年利润”账户的所得税费用额

图 4—35　“所得税费用”账户结构

5.“本年利润”账户

(1)核算内容:核算企业一定时期内净利润的形成或亏损的发生情况。

(2)性质:所有者权益类账户。

(3)结构:在会计期末,企业损益类账户中的各收入类账户的贷方余额由借方转入本账户的贷方,即借记“主营业务收入”“其他业务收入”“营业外收入”“投资收益”等账户,贷记“本年利润”账户;损益类账户中的各费用类账户的借方余额由贷方转入本账户的借方,即借记“本年利润”账户,贷记“主营业务成本”“税金及附加”“其他业务成本”“销售费用”“管理费用”“财务费用”“营业外支出”等账户,然后,将本期转入的收入总额与本期转入的费用总额进行比较,即可确定盈亏。若“本年利润”账户为贷方余额,则为本期的利润总额;若“本年利润”账户为借方余额,则为本期的亏损总额。

企业实现利润时应计算应交所得税,再将“所得税费用”账户的借方余额由贷方转入“本年利润”账户借方，然后将本期结转过来的收入和本期结转过来的费用相抵后计算本期实现的净利润。“本年利润”账户的余额，不论是借方余额还是贷方余额，年终都必须结转到“利润分配”账户；结转后，“本年利润”账户无余额，如图 4—36 所示。

(4)本账户一般不设置明细分类账户。

借方　　本年利润	贷方
期末转入的各项费用： (1)主营业务成本 (2)其他业务成本 (3)税金及附加 (4)销售费用 (5)管理费用 (6)财务费用 (7)营业外支出 (8)投资净损失 (9)所得税费用	期末转入的各项收入： (1)主营业务收入 (2)其他业务收入 (3)投资净收益 (4)营业外收入
期末余额：累计发生的净亏损	期末余额：累计实现的净利润

图 4—36　“本年利润”账户结构

(三)利润形成业务的账务处理

【例 4—42】　华兴公司向大力公司收取合同违约金 10 000 元，存入银行。

收取合同违约金实际上就是一笔罚款利得，与企业正常生产经营活动无直接关系，应计入营业外收入。此笔业务的发生，引起资产和收入两个会计要素发生变化，一方面使银行存款增加 10 000 元，另一方面使营业外收入增加 10 000 元。因此，该项交易事项涉及“银行存款”和“营业外收入”两个账户。银行存款是一项资产，增加应记入资产类账户“银行存款”账户的借方；罚款收入是一项收入，应记入损益类账户“营业外收入”账户的贷方。会计分录为：

借：银行存款　　10 000
　　贷：营业外收入　　10 000

【例 4—43】　华兴公司以银行存款支付因非常事件引发的赔偿金 50 000 元。

支付非常事件赔偿金给企业带来损失，但与企业正常生产经营活动无关，应计入营业外支出。此笔业务的发生，引起费用和资产两个会计要素发生变化，一方面使营业外支出增加 50 000 元，另一方面使银行存款减少 50 000 元。因此，此笔业务涉及“营业外支出”和“银行存款”两个账户。营业外支出是一项费用，增加应记入损益类账户“营业外支出”的借方；银行存款是一项资产，减少应记入资产类账户“银行存款”的贷方。会计分录为：

借：营业外支出　　50 000
　　贷：银行存款　　50 000

【例 4—44】　华兴公司收到大福公司汇入本公司账户的联营企业分得利润 80 000 元。

此笔业务的发生，引起资产和收入两个会计要素发生变化，一方面使银行存款增加 80 000 元，另一方面使投资收益增加 80 000 元。因此，该项交易事项涉及“银行存款”和“投资收益”两个账户。银行存款是一项资产，增加应记入资产类账户“银行存款”的借方；联营利润收入是一项投资收益，增加应记入损益类账户“投资收益”的贷方。会计分录为：

借：银行存款　　80 000

贷:投资收益 80 000

【例 4—45】 期末,将损益类账户的本期发生额结转到“本年利润”账户,并计算本期的利润总额。华兴公司 2023 年 12 月各收入、费用类账户的发生额资料如下:

主营业务收入(贷方)	389 000 元
投资收益(贷方)	80 000 元
营业外收入(贷方)	10 000 元
主营业务成本(借方)	179 149.9 元
税金及附加(借方)	1 549.6 元
销售费用(借方)	23 000 元
管理费用(借方)	84 539 元
财务费用(借方)	15 000 元
营业外支出(借方)	50 000 元

结转上述本期收入和相关费用,计算确定本期利润总额,即将各损益类账户的期末余额全部结转到“本年利润”账户中;结转后,全部损益类账户的期末余额为零。这样,“本年利润”账户的贷方集中反映本期所有收入,借方集中反映本期所有成本费用,贷方与借方的差额形成本期利润总额。

期末,结转收入类账户。将“主营业务收入”“投资收益”“营业外收入”等各收入类账户的贷方发生额,从其借方转入“本年利润”账户的贷方,结转后该类账户无余额。编制会计分录如下:

借:主营业务收入 389 000
　投资收益 80 000
　营业外收入 10 000
　贷:本年利润 479 000

期末,结转费用类账户。将“主营业务成本”“税金及附加”“销售费用”“管理费用”“财务费用”“营业外支出”等各费用类账户的借方发生额,从其贷方转入“本年利润”账户的借方,结转后该类账户无余额。编制会计分录如下:

借:本年利润 353 238.5
　贷:主营业务成本 179 149.90
　　税金及附加 1 549.6
　　销售费用 23 000
　　管理费用 84 539
　　财务费用 15 000
　　营业外支出 50 000

至此,“本年利润”账户本期贷方发生额 479 000 元减去本期借方发生额 353 238.5 元,其差额为 125 761.5 元,即为本期的利润总额。

【例 4—46】 华兴公司所得税税率为 25%,根据本月实现的利润总额计算、结转应交所得税。

12 月份应交所得税=125 761.5×25%=31 440.38(元)

所得税是企业生产经营盈利后应该承担的义务。缴纳所得税构成企业的一项费用,一般情况下是在会计期末计算出本期应交所得税额后,于下一会计期初汇算清缴。因此,此笔业务的发生，引起费用和负债两个会计要素发生变化，一方面使所得税费用增加 31 440.38 元，另一方面使应交所得税增加 31 440.38 元。此笔业务涉及“所得税费用”和“应交税费”两个账户。所得税费用是一项费用，增加应记入损益类账户“所得税费用”账户的借方；应交所得税是一项负债，增加应记入负债类账户“应交税费”账户的贷方。会计分录为：

借：所得税费用　　31 440.38
　　贷：应交税费——应交所得税　　31 440.38

将“所得税费用”账户的借方余额从其贷方结转至“本年利润”账户的借方；经结转后，“所得税费用”账户的余额为零。编制结转会计分录如下：

借：本年利润　　31 440.38
　　贷：所得税费用　　31 440.38

至此，本月利润余额在贷方，为 94 321.12(125 761.5－31 440.38)元，表明华兴公司盈利，并且扣除所得税后净利润为 94 321.12 元。

二、利润分配业务的核算

(一)利润分配业务核算的主要内容

利润分配是指企业根据股东大会或类似权力机构批准的，对企业可供分配的利润指定其用途和分配给投资者的行为。企业实现的净利润，就是企业利润总额扣除所得税费用以后的数额，即税后利润。根据《公司法》等有关法律、法规的规定，企业当年实现的净利润，首先应弥补以前年度尚未弥补的亏损，对于剩余部分，应按照下列顺序进行分配：

1. 提取法定盈余公积

按照现行制度规定，公司制企业法定盈余公积金按照本年实现净利润(抵减年初累计亏损后)的 10%提取，其他企业可以根据需要确定提取比例。企业提取的法定盈余公积金累计数额超过其注册资本的 50%以上的，可以不再提取。

2. 提取任意盈余公积

企业在提取法定盈余公积金后，股份制企业经股东大会决议，其他企业可以根据需要提取任意盈余公积。任意盈余公积的提取比例由企业视自身的情况而定。

3. 向投资者分配利润

企业实现的净利润在扣除上述项目后，再加上年初未分配利润和其他转入数，形成可供投资者分配的利润。用公式表示为：

可供投资者分配的利润＝净利润－弥补以前年度的亏损－提取的法定盈余公积
－提取的任意盈余公积＋以前年度未分配利润＋其他转入的金额

可供投资者分配的利润，应按下列顺序进行分配：支付优先股股利、支付普通股股利、转作资本(或股本)的普通股股利。

可供投资者分配的利润经过上述分配之后，为企业的未分配利润(或未弥补亏损)。未分配利润是企业留待以后年度进行分配的利润或等待分配的利润，是所有者权益的一个重要组成部分。相对于所有者权益的其他部分来说，企业对于未分配利润的使用有较大的自主权。

(二)利润分配业务核算设置的主要账户

1.“利润分配”账户

(1)核算内容：核算企业利润的分配(或亏损的弥补)和历年分配(或弥补)后的积存余额。

(2)性质:所有者权益类账户。

(3)结构:在企业实现利润的情况下,贷方登记从“本年利润”账户结转而来的本年实现的净利润数,借方登记企业提取的盈余公积和应付给投资者的利润数;在企业发生亏损的情况下,“利润分配”账户的借方登记从“本年利润”账户结转来的亏损数,贷方登记已弥补的亏损数。本账户期末余额有可能在贷方,也有可能在借方:若为贷方余额,则反映企业历年结存的未分配利润;若为借方余额,则反映企业历年结存的未弥补亏损,如图4—37所示。

借方	利润分配 贷方
实际分配的利润数 (1)提取法定盈余公积 (2)提取任意盈余公积 (3)分配给投资者的股利 年末从“本年利润”账户转入的全年净亏损	年末从“本年利润”账户转入的全年实现的净利润 盈余公积补亏
期末余额:历年结存的未弥补亏损	期末余额:历年结存的未分配利润

图4—37 “利润分配”账户结构

(4)按利润分配的相关项目设置明细账,如“提取法定盈余公积”“提取任意盈余公积”“应付现金股利”“未分配利润”等明细账。年度终了,将本账户其他明细账户下的余额转入本账户的“未分配利润”明细账户中。结转后,除“未分配利润”明细账户外,本账户的其他明细账户无余额。

2.“盈余公积”账户

(1)核算内容:核算企业从净利润中提取的盈余公积金(包括法定盈余公积和任意盈余公积)的增减变动及其结余情况。

(2)性质:所有者权益类账户。

(3)结构:贷方登记企业从净利润中提取的盈余公积金;借方登记企业实际使用的盈余公积金,如以盈余公积转增资本、弥补亏损等;期末余额在贷方,表示结余的盈余公积,如图4—38所示。

借方	盈余公积 贷方
实际使用的盈余公积	年末提取的盈余公积
	期末余额:结余的盈余公积

图4—38 “盈余公积”账户结构

3.“应付股利”账户

(1)核算内容:核算企业按照股东大会或类似权力机构决议分配给投资者的现金股利或利润的增减变动及其结余情况。

(2)性质:负债类账户。

(3)结构:贷方登记企业根据通过的股利或利润分配方案,应支付给投资者的现金股利或利润;借方登记企业实际支付的现金股利或利润;期末余额在贷方,反映企业尚未支付的现金股利或利润,如图4—39所示。

借方	应付股利　　　　贷方
实际支付的现金股利或利润	应付的现金股利或利润
	期末余额：应付而未付的现金股利或利润

图 4－39　“应付股利”账户结构

(三)利润分配业务核算的账务处理

【例 4－47】　年终，华兴公司结转全年实现的净利润 94 321.12 元(假设华兴公司 2023 年 1—11 月净利润为零)。

华兴公司 2023 年 1—11 月净利润为零，因此，本月的利润总额减去所得税费用后的差额为 94 321.12 元(125 761.5－31 440.38)，即为本年净利润，表现为“本年利润”账户的贷方余额。“本年利润”账户实际上是一个过渡性账户，它的作用是年内在此计算利润总额，年末将本年实现的净利润结转至“利润分配”账户，结转后无余额。此笔业务就是将公司全年实现的净利润 94 321.12 元从“本年利润”账户的借方转入“利润分配”账户的贷方。会计分录为：

借：本年利润　　　　94 321.12
　贷：利润分配——未分配利润　　　　94 321.12

【例 4－48】　华兴公司按税后净利润的 10%计提盈余公积。

本期应计提盈余公积＝94 321.12×10%＝9 432.11(元)

此笔业务的发生，引起所有者权益两个会计要素内部发生此增彼减的变化，一方面使计提的盈余公积增加 9 432.11 元，另一方面，利润被分配，使累计利润减少 9 432.11 元。该项业务涉及“盈余公积”和“利润分配”两个账户。盈余公积是一项所有者权益，增加应记入所有者权益类账户“盈余公积”的贷方；利润分配也是一项所有者权益，减少应记入所有者权益类账户“利润分配”的借方。会计分录为：

借：利润分配——提取法定盈余公积　　　　9 432.11
　贷：盈余公积——法定盈余公积　　　　9 432.11

【例 4－49】　根据董事会的决议，向投资者分配现金股利 60 000 元。

此笔业务的发生，引起所有者权益和负债会计要素发生变化，一方面使应付投资者的投资股利增加 60 000 元，另一方面，利润被分配，使累计利润减少 60 000 元。该项业务涉及“应付股利”和“利润分配”两个账户。应付股利是一项负债，增加应记入负债类账户“应付股利”的贷方；利润分配是一项所有者权益，减少应记入所有者权益类账户“利润分配”的借方。会计分录为：

借：利润分配——应付现金股利　　　　60 000
　贷：应付股利　　　　60 000

【例 4－50】　年末，将利润分配的其他明细账户转入“未分配利润”明细账户，并计算年末未分配利润。

本年度内已分配的利润已登记在“利润分配”所属“提取法定盈余公积”“应付现金股利”明细账户的借方，年末应从这些明细账户的贷方转入“未分配利润”明细账户的借方；结转后，“利润分配”账户所属的“提取法定盈余公积”“应付现金股利”两个明细账户年末无余额。会计分录为：

借：利润分配——未分配利润　　　　69 432.11
　贷：利润分配——提取法定盈余公积　　　　9 432.11
　　　　　　　——应付现金股利　　　　60 000

年末“利润分配”账户所属“未分配利润”明细账户的贷方余额即为年末未分配利润。假设“未分配利润”明细账户期初余额为零，则

年末经分配后的未分配利润＝94 321.12－60 000－9 432.11＝24 889.01(元)

本章小结

产品制造企业的主要经济业务有资金筹集业务、供应过程业务、生产过程业务、销售过程业务、利润形成与分配业务。

企业筹集资金的渠道有两个：一是吸收投资者的投资，二是向债权人借款。投资者投入的资金形成投入资本，向债权人借入的资金形成负债。因此，筹资业务的会计核算，主要包括投入资本和借入资金两个方面的账户设置和账务处理。

供应过程是为生产产品做准备的过程。为了进行产品生产，企业必须购建厂房和采购机器设备等劳动资料，形成材料储备。因此，供应过程的两大核算内容是固定资产购入业务的核算和材料采购业务的核算。材料采购业务的会计核算主要包括取得原材料、结算采购货款、支付采购费用、计算并结转采购成本等。

生产过程是产品制造企业经营活动的主要过程，是连接采购和销售过程的中心环节。生产过程业务核算包括生产费用和产品成本的归集、分配等业务的账户设置和账务处理。

产品销售阶段的主要业务，是企业向购货单位和接受劳务单位销售产品及提供劳务，并按销售价格结算，收回销售价款，实现产品价值的过程。会计核算主要包括确认商品销售收入、办理销售价款结算和收回销售价款、支付销售费用、计算和结转销售成本、计算缴纳应负担的税金及附加等业务的账户设置和账务处理。

利润是指企业在一定期间内生产经营活动所获得的最终经营结果，是当期收入减去费用后的差额。会计核算主要包括利润形成和利润分配等业务的账户设置和账务处理。

关键名词

实收资本	制造费用	销售费用	管理费用	财务费用
直接材料费	直接人工费	间接费用	期间费用	材料采购费用
材料采购成本	生产成本	主营业务成本	营业外收入	营业外支出
营业利润	利润总额	净利润		

复习思考题

1. 简述产品制造企业资金运动的过程以及由此形成的主要经济业务。
2. 筹资业务核算的主要内容是什么，需要设置哪些主要账户，各账户的核算内容及结构如何？
3. 材料采购业务核算的主要内容是什么，需要设置哪些主要账户，各账户的核算内容及结构如何？
4. 产品生产业务核算的主要内容是什么，需要设置哪些主要账户，各账户的核算内容及结构如何？
5. 产品销售业务核算的主要内容是什么，需要设置哪些主要账户，各账户的核算内容及结构如何？
6. 利润形成和分配业务核算需要设置哪些主要账户？各账户的核算内容及结构如何？
7. 简述企业利润分配的顺序。
8. 营业利润是怎样形成的？净利润是怎样形成的？

同步练习

一、单项选择题

1. 企业实际发生的材料采购应记入的科目是(　　)。

A.“在途物资”　B.“库存商品”　C.“生产成本”　D.“管理费用”

2. 生产企业购进材料所缴纳的增值税应计入(　　)。

A. 进项税额　B. 销项税额　C. 材料的采购成本　D. 管理费用

3. 以现金支付职工工资时,应借记的科目是(　　)。

A.“库存现金”　B.“应付职工薪酬”　C.“其他应付款”　D.“生产成本”

4.“累计折旧”账户属于(　　)。

A. 费用类账户　B. 负债类账户　C. 资产类账户　D. 折旧类账户

5. 广告宣传费应计入(　　)。

A. 管理费用　B. 财务费用　C. 销售费用　D. 制造费用

6.“固定资产”账户借方余额反映的是(　　)。

A. 固定资产净值　B. 固定资产公允价值

C. 固定资产折余价值　D. 固定资产原始价值

7. 联营企业分得的利润应记入(　　)账户。

A.“投资收益”　B.“财务费用”　C.“营业外收入”　D.“其他业务收入”

8. 已知某公司主营业务利润为 400 万元、管理费用为 100 万元、财务费用为 10 万元、销售费用为 40 万元、营业外支出为 10 万元,则营业利润为(　　)万元。

A. 250　B. 240　C. 230　D. 400

9. 在下列账户中,期末结转后可能有余额的是(　　)。

A.“生产成本”　B.“税金及附加”

C.“财务费用”　D.“主营业务成本”

10. 在期末时,制造费用余额应转入(　　)账户。

A.“生产成本”　B.“管理费用”　C.“财务费用”　D.“销售费用”

11. 下列各项中,不能计入产品成本的是(　　)。

A. 原材料　B. 应付职工薪酬　C. 管理费用　D. 制造费用

12. 企业计算应交所得税时,应借记的科目是(　　)。

A.“利润分配”　B.“所得税费用”　C.“应交税费”　D.“税金及附加”

13. 2023 年 11 月 30 日,“本年利润”账户有贷方余额 150 万元,说明(　　)。

A. 2023 年 11 月实现的利润　B. 2023 年 11 月 30 日实现的利润

C. 2023 年 1—11 月累计实现的利润　D. 结转利润分配后剩余的金额

14.“应收账款”账户应按照(　　)开设明细分类账。

A. 供货商名称　B. 购货商名称　C. 商品种类　D. 付款方式

15. 产品销售后,其成本结转至(　　)账户的借方。

A.“库存商品”　B.“生产成本”　C.“制造费用”　D.“主营业务成本”

二、多项选择题

1. 生产企业的材料采购成本一般包括(　　)。

A. 买价　B. 运输费

C. 采购中的合理损耗费　D. 采购人员的工资

2. 按工资总额提取职工福利费,会计分录的借方账户可能是(　　)。

A.“管理费用” B.“生产成本” C.“制造费用” D.“营业外支出”

3. 制造成本的人工费应包括(　　)。

A. 车间技术人员的工资 B. 车间库管人员的工资
C. 企业行政管理人员的工资 D. 生产工人的工资

4. 资本金按投资主体分为(　　)。

A. 个人资本金 B. 国家资本金 C. 法人资本金 D. 外商资本金

5.“税金及附加”账户用于核算企业经营活动中发生的(　　)等相关税费。

A. 增值税 B. 教育费附加 C. 城市维护建设税 D. 消费税

6. 产品生产成本的组成部分有(　　)。

A. 管理费用 B. 直接材料 C. 直接人工 D. 制造费用

7.“库存商品”账户可以反映(　　)。

A. 库存商品的结存情况 B. 完工产品成本
C. 产品销售成本 D. 库存商品的增减变动

8. 下列各项中,不影响营业利润金额的有(　　)。

A. 公允价值变动损益 B. 投资收益
C. 营业外收入 D. 所得税费用

9. 下列各项中,应计入产品成本的有(　　)。

A. 产品售出后发生的质保费用 B. 生产产品领用辅助材料的成本
C. 为扩大产品销售发生的广告费 D. 基本生产车间管理用无形资产的摊销费

10. 下列各项中,关于预收账款的表述,正确的有(　　)。

A. 预收账款所形成的负债不是以货币清偿
B. 预收账款出现借方余额属于资产
C. 预收账款业务不多的企业可以不设置“预收账款”账户,将预收的款项记入“应付账款”账户核算
D. 预收账款主要核算的是租赁服务业务

11. 下列各项中,属于“应付职工薪酬”核算内容的有(　　)。

A. 正式任命并聘请的独立董事津贴 B. 已订立劳动合同的全职职工的奖金
C. 已订立劳动合同的临时职工的工资 D. 向住房公积金管理机构缴存的住房公积金

12. 下列各项中,制造业企业应计入销售费用的有(　　)。

A. 销售商品过程中承担的保险费 B. 优化产品销售策略发生的咨询费
C. 拓展产品销售市场发生的业务招待费 D. 销售商品专设销售机构发生的业务费

13. 下列各项中,企业影响“营业外收入”账户金额的有(　　)。

A. 无法支付的应付账款 B. 接受非关联方固定资产捐赠
C. 无法查明原因的现金溢余 D. 出租单独核算包装物实现的收入

14. 下列各项中,应记入“应收票据”账户借方的有(　　)。

A. 销售商品收到银行汇票 B. 销售原材料收到商业承兑汇票
C. 提供服务收到的银行承兑汇票 D. 销售原材料收到的转账支票

15. 下列各项中,关于盈余公积用途的表述,正确的有(　　)。

A. 以盈余公积转增资本 B. 以盈余公积转增资本公积
C. 以盈余公积弥补亏损 D. 盈余公积发放现金股利

三、判断题

1.“累计折旧”账户没有借方发生额。　　(　　)

2. 投资者投入企业的资本不能随时抽回。　　(　　)

3. 公司材料采购的买价和费用,在期末应全部转入“本年利润”账户的借方。　　(　　)

4. 管理费用应采用一定的分配方法计入各产品成本中。（　）
5. 车间领用一般性消耗的材料，在会计处理上应属于增加管理费用。（　）
6.“应交税费”账户核算的内容包括教育费附加。（　）
7. 盈余公积是由股东大会提出来计提的。（　）
8. 企业弥补亏损的业务应贷记“利润分配”账户。（　）
9. 生产费用和期间相关，故生产费用是期间费用。（　）
10. 营业外收支存在因果匹配关系。（　）
11.“本年利润”账户属于损益类账户。（　）
12. 提取盈余公积，所有者权益不会发生增减变动。（　）
13. 计入利润的利得和损失构成利润总额，但是不属于营业利润。（　）
14. 销售业务中，“库存商品”和“银行存款”账户之间存在对应关系。（　）
15. 制造费用与管理费用的会计处理不同，管理费用会影响损益，但制造费用不一定影响损益。（　）

四、业务题

习题一

【目的】练习资金筹集业务的会计核算。

【资料】东风制造厂本月发生下列经济业务：

1. 收到大力公司的投资款 500 000 元，存入银行。
2. 收到兰新公司投入的新机器一台，价值 750 000 元，该机器已验收完毕，交付生产车间使用。
3. 本月初从银行取得期限为 6 个月的借款 200 000 元，存入银行。
4. 上述借款年利率为 6%，计算提取本月的借款利息。
5. 收到长利公司投资的一项商标权，双方协议确认价值 180 000 元，已办妥相关手续。
6. 企业为扩大生产规模，向银行贷得一笔年利率为 6%、期限为 5 年的款项，金额为 3 000 000 元。

【要求】根据上述经济业务编制会计分录。

习题二

【目的】练习供应过程材料采购业务的会计核算。

【资料】长盛公司本月发生以下经济业务：

1. 向新华工厂购入甲材料 20 吨，单价为 1.00 元/千克，增值税税率为 13%，材料已发出，货款通过银行付讫。
2. 以银行存款 1 000 元支付运输公司承运向新华工厂购进的甲材料的运费(不考虑增值税)。
3. 向东风工厂购进乙材料 400 千克，单价为 100 元/千克，增值税税率为 13%，材料已验收入库，货款通过银行付讫。
4. 向下列单位购进甲材料一批，材料已验收入库，款未付：

光明工厂为 30 吨，单价为 1.00 元/千克，增值税税率为 13%，计 33 900 元；

光华工厂为 50 吨，单价为 1.00 元/千克，增值税税率为 13%，计 56 500 元。

5. 向长江工厂购进下列材料一批，材料验收入库，货款已由银行支付。

丙材料为 1 000 千克，单价为 20.00 元/千克，增值税税率为 13%，计 22 600 元；

丁材料为 100 千克，单价为 50.00 元/千克，增值税税率为 13%，计 5 650 元。

6. 以银行存款偿还前欠光明工厂和光华工厂的购货款。
7. 向新华工厂购进的甲材料已经验收入库。

【要求】根据上述经济业务编制会计分录。

习题三

【目的】练习生产过程业务的会计核算。

【资料】利达公司本月发生如下经济业务：

1. 本月发出原材料 114 900 元，发出材料汇总表如表 4－3 所示：

表 4—3 **发出材料汇总表**

部 门	甲材料		乙材料		丙材料		丁材料		合计（元）
	数量（吨）	金额（元）	数量（千克）	金额（元）	数量（千克）	金额（元）	数量（千克）	金额（元）	
A 产品领用	50	50 500	200	2 000	300	6 000			58 500
B 产品领用	40	40 400	100	1 000	200	4 000			45 400
车间领用					200	4 000	60	3 000	7 000
行政部门领用			50	500	100	2 000	30	1 500	4 000
合 计	90	90 900	350	3 500	800	16 000	90	4 500	114 900

2. 分配本月应付职工工资，如表 4－4 所示：

表 4—4 **工资费用分配汇总表**

产品、车间和部门		应分配金额
生产车间	A 产品	78 000
	B 产品	56 000
车间管理人员		18 000
企业管理人员		64 000
合 计		216 000

3. 委托银行发放职工工资 216 000 元。

4. 开出转账支票支付本月水电费 17 160 元，其中：

生产 A 产品耗用　　10 050 元

生产 B 产品耗用　　5 040 元

企业管理部门耗用　　2 070 元

5. 以银行存款支付办公费用 3 000 元。

6. 按规定计提本月固定资产折旧 79 800 元，其中，生产用固定资产折旧 60 000 元，管理部门用固定资产折旧 19 800 元。

7. 月末，将本月发生的制造费用按照产品的生产工时在 A、B 产品中进行分配。本月 A、B 产品的生产工时分别为 640 小时和 360 小时。

8. 月末，A、B 产品均已生产完工入库，计算并结转完工入库产品的生产成本。A、B 产品的入库数量分别为 200 件和 100 件(假设 A、B 产品无月初在产品)。

【要求】根据以上资料，分配制造费用，计算产品成本，编制会计分录。

习题四

【目的】练习销售过程业务的会计核算。

【资料】国美公司本月发生如下经济业务：

1. 销售给四环工厂 A 产品 300 件，单位售价 1 700 元；B 产品 5 件，单位售价 1 500 元，增值税税率为 13%，共计 584 775 元，货款存入银行。

2. 以银行存款支付 A、B 产品广告费 500 元、保险费 1 500 元。

3. 销售给金北工厂 A 产品 100 件，单位售价 1 700 元；B 产品 5 件，单位售价 1 500 元。增值税税率 13%，共计 200 575 元，货款未收到。

4. 以银行存款支付销售A产品、B产品运费1 000元(不考虑增值税)。

5. 期末结转本月已销产品的生产成本。A产品的单位成本为1 400元,B产品的单位成本为1 200元。

【要求】根据上述经济业务,编制会计分录。

习题五

【目的】练习利润形成与分配业务的核算。

【资料】方正公司12月发生如下经济业务:

1. 企业取得罚款收入7 500元,经批准转作营业外收入,已存入银行。

2. 开出现金支票8 000元,支付违约金。

3. 期末,结转本月收入140 000元,其中,主营业务收入122 500元、其他业务收入10 000元、营业外收入7 500元。

4. 期末,结转本月发生的各种成本费用共计88 000元,其中,主营业务成本60 000元、其他业务成本8 000元、税金及附加2 000元、销售费用3 000元、管理费用7 000元和营业外支出8 000元。

5. 计算并结转本月应交所得税13 000元。

6. 方正公司1—11月份实现净利润311 000元,年终结转全年实现的净利润。

7. 按照本年实现净利润的10%计算并提取法定盈余公积金。

8. 根据股东大会决议,向投资者分配现金股利230 000元。

【要求】根据上述经济业务,编制会计分录。

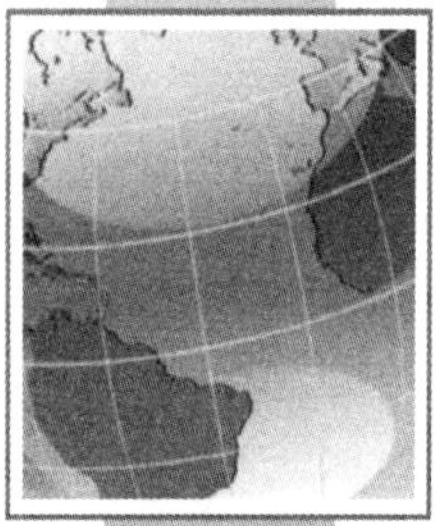

第五章 会计凭证

本章导航

- 会计凭证
  - 会计凭证的意义和种类
    - 会计凭证的概念
    - 会计凭证的意义
    - 会计凭证的种类
  - 原始凭证
    - 原始凭证的概念
    - 原始凭证的种类及样式举例
    - 原始凭证的基本内容
    - 原始凭证的填制要求
    - 原始凭证的填制方法
    - 原始凭证的审核
  - 记账凭证
    - 记账凭证的概念
    - 记账凭证的种类及样式举例
    - 记账凭证的基本内容
    - 记账凭证的填制要求
    - 记账凭证的填制方法
    - 记账凭证的审核
  - 会计凭证的传递与保管
    - 会计凭证的传递
    - 会计凭证的保管

学习目的与要求

本章主要阐述会计凭证的填制和审核。学习本章，要求理解会计凭证的概念和意义；了解会计凭证的不同种类和各自的内容；掌握原始凭证的基本内容、填制和审核方法及要求；掌握记账凭证的基本内容、填制和审核方法及要求；熟悉会计凭证的传递和保管要求。

学习重点与难点

本章重点是原始凭证的基本内容、填制和审核方法及要求；记账凭证的基本内容、填制和审核方法及要求；本章难点是原始凭证、汇总记账凭证和科目汇总表的填制方法。

第一节　会计凭证的意义和种类

一、会计凭证的概念

会计凭证，简称凭证，是记录经济业务、明确经济责任和据以登记账簿的书面证明。

在会计工作中，记录到账簿上的每一笔数据都必须以合法的、经过审核无误的会计凭证为记账依据。因此，为了保证会计记录如实地反映企业经济活动，保证账户记录的真实性、准确性，财会人员在记账时必须严格以会计凭证为依据。在经济业务发生时，执行该项经济业务的相关人员从外部取得或自行填制书面形式的会计凭证，以反映经济业务的发生及完成情况，并签字盖章，以证明对该项经济业务的真实性和合法性所负的责任。会计凭证经有关人员审核无误后，方可作为记账的依据。因此，填制和审核会计凭证是会计核算的一项专门方法，是整个会计核算工作的起点和基础。

二、会计凭证的意义

正确填制和严格审核会计凭证，对完成会计工作任务、实现会计职能、充分发挥会计在经济管理中的作用具有重要意义。

（一）会计凭证是提供经济信息和会计信息的载体

会计凭证是记录经济活动的原始数据，会计人员通过对会计凭证的加工、整理和传递，可以直接传递经济信息，既协调企业单位内部各个部门之间的经济活动，又为会计分析、会计检查提供基础数据。因此，认真填制和严格审核会计凭证，可以为记账、算账及整个会计核算过程提供真实的、可靠的依据，实现会计的反映职能。

（二）会计凭证是登记账簿的依据

任何单位每发生一笔经济业务，都必须通过填制会计凭证来如实记录经济业务的内容、数量和金额，然后经过审核无误，才能登记入账。如果没有合法的凭证做依据，任何经济业务都不能登记到账簿中去。因此，通过会计凭证的填制、审核，可以为账簿记录提供真实、可靠的依据，以确保账簿资料的真实、准确。

（三）会计凭证是实行会计监督、控制经济活动的必要条件

通过审核会计凭证，可以检查发生的经济业务是否符合国家的法律法规，是否符合财经制度和经营政策，是否符合企业财务收支计划和预算的规定，以确保经济业务的合理性、合法性和有效性。因此，认真填制和严格审核会计凭证，可以及时反映经营活动的发生、发展和完成的实际情况，从而发挥会计的监督作用，保护各会计主体所拥有资产的安全、完整，维护投资者、债权人和有关各方的合法权益。

（四）会计凭证是加强经济责任制的手段

在经济业务发生以后，企业要及时取得或填制会计凭证，证明经济业务已经发生或完成；

同时要由有关经办人在凭证上签字或盖章，明确业务责任人。通过会计凭证的填制和审核，使有关责任人在其职权范围内各司其职、各尽其责，并利用凭证填制、审核的手续制度，进一步完善经济责任制。因此，认真填制和严格审核会计凭证，可以明确有关部门、有关人员的责任，便于进行会计考核、分析和评价，从而保证会计主体的经济责任制的落实。

三、会计凭证的种类

会计凭证按其填制程序和用途的不同，可以分为原始凭证和记账凭证两大类。其分类标准如图 5－1 所示，具体分类内容见本章第二节“原始凭证”和第三节“记账凭证”。

- 会计凭证
  - 原始凭证
    - 按其来源不同
      - 外来原始凭证
      - 自制原始凭证
    - 按其反映业务的方法不同
      - 一次原始凭证
      - 累计原始凭证
      - 汇总原始凭证
    - 按其用途不同
      - 证明原始凭证
      - 计算原始凭证
  - 记账凭证
    - 按其用途不同
      - 专用记账凭证
        - 收款凭证
        - 付款凭证
        - 转账凭证
      - 通用记账凭证
    - 按其填列会计科目的数目不同
      - 单式记账凭证
        - 借项记账凭证
        - 贷项记账凭证
      - 复式记账凭证
    - 按其包括的内容不同
      - 单一记账凭证
      - 汇总记账凭证
        - 汇总收款凭证
        - 汇总付款凭证
        - 汇总转账凭证
      - 科目汇总表

图 5－1　会计凭证的分类

第二节　原始凭证

一、原始凭证的概念

原始凭证是在经济业务发生时取得或填制的、载明经济业务的执行和完成情况、明确经济责任且具有法律效力的书面证明。它是进行会计核算的原始资料，也是填制记账凭证、登记有关明细分类账的直接依据。由于原始凭证是在经济业务发生过程中直接填制的，是经济业务发生的最初证明，在法律上具有证明效力，所以也称作“证明凭证”。原始凭证记录的经济业务必须与实际情况相符合，绝不允许弄虚作假。

二、原始凭证的种类及样式举例

(一)原始凭证按其来源不同，可分为外来原始凭证和自制原始凭证

1. 外来原始凭证

外来原始凭证是指在经济业务发生时，从本单位以外的其他单位或个人处取得的原始凭证，如采购材料或采购商品时取得的增值税专用发票、普通发票、银行结算凭证，出差时购买的车船票，银行开来的收款或付款通知等。

现金支票、银行进账单、增值税专用发票和电子发票(增值税专用发票)的一般格式如图5—2、图5—3、图5—4、图5—5所示。

中国工商银行
现金支票存根
XⅢ 008894191

科　　目＿＿＿＿＿＿
对方科目＿＿＿＿＿＿
出票日期　　年　月　日

收款人：	
金　额：	
用　途：	

单位主管：　　　　会计：

本支票付款期限十天

中国工商银行　　现金支票　　　　XⅢ 008894191

出票日期(大写)　　年　月　日　　　　付款行名称：

收款人：　　　　出票人账号：

人民币(大写)	亿	千	百	十	万	千	百	十	元	角	分

用途＿＿＿＿　　　　科目(借)＿＿＿＿

下列款项请从　　　　对方科目(贷)＿＿＿＿

我账户内支付　　　　转账日期　　年　月　日

出票人签章　　　　复核：　记账：

图5—2　现金支票(正面)

中国工商银行　进账单(收账通知)　　3

2024年1月6日

付款人	全　称	北京万象公司	收款人	全　称	北京通益有限责任公司
	账　号	000927820012		账　号	010123450000056888
	开户银行	建行北京市长乐分理处		开户银行	工行北京市朝阳分理处

金额	人民币(大写)　壹万壹仟叁佰元整	亿	千	百	十	万	千	百	十	元	角	分
					¥	1	1	3	0	0	0	0

票据种类	支票	票据张数	1	收款人开户银行签章
票据号码	321			中国工商银行北京市朝阳分理处 2024.1.6 转讫
复核　记账				

此联是开户银行交给收款人的回单

图5—3　银行进账单

增值税专用发票

发 票 联 №.

开票日期： 年 月 日

<table>
<tr><td rowspan="1">购货单位</td><td colspan="5">名 称：
纳税人识别号：
地 址 、电 话：
开户行及账号：</td><td>密码区</td><td colspan="3">（略）</td></tr>
<tr><td colspan="2">货物或应税劳务名称</td><td>规格型号</td><td>单 位</td><td>数 量</td><td>单 价</td><td>金额(元)</td><td>税 率（%）</td><td>税 额</td></tr>
<tr><td colspan="2"></td><td></td><td></td><td></td><td></td><td></td><td></td><td></td></tr>
<tr><td colspan="2"></td><td></td><td></td><td></td><td></td><td></td><td></td><td></td></tr>
<tr><td colspan="2"></td><td></td><td></td><td></td><td></td><td></td><td></td><td></td></tr>
<tr><td colspan="2">合 计</td><td></td><td></td><td></td><td></td><td></td><td></td><td></td></tr>
<tr><td colspan="2">价税合计(大写)</td><td colspan="7">拾 万 仟 佰 拾 元 角 分 （小写）¥____________</td></tr>
<tr><td>销货单位</td><td colspan="5">名 称：
纳税人识别号：
地 址 、电 话：
开户行及账号：</td><td>备注</td><td colspan="3"></td></tr>
</table>

第二联：发票联 购货单位记账凭证

收款人： 复核： 开票人： 销货单位：(章)

图 5—4 增值税专用发票

电子发票(增值税专用发票)

发票号码：
开票日期：

<table>
<tr><td>购买方信息</td><td colspan="5">名称：
统一社会信用代码/纳税人识别号：</td><td>销售方信息</td><td colspan="3">名称：
统一社会信用代码/纳税人识别号：</td></tr>
<tr><td colspan="2">项目名称</td><td>规格型号</td><td>单 位</td><td>数 量</td><td>单 价</td><td colspan="2">金额</td><td>税率/征收率</td><td>税 额</td></tr>
<tr><td colspan="2"></td><td></td><td></td><td></td><td></td><td colspan="2"></td><td></td><td></td></tr>
<tr><td colspan="2"></td><td></td><td></td><td></td><td></td><td colspan="2"></td><td></td><td></td></tr>
<tr><td colspan="2"></td><td></td><td></td><td></td><td></td><td colspan="2"></td><td></td><td></td></tr>
<tr><td colspan="2">合 计</td><td></td><td></td><td></td><td></td><td colspan="2"></td><td></td><td></td></tr>
<tr><td colspan="2">价税合计(大写)</td><td colspan="8">（小写）____________</td></tr>
<tr><td>备注</td><td colspan="9"></td></tr>
</table>

开票人：

图 5—5 电子发票(增值税专用发票)

2. 自制原始凭证

自制原始凭证是指在经济业务发生时由本单位经办业务的部门和人员在执行或完成某项经济业务时所填制的原始凭证，如收料单、领料单、限额领料单、工资结算单、费用分配表等。

工资结算单和制造费用分配表的一般格式分别如表 5—1 和表 5—2 所示。

表 5—1　　工资结算单

部门：　　　　　　　　年　月

姓　名	应付工资					代扣款项				实发工资	领款人签章
	标准工资	各种奖金	各种津贴	缺勤扣款	合计	各项保险及公积金	个人所得税	其他	合计		
合　计											

部门主管：　　　　工资核算员：　　　　复核：　　　　编报日期：

表 5—2　　制造费用分配表

2024 年 1 月 31 日

分配对象	分配标准（生产工时）	分配率	分配费用（元）
A 产品	2 720	5.875	15 980
B 产品	4 080	5.875	23 970
合　计	6 800		39 950

（二）原始凭证按其反映业务的方法不同，可分为一次原始凭证、累计原始凭证和汇总原始凭证

1. 一次原始凭证

一次原始凭证，也称一次有效凭证，是指只反映一项或同时反映若干项同类性质的经济业务，填制手续是一次性完成的原始凭证，如收料单、销货发票、职工报销单等。外来原始凭证一般都是一次原始凭证。

差旅费报销单的一般格式如表 5—3 所示。

表 5—3　　差旅费报销单

原派出单位　　　　年　月　日　　　　单据张数　　张

事由　　　　姓名　　　　职务　　　　预借款　　元

起止日期				地点	车船费	邮电	住宿费			途中	伙食补贴		合　计
月	日	月	日				标准	天数	金额	标准	天数	金额	
人民币（大写）							应退（补）：　　元						

派出单位领导：　　　　财务主管：　　　　复核：　　　　出纳：

2. 累计原始凭证

累计原始凭证，也称多次有效凭证，是指在一定时期内连续记载若干项同类经济业务的自制原始凭证。这种凭证的填制手续不是一次完成的，而是随着经济活动的连续发生分次填制的，可以随时计算发生额累计数，所以称为累计凭证。使用累计凭证，一方面可以简化核算手续，减少凭证数量，同时还便于与定额、计划、预算数比较，起到控制有关费用定额、计划或预算范围内的开支，节约支出的作用。如限额领料单、企业管理费用开支手册等，都是累计原始凭证。限额领料单的一般格式如表5－4所示。

表5－4 **限额领料单**

仓库：
领料单位： 计划产量：
用途： 单位消耗定额：

材料类别	材料编号	材料名称	规格	计量单位	单价	领料限额	全月实领	
							数量	金额(元)

日期	请领			实发		代用材料			限额结余
	数量	领料单位负责人签章	领料人签章	数量	发料人签章	数量	单价	金额(元)	

仓库负责人： 生产计划部门负责人： 仓库保管员：

3. 汇总原始凭证

汇总原始凭证，是指为了集中反映某项经济业务，并简化编制记账凭证的工作，根据一定时期内许多相同原始凭证或会计核算资料汇总起来而填制的原始凭证。汇总原始凭证在大中型企业中使用非常广泛，因为它不仅可以简化核算手续，提高核算工作效率，还能够使核算数据更加系统化、核算过程更加条理化，并且能够直接为管理提供某些综合指标。如发出材料汇总表、工资结算汇总表、工资分配汇总表等都属于汇总原始凭证。

发出材料汇总表及工资分配汇总表的一般格式如表5－5(A)(B)、表5－6所示。

表5－5(A) **发出材料汇总表(格式一)**

发料仓库： 年 月 日

材料类别	材料名称	材料规格	计量单位	数量	发出材料金额合计										
					亿	千	百	十	万	千	百	十	元	角	分

会计主管：(签章) 复核：(签章) 记账：(签章) 制单：(签章)

表 5—5(B) **发出材料汇总表(格式二)**

发料仓库： 年 月 日 单位：元

应借科目 / 应贷科目		生产成本			制造费用	管理费用	在建工程	合 计
		A 产品	B 产品	……				
原材料	甲材料							
	乙材料							
	丙材料							
	……							
合 计								

会计主管：(签章) 复核：(签章) 记账：(签章) 制单：(签章)

表 5—6 **工资分配汇总表**

年 月

车间部门 / 应分配工资 / 应借科目	基本车间生产工人	基本车间管理人员	辅助生产车间生产工人	辅助生产车间管理人员	行政管理部门	销售部门
生产成本——基本生产成本						
生产成本——辅助生产成本						
制造费用						
管理费用						
销售费用						
合 计						

(三)原始凭证按其用途可分为证明原始凭证和计算原始凭证

1. 证明原始凭证

证明原始凭证是指用来证明经济业务已执行或完成的原始凭证，如收料单(见表 5—7)、领料单(见表 5—8)、普通发票(见图 5—6)及电子发票(普通发票)(见图 5—7)等。

表 5—7 **收料单**

材料科目： 供应单位：

材料类别： 发票号码：

年 月 日 收料仓库：

材料名称	规格	计量单位	数 量		实际成本					
			应收	实收	买价		运杂费	其他	合计	单位成本
					单价	金额(元)				
合 计										

记账： 收料： 制单：

表 5—8 **领料单**

领料单位： 编号：

用　　途： 年　月　日 仓库：

材料类别	材料编号	材料名称	规格	计量单位	数量		金额(元)		备注
					请领	实发	单价	金额	

记账： 发料： 领料单位负责人： 领料：

增值税普通发票

发 票 联 №.

开票日期： 年　月　日

<table>
<tr><td>购货单位</td><td colspan="5">名　　称：
纳税人识别号：
地 址 、电 话：
开户行及账号：</td><td>密码区</td><td colspan="3">（略）</td></tr>
<tr><td colspan="2">货物或应税劳务名称</td><td>规格型号</td><td>单位</td><td>数量</td><td>单价(元)</td><td colspan="2">金额(元)</td><td>税率(%)</td><td>税额</td></tr>
<tr><td colspan="2"></td><td></td><td></td><td></td><td></td><td colspan="2"></td><td></td><td></td></tr>
<tr><td colspan="2"></td><td></td><td></td><td></td><td></td><td colspan="2"></td><td></td><td></td></tr>
<tr><td colspan="2"></td><td></td><td></td><td></td><td></td><td colspan="2"></td><td></td><td></td></tr>
<tr><td colspan="2">合　计</td><td></td><td></td><td></td><td></td><td colspan="2"></td><td></td><td></td></tr>
<tr><td colspan="2">价税合计(大写)</td><td colspan="8">拾　万　仟　佰　拾　元　角　分　　（小写）￥________</td></tr>
<tr><td>销货单位</td><td colspan="5">名　　称：
纳税人识别号：
地 址 、电 话：
开户行及账号：</td><td>备注</td><td colspan="3"></td></tr>
</table>

第二联：发票联　购货单位记账凭证

收款人： 复核： 开票人： 销货单位：(章)

图 5—6　增值税普通发票

电子发票(普通发票)　　　　发票号码：

<table>
<tr><td>购买方信息</td><td colspan="4">名称：
统一社会信用代码/纳税人识别号：</td><td>销售方信息</td><td colspan="3">名称：
统一社会信用代码/纳税人识别号：</td></tr>
<tr><td colspan="2">项目名称</td><td>规格型号</td><td>单 位</td><td>数 量</td><td>单 价</td><td>金额</td><td>税率/征收率</td><td>税 额</td></tr>
<tr><td colspan="2"></td><td></td><td></td><td></td><td></td><td></td><td></td><td></td></tr>
<tr><td colspan="2"></td><td></td><td></td><td></td><td></td><td></td><td></td><td></td></tr>
<tr><td colspan="2"></td><td></td><td></td><td></td><td></td><td></td><td></td><td></td></tr>
<tr><td colspan="2"></td><td></td><td></td><td></td><td></td><td></td><td></td><td></td></tr>
<tr><td colspan="2">合 计</td><td></td><td></td><td></td><td></td><td></td><td></td><td></td></tr>
<tr><td colspan="2">价税合计(大写)</td><td colspan="7">(小写)____________</td></tr>
<tr><td>备注</td><td colspan="8"></td></tr>
</table>

开票日期：

开票人：

图 5—7　电子发票(普通发票)

2. 计算原始凭证

计算原始凭证，是指根据其他原始凭证或有关会计核算资料，经过一定的计算而编制的原始凭证，如费用分配表、工资结算单、商品销售成本计算单(见表 5—9)、职工福利费计算单(见表 5—10)等。

表 5—9　　**商品销售成本计算单**

年　月　日

商品名称	销售数量	单位成本	总成本
合 计			

主管：　　会计：　　记账：　　制单：

表 5—10

职工福利费计算单

年　　月

车间部门		工资总额(元)	当期预计的职工福利费(14%)
基本生产车间	生产工人		
	管理人员		
辅助生产车间	生产工人		
	管理人员		
行政管理人员			
销售部门			
合　计			

三、原始凭证的基本内容

经济业务是多种多样的,因此记录经济业务的原始凭证名称、内容和格式也不尽相同,但每一种原始凭证都必须客观地、真实地记录经济业务的发生、完成情况,明确有关单位和人员的责任。这就要求原始凭证必须具备以下基本内容:原始凭证的名称,填制凭证的日期,填制凭证的编号,接受凭证的单位名称,经济业务的基本内容、数量、单价、金额,填制凭证的单位及经办人员的签章。

此外,有的原始凭证为了满足计划、业务、统计等职能部门管理的需要,还列入计划、定额、合同号码等项目。对于一定范围内经常发生的同类经济业务,应由主管部门制定统一的凭证格式,例如,由中国人民银行统一印制的银行汇票、本票、支票;由交通部门统一印制的运单、客票;由税务部门统一印制的发货票、收款收据等,这样既可使同类经济业务的原始凭证内容在全国统一,加强监督管理,又可节省印刷费用。

四、原始凭证的填制要求

为了保证会计核算资料的真实、准确,企业应按下列要求填制原始凭证。

(一)记录要真实

原始凭证上反映的经济业务必须符合国家有关政策、法令、法规、制度的要求;原始凭证上填制的日期、业务内容、数量、金额等,必须与实际情况完全符合,确保凭证所反映的经济业务真实可靠,不允许弄虚作假;从外单位取得的原始凭证若有遗失,则应当取得原开出单位盖有公章的证明,并注明原来凭证的号码、金额和内容等,由经办单位相关负责人批准后,才能代作原始凭证;如果确实无法取得证明的,如火车、轮船、飞机票等凭证,则由当事人写出详细情况,由经办单位相关负责人批准后,可代作原始凭证。

(二)填制要及时

每笔经济业务发生或完成后,经办业务的有关部门和人员必须及时填制原始凭证,并按规定的程序将其送交会计部门。

(三)内容要齐全

凭证中的基本内容和补充内容要填写齐全,不得遗漏;文字说明及数字要填写清楚,数量、单价、金额要计算正确。为明确责任,原始凭证必须由经办部门和人员签章。如外来原始凭证要有填制单位的公章或财务专用章，自制原始凭证要有经办部门负责人或指定人员的签名或盖章等。

(四)手续要完备

原始凭证的填制手续，必须符合内部牵制原则的要求。凡是填有大写和小写金额的原始凭证，大写和小写金额必须相符；购买实物的原始凭证，必须有验收证明；支付款项的原始凭证，必须有收款方的收款凭证；销货退回时，除填制退货发票外，必须取得对方的收款收据或开户行的汇款凭证；各种借款凭证，必须附在记账凭证之后，收回借款时，应当另开收据或者退还借款收据副本，不得退回原借款收据。一式多联的原始凭证，应当注明各联次的用途，只能以一联作为报销凭证；一式多联的发票和收据，必须用双面复写纸套写，连续编号，作废时应当加盖“作废”戳记，连同存根一起保存，不得撕毁。

(五)书写要规范

1. 原始凭证上的文字和数字必须填写清楚，容易辨认

文字叙述要简要，字迹要工整、清晰，易于辨认，不得使用未经国务院公布的简化字。阿拉伯数字要逐个写清楚，不得连笔。一式几联的凭证，应当注明各联的用途，只能以一联作为登记账簿的依据，并且要用复写纸进行套写，连续编号；不需要套写的原始凭证应使用蓝、蓝黑、黑色墨水笔填写。

2. 书写小写金额须知

书写小写金额时，金额之前要冠以人民币符号“￥”(用外币计价、结算的凭证，金额前要加注外币符号，如“＄”“US”等)，币值符号与数字之间不得留有空白。前面加有币值符号的金额，后面不加货币单位。所有以元为单位的阿拉伯数字，除表示单价等情况外，一律填写到角、分；无角、分的，要以“0”补位。

3. 书写大写金额须知

大写金额数字应一律用如壹、贰、叁、肆、伍、陆、柒、捌、玖、拾、佰、仟、万、亿、元、角、分、零、整等，金额最后为“元”或“角”的，在“元”或“角”之后要写“整”字。

金额小写数字中间有“0”时，金额大写要写“零”字，如￥1 409.50，金额大写应写成“人民币壹仟肆佰零玖元伍角整”；金额小写数字中间有几个“0”时，金额大写中只写一个“零”字，如￥6 007.14，金额大写应写成“人民币陆仟零柒元壹角肆分”；金额小写数字万位或元位是“0”，或者数字中间连续有几个“0”，元位也是“0”，但千位、角位不是“0”时，金额大写数字中可只写一个“零”字，也可以不写“零”字，如￥1 580.32，应写成“人民币壹仟伍佰捌拾元零叁角贰分”，或者写成“人民币壹仟伍佰捌拾元叁角贰分”，又如￥107 000.54，应写成“人民币壹拾万柒仟元零伍角肆分”，或者写成“人民币壹拾万零柒仟元伍角肆分”；金额小写数字角位是“0”，而分位不是“0”时，金额大写数字“元”后面应写“零”字，如￥1 861.06，应写成“人民币壹仟捌佰陆拾壹元零陆分”。

4. 原始凭证记载的各项内容均不得涂改

原始凭证有错误的，应当由出具单位重开或者更正，更正处应当加盖出具单位印章。对于支票等重要的原始凭证若填写错误，则一律不得在凭证上更正，应按规定的手续注销留存，另行重新填写。

五、原始凭证的填制方法

原始凭证的填制必须根据经济业务的执行和完成的实际情况直接填制。为了保证原始凭

证填制的完整性，下面介绍几种常用原始凭证的填制方法。

（一）收料单的填制

收料单是在外购的材料物资验收入库时填制的原始凭证，一般一式三联，一联由验收人员留底，一联交仓库保管人员据以登记明细账，一联连同发票交财会部门办理结算。收料单的一般格式如表5—11所示。

表5—11 **收料单**

材料科目：原材料 供应单位：江湾橡胶厂

材料类别：辅助材料 发票号码：0114715

2024年1月6日 收料仓库：一仓库

材料名称	规格	计量单位	数量		实际成本					
			应收	实收	买价		运杂费	其他	合计	单位成本
					单价	金额(元)				
底垫	只	千克	10 000	10 000	1.40	14 000			14 000	1.40
门圈	只	千克	10 000	10 000	1.90	19 000			19 000	1.90
合计			20 000	20 000		33 000			33 000	

质量检验：孙晔 收料：王小红 制单：陈晓梅

（二）普通领料单的填制

为了便于分类汇总，领料单要“一料一单”填制，即一种原材料填写一张单据。领用原材料需经领料车间负责人批准后，方可填制领料单，车间负责人、仓库保管员和领料人均需在领料单上签名或盖章。领料单的格式如表5—12所示。

表5—12 **领料单**

领料单位：第一车间 编号：02号

用　　途：制造产品 2024年1月10日 仓库：二仓库

材料类别	材料编号	材料名称	规格	计量单位	数量		金额(元)		备注
					请领	实发	单价	金额	
原材料	0100119	工型钢	10号	吨	10	10	3 000	30 000	
……									
……									

记账：陈晓梅 发料：李明 领料单位负责人：王刚 领料：单义新

（三）限额领料单的填制

限额领料单是指一次开设、多次使用、领用数量限定的累计凭证，也称多次有效凭证。限额领料单的有效期一般为一个月，在有效期内，只要领料数量累计不超过限额就可以连续使用。

限额领料单要填明领料单位、材料用途、发料仓库、材料名称，以及根据本月产品计划产量和材料单位消耗定额计算确定的全月领料限额等项目。限额领料单一般一式两联，经生产计划部门和供应部门负责人、审核人签名或盖章后，一联送交仓库据以发料，登记材料明细账，另一联送交领料部门据以领料。限额领料单的格式如表 5—13 所示。

表 5—13 **限额领料单**

仓库：四仓库

领料单位：加工车间　　　　计划产量：2 000 台

用途：制造甲产品　　　　单位消耗定额：0.5 千克/台

材料类别	材料编号	材料名称	规格	计量单位	单价	领料限额	全月实领	
							数量	金额(元)
黑色金属	8303	圆钢	Φ3mm	千克	2	1 000	950	1 900

日期	请领			实发		代用材料			限额结余(元)
	数量	领料单位负责人签章	领料人签章	数量	发料人签章	数量	单价	金额(元)	
5	500	王克	赵明	500	李忠				500
15	300	王克	赵明	300	李忠				200
	…								

仓库负责人：林海　　　　生产计划部门负责人：张力　　　　仓库保管员：王小红

(四)支票的填制

1. 常见的支票

常见支票分为现金支票和转账支票。支票正面上方有明确标注。现金支票只能用于支取现金(限开户行)；转账支票只能用于转账(限同城内)。支票的格式如图 5—8 所示。

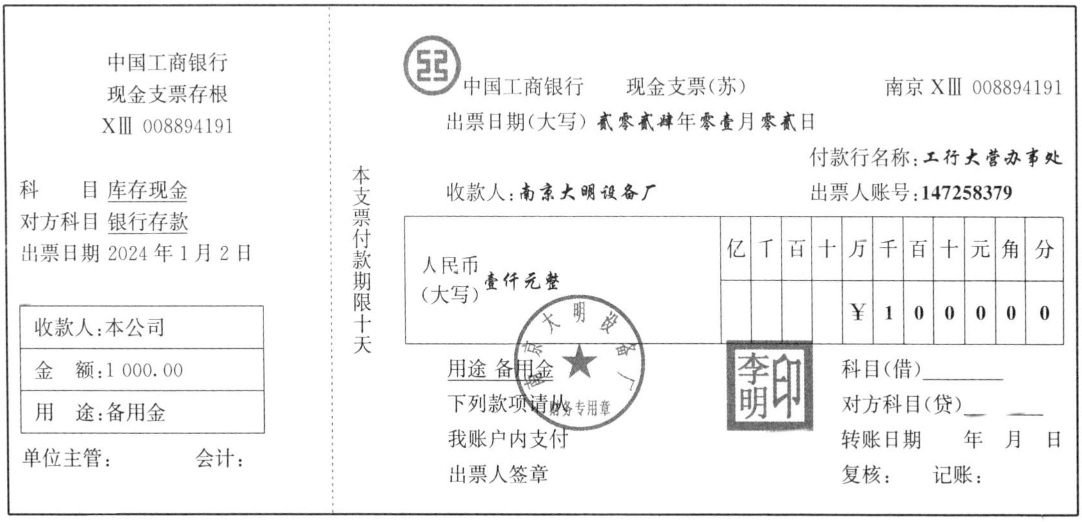

中国工商银行
现金支票存根
XⅢ 008894191
科　目 库存现金
对方科目 银行存款
出票日期 2024 年 1 月 2 日
收款人：本公司
金　额：1 000.00
用　途：备用金
单位主管：　会计：

中国工商银行　现金支票(苏)　南京 XⅢ 008894191
出票日期(大写) 贰零贰肆年零壹月零贰日
付款行名称：工行大营办事处
收款人：南京大明设备厂　出票人账号：147258379
本支票付款期限十天
人民币(大写) 壹仟元整　亿 千 百 十 万 千 百 十 元 角 分　¥ 1 0 0 0 0 0
用途 备用金
下列款项请从
我账户内支付
出票人签章
科目(借)
对方科目(贷)
转账日期　年　月　日
复核：　记账：

图 5—8　现金支票

2. 支票填写注意事项

(1)出票日期(大写)：数字必须大写，大写数字写法：零、壹、贰、叁、肆、伍、陆、柒、捌、玖、拾。

(2)收款人：现金支票收款人填写本单位名称，转账支票收款人填写对方单位名称。

(3)付款行名称、出票人账号：为本单位开户银行名称及账号，银行账号必须小写。

(4)人民币(大写)：数字大写写法：零、壹、贰、叁、肆、伍、陆、柒、捌、玖、拾、佰、仟、万、亿。

(5)人民币小写：最高金额前一位空白格用“¥”符号打头，数字填写要求完整清楚。

(6)盖章：支票正面盖财务专用章和法人章，缺一不可，印泥为红色，印章必须清晰，印章模糊只能将本张支票作废，换一张重新填写，重新盖章。

(7)常识：支票正面不能有涂改痕迹，否则本支票作废；受票人如果发现支票填写不全，则可以补记，但不能涂改；支票的有效期为10天，日期首尾算一天，节假日顺延；支票见票即付，不记名。丢了支票尤其是现金支票，银行不承担责任。现金支票一般要素填写齐全，若支票未被冒领，则在开户银行挂失；转账支票若支票要素填写齐全，则在开户银行挂失；若要素填写不齐，则到票据交换中心挂失。

(五)增值税普通发票的填制

增值税普通发票是指在购销商品、提供或接受服务以及从事其他经营活动时所开具和收取的收付款凭证。任何单位和个人在购销商品、提供或接受服务以及从事其他经营活动时，除增值税一般纳税人开具和收取的增值税专用发票之外，所开具和收取的各种收付款凭证均为普通发票。增值税普通发票由基本联次或者基本联次附加其他联次构成。基本联次为两联：发票联和记账联。第一联为记账联，销货单位用作记账凭证；第二联为发票联，购货单位用作记账凭证。增值税普通发票的格式如图5—9所示。

北京增值税普通发票

发票联

（全国统一发票监制章 北京 国家税务总局监制）

No.0855544321　　　　开票日期：2024年2月6日

购货单位	名称：北京万象公司 纳税人识别号：010125697458697 地址、电话：010－86119988 开户行及账号：建行北京市长乐分理处					密码区	(略)	
货物或应税劳务名称	规格型号	单位	数量	单价	金额(元)	税率(%)	税额	
复印纸	A4	箱	1	200	200.00	13	26.00	
合计					200.00		26.00	
价税合计(大写)	人民币贰佰贰拾陆元整				(小写)¥226.00			
销货单位	名称：幸福会计用品有限公司 纳税人识别号：010532411127986 地址、电话：北京市王府井大街100号 010－88002678 开户行及账号：工行北京市朝阳分理处 010123450000056888					备注	（幸福会计用品有限公司 010532411127986 发票专用章）	

第二联：发票联 购货单位记账凭证

收款人：　　复核：　　开票人：王　明　　销货单位：(章)

图5—9　增值税普通发票

(六)增值税专用发票的填制

增值税专用发票是一般纳税人在销售货物时开具的销货发票。增值税专用发票一式四联，销货单位和购货单位各两联。留销货单位的两联：一联存放有关业务部门，另一联作为财会部门的记账凭证；交购货单位两联：一联作为购货单位的结算凭证，另一联作为购货单位税款抵扣凭证。增值税专用发票的格式如图 5—10 所示。

北京增值税专用发票

发票联

全国统一发票监制章　国家税务总局监制

No.00137057876　　　　开票日期：2024 年 2 月 6 日

购货单位	名　　称：北京万象公司 纳税人识别号：010125697458697 地 址 、电 话：010－86119988 开户行及账号：建行北京市长乐分理处	密码区	（略）

货物或应税劳务名称	规格型号	单位	数量	单价	金额（元）	税率（%）	税额
甲产品		箱	10	1 000	10 000.00	13	1 300.00
合　计					10 000.00		1 300.00
价税合计（大写）	人民币壹万壹仟叁佰元整				（小写）￥11 300.00		

销货单位	名　　称：北京通益有限责任公司 纳税人识别号：010543213337789 地 址 、电 话：北京市王府井大街 119 号 010－88003818 开户行及账号：工行北京市朝阳分理处 010123450000056888	备注	北京通益有限责任公司 010543213337789 发票专用章

收款人：　　　　复核：　　　　开票人：高广明　　　　销货单位：（章）

第三联：发票联　购货单位记账凭证

图 5—10　增值税专用发票

（七）数电发票的填制

数电发票是全面数字化的电子发票。为了符合纳税人开具发票的习惯，数电发票的基本内容在现行增值税发票基础上进行了优化。发票信息全部数字化，实现发票全领域、全环节、全要素电子化。票面要素简化了购买方、销售方的信息，仅需填写纳税人识别号和纳税人名称；联次全部简化，全票无联次；取消了收款人和复核人栏；取消了发票密码区、发票代码、校验码、收款人、复核人、销售方（章）。销售方信息栏从发票的左下角调整至右上角。纳税人可通过扫描数电发票左上角的二维码查询发票的实时状态，如打印次数、红冲信息、退税信息等。票面左上角标签处展示该业务类型的字样，特定业务的全电发票票面按照特定内容展示相应的信息。特定业务包括：稀土、卷烟、建筑服务、旅客运输服务、货物运输服务、不动产销售、不动产经营租赁服务、农产品收购、光伏收购、代收车船税、自产农产品销售、差额征税等。电子发票（增值税专用发票）的格式如图 5—11 所示。

电子发票(增值税专用发票)

发票号码:23422000000009765487
开票日期:2024年2月5日

购买方信息	名称:北京万象公司 统一社会信用代码/纳税人识别号: 010125697458697			销售方信息	名称:湖北齐心电脑公司 统一社会信用代码/纳税人识别号: 071015617819018		
项目名称	规格型号	单位	数量	单价	金额	税率/征收率	税额
*电子计算机*笔记本电脑	ZX720	台	1	4 000	4 000	13%	520
合计					¥4 000		¥520
价税合计(大写)	肆仟伍佰贰拾元整				(小写)¥4 520.00		
备注							

开票人:

图5—11　电子发票(增值税专用发票)

(八)发料凭证汇总表的填制

工业企业在生产过程中领发材料比较频繁,业务量大,同类凭证也较多。为了简化核算手续,企业需要编制发料凭证汇总表。发料凭证汇总表一般根据领料部门及材料用途进行分类汇总。发料凭证汇总表的格式如表5—14所示。发料凭证汇总表的编制时间可根据业务量的大小确定,一般每隔5天,或每旬或1个月汇总编制一次。

表5—14　**发料凭证汇总表**

2024年2月10—20日　单位:元

领用部门	材料名称	用　途	单位	数量	单价	总成本
第一生产车间	甲材料	生产A产品	千克	700	100	70 000
第二生产车间	甲材料	生产B产品	千克	160	100	16 000
车间管理部门	乙材料	一般耗用	千克	60	80	4 800
公司行政管理部门	乙材料	一般耗用	千克	100	80	8 000
销售部门	丙材料	一般耗用	千克	100	50	5 000
合　计						103 800

主管:(签章)　复核:(签章)　保管:(签章)　制表:(签章)

六、原始凭证的审核

根据会计法的规定,为了保证原始凭证的客观性、真实性、合法性,保证会计数据的质量和充分发挥会计的监督作用,会计机构、会计人员无论是对外来的原始凭证,还是自制原始凭证,都必须按照国家统一的会计制度的规定进行严格、认真的审核。审核原始凭证，主要审查以下内容：

(一)完整性

审核原始凭证的手续是否完备、应填写的项目是否填写齐全、有关经办人员是否都已签字或盖章、是否经过有关主管人员审核等。

(二)真实性

审核原始凭证是否反映了经济业务的本来面貌，是否具备成为本单位合法会计凭证的条件。

(三)正确性

审核原始凭证的摘要和数字是否填写清楚、正确，数量、单价、金额及其合计数等有无差错，大写金额和小写金额是否相等。

(四)合法性

审核原始凭证是否符合有关政策、法令、制度、计划、预算及合同的规定等，有无违反法律、制度的违法乱纪行为。

(五)合理性

审核原始凭证是否符合审批权限和手续，是否符合本单位规定的开支标准，是否符合提高经济效益、实现经营目标的原则。

对原始凭证的审核是执行会计监督职能的重要环节。它要求会计人员精通业务、熟悉政策、坚持原则、掌握情况和明辨是非。在审核中，对于内容不全、手续不齐、数字有差错以及不符合实际情况的原始凭证，应该退回有关部门或人员，及时补办手续或进行更正；对于不合法、不合理以及违反国家财经政策和制度的开支，会计人员应拒绝付款和报销；对于伪造公章、涂改单据、虚报冒领款项等行为，应及时向企业负责人和总会计师报告，进行严肃处理。

第三节　记账凭证

一、记账凭证的概念

记账凭证是会计人员根据审核无误的原始凭证进行归类、整理，并据以确定会计分录后所填制的会计凭证，是登记账簿的直接依据。

由于原始凭证来自各个方面，格式大小不一，且不能清楚地表明应记入账户的名称和方向，因此，若直接根据原始凭证记账，则容易发生差错，难以达到记账的要求。而记账凭证载有反映经济业务的会计分录，并指明经济业务应记入的账户、应记的方向及相应的金额，且附有相关的原始凭证(即附件)，便于记账和查账。所以编制记账凭证，对于保证账簿记录的正确性是十分必要的。

二、记账凭证的种类及样式举例

(一)按其用途不同，可分为专用记账凭证和通用记账凭证

1. 专用记账凭证

专用记账凭证是指分类反映经济业务的记账凭证。根据原始经济业务的内容不同，可分为收款凭证、付款凭证和转账凭证。

(1)收款凭证，是用来反映现金和银行存款收款业务的记账凭证。它是根据有关现金和银行存款收入业务的原始凭证编制的。收款凭证，又可分为现金收款凭证和银行存款收款凭证两种。根据现金收入业务的原始凭证编制的收款凭证称为现金收款凭证；根据银行存款收入业务的原始凭证编制的收款凭证称为银行存款收款凭证。收款凭证的格式如表 5—15 所示。

表 5—15 **收　款　凭　证** 收字第　号

年　月　日 借方科目：________

摘　要	贷　方		金　额											✓
	总账科目	明细科目	亿	千	百	十	万	千	百	十	元	角	分	
合　计														

附单据　张

会计主管：　记账：　出纳：　复核：　制单：

（2）付款凭证，是用来反映现金和银行存款付款业务的记账凭证。它是根据有关现金和银行存款付出业务的原始凭证填制的。付款凭证，又可以分为现金付款凭证和银行存款付款凭证两种。根据现金付出业务的原始凭证填制的付款凭证称为现金付款凭证；根据银行存款付出业务的原始凭证填制的付款凭证称为银行存款付款凭证。付款凭证格式如表 5—16 所示。

表 5—16 **付　款　凭　证** 付字第　号

年　月　日 贷方科目：________

摘　要	借　方		金　额											✓
	总账科目	明细科目	亿	千	百	十	万	千	百	十	元	角	分	
合　计														

附单据　张

会计主管：　记账：　出纳：　复核：　制单：

对现金与银行存款之间相互划转的业务，为避免重复填制记账凭证，只按贷方科目填制一张付款凭证。如将现金存入银行，同时涉及银行存款的增加和库存现金的减少，只填制现金付款凭证，而不填制银行存款收款凭证；从银行提取现金，同时涉及库存现金的增加和银行存款的减少，只填制银行存款付款凭证，而不填制现金收款凭证。

收款凭证和付款凭证，既是登记现金日记账、银行存款日记账以及有关明细分类账和总分类账的依据，又是出纳员收、付款项的依据。

（3）转账凭证，是用来反映不涉及现金和银行存款收付业务的其他转账业务的记账凭证。它是根据转账业务的原始凭证填制的，是登记有关账簿的依据。转账凭证格式如表 5—17 所示。

表 5—17 转 账 凭 证 转字第 号

年 月 日

摘要	总账科目	明细科目	借方金额											贷方金额											√
			亿	千	百	十	万	千	百	十	元	角	分	亿	千	百	十	万	千	百	十	元	角	分	
合计																								

附单据 张

会计主管： 记账： 出纳： 复核： 制单：

转账凭证除了根据转账业务的原始凭证填制外，对于期末账户之间的转账业务，需根据账簿记录来填制。

2. 通用记账凭证

通用记账凭证是指用来反映所有经济业务的记账凭证。

对于经济业务量少而且业务简单的企业单位，可以使用通用记账凭证，此时，通用记账凭证适用于所有经济业务。通用记账凭证的一般格式如表 5—18 所示。

表 5—18 记 账 凭 证 记字第 号

年 月 日

摘要	科目		借方金额											贷方金额											√
	总账科目	明细科目	亿	千	百	十	万	千	百	十	元	角	分	亿	千	百	十	万	千	百	十	元	角	分	
合计																								

附单据 张

会计主管： 记账： 出纳： 复核： 制单：

（二）按其填列会计科目的数目不同，可分为单式记账凭证和复式记账凭证

1. 单式记账凭证

单式记账凭证，简称“单式凭证”，是在一张记账凭证上只填列每笔会计分录一方科目中的一个科目，其对应科目只作参考，不据以记账。填列借方科目的称为借项记账凭证，格式如表 5—19 所示；填列贷方科目的称为贷项记账凭证，格式如表 5—20 所示。这样，每笔会计分录至少要填制两张单式凭证，用编号将其联系起来，以便查对。

表 5—19 **借项记账凭证**

对应科目：主营业务收入　　2024 年 3 月 6 日　　编号：1½

摘　要	总账科目	明细科目	金　额											✓
			亿	千	百	十	万	千	百	十	元	角	分	
销售收入存入银行	银行存款						3	5	0	0	0	0	0	√
合　计						¥	3	5	0	0	0	0	0	

附单据　张

会计主管：王成　　记账：孙铭　　出纳：张亮　　复核：李红　　制单：李伟

表 5—20 **贷项记账凭证**

对应科目：银行存款　　2024 年 3 月 6 日　　编号：1½

摘　要	总账科目	明细科目	金　额											✓
			亿	千	百	十	万	千	百	十	元	角	分	
销售收入存入银行	主营业务收入						3	5	0	0	0	0	0	√
合　计						¥	3	5	0	0	0	0	0	

附单据　张

会计主管：王成　　记账：孙铭　　出纳：张亮　　复核：李红　　制单：李伟

设置单式记账凭证，因每张凭证只汇总一次，便于汇总，可减少差错；同时每个岗位人员都对其有关的账户负责，可更好地实行会计部门内部的岗位责任制，也有利于贯彻内部控制制度，防止差错和舞弊。但由于凭证张数多，不易保管，填制凭证的工作量较大，故使用的单位较少。一般商业银行等金融企业通常采用单式记账凭证。

2. 复式记账凭证

复式记账凭证，简称“复式凭证”，就是在一张凭证上至少登记两个互相对应的会计科目的凭证。由于复式凭证把一项经济业务所涉及的对应科目都集中填列在一张凭证上，这就具有反映经济业务全貌的优点，便于查账，减少了凭证张数，但其不便于分工记账和汇总计算每一会计科目的发生额。上述专用记账凭证和通用记账凭证，均属于复式记账凭证。在实际工作中，一般企事业单位都采用复式记账凭证。

(三)按其包括的内容不同，可分为单一记账凭证、汇总记账凭证和科目汇总表

1. 单一记账凭证

单一记账凭证是指只包括一笔会计分录的记账凭证。上述专用记账凭证和通用记账凭证均为单一记账凭证。

2. 汇总记账凭证

汇总记账凭证是指根据一定时期内同类单一记账凭证定期加以汇总而重新编制的记账凭证。编制汇总记账凭证的目的是简化登记总分类账的手续。汇总记账凭证又可进一步分为汇总收款凭证、汇总付款凭证和汇总转账凭证。

汇总收款凭证按“库存现金”和“银行存款”科目的借方设置，定期按其对应的贷方科目加以汇总，按月编制，格式如表 5—21 所示；汇总付款凭证按“库存现金”和“银行存款”科目的贷方设置，定期按其对应的借方科目加以汇总，按月编制，格式如表 5—22 所示；汇总转账凭证通常按转账凭证的贷方科目分别设置，定期按与其设置科目相对应的借方科目加以汇总，按月编制，格式如表 5—23 所示。

表 5—21　　　　　　　　　　**汇总收款凭证**

借方科目：　　　　　　　　　　年　月　　　　　　　　　　汇收字第　　号

<table>
<tr><th rowspan="2">贷方科目</th><th colspan="4">金额(元)</th><th colspan="2">总账页数</th></tr>
<tr><th>1 至 10 日收款凭证
第　号至第　号</th><th>11 至 20 日收款凭证
第　号至第　号</th><th>21 至 31 日收款凭证
第　号至第　号</th><th>合计</th><th>借方</th><th>贷方</th></tr>
<tr><td></td><td></td><td></td><td></td><td></td><td></td><td></td></tr>
<tr><td>……</td><td></td><td></td><td></td><td></td><td></td><td></td></tr>
<tr><td></td><td></td><td></td><td></td><td></td><td></td><td></td></tr>
<tr><td></td><td></td><td></td><td></td><td></td><td></td><td></td></tr>
<tr><td>合计</td><td></td><td></td><td></td><td></td><td></td><td></td></tr>
</table>

会计主管：　　　　记账：　　　　复核：　　　　填制：

表 5—22　　　　　　　　　　**汇总付款凭证**

贷方科目：　　　　　　　　　　年　月　　　　　　　　　　汇付字第　　号

<table>
<tr><th rowspan="2">借方科目</th><th colspan="4">金额(元)</th><th colspan="2">总账页数</th></tr>
<tr><th>1 至 10 日付款凭证
第　号至第　号</th><th>11 至 20 日付款凭证
第　号至第　号</th><th>21 至 31 日付款凭证
第　号至第　号</th><th>合计</th><th>借方</th><th>贷方</th></tr>
<tr><td></td><td></td><td></td><td></td><td></td><td></td><td></td></tr>
<tr><td></td><td></td><td></td><td></td><td></td><td></td><td></td></tr>
<tr><td>……</td><td></td><td></td><td></td><td></td><td></td><td></td></tr>
<tr><td></td><td></td><td></td><td></td><td></td><td></td><td></td></tr>
<tr><td></td><td></td><td></td><td></td><td></td><td></td><td></td></tr>
<tr><td>合计</td><td></td><td></td><td></td><td></td><td></td><td></td></tr>
</table>

会计主管：　　　　记账：　　　　复核：　　　　填制：

表 5—23　　　　　　　　　　**汇总转账凭证**

贷方科目：　　　　　　　　　　年　月　　　　　　　　　　汇转字第　　号

<table>
<tr><th rowspan="2">借方科目</th><th colspan="4">金额(元)</th><th colspan="2">总账页数</th></tr>
<tr><th>1 至 10 日转账凭证
第　号至第　号</th><th>11 至 20 日转账凭证
第　号至第　号</th><th>21 至 31 日转账凭证
第　号至第　号</th><th>合计</th><th>借方</th><th>贷方</th></tr>
<tr><td></td><td></td><td></td><td></td><td></td><td></td><td></td></tr>
<tr><td></td><td></td><td></td><td></td><td></td><td></td><td></td></tr>
<tr><td>……</td><td></td><td></td><td></td><td></td><td></td><td></td></tr>
<tr><td></td><td></td><td></td><td></td><td></td><td></td><td></td></tr>
<tr><td>合计</td><td></td><td></td><td></td><td></td><td></td><td></td></tr>
</table>

会计主管：　　　　记账：　　　　复核：　　　　填制：

3. 科目汇总表

科目汇总表是指根据一定时期内所有的记账凭证定期加以汇总而重新编制的记账凭证。其目的也是简化总分类账的登记手续。科目汇总表的一般格式如表5－24所示。

表5－24 **科目汇总表**

年　月　日至　日　　　　第　　号

会计科目	总账页次	本期发生额																						记账凭证起讫号数
		借方											贷方											
		亿	千	百	十	万	千	百	十	元	角	分	亿	千	百	十	万	千	百	十	元	角	分	

会计主管：　　　　记账：　　　　复核：　　　　制单：

三、记账凭证的基本内容

记账凭证种类甚多，格式不一，但其主要作用都在于对原始凭证进行分类、整理，按照复式记账的要求，运用会计科目，编制会计分录，据以登记账簿。因此，记账凭证必须具备以下基本内容：记账凭证的名称，填制凭证的日期，记账凭证的编号，经济业务的内容摘要，账户名称（包括一级、二级和明细账）、记账方向和记账金额，所附原始凭证的张数，填制单位的名称及填制、审核、记账、会计主管等有关人员的签章。

四、记账凭证的填制要求

（一）摘要简明

记账凭证的摘要应简明扼要地概括出经济业务的主要内容。摘要内容必须真实。在填写"摘要"时，既要简明，又要全面、清楚，应以说明问题为主。写物要有品名、数量、单价；写事要有过程。银行结算凭证，要注明支票号码、去向；送存款项，要注明现金、支票、汇票等。遇有冲转业务，不应只写冲转，应写明冲转某年某月某日某项经济业务和凭证号码，也不能只写对方账户。要求"摘要"能够正确地、完整地反映经济活动和资金变化的来龙去脉，切忌含糊不清。总之，凭证摘要的书写虽不能像会计科目那样规范标准，但作为会计人员，应努力提高自己对会计业务事项的表达和概括能力，力求使摘要的书写标准化、规范化。

（二）会计科目运用准确

企业必须按《企业会计准则——应用指南》规定的会计科目填制，不得随意简化或改动，不得只写科目编号，不写科目名称；同时，明细科目也要填列齐全。应借应贷的记账方向和账户对应关系必须清楚。

（三）连续编号

记账凭证在一个月内应当连续编号，即每月都从1号编起，顺序编至月末，以便查核。采用通用记账凭证，可按全部经济业务发生的先后顺序编号；采用专用记账凭证，可按凭证类别分类编号。记账凭证的编号方法既可以按收款、付款和转账业务三类分别编号，也可以按现金收入、现金付出、银行存款收入、银行存款付出和转账业务五类分别编号。如果一笔经济业务记入两张或两张以上的记账凭证，则可以采用“分数编号法”。例如，某笔经济业务需填制 3 张转账凭证，凭证的顺序号是 8 时，则 3 张转账凭证的编号依次为：转字第 $8\frac{1}{3}$ 号（第一张凭证）、转字第 $8\frac{2}{3}$ 号（第二张凭证）、转字第 $8\frac{3}{3}$ 号（第三张凭证），其中，分母代表该笔经济业务填制记账凭证的总张数，分子代表其中的第几张凭证，前面的整数则表示凭证的顺序号。每月末最后一张记账凭证的编号旁边要加注“全”字，以便于检查凭证有无散失。

（四）附件齐全

记账凭证所附的原始凭证必须完整无缺，并在凭证上注明所附原始凭证的张数，以便查核。若两张或两张以上的记账凭证依据同一原始凭证，则应在未附原始凭证的记账凭证上注明“原始凭证×张，附于第×号凭证之后”，以便日后查阅。

五、记账凭证的填制方法

在实际工作中，一般大中型企业现金和银行收支频繁，涉及的货币资金业务较多，为了加强对现金和银行存款收付业务的管理，便于汇总和登记现金、银行存款账簿，通常采用收款凭证、付款凭证和转账凭证三种格式。下面就采用借贷记账法举例说明三种凭证的填制方法。

【例 5—1】 2024 年 5 月 8 日，企业销售给大华公司 A 产品 200 台，单价为 200 元，货款为 40 000 元，增值税销项税额为 5 200 元，收到现金支票一张。编制的收款凭证如表 5—25 所示。

表 5—25

收　款　凭　证

2024 年 5 月 8 日

收字第 3 号

借方科目：银行存款

摘　要	贷方		金额											√
	总账科目	明细科目	亿	千	百	十	万	千	百	十	元	角	分	
销售 A 产品	主营业务收入	A 产品					4	0	0	0	0	0	0	√
	应交税费	增值税（销）						5	2	0	0	0	0	√
合　计						¥	4	5	2	0	0	0	0	

附单据 贰 张

会计主管：王成　记账：孙铭　出纳：张亮　复核：李红　制单：李伟

【例 5—2】 2024 年 5 月 9 日，以现金支付购买行政部门办公用品 900 元。编制的付款凭证如表 5—26 所示。

表 5—26　　付 款 凭 证　　付字第 8 号

2024 年 5 月 9 日　　贷方科目：库存现金

摘要	借方		金额											√
	总账科目	明细科目	亿	千	百	十	万	千	百	十	元	角	分	
购买办公用品	管理费用	办公费							9	0	0	0	0	√
合　计								¥	9	0	0	0	0	

附单据壹张

会计主管：王成　　记账：孙铭　　出纳：张亮　　复核：李红　　制单：李伟

【例 5—3】 2024 年 5 月 31 日，根据工资计算汇总表，分配结转本月份工资费用 300 000 元。其中，生产 A 产品工人工资 150 000 元，生产 B 产品工人工资 100 000 元，车间管理人员工资 30 000 元，行政管理部门人员工资 20 000 元。编制的转账凭证如表 5—27 所示。

表 5—27　　转 账 凭 证

2024 年 5 月 31 日　　转字第 38 号

摘要	总账科目	明细科目	借方金额											贷方金额											√
			亿	千	百	十	万	千	百	十	元	角	分	亿	千	百	十	万	千	百	十	元	角	分	
分配工资费用	生产成本	A 产品				1	5	0	0	0	0	0	0												√
		B 产品				1	0	0	0	0	0	0	0												√
	制造费用						3	0	0	0	0	0	0												√
	管理费用	工资费用					2	0	0	0	0	0	0												√
	应付职工薪酬																3	0	0	0	0	0	0	0	√
合　计					¥	3	0	0	0	0	0	0	0			¥	3	0	0	0	0	0	0	0	

附单据壹张

会计主管：王成　　记账：孙铭　　出纳：张亮　　复核：李红　　制单：李伟

对于经济业务量少而且业务简单的企业，可以使用通用记账凭证。

【例 5—4】 如果将【例 5—1】采用通用记账凭证，其填制方法如表 5—28 所示。

表 5—28

记　账　凭　证

2024 年 5 月 8 日　　　　记字第 1 号

摘　要	科　目		借方金额											贷方金额											√
	总账科目	明细科目	亿	千	百	十	万	千	百	十	元	角	分	亿	千	百	十	万	千	百	十	元	角	分	
销售 A 产品	银行存款						4	5	2	0	0	0	0												√
	主营业务收入	A 产品																4	0	0	0	0	0	0	√
	应交税费	增值税(销)																	5	2	0	0	0	0	√
合　计						¥	4	5	2	0	0	0	0				¥	4	5	2	0	0	0	0	

附单据贰张

会计主管：王成　　记账：孙铭　　出纳：张亮　　复核：李红　　制单：李伟

为了验算记账凭证的编制是否正确并减少登记总分类账的次数，可每隔数日将所有记账凭证按科目借、贷方分别加以汇总，编制“科目汇总表”，据以登记总分类账。其格式如表 5—29 所示。

表 5—29

科 目 汇 总 表

汇字第 10 号

2024 年 5 月 1 日至 5 月 31 日　　　　凭证自 1 号至 58 号共 63 张

会计科目	借方金额											贷方金额											记账√	备　注
	亿	千	百	十	万	千	百	十	元	角	分	亿	千	百	十	万	千	百	十	元	角	分		
库存现金							1	5	0	0	0						3	1	7	7	0	0		
银行存款		1	0	3	4	5	1	3	0	0	0				3	1	1	0	4	0	0	0		
应收账款				3	0	8	8	8	0	0	0				3	0	8	8	8	0	0	0		
……																								
短期借款																5	0	0	0	0	0	0		
应付账款					2	8	6	6	5	0	0					5	3	3	0	6	0	0		
……																								
合　计		1	7	7	2	8	3	4	3	4	6		1	7	7	2	8	3	4	3	4	6		

会计主管：王成　　记账：孙铭　　出纳：张亮　　复核：李红　　制单：李伟

注：科目汇总表的科目顺序，应按会计制度规定的会计科目固定编号顺序排列。

编制“科目汇总表”，首先，将全部记账凭证集中起来，将同一会计科目的记账凭证予以归并，再将每一科目的借方金额和贷方金额各自相加之和分别填入各科目的借方金额和贷方金额栏内。其次，分别计算全部科目的借方和贷方的合计数，将其填在合计栏内，同一时期借方合计数与贷方合计数相等。最后，将据以汇总的记账凭证附在后面，并注明记账凭证的张数，以便日后查验。

六、记账凭证的审核

记账凭证是登记账簿的直接依据。为保证账簿记录的正确性以及会计信息的质量，记账前必须由专人对已编制的记账凭证进行认真、严格的审核，审核内容如下：

（一）合法性

记账凭证后是否附有原始凭证，其原始凭证是否齐全、内容是否合法、记账凭证的内容与所附原始凭证的内容是否相符、金额是否一致。

（二）正确性

凭证中应借、应贷的科目是否正确，二级或明细科目是否齐全，账户对应关系是否清晰，金额计算是否准确无误。

（三）完整性

日期、摘要、凭证号等要素是否填写清楚，项目填写是否齐全，有关人员是否签名盖章等。在审核中若发现记账凭证的编制有差错或不完整，则应查明原因，予以重填或及时更正。只有经过审核无误的记账凭证，才能据以记账。

第四节　会计凭证的传递与保管

一、会计凭证的传递

会计凭证的传递是指凭证从取得或填制时起，经过审核、记账、装订到收档保管时止，在单位内部各有关部门和人员之间按规定的传递顺序办理业务手续的过程。

正确组织会计凭证的传递，对及时处理登记经济业务、加强会计监督具有重要作用。会计凭证的传递包括凭证的传递路线、传递时间和传递手续三个方面。

（一）会计凭证的最佳传递路线

确定最佳传递路线，要求各单位根据自己的具体情况，明确规定会计凭证的联次及流程，既要使会计凭证经过必要的环节进行审核和处理，又要避免会计凭证在不必要的环节停留，从而保证会计凭证按照最简捷、合理的路线传递。

（二）会计凭证的最佳传递时间

会计凭证的传递时间，是指各种会计凭证在各经办部门、环节停留的最长时间，应按企业正常情况下办理经济业务所需的时间来合理确定。明确会计凭证的传递时间，能防止凭证拖延处理，保证会计工作的正常秩序，提高工作效率。

（三）会计凭证的传递手续

会计凭证的传递手续，是指凭证传递过程中的衔接手续，应该做到责任明确，手续完备、严密，以保证会计凭证的完整、安全。

二、会计凭证的保管

会计凭证的保管是指会计凭证登账后的整理、装订和归档存查。会计凭证是各项经济活动的历史记录，是重要的经济档案，因此，必须妥善整理和保管，不得丢失或任意销毁。

（一）会计凭证的整理归类

会计部门应定期（一般为每月）将会计凭证加以归类整理，在保证记账凭证及其所附原始凭证完整无缺后，加封面、封底，装订成册，并在装订线上加贴封签，以防散失和任意拆装。会计主管和装订人在封签处签字和盖章，然后入档保管。

(二)会计凭证的造册归档

每年的会计凭证应由会计部门按照归档要求,负责整理立卷或装订成册。当年的会计凭证在会计年度结束后可由会计部门保管一年,期满后应由会计部门编造清册移交本单位档案部门保管。会计凭证必须妥善保管,存放有序,查找方便,并严防销毁、丢失和泄露。

(三)会计凭证的借阅

会计凭证原则上不得借出,如有特殊需要,须报请批准,但不得拆散原卷册,并应限期归还。需借阅已入档的会计凭证时,必须办理借阅手续。

(四)会计凭证的销毁

会计凭证的保管期限一般为30年。保管期限未满,任何人都不得随意销毁会计凭证。按规定销毁会计凭证时,必须开列清单,报经批准后,由档案部门和会计部门共同派员监销。在监销前,监销人应认真清点核对,销毁后,在销毁清册上签名或盖章,并将销毁情况报本单位负责人。

本章小结

会计凭证是记录经济业务、明确经济责任的书面证明,也是登记账簿的依据。会计凭证分为原始凭证和记账凭证两种。

原始凭证是在经济业务发生时取得或填制的、载明经济业务的执行和完成情况、明确经济责任、具有法律效力的书面证明。原始凭证按其来源不同,可分为外来原始凭证和自制原始凭证;原始凭证按其反映业务的方法不同,可分为一次原始凭证、累计原始凭证和汇总原始凭证;原始凭证按其用途可分为证明原始凭证和计算原始凭证。

原始凭证由凭证的名称、填制凭证的日期和编号、填制凭证的单位名称或填制人姓名、经办人员的签名或者盖章、接受凭证单位名称、经济业务内容、数量、单价和金额等基本要素组成。原始凭证填制要求:记录要真实、填制要及时、内容要齐全、手续要完备、书写要规范。原始凭证的审核主要是对原始凭证的完整性、真实性、正确性、合法性、合理性进行审核。

记账凭证是会计人员根据审核无误的原始凭证进行归类、整理,并据以确定会计分录后所填制的会计凭证。记账凭证按其用途不同,可分为专用记账凭证和通用记账凭证;记账凭证按其填列会计科目的数目不同,可分为单式记账凭证和复式记账凭证;记账凭证按其包括的内容不同,可分为单一记账凭证、汇总记账凭证和科目汇总表。

记账凭证由记账凭证的名称、填制凭证的日期和编号、经济业务摘要、账户名称、金额、所附原始凭证张数、填制凭证人员、复核人员、记账人员、会计机构负责人(会计主管人员)签名或者盖章等基本内容构成。记账凭证的填制要求:摘要简明、会计科目运用准确、连续编号、附件齐全。记账凭证的审核主要是对记账凭证的合法性、正确性和完整性进行审核。

会计凭证的传递主要注意传递路线、传递手续和传递时间,并按照规定整理、装订和归档保管。

关键名词

会计凭证　原始凭证　记账凭证　一次凭证　累计凭证
专用记账凭证　汇总记账凭证　科目汇总表　收款凭证　付款凭证
转账凭证

复习思考题

1. 什么是会计凭证？会计凭证有哪些作用？
2. 什么是原始凭证？原始凭证有哪些具体分类方法？
3. 原始凭证一般包括哪些基本内容？
4. 简述原始凭证的填制要求。
5. 什么是记账凭证？记账凭证有哪些种类？
6. 什么是收款凭证、付款凭证和转账凭证？
7. 记账凭证应具备哪些基本内容？
8. 简述记账凭证的填制要求。
9. 如何审核原始凭证？如何审核记账凭证？
10. 组织会计凭证的传递应考虑哪些方面？

同步练习

一、单项选择题

1. 将凭证分为原始凭证和记账凭证两大类的主要依据是(　　)。
A. 凭证填制的日期　　B. 凭证填制的人员
C. 凭证填制的程序和用途　　D. 凭证所反映的内容
2. 下列凭证中,(　　)属于外来原始凭证。
A. 购货发票　　B. 领料单　　C. 销货发票　　D. 工资结算单
3. 下列凭证中,(　　)属于自制原始凭证。
A. 银行付款通知单　　B. 购货发票
C. 销货发票　　D. 上缴税金收据
4. “材料耗用汇总表”是一种(　　)。
A. 一次凭证　　B. 累计凭证　　C. 汇总原始凭证　　D. 复式凭证
5. 将库存现金存入银行,应该填制(　　)。
A. 银行存款收款凭证　　B. 现金付款凭证
C. 转账凭证　　D. 单式凭证
6. 销售产品收到商业汇票一张,应该填制(　　)。
A. 银收字记账凭证　　B. 现付字记账凭证　　C. 转账凭证　　D. 单式凭证
7. 记账凭证审核时,一般不包括(　　)。
A. 记账凭证是否附有原始凭证,是否与所附原始凭证的内容相符合
B. 记账凭证的时间是否与原始凭证的时间一致
C. 根据原始凭证所作的会计科目和金额是否正确
D. 规定的项目是否填列齐全,有关负责人是否签名或盖章
8. 下列不能作为会计核算的原始凭证的是(　　)。
A. 发货单　　B. 合同书　　C. 入库单　　D. 领料单
9. 货币资金之间的划转业务只编制(　　)。
A. 付款凭证　　B. 收款凭证　　C. 转账凭证　　D. 记账凭证
10. 原始凭证是在(　　)时取得的。
A. 经济业务发生　　B. 填制记账凭证　　C. 登记总账　　D. 登记明细账

11. 根据会计法律制度的规定，原始凭证的金额有错误时，应当采取的正确做法是（　　）。
A. 由出具单位重开　　B. 由出具单位更正并加盖出具单位印章
C. 由接受单位更正并加盖接受单位印章　　D. 由经办人员更正并加盖经办人员印章
12. 记账凭证的编制依据必须是（　　）的原始凭证和有关资料。
A. 经办人签字　　B. 领导批准　　C. 金额无误　　D. 经过审核
13. 财务人员王某取得一张原始凭证，下列各项中，不属于该凭证必须具备的内容的是（　　）。
A. 填制凭证的日期　　B. 接受凭证单位的签名或者盖章
C. 接受凭证单位的名称　　D. 经办人员的签名或者盖章
14. 下列关于原始凭证的表述中，正确的是（　　）。
A. 原始凭证必须来源于单位外部
B. 除日期外，原始凭证记载的内容不得涂改
C. 对不真实的原始凭证，会计人员有权拒绝接受
D. 原始凭证金额有错误的，应当由出具单位重新出具，不得在原始凭证上更正
15. 对于将现金存入银行的经济业务，应填制（　　）。
A. 转账凭证　　B. 收款凭证
C. 付款凭证　　D. 一张收款凭证和一张付款凭证

二、多项选择题

1. “收料单”是（　　）。
A. 外来原始凭证　　B. 自制原始凭证　　C. 一次凭证　　D. 累计凭证
2. “限额领料单”是（　　）。
A. 外来原始凭证　　B. 自制原始凭证　　C. 一次凭证　　D. 累计凭证
3. 原始凭证应具备的基本内容有（　　）。
A. 原始凭证的名称和填制日期　　B. 接受凭证单位名称
C. 经济业务的内容　　D. 数量、单价和大小写金额
4. 记账凭证必须具备的基本内容有（　　）。
A. 记账凭证的名称　　B. 填制日期和编号
C. 经济业务的简要说明　　D. 账户名称、记账方向和记账金额
5. 单式记账凭证一般有（　　）。
A. 通用凭证　　B. 转账凭证　　C. 借项记账凭证　　D. 贷项记账凭证
6. 如果某一笔经济业务需填制两张记账凭证，该凭证的顺序号为 70 号，则此两张记账凭证的编号应为（　　）。
A. 70(1)号　　B. 70(2)号　　C. $70\frac{1}{2}$号　　D. $70\frac{2}{2}$号
7. 汇总记账凭证包括（　　）。
A. 汇总收款凭证　　B. 汇总付款凭证　　C. 汇总转账凭证　　D. 科目汇总表
8. 下列经济业务中，应填制转账凭证的是（　　）。
A. 国家以厂房对企业投资　　B. 外商以货币资金对企业投资
C. 购买材料未付款　　D. 销售商品收到商业汇票一张
9. 下列经济业务中，应填制付款凭证的是（　　）。
A. 提现金备用　　B. 购买材料预付定金
C. 购买材料未付款　　D. 以存款支付前欠某单位账款
10. 下列说法中，正确的是（　　）。
A. 原始凭证必须记录真实、内容完整

B. 一般原始凭证发生错误,必须按规定办法更正
C. 对于支票等重要的原始凭证若填写错误,则一律不得在凭证上更正
D. 购买实物的原始凭证,必须有验收证明
11. 会计人员赵某审核所在公司原始凭证所采取的下列处理方式中,符合原始凭证审核规定的有(　　)。
A. 发现原始凭证有涂改,要求出具单位重开
B. 退回记载不完整的原始凭证,要求补充
C. 发现原始凭证金额有错误,要求出具单位更正
D. 拒绝接受不真实的原始凭证,并向单位负责人报告
12. 会计机构、会计人员对不真实、不合法的原始凭证有权(　　)。
A. 不予接受　　B. 向单位负责人报告
C. 向会计主管报告　　D. 予以退回,要求更正、补充
13. 一张记账凭证编制的依据是(　　)。
A. 一张原始凭证　　B. 汇总原始凭证
C. 不同内容和类别的经济业务　　D. 若干原始凭证
14. 下列选项中,属于收款凭证借方科目的可能有(　　)。
A. 应收账款　　B. 银行存款　　C. 应付账款　　D. 库存现金
15. 下列选项中,属于汇总记账凭证的有(　　)。
A. 汇总收款凭证　　B. 汇总付款凭证　　C. 汇总转账凭证　　D. 科目汇总表

三、判断题

1. 所有的会计凭证都是登记账簿的依据。（　　）
2. 所有的会计凭证都应有签名或盖章。（　　）
3. 自制凭证都是一次性凭证。（　　）
4. 记账凭证是根据原始凭证的内容编制,所以记账凭证日期必须按照原始凭证的日期填写。（　　）
5. 原始凭证的填制不得使用圆珠笔填写。（　　）
6. 为了简便,在填写记账凭证时,可以会计科目编号代替会计科目。（　　）
7. 对于库存现金和银行存款互转业务,可以编制库存现金或银行存款收款凭证。（　　）
8. 会计科目汇总表中的会计科目,一般应按会计制度规定的会计科目固定编号顺序排列。（　　）
9. 汇总记账凭证不仅可以简化登记总分类账的工作量,同时还可以反映出账户之间的对应关系。（　　）
10. 如果发现原始凭证的内容填写不完整,手续不完备,填写或计算有误,则应退回经办人员补办或更正。（　　）
11. 根据《会计档案管理办法》规定,会计凭证的保管期限为 30 年,当会计凭证达到 30 年期限时,会计人员可以自行将其销毁。（　　）
12. 会计凭证的传递要注意传递路线、传递手续和传递时间三个方面的问题。（　　）
13. 转账凭证必须根据转账业务的原始凭证填制。（　　）
14. 对于货币资金业务量少而且业务简单的企业,可以使用一种通用记账凭证。（　　）
15. 原始凭证是对经济业务事项按其性质加以归类,确定会计分录,并据以登记会计账簿的会计凭证。（　　）

四、业务题

习题一

【目的】练习收款凭证、付款凭证和转账凭证的填制。
【资料】中信公司 2024 年 5 月发生下列业务:
1. 2 日,向前程股份有限公司购入材料,货款为 5 000 元,增值税(进项税额)为 650 元,材料已验收入库,

款项尚未支付。

2.3 日，以银行存款支付上月应交所得税 4 000 元。

3.3 日，从银行存款中提取现金 500 元。

4.4 日，以现金 150 元购买办公用品。

5.5 日，向工商银行借入短期借款 50 000 元，并存入银行。

6.5 日，生产车间制造产品领用材料 45 000 元，领用车间一般消耗材料 1 000 元。

7.8 日，以银行存款支付所欠益民股份有限公司款项 20 000 元。

8.9 日，售给嘉丰股份有限公司产品 100 件，每件售价为 350 元，增值税税率为 13%，款项尚未收到。

9.10 日，以银行存款购入不需安装的设备一台，买价为 30 000 元，增值税为 3 900 元，当即交付生产车间使用。

10.12 日，以银行存款支付公司电话费(假设不考虑增值税)800 元。

11.13 日，售给上海电器股份有限公司产品 300 件，每件售价为 350 元，增值税税率为 13%，款项收讫，存入银行。

12.14 日，向银行提取现金 40 000 元，准备发放工资。

13.15 日，以现金发放职工工资 40 000 元。

14.18 日，采购员赵林出差回来，报销差旅费 1 450 元，原预支 1 500 元，现交来现金 50 元。

15.20 日，向益民股份有限公司购入材料 15 000 元，增值税(进项税额)为 1 950 元，材料已验收入库，当即以银行存款支付。

16.20 日，以银行存款 5 650 元支付所欠光明股份有限公司款项。

17.26 日，售给海达股份有限公司产品 100 件，每件售价为 350 元，增值税税率为 13%，海达公司开出了一张银行承兑汇票付款。

18.28 日，收到嘉丰股份有限公司所欠款项 39 550 元，存入银行。

19.31 日，分配本月工资，其中，生产工人工资为 30 000 元、车间管理人员工资为 3 000 元、公司管理人员工资为 7 000 元。

20.31 日，按工资总额的 14%提取职工福利费。

21.31 日，按规定计提本月固定资产折旧 15 000 元，其中，车间用固定资产折旧为 12 000 元、公司用固定资产折旧为 3 000 元。

22.31 日，分配结转本月应付的电费，其中，车间用电费 4 900 元，公司管理部门用电费 800 元。

23.31 日，预提本月应负担银行借款利息 1 000 元。

24.31 日，摊销本月应负担的保险费 400 元。

25.31 日，结转本月制造费用；完工产品 480 件，实际制造成本 100 800 元，予以结转。

26.31 日，结转本月 500 件产品的销售成本 107 500 元。

27.31 日，结转本月收入、费用账户。

28.31 日，按利润总额的 25%计算结转所得税。

【要求】

1. 根据以上经济业务分别填制收款凭证、付款凭证和转账凭证。

2. 指出编制上述凭证时，一般要附哪些原始凭证。

习题二

【目的】练习记账凭证的填制。

【资料】衡阳公司 2024 年 5 月发生如下经济业务：

1.2 日，收到银行通知，用银行存款支付到期的商业承兑汇票 100 000 元。

2.3 日，购入原材料一批，用银行存款支付货款 180 000 元及增值税进项税额 23 400 元，材料尚未收到。

3.4 日，销售产品一批，销售价款为 500 000 元，增值税销项税额为 65 000 元。该批产品的实际成本为 280 000 元，产品已经发出，货款及税款尚未收到。

4.7 日，收到原材料一批，成本为 200 000 元，材料已验收入库，货款已于上月支付。

5.9 日，购入不需要安装的设备 1 台，价款为 85 000 元，支付增值税 11 050 元，支付包装费、运杂费（假设不考虑增值税）共计 1 000 元，价款及包装费、运杂费均以银行存款支付，设备已交付使用。

6.25 日，一项工程完工，交付使用，已办理竣工手续，固定资产价值为 1 500 000 元。

7.26 日，企业为购建固定资产，从银行借入 3 年期借款 500 000 元，借款已经划入企业银行存款户。

【要求】根据上述资料填制有关的记账凭证。

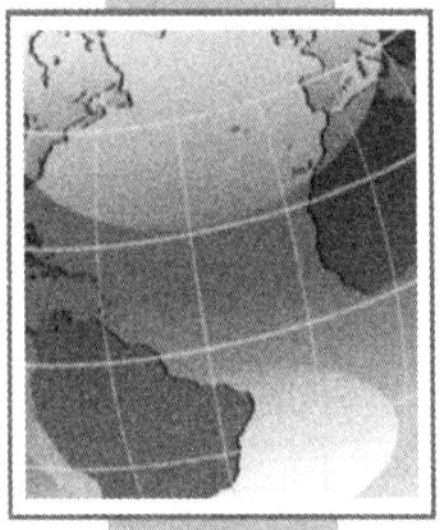

第六章 会计账簿

本章导航

- 会计账簿
  - 会计账簿的概念、意义和种类
    - 会计账簿的概念
    - 会计账簿的意义
    - 会计账簿的种类
  - 会计账簿的设置与登记
    - 会计账簿的设置原则
    - 会计账簿的基本内容
    - 日记账的设置与登记
    - 总分类账的设置与登记
    - 明细分类账的设置与登记
  - 会计账簿的启用与登记规则
    - 会计账簿的启用规则
    - 会计账簿的登记规则
  - 错账查找方法和更正方法
    - 错账查找方法
    - 错账更正方法
  - 对账与结账
    - 对账
    - 结账
  - 会计账簿的更换与保管
    - 会计账簿的更换
    - 会计账簿的保管

学习目的与要求

本章阐述会计账簿的基本知识。学习本章，要求理解会计账簿的意义和设置原则；掌握库存现金日记账、银行存款日记账、总分类账与明细分类账的格式、内容、登记依据和登记方法；熟悉会计账簿的启用规则和登记规则；掌握对账、结账和错账的更正方法；了解会计账簿的种类、更换与保管。

学习重点与难点

本章重点是库存现金日记账、银行存款日记账、总分类账与明细分类账的格式、内容、登记依据和登记方法；对账和结账方法；错账更正方法。本章难点是库存现金日记账、银行存款日记账、总分类账与明细分类账的登记；错账更正方法。

第一节　会计账簿的概念、意义和种类

一、会计账簿的概念

会计账簿是由具有一定格式而又相互联系的账页组成的，以会计凭证为依据，连续、系统、全面地记录和反映各项经济业务的簿籍。设置和登记账簿是会计核算的一种专门方法，也是会计核算的中心环节。

任何一个单位发生经济业务后，首先要取得或填制会计凭证，这是会计核算工作的起点和基础。但会计凭证对经济业务的反应是零散的、片面的，每一张会计凭证只能记录一笔或性质相同的若干笔经济业务，不能把一个单位在某一时期内发生的全部经济业务完整地反映出来。因此，为了全面、系统、连续地反映企事业单位的经济活动和财务收支情况，需要把会计凭证中所记载的大量分散的资料加以分类、整理，这就需要在会计凭证的基础上设置和登记账簿。通过登记账簿，既能对经济活动进行序时核算，又能进行分类核算；既能提供各项总括的核算资料，又能提供明细核算资料。

会计账簿与会计账户有着十分密切的联系。会计账簿是由若干账页组成的一个整体，而账页一旦标明会计科目，这个账页就成为用来记录该科目所核算内容的账户。账簿与账户的关系，是形式和内容的关系。会计账户是根据会计科目开设的，账户存在于账簿之中，账簿中的每一账页就是账户的存在形式和载体，没有账簿，账户便无法存在。然而，会计账簿只是一个外在形式，每个会计账户所反映的内容才是会计记录的具体内容。

二、会计账簿的意义

设置和登记账簿是编制会计报表的基础，是连接会计凭证与会计报表的中间环节，在会计核算中具有重要意义。

（一）会计账簿是全面、系统、连续地归纳和积累会计核算资料的工具

各单位将每日发生的经济业务都记录和反映在会计凭证上，但会计凭证数量多、资料分散，而且只能反映个别经济业务。为了全面、连续、系统地反映企事业单位的经济活动和财务收支情况，有必要将会计凭证所记载的大量分散的资料加以整理、分类，即通过设置和登记账簿实现这种职能。通过登记账簿，可以把会计凭证所提供的资料进一步汇总，形成集中的、系统的、全面的会计核算资料。只有这样，才能全面地记载各会计要素的增减变化情况，也可以分类提供经济管理所需要的会计核算资料。

（二）会计账簿是编制会计报表、进行成本计算的依据

通过账簿汇总、整理和积累，可以得到编制会计报表的资料，也可以得到成本计算的资料。会计报表的编制和成本计算是否正确、及时，都与账簿的设置和登记质量密切相关。因此，账簿反映的数据真实与否，将直接影响会计报表的质量。

(三)会计账簿是监督财产物资安全完整的重要手段

利用账簿提供的核算资料,可以加强会计的日常监督,开展会计分析和会计检查,监督经济活动的合理性、合法性,促进企业不断改善经营管理。如通过账簿记录的账面数与实地盘点的实存数的对比,来检查财产物资是否妥善保管、账实是否相符。若有不符,则应追查原因,这样可以保护企业财产物资的安全、完整。

(四)会计账簿是会计检查的历史依据

账簿中积累了一定时期内有关资产、负债、所有者权益、费用成本和收入成果的档案资料,是日后会计检查的依据。通过会计检查,可以明确经济责任,对经济业务的合理性和会计资料的真实性进行评价。

三、会计账簿的种类

由于各单位经济业务的具体内容和经营管理的要求有所不同,需要设置的账簿种类也不完全一样,为了正确地使用各种账簿,企业需要对账簿进行分类。

(一)按会计账簿的用途分类

账簿按其用途不同,可分为序时账簿、分类账簿和备查账簿三种。

1. 序时账簿

序时账簿又称日记账,是指根据经济业务发生的先后顺序逐日逐笔进行连续登记的账簿。按其记录的经济业务内容不同,序时账簿又分为普通日记账和特种日记账。

(1)普通日记账是指用来登记全部经济业务发生情况的日记账。通常是把会计分录按照经济业务发生的时间先后顺序记入账簿中,作为连续登记分类账的依据,这种账簿在实际工作中已很少应用。

(2)特种日记账是指用来登记特定经济业务的日记账。通常是把某一类比较重要的经济业务,按照发生的先后顺序记入账簿中。根据我国现行会计制度规定,目前各单位一般只设置“库存现金”和“银行存款”两种特种日记账,用以加强货币资金的核算和管理。

2. 分类账簿

分类账簿,简称分类账,是指对全部经济业务按照总分类科目和明细分类科目设置和登记的账簿。分类账按照其反映指标的详细程度,又可分为总分类账簿和明细分类账簿。

(1)总分类账簿,简称总账,是指根据总分类科目设置,用来总括分类记录和反映经济业务的分类账簿。

(2)明细分类账簿,简称明细账,是指根据总分类科目所属二级科目或明细科目设置,用来详细记录和反映某一经济业务的分类账簿。

在实际工作中,序时账簿还可与分类账簿结合起来,即在一本账簿中既进行序时登记,又进行分类登记,称之为联合账簿。如日记总账是典型的联合账簿。

3. 备查账簿

备查账簿,又称辅助账簿,是指对某些在序时账簿和分类账簿中未能记载或记载不全的经济业务进行补充登记的账簿,如租入固定资产备查账簿、委托加工材料备查账簿、应收票据备查账簿等。备查账簿没有固定的格式,各单位可根据企业的实际需要设置。

(二)按会计账簿的外表形式分类

账簿按其外表形式不同,可以分为订本式账簿、活页式账簿、卡片式账簿三种。

1. 订本式账簿

订本式账簿又称订本账，是指在账簿启用前将一定数量的印有专门格式的账页按顺序号固定装订成册的账簿。这种账簿的优点是，可以避免账页散失，防止任意抽换账页。其缺点是，由于账页固定，不能根据需要增减账页，所以在使用时必须为每一账户预留账页，这样就容易出现预留账页过多或不足，造成浪费和影响账户连续登记的情况。而且，在同一时间里，只能由一人负责登记，不便于分工记账。通常，一些重要的账簿，如现金日记账、银行存款日记账、总账等都采用订本式账簿。

2. 活页式账簿

活页式账簿又称活页账，是指把一定数量的零散的账页放置在活动账夹中形成的账簿。这种账簿平时将账页装置在账夹中，年终结账后装订成册。这种账簿的优点是，账页不固定装订在一起，可以根据需要任意增减空白账页，不会造成账页浪费，使用起来灵活，而且便于分工记账，有利于提高工作效率。其缺点是，由于账页是散开的，容易散失或被抽换。因此，账页在使用时应连续编号，并在账页上加盖记账人员和会计主管的印章，以防止出现舞弊行为。活页式账簿主要适用于各种明细账。

3. 卡片式账簿

卡片式账簿又称卡片账，是指由若干张分散的、具有专门格式的存放在卡片箱中的硬纸卡片组成的账簿。卡片式账簿平时将账页放在卡片箱中，由专人负责保管，可以随时抽出账页，予以记录，并随时放回。这种账簿的优缺点及防范措施与活页式账簿相同，通常主要用于记载内容比较复杂的财产明细账，如固定资产明细账、低值易耗品明细账等。

(三)会计账簿按照账页格式分类

会计账簿按照账页格式分类，可以分为三栏式账簿、数量金额式账簿、多栏式账簿和横线登记式账簿等。

1. 三栏式账簿

三栏式账簿，是由设置借方、贷方、余额(或收、付、余)三个金额栏的账页组成的账簿，主要适用于总分类账、日记账，也可用于只核算金额，而不需要核算数量的债权债务结算类账户的明细分类账。

2. 数量金额式账簿

数量金额式账簿是指由在借、贷、余(或收、付、余)三大栏下再设数量、单价、金额三个小栏目的账页所组成的账簿。这类账簿可以全面反映经济业务的数量和金额，主要适用于既要进行金额核算，又要进行数量核算的各种财产物资账簿。

3. 多栏式账簿

多栏式账簿是指由多栏式账页组成的账簿。多栏式账页包括若干金额栏，主要用于需要进行分项目反映的经济业务。账页上设有借方和贷方两个基本金额栏，在借方和贷方基本栏下再分设若干栏的账簿。收入、费用等明细账通常采用这种格式。

4. 横线登记式账簿

横线登记式账簿是指利用平行式账页，将同一经济业务的若干内容在同一行进行详细登记的账簿。

账簿的分类如图 6—1 所示。

- 账簿
  - 按用途分类
    - 序时账
      - 普通日记账
      - 特种日记账
    - 分类账
      - 总分类账
      - 明细分类账
    - 备查账
  - 按外表形式分类
    - 订本账
    - 活页账
    - 卡片账
  - 按账页格式分类
    - 三栏式
    - 数量金额式
    - 多栏式
    - 横线登记式

图 6-1　账簿的分类

第二节　会计账簿的设置与登记

一、会计账簿的设置原则

任何单位都必须根据自身的业务特点和经营管理的需要，设置一定种类和数量的会计账簿，建立相应的账簿体系。一般来说，设置账簿时应遵循以下原则：

（1）账簿的设置要能保证连续、系统、全面地反映和监督经济活动情况，满足经济管理的需要，为经济管理提供总括的核算资料和明细核算资料。

（2）账簿的设置要能保证组织严密，各账簿之间既要有明确的分工，又要有密切的联系，考虑人力和物力的节约，力求避免重复或遗漏。

（3）账簿的格式，要按照所记录的经济业务的内容和需要提供的核算指标进行设计，力求简便实用，避免烦琐复杂。

二、会计账簿的基本内容

虽然各种账簿所记录的经济内容不同，账簿的格式又多种多样，但各种账簿一般应具备以下基本内容：

1. 封面

封面主要标明账簿名称和记账单位名称，如总分类账、材料物资明细账、现金日记账等。

2. 扉页

扉页主要用于列明会计账簿的使用信息，通常通过“账簿启用及接交表”和“账户目录”列明会计账簿的使用信息。“账簿启用及接交表”列明的主要信息包括单位名称、账簿名称、账簿编号、起止页码、使用日期、单位负责人、主管会计工作负责人、会计机构负责人、记账人员、接管与移交日期等，格式如表 6－1 所示；“账户目录”列明账簿包含的账户及所在页码，格式如表 6－2 所示。

表 6—1　　　　账簿启用及接交表

<table>
<tr><td colspan="2">单位名称</td><td colspan="4"></td><td colspan="2">账簿名称</td><td colspan="2"></td></tr>
<tr><td colspan="2">账簿编号</td><td colspan="6">字第　号第　册　共　册</td><td colspan="2" rowspan="3">（单位公章）</td></tr>
<tr><td colspan="2">账簿页数</td><td colspan="6">自第　页起至第　页止　共　页</td></tr>
<tr><td colspan="2">使用日期</td><td colspan="6">自　年　月　日　至　年　月　日</td></tr>
<tr><td colspan="2">单位负责人签章</td><td colspan="3"></td><td colspan="3">主管会计工作负责人签章</td><td colspan="2"></td></tr>
<tr><td colspan="2">记账人员</td><td colspan="3">接管日期</td><td colspan="3">移交日期</td><td colspan="2">会计机构负责人</td></tr>
<tr><td>姓名</td><td>签章</td><td>年</td><td>月</td><td>日</td><td>年</td><td>月</td><td>日</td><td>姓名</td><td>签章</td></tr>
<tr><td></td><td></td><td></td><td></td><td></td><td></td><td></td><td></td><td></td><td></td></tr>
<tr><td></td><td></td><td></td><td></td><td></td><td></td><td></td><td></td><td></td><td></td></tr>
<tr><td></td><td></td><td></td><td></td><td></td><td></td><td></td><td></td><td></td><td></td></tr>
</table>

表 6—2　　　　账户目录(科目索引)

编号	科目	起止页数	编号	科目	起止页数	编号	科目	起止页数

3. 账页

账页是账簿的主要内容，各种账页格式一般包括以下内容：(1)账户名称，或称会计科目；(2)登账日期栏；(3)凭证种类和号数栏；(4)摘要栏；(5)借方、贷方金额及余额栏；(6)总页次和分户页次等。

三、日记账的设置与登记

日记账主要有库存现金日记账和银行存款日记账，一般由出纳人员根据审核无误后的凭证登记。

(一)库存现金日记账的设置与登记

库存现金日记账是用来逐日逐笔反映库存现金的收入、付出及结余情况的特种日记账。库存现金日记账必须采用订本式账簿，账页格式一般采用三栏式，即在同一张账页上分设“收入”“付出”和“结余”或“借方”“贷方”和“余额”三栏。为了清晰地反映库存现金收付业务的具体内容，在“摘要”栏后还应专设“对方科目”栏，登记对方科目名称，其格式如表 6—3 所示。

表 6—3　　　　库存现金日记账　　　　第　页

<table>
<tr><td colspan="2">年</td><td rowspan="2">凭证号数</td><td rowspan="2">摘　要</td><td rowspan="2">对方科目</td><td rowspan="2">借　方</td><td rowspan="2">贷　方</td><td rowspan="2">借或贷</td><td rowspan="2">余　额</td></tr>
<tr><td>月</td><td>日</td></tr>
<tr><td></td><td></td><td></td><td></td><td></td><td></td><td></td><td></td><td></td></tr>
<tr><td></td><td></td><td></td><td></td><td></td><td></td><td></td><td></td><td></td></tr>
<tr><td></td><td></td><td></td><td></td><td></td><td></td><td></td><td></td><td></td></tr>
<tr><td></td><td></td><td></td><td></td><td></td><td></td><td></td><td></td><td></td></tr>
</table>

库存现金日记账的登记方法如下：

(1)记账日期栏。根据记账凭证的日期登记。

(2)凭证种类号数栏。登记收、付款凭证的种类和编号。

(3)摘要栏。根据凭证的摘要登记。

(4)对方科目栏。填写每笔会计分录中与库存现金对应的科目名称，其作用在于了解现金收支的来龙去脉。

(5)借方、贷方和余额栏。登记现金实际收付的金额，每日营业结束时应分别计算现金收入、付出金额的合计数，并用下述公式计算出本日余额：

本日余额＝昨日余额＋本日收入金额合计－本日付出金额合计

库存现金日记账是由出纳员根据审核后的现金收款凭证、现金付款凭证和银行存款付款凭证逐日逐笔顺序登记。借方栏一般根据现金收款凭证和银行存款付款凭证登记，贷方栏根据现金付款凭证登记。由于从银行提取现金的业务，只填制银行存款付款凭证，不再填制现金收款凭证，所以对于从银行提取现金的收入数额，应根据银行存款付款凭证登记库存现金日记账的借方栏。每次收付现金后，及时结出账面余额，至少在每日收付款项逐笔登记完毕后，每日结出账面余额，并将库存现金日记账的账面余额与库存现金实存额核对相符，即通常说的“日清”。如果账款不符，则应及时查明原因。月终同样要计算现金收入、付出和结存的合计数，通常称为“月结”。此外，现金的库存结余额如果超过银行规定的限额，则必须将超过部分及时存入银行。

(二)银行存款日记账的设置与登记

银行存款日记账是用来逐日逐笔反映银行存款的收入、付出及结余情况的特种日记账。通过银行存款日记账的设置和登记，可以加强对银行存款的日常监督和管理，并便于和开户银行进行账项的核对。

银行存款日记账一般采用三栏式账页，其基本结构与库存现金日记账相同。由于银行存款的支付都是根据特定的银行结算凭证进行的，因此，在库存现金日记账的基础上加设“结算凭证”栏，在“结算凭证”栏中分设“种类”和“号数”两栏。三栏式银行存款日记账的格式如表 6－4 所示。

表 6－4　　**银行存款日记账**　　第　页

年		凭证号数	摘　要	结算凭证		对方科目	借　方	贷　方	借或贷	余　额
月	日			种类	号数					

银行存款日记账是根据银行存款收款凭证、银行存款付款凭证、现金付款凭证直接登记的。其方法与库存现金日记账的登记方法基本相同。另外，银行存款日记账必须采用订本式账簿，不得用银行对账单代替银行存款日记账。

四、总分类账的设置与登记

总分类账簿是按照总分类科目设置的、用以记录全部经济业务总括核算资料的分类账簿，一般采用订本式账簿。每个账户应视其经济内容的多少预留出若干空白账页，以登记一定时期内涉及该账户的所有经济业务及其发生的增减变动。由于总分类账簿能够全面、系统地反映全部经济活动情况，并为编制会计报表提供资料，所以每个单位都要设置总分类账簿。总分类账的账页格式有三栏式和多栏式两种。

(一)三栏式总分类账

在账页中设有借方、贷方、余额三个金额栏，其格式如表6—5所示。

表6—5　　总分类账(三栏式)　　第　页

年		凭证号数	摘　要	借　方	贷　方	借或贷	余　额
月	日						

(二)多栏式总分类账

多栏式总分类账是把序时账簿和总分类账簿结合在一起的联合账簿，通常称为日记总账，它具有序时账簿和总分类账簿的双重作用。其格式如表6—6所示。

表6—6　　总分类账(多栏式)　　第　页

年		凭证号数	摘　要	库存现金		银行存款		短期借款		应付账款		实收资本		销售费用		所得税	
月	日			借方	贷方	借方	贷方	借方	贷方	借方	贷方	借方	贷方	借方	贷方	借方	贷方

采用这种总分类账簿，可以减少记账的工作量、提高工作效率，并能较全面地反映经济业务的来龙去脉，便于分析各单位的经济活动情况。但如果运用的账户较多，专栏设置过多，账页过长，则不便于登记和查阅，因此这种格式一般适用于总账账户较少、业务比较简单的单位。

总分类账的登记，可以根据各种记账凭证逐笔登记，也可以根据汇总记账凭证或科目汇总表汇总登记，还可以根据多栏式库存现金日记账、银行存款日记账逐笔或定期汇总登记，这主要取决于每个单位所采用的会计核算组织程序。各种总分类账的具体登记方法将在会计核算组织程序中介绍。

五、明细分类账的设置与登记

明细分类账簿是按照二级或明细科目设置的、用以登记某一类经济业务明细核算资料的分类账簿。各单位应结合自己的经济业务特点和经营管理要求，在总分类账的基础上设置若干明细分类账，作为总分类账的必要补充。明细账一般采用活页式账簿，也有采用卡片式账簿，如固定资产明细账。明细分类账按账页格式不同，主要有三栏式、数量金额式、多栏式、横线登记式四种。

（一）三栏式明细分类账

三栏式明细分类账簿的账页格式与三栏式总分类账簿的账页格式相同，即只设有借方、贷方和余额三个金额栏，不设数量栏。它适用于仅需进行金额明细分类核算，如“应收账款”“应付账款”“其他应收款”等科目的明细分类核算。其格式如表 6—7 所示。

表 6—7　　**明细分类账（三栏式）**　　第　页

年		凭证号数	摘　要	借　方	贷　方	借或贷	余　额
月	日						

（二）数量金额式明细分类账

数量金额式明细分类账簿是在借方（收入）、贷方（发出）和余额（结存）栏下再设数量、单价和金额三个小栏，用来登记既要进行金额核算，又要进行实物数量核算的各种财产物资科目，如“原材料”“库存商品”等明细账。其格式如表 6—8 所示。

表 6—8　　**明细分类账（数量金额式）**

类　　别：　　编　　号：
品名规格：　　存放地点：
储备定额：　　计量单位：

年		凭证号数	摘　要	收　入			发　出			余　额		
月	日			数量	单价	金额	数量	单价	金额	数量	单价	金额

（三）多栏式明细账

多栏式明细账簿是根据经济业务的特点和经营管理的需要，在一张账页上按明细项目分设若干专栏，用来登记明细项目多、借贷方向单一且只记金额不记数量的明细账，如“生产成本”“管理费用”“主营业务收入”“本年利润”等。根据明细分类账登记的经济业务不同，多栏式明细分类账账页又分为借方多栏、贷方多栏和借贷方均多栏三种。其格式如表 6—9、表 6—10、表 6—11 所示。

表 6-9 制造费用明细账(借方多栏) 第 页

年		凭证		摘 要	借 方								
月	日	字	号		工资薪金	福利费	修理费	办公费	水电费	折旧费	……	其他	合计

表 6-10 主营业务收入明细账(贷方多栏) 第 页

年		凭证		摘 要	贷 方				
月	日	字	号		甲产品	乙产品	……	其他	合计

表 6-11 本年利润明细账(借贷方均多栏) 第 页

年		凭证		摘 要	借 方			贷 方			借或贷	余 额
月	日	字	号			……	合计		……	合计		
				合 计								

(四)横线登记式明细账

横线登记式明细账也称平行式明细分类账,其格式特点是,将相关的经济业务在同一横行内进行详细登记,以检查该相关经济业务完成及变动的情况。该种格式的明细分类账一般适用于"材料采购"等明细分类核算。"材料采购"明细分类账的格式如表 6-12 所示。

表 6-12 "材料采购"明细分类账(横线登记式)

序号	供货单位名称	材料名称	借 方						贷 方					备注
			日期	凭证号数	发票号数	买价	采购费用	合计	日期	凭证号数	入库单号	采购费用	合计	
1	光辉公司	A 材料	1	2	30 876	20 000	1 000	21 000	3	6	1	21 000	21 000	
2	凯旋工厂	B 材料	5	10	68 563	50 000	2 000	52 000	7	15	2	52 000	52 000	

各种明细分类账的登记方法,应根据各个单位业务量的大小和经营管理上的需要,以及记录的经济业务内容而定,可以直接根据原始凭证、记账凭证逐笔登记,也可以根据原始凭证逐日、定期汇总登记。一般来说,固定资产、债权债务等明细账应当逐笔登记;商品、材料物资明细账,如业务发生不是很多,可以逐笔登记,如业务发生较多,为了简化记账工作,也可以逐日汇总登记;收入、费用等明细账,可以逐笔登记,也可以逐日或定期汇总登记。各种明细账每次登记完毕后都应结算出余额,以便进行核对和加强日常管理。

多栏式明细账一般都是单方向登记，即平时只在借方或贷方登记。如成本、费用类明细分类账，平时只在借方登记，而收入类明细分类账，平时只在贷方登记，当发生冲减成本费用、冲减收入及月末结转分配业务时，可以用红字进行登记，予以冲减。多栏式明细账也可以双向登记，如本年利润、利润分配明细账等，要按利润构成项目分借、贷方设专栏进行登记。

第三节　会计账簿的启用与登记规则

一、会计账簿的启用规则

新的会计年度开始，每个会计主体都应该启用新的会计账簿。企业在启用新账簿时应在账簿的有关位置记录以下相关信息：

（一）设置账簿的封面与封底

除订本账不另设封面以外，各种活页账都应设置封面和封底，并登记单位名称、账簿名称和所属会计年度。

（二）填写账簿启用表

启用新会计账簿，应首先填写在扉页上印制的“账簿启用及接交表”，其中包括单位名称、账簿名称、账簿编号、起止页码、使用日期、单位负责人、主管会计工作负责人、会计机构负责人、记账人员、接管与移交日期等。会计人员发生变更时应办理交接手续并填写“账簿启用及接交表”中的交接内容。

（三）填写账户目录

总账应按照会计科目的编号顺序填写科目名称及启用页码。企业在启用活页式明细分类账时应按照所属会计科目填写科目名称和页码，在年度结账后，撤去空白账页，填写使用页码。

（四）粘贴印花税票

印花税票应粘贴在账簿的右上角，并且划线注销，表明该会计账簿启用的合法性。企业在使用交款书缴纳印花税时应注明“印花税已交”及交款金额。

二、会计账簿的登记规则

登记账簿是财务会计系统中提炼、加工信息的一个重要环节。为保证账簿记录的真实性、准确性和完整性，企业必须严格遵守有关规定。登记账簿的具体要求如下：

（1）账簿必须根据审核无误的会计凭证连续、系统地登记，不能错记、漏记和重记，并将会计凭证的序号记入账簿，在记账时必须使用会计科目、子目、细目的全称，不得简化。

（2）登记账簿时必须使用钢笔，用蓝黑或黑墨水登记，不能使用圆珠笔和铅笔，红墨水只能在结账划线、改错和冲账时使用，以防篡改。

（3）各种账簿必须按照事先编定的页码连续登记，不能隔页、跳行，如果不慎发生类似的情况，则应在空页或空行处用红墨水划对角的叉线注销，并注明“此页空白”或“此行空白”，而且要加盖印鉴，不得任意撕毁或抽换账页。

（4）登账时或登账后如果发现差错，则应根据错误的具体情况，按照更正错账的方法进行更正，不得刮擦、挖补、涂改和用褪色药水更改字迹，应保持账簿和字迹清晰、整洁。

（5）摘要栏的文字应简明扼要，并采用标准的简化汉字，不能使用不规范的汉字；金额栏的数字应该采用阿拉伯数字，并且对齐位数，注意“0”不能省略和连写；数字和文字一般应书写在行距下方的 1/2 处，为更正错误留有余地。

(6)每登满一账页，应该在该页的最后一行加计本页的发生额及余额，在摘要栏中注明“过次页”，并在下一页的首行记入上页的发生额和余额，在摘要栏内注明“承前页”，以便对账和结账。

第四节 错账查找方法和更正方法

一、错账查找方法

如果记账发生错误，则会造成总账借贷双方不平衡、总账与所属的明细分类账金额不平衡，因此，应首先复核试算平衡表，检查表中各账户的期初、期末余额和本期借、贷方发生额，与账簿中相应账户的期初、期末余额和借、贷方发生额是否相符，表中金额方向与账户中的金额方向是否一致，这样，可以发现试算平衡表中有无记错账户、重记、漏记等情况，然后，复核明细分类账户本期发生额及余额表，检查其编制的正确性。以上复核工作完毕后，如果试算平衡表借、贷方仍不平衡，总账金额与所属明细账金额仍不相等，则说明记账本身有差错。对于错账的查找主要有两种方法：个别检查法和全面检查法。

(一)个别检查法

个别检查法就是针对试算平衡表的借、贷方合计数的差额来检查的方法。这种方法适用于检查金额漏记、方向记反、数字记错位和数字记颠倒等造成的账簿记录错误。具体来说，个别检查法又分为差数法、除二法和除九法。

1. 差数法

即按差额数查找错账的方法。在记账时，如果某账户的金额漏记，则会出现一方的合计数大于另一方的合计数，而且借、贷方的合计数的差额必然等于漏记的金额数，然后可以在账簿中查找与此差额数相同的数字，找到错账所在。

2. 除二法

即将差额数除以 2 来查找错账的方法。在记账时，如果某账户的金额记错了方向，如应记入借方的金额记入了贷方，或应记入贷方的金额记入了借方，则必然会出现一方合计数增多，而另一方合计数减少的情况，其差额应是记错了方向金额数的两倍，且差错数必为偶数，那么，以该差额数除以 2，结果即为记错方向的数字。然后，在账簿中查找与之相同的数字，而不必逐笔查找，这样，很容易找出错账所在。

3. 除九法

即指以差数(借方与贷方的差额)除以九来查找错账的方法，适用于以下三种情况：

(1)将数字写小。例如，将 400 写为 40，错误数字小于正确数字 9 倍。查找的方法是：以差数除以 9 后得出的商即为写错的数字，商乘以 10 即为正确的数字。上例差数 360(400－40)除以 9，商 40 即为错数，扩大 10 倍后即可得出正确的数字 400 元。

(2)将数字写大。例如，将 50 写为 500，错误数字大于正确数字 9 倍。查找的方法是：以差数除以 9 后得出的商为正确的数字，商乘以 10 后所得即为错误数字。上例差数 450(500－50)除以 9 后，所得的商 50 为正确数字，50 乘以 10 等于 500，即为错误的数字。

(3)数字(邻数)颠倒。例如，将 78 写为 87、将 96 写为 69、将 36 写为 63 等。颠倒的两个数字之差最小为 1，最大为 8(9－1)。查找的方法是：将差数除以 9，得出的商连续加 11，直到找出颠倒的数字为止。例如，将 78 写为 87，其差数为 9。查找此错误的方法是：将差数除以 9 得 1，连续加 11 后，可能的结果为 12、23、34、45、56、67、78、89。若发现账簿记录中出现上述数字 78，则有可能正是颠倒的数字。

（二）全面检查法

全面检查法就是对一段时期的账目进行全面核对的检查方法。具体来说，全面检查法又分为顺查法和逆查法。

1. 顺查法

即按会计核算程序，从会计凭证到账簿，按先后顺序进行查错。顺查内容包括：检查记账凭证与所附原始凭证内容是否相符，金额是否正确；将记账凭证与有关总账、日记账、明细账逐笔核对，以发现错误所在。

2. 逆查法

即与会计核算程序相反，从账簿到凭证，逆向查找。逆查的内容包括：检查各账户余额计算是否正确；将总分类账与明细分类账进行核对，检查平行登记是否正确；逐笔核对账簿记录是否与记账凭证相符；逐项核对记账凭证与所附原始凭证是否相符，记账凭证中会计分录是否正确。

二、错账更正方法

在记账过程中，如果账簿记录发生错误，则不允许用涂改、挖补、刮擦、药水消除字迹等方法更改，必须用正确的方法予以更正。更正错账的方法有以下几种：

（一）划线更正法

在结账之前，若发现账簿记录中数字或文字错误，而记账凭证无错误，则应采用划线更正法更正。具体做法是：先在全部错误数字或文字上画一条红线，表示注销，然后在划线上方空白处填写正确的数字或文字，并在更正处加盖记账人员图章，以明确责任。例如，把 5 868 元误记为 6 858 元，应将 6 858 全部用红线划掉，再在上方写上正确数字 5 868。

（二）红字更正法

红字更正法又称红字冲销法，一般适用于下列两种情况：

1. 记账凭证中应借、应贷科目或记账方向有错误

记账以后，若发现记账凭证中应借、应贷科目或记账方向有错误时，应采用红字更正法更正。具体做法是：先用红字填写一张与原错误记账凭证完全相同的记账凭证，在“摘要”栏注明更正××××年×月×日的错账，并据以用红字登记入账，以冲销原来的错误记录；然后再用蓝字填写一张正确的记账凭证，在“摘要”栏注明更正××××年×月×日错账，并据以登记有关账户。

【例 6－1】 某企业以银行存款 5 000 元支付销售产品广告费，编制如下错误记账凭证，并已记账。

（1）借：管理费用	5 000	
贷：银行存款		5 000

当发现错误时，先用红字金额冲销原记录：

（2）借：管理费用	[5 000]	
贷：银行存款		[5 000]

然后，再编制一张正确的记账凭证，并据以登记入账。

(3)借：销售费用　　5 000

　　贷：银行存款　　5 000

上述记账凭证过账后，有关账户记录如图 6—2 所示：

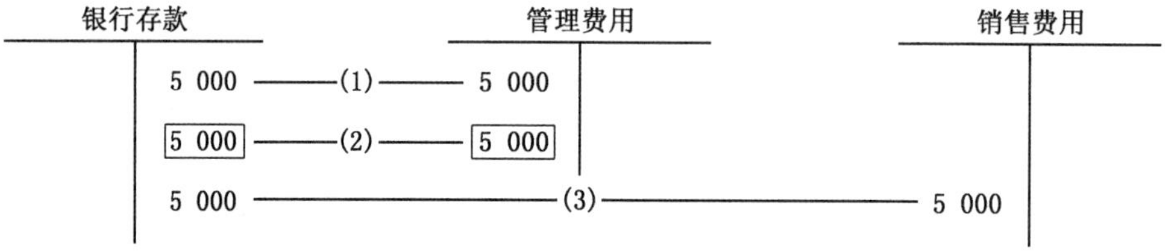

图 6—2

2. 所记金额大于应记金额

记账后，若发现记账凭证和账簿中应借、应贷科目并无错误，但所记金额大于应记金额，则应采用红字更正法。具体做法是：将多记的金额用红字填制一张记账凭证，"摘要"栏注明更正××××年×月×日错账，并据以用红字登记入账，以冲销多记金额。

【例 6—2】 企业用银行存款 2 500 元归还购货欠款。编制记账凭证时误编如下：

(1)借：应付账款　　25 000

　　贷：银行存款　　25 000

当发现错误时，应将多记的金额用红字冲销如下：

(2)借：应付账款　　22 500

　　贷：银行存款　　22 500

上述记账凭证过账后，有关账户记录如图 6—3 所示：

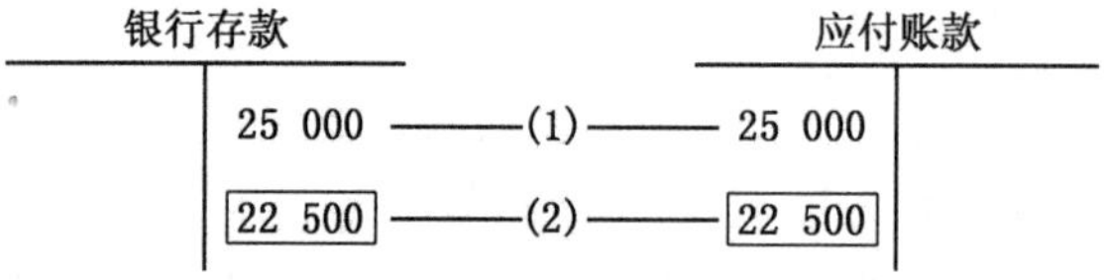

图 6—3

(三)补充登记法

记账后，若发现记账凭证和账簿中应借、应贷的科目并无错误，但是所记金额小于应记金额，则应采用补充登记法更正。

具体做法是：按少记的金额用蓝字填制一张应借、应贷科目与原记账凭证相同的记账凭证，在"摘要"栏中注明更正××××年×月×日错账，并据以登记入账，以补充登记少记的金额。

【例 6—3】 收到某单位欠款 20 000 元存入银行。编制记账凭证时误编如下：

(1)借：银行存款　　2 000

　　贷：应收账款　　2 000

当发现错误时，应将少记金额 18 000 元再编一张凭证。

(2)借:银行存款　　18 000

　　贷:应收账款　　18 000

上述记账凭证过账后,有关账户记录如图 6—4 所示:

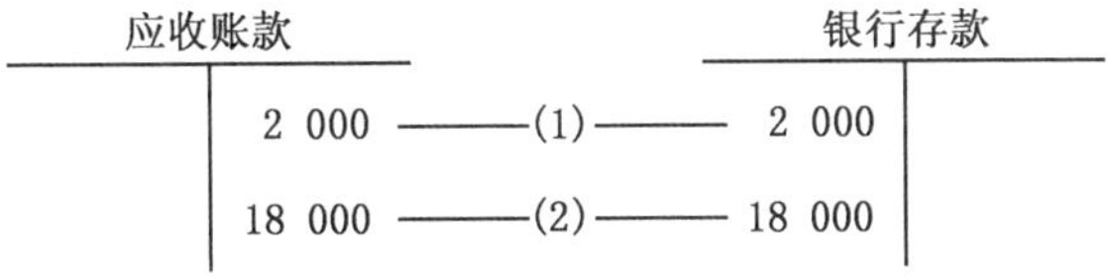

图 6—4

第五节　对账与结账

一、对账

对账是指在经济业务入账之后进行账簿记录的核对。对账的目的是确保账簿记录的正确、真实、完整,进而在账证一致、账账一致、账实一致的基础上编制会计报表,为报表使用者提供会计信息。对账包括日常核对和定期核对两种。日常核对,是指会计人员在编制记账凭证和登记账簿时对依据的原始凭证与记账凭证进行的核对。定期核对,是指在经济业务全部入账后、期末结账前对凭证、账簿、财产物资进行的核对。对账的内容主要包括三个方面:账证核对、账账核对和账实核对。

(一)账证核对

账证核对是指将账簿记录同会计凭证之间进行相互核对,包括将总账、明细账以及现金和银行存款日记账等与有关的记账凭证及其所附的原始凭证相互核对。账簿与记账凭证核对,主要是检查记账工作是否正确,即账簿记录是否按照记账凭证确定的账户、方向和金额进行登记;账簿与原始凭证核对,主要是对账簿记录的经济业务的真实性、合法性进行检查。这种核对主要是在平时编制记账凭证和记账过程中进行的。

(二)账账核对

账账核对是指将各种账簿之间的有关数字进行相互核对,主要包括以下方面:

1. 总分类账户之间的核对

检查全部总分类账户本期借方发生额合计是否等于本期贷方发生额合计,期末所有账户借方余额合计是否等于贷方余额合计。此项核对一般通过编制"总分类账户期末余额试算表"进行。

2. 总分类账户与所属各明细分类账户之间的核对

检查总分类账户本期借、贷方发生额合计及期末余额与所属各明细分类账户相对应数字的合计是否相等,一般通过编制"总分类账户与明细分类账户对照表"进行核对。

3. 总分类账户与现金、银行存款日记账之间的核对

检查总分类账户中"库存现金""银行存款"账户本期借、贷方发生额及期末余额与日记账中相对应数字是否相等。

4. 财产物资明细账的核对

会计部门的财产物资明细账与财产物资保管和使用部门的有关财产物资明细账核对,检查各方期末结存数是否相等。

(三)账实核对

账实核对是指将各种账簿的记录与有关财产物资的实有数额进行相互核对,主要包括:

1. 现金日记账的账面余额与库存现金实有数之间的核对

此项核对应每日进行,并且还应进行不定期的抽查。

2. 银行存款日记账的账面余额与各开户银行对账单之间的核对

一般每月核对一次,主要通过编制"银行存款余额调节表"进行。"银行存款余额调节表"的编制方法将在"财产清查"部分讲述。

3. 各种财产物资明细账账面余额与各种财产物资实存数额之间相互核对

此项核对应定期或不定期进行。

4. 各种应收、应付明细分类账户账面余额与有关债权、债务单位相互核对

此项核对也应定期或不定期进行。

当编制出有关会计报表以后,对账的内容还应包括账表核对。账表核对就是将各种账簿的发生额或余额与各种会计报表上的相关数据相互核对,核对的目的是保证账表相符。

二、结账

结账就是在把一定时期内所发生的经济业务全部登记入账的基础上,结算出每个账户的本期发生额和期末余额,并将期末余额转入下期或下年新账(期末余额结转到下期即为下期期初余额)。结账是保证会计报表编制正确、报送及时的重要基础工作。为了总括反映一定时期内(月份、季度、年度)的账簿记录情况,企业必须定期进行结账。

(一)结账的步骤

(1)检查结账日止以前所发生的经济业务是否全部登记入账,并保证其正确性。

(2)根据权责发生制的要求,调整有关账项,合理确定本期应计的收入和应计的费用。

(3)将损益类账户转入"本年利润"账户,结平所有损益类账户。

(4)结算出资产、负债和所有者权益账户的本期发生额和余额,并结转下期,作为下期的期初余额。

(二)结账的方法

结账工作分为月结、季结和年结三种。结账的一般方法如下:

1. 月结

月末,计算出本月发生额和月末余额,记在账簿中最后一笔的下一行,在"摘要"栏注明"本月发生额及余额"字样,并在月结上下各划一道红线。

2. 季结

季度终了,结算出本季度三个月的发生额合计数和季末余额,记在月结数的下一行内,在"摘要"栏注明"本季度累计发生额及余额"字样,并在季结下面划一道红线。

3. 年结

年底,对账簿进行年度结账,结算出本年四个季度的发生额合计数和年末余额,记入第四季度季结的下一行,在"摘要"栏注明"本年度累计发生额及余额"字样,并在年结下面划两道通栏红线,表示封账。结账的方法如表 6-13 所示。

表 6—13　　**总分类账**

账户名称:原材料　　第 58 页

2023 年 月	日	凭证号数	摘　要	借 方	贷 方	借或贷	结 余
1	1		上年结转			借	20 000
1	5	付 20	从长虹公司购材料	50 000		借	70 000
1	10	转 30	车间领用材料		30 000	借	40 000
1	31		本月发生额及余额	100 000	70 000	借	50 000
2	5	转 3	车间领用材料		20 000	借	30 000
3	9	转 4	从大众公司购进材料	80 000		借	110 000
3	15	转 10	车间领用材料		60 000	借	18 000
3	31		本月发生额及余额	120 000	100 000	借	18 000
3	31		本季度累计发生额及余额	320 000	322 000	借	18 000
4	6	付 5	从长虹公司购进材料	25 000		借	43 000
4	10	转 6	车间领用材料		10 000	借	33 000
12	27	转	车间领用材料		38 900	借	50 000
12	31		本月发生额及余额	95 000	87 000	借	50 000
12	31		本季度累计发生额及余额	320 000	280 000	借	50 000
12	31		本年度累计发生额及余额	1 250 000	1 220 000	借	50 000
			结转下年				50 000

注:表中间黑色粗横线表示红色线,双曲线表示部分被删减掉的内容。

年度结账后,要将各账户的余额结转下年,并在“摘要”栏内注明“结转下年”字样;在下年新账第一行金额栏内填写上年结转的余额,并在“摘要”栏内注明“上年结转”字样,如表 6—14 所示。

表 6—14　　**总分类账**

账户名称:原材料　　第 58 页

2024 年 月	日	记账凭证 字	号	摘　要	借　方	贷　方	借或贷	余　额
1	1			上年结转			借	50 000

第六节 会计账簿的更换与保管

一、会计账簿的更换

会计账簿的更换是指在会计年度终了时将本年度的账簿更换为次年度新账簿的工作。一般来说,现金日记账、银行存款日记账、总分类账和大部分明细分类账都要每年更换新账。只有一小部分明细分类账还可以继续使用,年初可以不必更换账簿,如固定资产明细账或固定资产卡片等不必每年更换新账。

更换账簿一般在年终结账后进行,如有期末余额的账户,应将其余额结转至下年度新账簿的相应账户中去。结转时,将有余额账户的余额直接记入新账簿中相对应的账户中的余额栏内,不需要编制记账凭证,也不必将本年有余额的账户调整为零,只需在旧账"摘要"栏内加盖"结转下年"戳记。在下年度新开账户的第一行,填写的日期是 1 月 1 日,"摘要"栏注明"上年结转"字样,同时,将上年结转余额记入"余额"栏,并标明余额方向。上年度该账户的借方余额,转至本年度新账内仍为借方余额;上年度该账户的贷方余额,转至本年度新账内仍为贷方余额。

二、会计账簿的保管

账簿是各单位重要的经济资料,必须建立管理制度,妥善保管。会计账簿的保管分为日常管理和归档管理两部分。

(一)会计账簿的日常管理

(1)各种账簿要分工明确,指定专人管理。账簿经管人员既要负责记账、对账、结账等工作,又要负责保证账簿的安全。

(2)会计账簿未经领导和会计负责人或者有关人员的批准,非经管人员不能随意翻阅查看。

(3)会计账簿除需要与外单位核对外,一般不能携带外出。对携带外出的账簿,一般应由经管人员或会计主管人员指定专人负责。

(4)会计账簿不能随意交予其他人管理,以保证账簿安全完整和防止任意涂改、毁坏账簿等问题的发生。

(二)会计账簿的归档管理

年度终了更换并启用新账后,对更换下来的旧账要整理、装订、造册归档。

(1)归档前旧账的整理工作包括:检查和补齐应办的手续,如改错、盖章、注销空行及空页、结转余额等,活页账应撤出未使用的空白账页,再装订成册,并注明各账页号数。

(2)旧账装订时应注意:活页账一般按账户分类装订成册,一个账户装订成一册或数册。企业装订时应检查账簿扉页的内容是否填写齐全,装订后应由经办人员及装订人员、会计主管人员在封口处签名或盖章。

(3)旧账装订完毕应编制目录和编写移交清单,然后按期移交档案部门管理。

(4)各种账簿同会计凭证和财务报表一样,都是重要的经济档案,必须按照制度统一规定的保存年限妥善保管,不得丢失和任意销毁。各账簿的保管期限分别为:日记账一般为 30 年;固定资产卡片在固定资产报废清理后应继续保存 5 年;其他总分类账、明细分类账和辅助账簿应保存30年。保管期满后，应按照规定的审批程序报经批准后才能销毁。

本章小结

会计账簿是由具有一定格式而又相互联系的账页组成，以会计凭证为依据，连续、系统、全面地记录和反映各项经济业务的簿籍。账簿由封面、扉页、账页组成。

会计账簿按其主要用途分为序时账簿、分类账簿和备查账簿三类。序时账簿按记录的经济业务内容不同，分为普通日记账和特种日记账两种；分类账簿按其反映指标的详细程度分为总分类账簿和明细分类账簿两种。会计账簿按其外表形式分为订本式账簿、活页式账簿和卡片式账簿三类。账簿按账页格式不同分为三栏式、数量金额式、多栏式和横线登记式等账簿。

库存现金日记账是由出纳员根据审核后的现金收款凭证、现金付款凭证和银行存款付款凭证逐日逐笔顺序登记，一般采用三栏式账页。银行存款日记账是根据银行存款收款凭证、银行存款付款凭证和现金付款凭证逐日逐笔顺序登记，一般也采用三栏式账页。

总分类账可以直接根据收款凭证、付款凭证和转账凭证登记，也可以根据记账凭证汇总登记。总分类账的账页格式有三栏式和多栏式两种。

明细分类账主要有三栏式、数量金额式、多栏式和横向登记式四种，可以直接根据原始凭证、记账凭证逐笔登记，也可以根据原始凭证逐日定期汇总登记。

会计账簿的启用和登记都要按照一定的要求进行。错账应使用不同的方法更正，错账的更正方法有划线更正法、红字更正法和补充登记法。

对账是指在经济业务入账之后进行账簿记录的核对。对账的内容包括账证核对、账账核对和账实核对。

结账就是在把一定时期内所发生的经济业务全部登记入账的基础上结算出每个账户的本期发生额和期末余额，并将期末余额转入下期或下年新账，包括月结、季结和年结。

账簿是重要的经济档案，必须按规定妥善保管，不得丢失和任意销毁。

关键名词

会计账簿　　总分类账簿　　明细分类账簿　　序时账簿　　库存现金日记账
银行存款日记账　　对账　　结账　　划线更正法　　红字更正法
补充登记法

复习思考题

1. 什么是会计账簿？设置会计账簿有何意义？
2. 会计账簿按用途可以分为哪几类？按外表形式可分为哪几类？
3. 会计账簿的设置应遵循哪些原则？
4. 会计账簿一般应具有哪些基本内容？
5. 会计账簿启用应遵守哪些规则？
6. 登记会计账簿应遵守哪些规则？
7. 错账的更正有哪几种方法？各种方法适用于什么类型的错账？
8. 什么是对账？对账的主要内容有哪些？
9. 什么是结账？怎样进行月结、季结和年结？
10. 会计账簿的更换和保管有哪些要求？

同步练习

一、单项选择题

1. 必须逐日逐笔登记的账簿是(　　)。
A. 明细账　　B. 总账　　C. 日记账　　D. 备查账
2. 记账以后,发现记账凭证中科目正确,但所记金额小于应记金额的,应采用(　　)进行更正。
A. 红字更正法　　B. 平行登记法　　C. 补充登记法　　D. 划线更正法
3. 在我国,总分类账要选用(　　)。
A. 活页式账簿　　B. 自己认为合适的账簿
C. 卡片式账簿　　D. 订本式账簿
4. 不能作为银行存款日记账登记依据的是(　　)。
A. 现金收款凭证　　B. 部分现金付款凭证
C. 银行存款收款凭证　　D. 银行存款付款凭证
5. 库存商品明细账通常采用(　　)账簿。
A. 多栏式　　B. 三栏式　　C. 数量金额式　　D. 卡片式
6. 记账凭证上记账栏中"√"记号表示(　　)。
A. 已经登记入账　　B. 已经审核　　C. 此凭证作废　　D. 此凭证编制正确
7. 可以采用三栏式的明细账是(　　)。
A. 库存商品明细账　　B. 制造费用明细账　　C. 固定资产明细账　　D. 债权债务明细账
8. 结账前发现账簿的文字或数字发生错误时,可以采用的错账更正方法是(　　)。
A. 划线更正法　　B. 红字更正法　　C. 补充登记法　　D. 更换凭证法
9. 以下属于对账中账证核对的内容是(　　)。
A. 银行存款日记账账面余额与开户银行账目定期核对
B. 总分类账户各账户期末余额与银行存款日记账期末余额核对
C. 现金日记账与某日收款凭证核对
D. 总分类账户各账户期末余额与明细分类账的期末余额核对
10. 原材料明细账的格式应采用(　　)。
A. 三栏式　　B. 数量金额式　　C. 多栏式　　D. 四栏式
11. 下列做法中,不符合会计账簿记账规则的是(　　)。
A. 使用圆珠笔登账
B. 账簿中书写的文字和数字一般应占格距的1/2
C. 登账后在记账凭证上注明已经登账的符号
D. 按账簿页次顺序连续登记,不得跳行隔页
12. 设置和登记账簿是(　　)的基础。
A. 复式记账　　B. 填制记账凭证　　C. 编制会计分录　　D. 编制财务报表
13. 企业应于(　　)结账。
A. 每项交易或者事项办理完毕时　　B. 每一工作日终了时
C. 一定时期终了时　　D. 财务报表编制完成时
14. 下列有关会计账簿登记的表述中,正确的是(　　)。
A. 会计账簿中书写的文字和数字上面要留有适当空格,应占格距的1/3
B. 在三栏式账户的余额栏前,未印明余额方向的,只能用蓝色墨水在余额栏内登记负数余额
C. 现金日记账和银行存款日记账必须逐日结出余额
D. 用计算机打印的会计账簿无须编号

15. 下列关于会计账簿的表述中，不正确的是（　　）。
A. 会计账簿分为总账、明细账、日记账以及备查账
B. 会计账簿出现跳行现象的，更正后应由会计人员在更正处盖章
C. 会计账簿必须依据经过审核的会计凭证进行登记
D. 任何单位不得在法定账簿之外私设会计账簿

二、多项选择题

1. 下列各项属于对账内容的是（　　）。
A. 明细账与总账核对　　B. 库存商品账与实物核对
C. 记账凭证与原始凭证核对　　D. 库存现金与现金账核对
2. 下列账簿必须采用订本式账簿的是（　　）。
A. 明细账　　B. 总账　　C. 库存现金日记账　　D. 银行存款日记账
3. 下列各项中，可以采用多栏式明细账簿的是（　　）。
A. 生产成本　　B. 管理费用　　C. 原材料　　D. 应收账款
4. 现金日记账的登记依据是（　　）。
A. 现金收款凭证　　B. 现金付款凭证
C. 转账凭证　　D. 部分银行存款付款凭证
5. 明细分类账采用的格式有（　　）。
A. 三栏式　　B. 多栏式　　C. 数量金额式　　D. 订本式
6. 必须逐日结出余额的账簿是（　　）。
A. 库存现金总账　　B. 银行存款总账　　C. 库存现金日记账　　D. 银行存款日记账
7. 下列情况中，可以使用红色墨水记账的有（　　）。
A. 按照红字冲账的记账凭证，冲销错误记录
B. 在不设借贷的多栏式账页中，登记减少数
C. 在三栏式账户的余额前，如未说明余额方向的，在余额栏内登记负数余额
D. 进行年结、月结时划线
8. 下列情况中，可以使用红字更正法的有（　　）。
A. 记账凭证中所记金额大于原始凭证中的应记金额，且已入账
B. 记账凭证中所记金额小于原始凭证中的应记金额，且已入账
C. 记账凭证中的应借、应贷科目错误，且已入账
D. 记账凭证无错，登账时发生数字错误
9. 银行存款日记账登记的依据是（　　）。
A. 银行存款收款凭证　　B. 银行存款付款凭证
C. 部分现金收款凭证　　D. 部分现金付款凭证
10. 数量金额式明细分类账的账页格式适用于（　　）。
A. “库存商品”明细账　　B. “制造费用”明细账
C. “原材料”明细账　　D. “生产成本”明细账
11. 下列各项中，属于会计账簿的有（　　）。
A. 备查簿　　B. 日记账　　C. 总账　　D. 明细账
12. 下列选项中，属于备查账簿的有（　　）。
A. 租入固定资产登记簿　　B. 受托加工材料登记簿
C. 代管商品登记簿　　D. 固定资产卡片账
13. 下列各项中，关于错账更正方法的表述，正确的有（　　）。
A. 结账前发现账簿记录所记金额大于应记金额但记账凭证无误，应当采用红字更正法

B. 记账后发现账簿记录和记账凭证所记金额大于应记金额，应当采用划线更正法

C. 记账后发现账簿记录错误是由于记账凭证中的记账方向错误引起的，应当采用红字更正法

D. 记账后发现账簿记录和记账凭证所记金额小于应记金额，应当采用补充登记法

14. 下列各项中，属于账账核对内容的有（　　）。

A. 总账期末余额与其所属明细账期末余额之和的核对

B. 债权债务明细账账面余额与对方单位债权债务账面记录的核对

C. 资产、负债、所有者权益各账户总账余额之间平衡关系的核对

D. 总账与序时账期末余额的核对

15. 根据会计法律制度的规定，下列关于结账要求的表述中，正确的是（　　）。

A. 年度终了，要把各账户的发生额结转到下一会计年度

B. 年度终了结账时所有总账账户都应当结出全年发生额和年末余额

C. 各单位应当按照规定定期结账

D. 结账时，应当结出每个账户的期末余额

三、判断题

1. 总分类账和明细分类账都是根据记账凭证登记的。（　　）

2. 备查账簿是对某些在日记账和分类账中未能记录的事项进行补充登记的账簿，因此，各单位必须设置。（　　）

3. 在整个账簿体系中，序时账和分类账是主要账簿，备查账为辅助账簿。（　　）

4. 结账之前，如果发现账簿中所记的文字或数字有过账笔误，而记账凭证并没有错，则应采用划线更正法进行更正。（　　）

5. 登记账簿必须用蓝、黑墨水书写，不得使用圆珠笔或铅笔书写，更不得用红色墨水书写。（　　）

6. 多栏式明细账格式适用于有关费用、成本和收入、成果等账户。（　　）

7. 账簿中书写的文字和数字上面要留有适当空格，不要写满格，一般应占格距的 1/2。（　　）

8. 生产成本明细账和管理费用明细账的格式适宜采用多栏式。（　　）

9. 序时账簿可以用来登记全部经济业务，也可以用来登记某一类经济业务。（　　）

10. 新会计年度必须更换全部账簿，不得只更换现金日记账、银行存款日记账。（　　）

11. 企业可以用银行对账单代替日记账。（　　）

12. 启用订本式会计账簿，应当从第一页到最后一页顺序编号，不得跳页、缺号。（　　）

13. 在不设借贷等栏的多栏式账页中，会计人员可以用红字登记减少数。（　　）

14. 启用会计账簿时，应当在账簿封面上写明单位名称和账簿名称。（　　）

15. 所有的会计凭证都是登记账簿的依据。（　　）

四、业务题

习题一

【目的】练习日记账、明细分类账和总分类账的登记。

【资料】天发公司 2023 年 12 月发生如下经济业务：

1. 1 日，收到天生公司上月所欠货款 130 000 元，存入银行。

2. 2 日，支付银行手续费 450 元。

3. 3 日，从银行提取现金 1 000 元备用。

4. 4 日，从银行提取现金 80 000 元用于发放工资。

5. 5 日，购入办公用品 500 元，以现金支付。

6. 6 日，出售给天生公司甲产品 150 件，单价为 200 元；乙产品 400 件，单价为 400 元；增值税税率为 13%，货款尚未收到。

7.7日，职工王海因公出差预借差旅费1 000元，以现金支付。

8.9日，以银行存款归还短期借款2 000元，并支付利息300元。

9.10日，支付2024年第一季度财产保险费1 000元。

10.12日，购入不需安装的生产设备一台18 000元，增值税税率为13%，以银行存款支付。

11.13日，出售给东胜公司甲产品800件，单价为200元；乙产品500件，单价为400元；增值税税率为13%，货款及税款已存入银行。

12.15日，用现金支付零星业务费100元。

13.16日，王海出差回来，报销差旅费1 200元，企业以现金补付多出的200元。

14.18日，采购A材料200吨，买价为80 000元，增值税的进项税额为10 400元，运费(假设不考虑增值税)为200元，均以银行存款支付，材料已验收入库。

15.20日，以银行存款支付上月水电费1 130元。

16.22日，收到本月6日销售给天生公司甲、乙产品的货款及增值税的销项税额，存入银行。

17.31日，结转本月已销售甲、乙产品的实际生产成本，甲产品的单位成本为150元，乙产品的单位成本为240元。

18.31日，结转各项收入和费用账户，所得税税率为25%。

【要求】

1. 根据上述经济业务编制会计分录，并登记三栏式的现金日记账和银行存款日记账；

2. 根据上述经济业务登记多栏式"管理费用"明细分类账、"财务费用"明细分类账和"主营业务收入"明细分类账；

3. 根据上述经济业务和会计分录登记"应收账款""其他应收款""库存商品"和"原材料"等明细分类账；

4. 根据上述经济业务和会计分录登记"主营业务收入""主营业务成本"和"本年利润"总分类账。

习题二

【目的】练习错账更正方法。

【资料】天兰公司将账簿记录与记账凭证进行核对时，发现下列经济业务内容的账簿记录有误：

1. 签发转账支票5 000元支付本月办公用房租金。原编记账凭证的会计分录为：

借：销售费用　　5 000
　　贷：银行存款　　5 000

2. 结转本月实际完工产品的生产成本59 000元。原编记账凭证的会计分录为：

借：库存商品　　95 000
　　贷：生产成本　　95 000

3. 结算本月应付职工工资，其中，生产工人工资为14 000元，管理人员工资为3 400元。原编记账凭证的会计分录为：

借：生产成本　　1 400
　　管理费用　　340
　　贷：应付职工薪酬　　1 740

4. 结转本期商品销售收入480 000元。原编记账凭证会计分录为：

借：本年利润　　450 000
　　贷：主营业务收入　　450 000

5. 用银行存款支付所欠供货单位货款7 600元。原编记账凭证会计分录为：

借：应付账款　　6 700
　　贷：银行存款　　6 700

6. 车间管理人员出差回来报销差旅费1 900元，交回现金100元，予以转账。原编记账凭证的会计分录为：

借：管理费用　　1 900

库存现金 100

贷:其他应收款 2 000

7. 以现金 900 元支付企业管理部门日常零星开支,原编记账凭证的会计分录为:

借:财务费用 900

贷:库存现金 900

【要求】指出上述经济业务的记账错误,并将上述各项经济业务的错误记录分别以适当的更正错账方法予以更正。

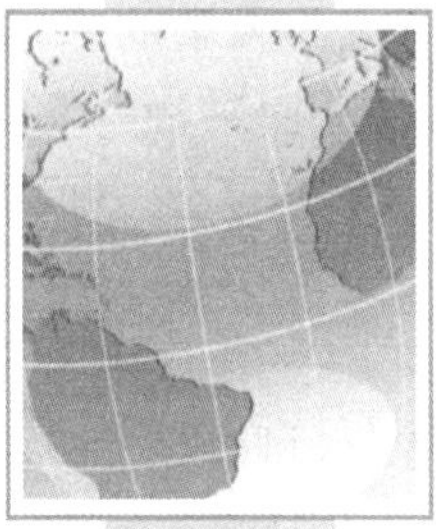

第七章 财产清查

本章导航

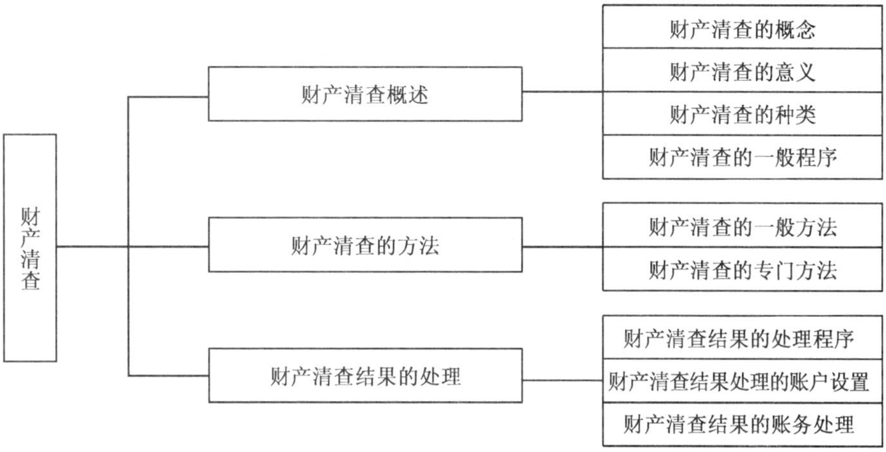

学习目的与要求

本章主要阐述财产清查的方法和清查结果的账务处理。学习本章，要求理解财产清查的概念、意义；熟悉财产清查的一般方法和一般程序；掌握货币资金、实物财产、往来款项清查的专门方法和财产清查结果的账务处理；了解财产清查的种类。

学习重点与难点

本章重点是货币资金、实物财产、往来款项清查的专门方法和财产清查结果的账务处理。本章难点是银行存款余额调节表、财产清查的账户设置及财产清查结果的账务处理。

第一节 财产清查概述

一、财产清查的概念

财产清查是指通过对实物、现金的实地盘点以及对银行存款、债权债务的核对，来确定各项财产物资、货币资金、往来款项的实存数，并与账存数核对，借以查明账实是否相符的一种专门方法。

准确反映财产物资、货币资金以及往来款项的真实情况，是会计核算的基本原则，也是经济管理对会计核算的客观要求。由于企业生产经营过程受各种自然因素和人为因素的影响，因此，尽管建立了完整而严密的凭证审核和账证、账账核对制度，也可能存在账面数额与实存数额发生差异，即账实不符的情况。造成账实不符的原因很多，归纳起来，有以下两方面的原因：

(一)客观原因

客观原因是指各项财产物资在保管过程中由于发生物理或化学上的变化，可能发生质量上的变异和数量上的自然损耗。

(二)主观原因

主观原因包括：由于各种手续不严或计量、检验的错误，致使在收发财产时发生品种、数量和质量上的差错；由于管理不善或工作人员的失误，在收发财产或登记凭证、账簿时，发生漏记、错记或计算上的错误；由于不法分子的营私舞弊、贪污盗窃而发生的财产物资的损失；由于会计人员在收支或记账上疏忽大意，使现金、银行存款等各种货币资金和各种往来款项出现账面数额与实际数额不符。

为了正确掌握各项财产物资的真实情况、保证会计资料的真实正确、为企业会计信息使用者提供有用的信息资料，各企业、行政事业等单位必须通过财产清查这一行之有效的会计核算方法，对各项财产物资进行日常或定期的清查，确定财产物资的实有数，并与账簿记录进行核对，将账面数调整为实际数，做到账实相符。

二、财产清查的意义

财产清查不但是会计核算的一种重要方法，也是财产物资管理的一项重要制度，对企业的科学管理起着重要作用。

(一)确保会计核算资料的真实可靠

在会计信息质量要求中，可靠性是最为重要的，也是其他会计信息质量要求的基础。因此，为了避免会计信息在确认、计量、记录和报告的过程中受各种因素影响而失真，进而导致信息使用者的错误理解和决策，就应该通过财产清查来检查账实是否相符。如果不符，则查明原因，以便调整账簿记录，保证账簿记录的真实性和正确性，为编制财务报表提供可靠的资料。

(二)保证财产物资的安全完整

通过财产清查，可以查明各项财产有无被挪用、贪污、盗窃的情况，以便及时进行调查和处理。通过财产清查，还可以查明各项财产物资的保管是否妥善，有无损坏、霉烂、变质等情况，以便采取得力措施，加强管理，确保财产物资的安全完整。

(三)挖掘财产物资的潜力

通过财产清查，可以检查各种财产物资的储备和利用情况，查明各财产物资有无积压、浪费、呆滞、不配套或储备不足等情况，并及时加以处理，以保证既可以使各项财产物资得到充分利用，又能加速资金周转、提高资金使用效率。

(四)维护财经纪律

通过财产清查，可以检查企业对财经纪律的遵守情况，查明各财产物资收发保管等手续制度的执行情况。如果发现违反财经纪律，以致造成资金界限不清、债权债务长期拖欠等问题，则可及时查明原因，采取措施。若发现各项财产物资收发保管制度执行不力，则也可查明原因，建立健全财产管理制度和核算制度，改善经营管理。

三、财产清查的种类

企业的财产包括货币资金、存货、固定资产和各项债权债务。企业进行财产清查时要针对不同要求对各项财产进行相应的清查。财产清查按照不同的分类标准可以做不同的划分。

（一）按照财产清查的对象和范围分类

1. 全面清查

全面清查是指对企业的所有财产物资、货币资金和各种债权债务进行全面盘点和核对。一般工业企业全面清查的对象为货币资金（包括库存现金、银行存款等）、固定资产（包括厂房、建筑物、设备等）、存货（包括原材料、在产品、委托其他单位加工的材料或保管的产品、库存商品等）和债权债务（包括应收、应付账款和票据等）。

全面清查的范围广，工作内容多，清查时间长，耗费成本大，参加的部门和人员多，有时甚至会影响企业的正常生产经营活动，所以非特定要求并不需要频繁进行全面清查，一般下列情况才需要进行全面清查：

（1）年终决算之前，为了确保年终决算所需的会计信息的真实可靠，每年都需要进行一次全面清查；

（2）企业进行资产评估之前需要进行一次全面清查；

（3）企业倒闭、合并或改变所有权时需要进行全面清查；

（4）中外合资、国内联营，需要进行全面清查；

（5）开展清产核资，需要进行全面清查；

（6）单位主要负责人调离工作岗位时需要进行全面清查。

2. 局部清查

局部清查是指根据需要只对某一部分财产物资、货币资金和往来款项所进行的盘点和核对。局部清查的对象一般为变动性较大的财产物资，所以要定时进行清查，以确保准确的财产价值，如货币资金、存货、固定资产等。

局部清查的范围窄，工作内容少，清查时间短，耗费成本不大，参加的人员少，一般都在相关员工的工作范围之内，所以不会影响企业的正常生产经营活动。需要进行局部清查的财产如下：

（1）库存现金一般由出纳员每日盘点一次；

（2）银行存贷款应由相关会计人员每月至少核对一次；

（3）对各种存货除进行年度清查外，还应该根据不同存货的不同流动情况相应进行重点清查；

（4）债权债务应在每个会计年度至少核对 1～2 次，特殊情况下应及时核对。

（二）按照财产清查的时间分类

1. 定期清查

定期清查就是按照预先规定的时间，对财产物资、货币资金和往来款项进行的清查。这种清查通常是在年末、季末或月末结账时进行。

通过定期清查，可以在编制会计报表前发现账实不符的情况，据以调整有关账簿的记录，使账实相符，从而保证会计报表数字的真实性。

定期清查的对象和范围，根据实际情况和需要，可以是全面清查，也可以是局部清查。在一般情况下，年末进行的清查是全面清查，而季末、月末进行的清查则属于局部清查。

2. 不定期清查

不定期清查就是事先不规定具体的清查时间，而是根据实际需要，对某些财产物资、货币资金和往来款项临时进行的清查。不定期清查一般在下列情况下进行：

(1)更换财产或现金保管人员，在办理移交时，要对有关人员保管的财产、现金进行清查，以分清经济责任；

(2)发生自然灾害和意外损失时，要对受损财产进行清查，以查明损失情况；

(3)上级主管部门、财政、银行和审计等部门对本单位进行会计检查时应按检查的要求和范围对财产进行清查，以验证会计资料的可靠性；

(4)按照上级规定，进行临时性清产核资时，要对本单位的财产进行清查，以摸清家底。

不定期清查，可以是全面清查，也可以根据实际需要来确定清查的对象和范围。

(三)按照财产清查的执行单位分类

1. 内部清查

内部清查是由企业自行组织清查工作小组所进行的财产清查工作。多数的财产清查属于内部清查。

2. 外部清查

外部清查是由上级主管部门、审计机关、司法部门、注册会计师根据国家的有关规定或情况需要对企业财产所进行的清查，如注册会计师对企业报表进行审计时所进行的清查工作等。

四、财产清查的一般程序

(一)成立财产清查领导小组

财产清查，尤其是全面清查，涉及面广、工作量大，必须成立专门的清查领导小组，负责财产清查的组织和管理。清查领导小组应由单位负责人、会计、业务、保管等有关部门的人员组成，并由具有一定权限的人员负责清查组织的各项工作。财产清查领导小组的主要任务是：

(1)制订财产清查计划，确定财产清查的范围和进度；

(2)确定财产清查方法，调配清查人员；

(3)解决财产清查中出现的问题，提出清查结果的处理意见，报有关部门审批；

(4)依据财产清查结果，出具财产清查报告。

(二)做好业务准备工作

为做好财产清查工作，会计部门和有关业务部门要在财产清查前做好各项业务准备工作：

(1)会计部门应在财产清查前将有关账簿登记齐全，结出余额，进行试算平衡，做好账簿准备工作，为账实核对提供正确的账簿资料。

(2)财产物资保管部门应登记好所经管的各种财产物资明细账，并结出余额；将所保管的各种财产物资进行分类整理，摆放整齐，挂上标签并标明品种、规格和结存数量，以便盘点核对；对于腐烂、变质、残损的物品应另外存放，以便及时处理。

(3)准备好必要的度量衡器具，并提前校验正确，保证计量准确。

(4)准备好有关财产清查登记使用的表册，例如，“盘存单”“账存实存对比表”“未达账项登记表”“盘盈盘亏报告表”等。

(三)实施财产清查

在做好各项准备工作后，财产清查人员应根据清查的对象和目的，采用相应的方法实施财产清查。

第二节　财产清查的方法

一、财产清查的一般方法

财产清查是确定其实际结存数量、查明实存数量与其账面结存数量是否相符的一种专门方法。因此，财产清查的一般方法包括确定财产物资实际结存数量的方法和确定财产物资账面结存数量的方法两类。

（一）确定财产物资实际结存数量的方法

对于各项财产物资实际结存数量的确定，比较常用的清查方法有以下几种：

1. 实地盘点法

实地盘点法，是指通过实地清点或用计量器具确定各项财产物资实存数量的一种方法。例如，清点库存商品的件数、用秤计量库存材料的重量等。对于能够逐一清点的实物，一般都应通过实地盘点法来确定其实际结存数量。

2. 技术推算法

技术推算法，是指通过技术推算确定财产物资实存数量的一种方法。对于有些价值低、数量大的材料物资，如堆放的煤炭、矿石等，不便于逐一清点的，可以在抽样盘点的基础上根据其体积通过技术推算确定其实存数量。

3. 账面价值法

账面价值法是指根据财产物资的账面单位价值来确定实存金额的方法，即根据各项财产物资的实存数量乘以账面单位价值，计算出各项财产物资的实存金额。

4. 查询核对法

查询核对法也称询证核对法，是指依据本单位的账簿记录，与对方的账证进行核对，清查财产物资、货币资金、债权债务数量及其价值的方法，一般适用于债权债务、银行存款等的清查工作。

（二）确定财产物资账面结存数量的方法

确定财产物资账面结存数量的方法有两种，分别是实地盘存制和永续盘存制。所谓盘存制度，是指确定财产物资本期发出数量和期末账面结存数量的一种方法。

1. 实地盘存制

实地盘存制也称以存计耗制或以存计销制，是指平时对财产物资根据记账凭证只登记增加数，不登记减少数，月末结账时，通过盘点实物来确定库存财产物资的实存数量，将实存数量作为账面结存数量，据此查出财产物资的减少数量，并登记入账的一种盘存核算方法。其计算公式如下：

本期发出数量＝期初结存数量＋本期收入数量－期末实地盘存数量

实地盘存制平时对财产物资的发出和结存数不进行记录，日常核算工作比较简单。但是，该方法不能反映财产物资的动态和结存情况。另外，以存计耗倒挤成本，会把不合理的损耗、短缺、盗窃、丢失、差错等挤入成本中去，容易掩盖财产管理中存在的问题，不利于财产物资的保管和控制。因此，实地盘存制一般不能随便采用。只有对特殊的商品，如价值低廉、收发频繁的零星材料或零售商店的非贵重商品、鲜活商品等，方可采用实地盘存制。

2. 永续盘存制

永续盘存制也称账面盘存制，是指通过设置财产物资明细账，根据有关记账凭证在财产物资明细账中逐日逐笔登记增加、减少数，并随时计算出结存数额的一种盘存核算方法。其计算公式如下：

期末结存数量＝期初结存数量＋本期收入数量－本期发出数量

采用永续盘存制，企业可随时通过账簿记录来了解财产物资的收入、发出和结存情况，因此有利于对财产物资的流量和存量进行动态管理，有利于财产物资的保管。但是，采用永续盘存制时，会计核算的工作量较大，有时会出现账实不一致的情况，所以对财产物资仍需定期或不定期地进行实地盘点。永续盘存制的适用范围较广，除了不便于实行永续盘存制的财产物资外，一般都应采用永续盘存制。

二、财产清查的专门方法

财产清查是一项涉及面广、工作量大的工作。为了保证财产清查工作的质量、提高工作效率，达到财产清查的目的，根据每项财产物资的特性，确定各项财产清查的方法十分必要。

(一)货币资金的清查方法

货币资金的清查一般包括库存现金和各种银行存款的清查。因为货币资金的收支业务十分频繁，容易出现差错，所以要定期或不定期地进行清查。

1. 库存现金清查方法

库存现金的清查是通过实地盘点的方法，确定库存现金的实存数，然后再与现金日记账账面余额进行核对，以查明余缺情况。库存现金的清查可分为出纳员自查和专门人员清查两种情况。出纳员自查是指在日常的工作中现金出纳员每日清点库存现金实有数额，并及时与库存现金日记账的余额相核对。这种清查方法实际上是现金出纳员的分内职责。专门人员清查是指由专门清查人员进行的清查工作，为了明确经济责任，出纳人员必须在场。其清查程序和方法如下：

(1)在盘点前，出纳人员应先将现金收、付凭证全部登记入账，并结出余额。

(2)盘点时，出纳人员必须在场，现金应逐张清点，如发现盘盈、盘亏，必须会同出纳人员核实清楚。盘点时，除查明账实是否相符外，还要查明有无违反现金管理制度的现象，如以“白条”抵库、库存现金数超过银行核定的限额、坐支现金等现象。

(3)盘点结束后，应根据盘点结果，及时填制“库存现金盘点报告表”，并由检查人员和出纳人员签名或盖章。库存现金盘点报告表如表 7－1 所示，它既是盘存单，又是账存数与实存数的对比表；既是用于调整账簿记录的重要原始凭证，又是分析差异原因、明确经济责任的依据。

表 7－1　　库存现金盘点报告表

单位名称：　　年　月　日　　单位：元

币　别	实存金额	账存金额	实存与账存对比		备　注
			盘盈	盘亏	
盘点人：(签章)			出纳员：(签章)		

2. 银行存款清查方法

银行存款的清查采用核对法，即将开户银行定期送来的对账单与本单位的银行存款日记账逐笔进行核对，以查明账实是否相符。在与银行核对账目之前，企业应先详细检查本单位银行存款日记账的正确性和完整性，然后再与对账单逐笔核对，确定双方记账的正确性，在核对时，经常会发现双方所反映的银行存款余额并不一致。造成双方余额不一致的原因主要有两个：一是企业或银行记账错误，二是未达账项的影响。

所谓未达账项，是指由于双方记账时间不一致而发生的一方已经登记入账，而另一方因尚未接到有关凭证而未登记入账的款项。企业与银行之间的未达账项主要有以下四种情况：

(1)企业已收款入账、银行尚未收款入账的款项。即企业已经在银行存款日记账上记录银行存款的增加，而银行尚未收到有关原始凭证，所以尚未在账上反映企业银行存款的增加。例如，企业销售商品、提供劳务或让渡资产使用权时收到支票，但尚未填制进账单，连同收到的支票送交银行，委托银行转账。此时，企业在银行存款日记账上反映银行存款的增加，但银行尚未收到结算单据，尚未反映企业银行存款的增加。

(2)企业已付款入账、银行尚未付款入账的款项。即企业已经在银行存款日记账上记录银行存款的减少，而银行尚未收到有关原始凭证，所以尚未在账上反映企业银行存款的减少。例如，企业购买商品、接受劳务或取得资产使用权时签发支票付款，但对方尚未填制进账单，连同收到的支票送交银行，委托银行转账。此时，企业在银行存款日记账上反映银行存款的减少，但银行尚未收到对方开户行转来的结算单据，尚未反映企业银行存款的减少。

(3)银行已收款入账、企业尚未收款入账的款项。即银行已经记录企业银行存款的增加，而企业尚未收到有关原始凭证，所以尚未在银行存款日记账上反映企业银行存款的增加。例如，企业委托银行收取货款，银行已经将款项转到企业的银行存款账户里，但尚未通知企业。此时，银行已经记录企业银行存款的增加，但企业尚未收到银行退回来的转讫结算单据，尚未在银行存款日记账上反映企业银行存款的增加。

(4)银行已付款入账、企业尚未付款入账的款项。即银行已经记录企业银行存款的减少，而企业尚未收到有关原始凭证，所以尚未在银行存款日记账上反映企业银行存款的减少。例如，企业委托银行代付款项，银行已经将款项从企业的银行存款账户里转走，但尚未通知企业。此时，银行已经记录企业银行存款的减少，但企业尚未收到银行退回来的转讫结算单据，尚未在银行存款日记账上反映企业银行存款的减少。

对于上述未达账项，清查人员应填制"未达账项登记表"；对于开户银行实行计算机自动查询的各开户单位，应经常查对银行记录，及时登记"未达账项登记表"。未达账项登记表的格式如表 7—2 所示。

表 7—2　　未达账项登记表

单位名称：　　年　月　日　　单位：元

未达账项种类	摘要	结算凭证种类号数	记账凭证号数	金额	备注
企业已收，银行未收 1.					
合　计					
企业已付，银行未付 1.					

续表

未达账项种类	摘要	结算凭证种类号数	记账凭证号数	金额	备注
合　计					
银行已收,企业未收 1.					
合　计					
银行已付,企业未付 1.					
合　计					

核对人:(签章)　　　　　　　　　　　　出纳员:(签章)

以上任何一项未达账项的存在,都会使一定时期企业的银行存款日记账余额与银行对账单的余额不符。这就要求在清查过程中查找出双方未达账项的金额,并据以编制"银行存款余额调节表",以便检查双方记账有无差错,并确定企业银行存款实有数。银行存款余额调节表的编制,是以双方账面余额为基础,各自分别加上对方已收款入账而己方未入账的数额,减去对方已付款入账而己方未入账的数额。其计算公式如下:

银行存款日记账期末余额+银行已收、企业未收金额−银行已付、企业未付金额
=银行对账单余额+企业已收、银行未收金额−企业已付、银行未付金额

【例 7—1】 某企业 2024 年 5 月末银行存款日记账的账面余额为 56 000 元,银行对账单上的存款余额为 74 000 元,经逐笔核对,找出以下未达账项:

(1)企业开出转账支票 18 000 元,持票人尚未向银行办理转账手续,银行尚未入账;

(2)企业存入从其他单位收到的转账支票 2 000 元,银行尚未入账;

(3)企业委托银行代收外地销货款 10 000 元,银行已经收到入账,但企业尚未收到收款通知,因此企业尚未入账;

(4)银行代企业支付水电费 8 000 元,但企业尚未收到付款通知,因此企业尚未入账。

根据以上资料,编制银行存款余额调节表,如表 7—3 所示。

表 7—3　　**银行存款余额调节表**

2024 年 5 月 31 日　　单位:元

项　目	金　额	项　目	金　额
企业银行存款日记账余额	56 000	银行对账单余额	74 000
加:银行已收、企业未收款项	10 000	加:企业已收、银行未收款项	2 000
减:银行已付、企业未付款项	8 000	减:企业已付、银行未付款项	18 000
调节后的存款余额	58 000	调节后的存款余额	58 000

从编制的"银行存款余额调节表"可以看出,在双方记账都不发生错误的前提下,双方调整后的存款余额应该相等,该数额就是企业银行存款的实有数额。如果调整后的存款数额仍不相等,则表明双方在记账方面存在错误,还应根据所编制的银行存款余额调节表进一步查明错账的原因并及时进行更正。

值得注意的是,由于未达账项不是错账,因此不能根据调节表做任何账务处理,双方账面仍保持原有的余额,待收到有关凭证之后,再进行处理。

(二)实物财产的清查方法

实物财产是指具有实物形态的各种财产，主要包括原材料、在产品、库存商品、包装物、固定资产等。实物财产的清查一般采用实地盘点法，对于有些价值比较低、成堆存放和无法精确计量的存货，如煤、沙子等，可采用技术推算的方法进行盘点。实物财产清查的程序和方法如下：

首先，应由清查人员协同实物财产保管人员在现场对实物财产进行盘点，确定其实有数量，并同时检查其质量情况。

其次，对盘点的结果要如实登记在"盘存单"上，并由盘点人员和实物保管人员签章，以明确经济责任。"盘存单"既是记录实物盘点结果的书面证明，又是反映实物财产实有数的原始凭证。盘存单的一般格式如表 7—4 所示。

表 7—4　　**盘存单**

单位名称：　　盘点时间：

财产类别：　　存放地点：　　编号：

序号	名称	规格或型号	计量单位	实存数量	单价	金额	备注

盘点人：(签章)　　实物保管人：(签章)

最后，根据"盘存单"和相应的实物财产账簿的记录情况填制"账存实存对比表"。它是调整账簿记录的原始依据，也是分析账存数和实存数发生差异的原因、确定经济责任的原始证明材料。其一般格式如表 7—5 所示。

表 7—5　　**账存实存对比表**

单位名称：　　年　月　日　　金额单位：元

序号	名称	规格或型号	计量单位	单价	账存		实存		对比结果			
									盘盈		盘亏	
					数量	金额	数量	金额	数量	金额	数量	金额

盘点人：(签章)　　会计：(签章)

(三)往来款项的清查方法

往来款项是指企业与其他单位或个人之间因商品交易、劳务提供或让渡资产使用权而发生的往来结算款项，包括应收账款、应付账款、预收账款、预付账款、其他应收款、其他应付款等。往来款项的清查，与银行存款类似，也是采取同对方单位核对账目的方法。在清查往来款项时，企业应首先将本单位往来账目核对正确，然后按往来单位分户编制对账单，送达对方进行核对。对账单一式两联，其中一联作为回单。如果对方单位核对账目相符，应在回单上签字盖章后退回；如果发现金额不符，则应在回单上注明不符的情况，或另抄对账单退回，以便进一步清查。

往来款项清查完毕后，企业应根据对方退回的对账单回单，编制"往来款项清查报告表"，在报告表上填列各项往来款项的余额。对于存在争执的款项、可能收不回的款项以及无法支付的款项，除了要在报告表上注明之外，还应及时进行相应的处理。往来款项清查报告表的格式如表 7—6 所示。

表 7—6 往来款项清查报告表

年 月 日

单位：元

总分类账户		明细分类账户		清查结果		核对不符原因			备 注
名称	余额	名称	余额	核对相符金额	核对不符金额	未达账项金额	有争议款项金额	其他	

清查人员：(签章) 会计人员：(签章)

第三节 财产清查结果的处理

一、财产清查结果的处理程序

财产清查的结果包括两种情况：账实一致与账实不一致。账实一致既说明账簿记录真实、正确，又说明财产物资安全、完整。账实不一致包括盘盈和盘亏两种情况。其中，盘盈是指实存数大于账存数，说明财产物资发生溢余；盘亏是指实存数小于账存数，说明财产物资发生短缺。财产清查如果账实相符，则不必进行账务处理。财产清查结果处理一般指的是对账实不符，即发生盘盈、盘亏情况的处理。具体处理过程如下：

(一)核准数额，查明原因

根据清查结果编制相应的"账存实存对比表"，对于该表上存在账实不符的项目，首先应当查明核准导致货币资金、存货、固定资产、债权债务账实不符的盈亏数额，然后找出导致账实差异的各种原因并进行分析，以明确经济责任，确定处理方法，提出处理意见。

(二)调整账簿记录，做到账实相符

企业根据上述核准的有差异的数额和查明的原因，同时根据"账存实存对比表"编制记账凭证，登记相应的账户，调整账簿记录，做到账实相符，保证会计信息的真实可靠，同时设置"待处理财产损溢"账户，用于记录各项财产物资的盘盈或盘亏情况。企业在做好上述调账工作之后，即可将所编制的"账存实存对比表"和所撰写的文字说明，一并报送有关领导和部门批准。

(三)按上级批准意见进行账务处理

对于上报的材料，当有关部门进行审批并提出处理意见后，企业应当严格按照上级的批示进行账务处理，编制记账凭证，登记有关账簿。

二、财产清查结果处理的账户设置

为了核算和监督财产清查结果的账务处理情况，企业应设置"待处理财产损溢"账户。各项待处理财产的盘盈价值，在批准前记入该账户的贷方，经批准后，再从该账户的借方转入有关账户的贷方；各项待处理财产的盘亏及毁损价值，在批准前记入该账户的借方，经批准后，再从该账户的贷方转入有关账户的借方。"待处理财产损溢"账户的结构如图 7—1 所示。

借方	待处理财产损溢 贷方
期初余额：期初尚未批准处理的财产盘亏、毁损数	期初余额：期初尚未批准处理的财产盘盈数
发生额：本期发生的待处理财产盘亏、毁损数，及转销已批准处理的财产盘盈数	发生额：本期发生的待处理财产盘盈数，及转销已批准处理的财产盘亏、毁损数
期末余额：期末尚未批准处理的财产盘亏、毁损数	期末余额：期末尚未批准处理的财产盘盈数

图7—1 "待处理财产损溢"账户结构

为了分别对固定资产和流动资产的盘盈盘亏进行核算和监督，本账户应分别设置"待处理固定资产损溢"和"待处理流动资产损溢"两个明细分类账户。

三、财产清查结果的账务处理

(一)库存现金清查结果的账务处理

库存现金在清查过程中，如发现现金短缺或盈余，除了设法查明原因外，还应及时根据"库存现金盘点报告表"进行账务处理。当发生现金盈余时，应借记"库存现金"科目，贷记"待处理财产损溢"科目，若经反复核查，仍无法查明其原因，报经批准后可作为营业外收入处理，借记"待处理财产损溢"科目，贷记"营业外收入"科目；当发生现金短缺时，应借记"待处理财产损溢"科目，贷记"库存现金"科目，待查明原因后，再根据批准的处理意见，进行转账处理。

【例7—2】 某企业在进行库存现金清查过程中发现盘盈现金160元。经反复核查未查明原因，经批准转作营业外收入。

发现现金盈余时，编制如下会计分录：

借：库存现金　　160

　　贷：待处理财产损溢——待处理流动资产损溢　　160

报经批准后转销时，编制如下会计分录：

借：待处理财产损溢——待处理流动资产损溢　　160

　　贷：营业外收入　　160

【例7—3】 某企业在进行库存现金清查过程中发现现金短款50元。经核查，属于出纳员李红的责任，应由其赔偿。

发现现金短缺时，编制如下会计分录：

借：待处理财产损溢——待处理流动资产损溢　　50

　　贷：库存现金　　50

报经批准后转销时，编制如下会计分录：

借：其他应收款——李红　　50

　　贷：待处理财产损溢——待处理流动资产损溢　　50

(二)存货清查结果的账务处理

企业在财产清查过程中发现有盘盈、盘亏和毁损的存货，在报经批准以前应先通过"待处理财产损溢——待处理流动资产损溢"账户核算，待报经有关部门审批以后，再根据不同的情况进行相应的账务处理。

(1)如果发生盘盈(一般由于收发计量及核算上的误差等原因造成)，报经批准后冲减"管理费用"。

(2)属于自然损耗产生的定额内的合理损耗，经批准后即可记入"管理费用"。

(3)属于超定额短缺及毁损,能确定过失人的,应由过失人负责赔偿;属于保险责任范围的,应向保险公司索赔。扣除过失人或保险公司赔款和残料价值后的余额,应记入“管理费用”。

(4)属于自然灾害等非常原因造成的盘亏、毁损,扣除保险公司赔款和残料价值后,应记入“营业外支出”。

【例7—4】 某企业在财产清查过程中发现盘盈甲材料5吨,每吨为1 600元,共计8 000元。

在批准之前,根据“账存实存对比表”,编制如下会计分录:

借:原材料——甲材料	8 000	
贷:待处理财产损溢——待处理流动资产损溢		8 000

经查明,盘盈的甲材料系计量仪器不准而形成的溢余,经批准冲减“管理费用”时,编制如下会计分录:

借:待处理财产损溢——待处理流动资产损溢	8 000	
贷:管理费用		8 000

【例7—5】 某企业在财产清查过程中发现盘亏乙材料30千克,每千克为200元,共计6 000元。

在批准之前,根据“账存实存对比表”,编制如下会计分录:

借:待处理财产损溢——待处理流动资产损溢	6 000	
贷:原材料——乙材料		6 000

经查明,盘亏的乙材料,其中自然损耗为10千克,其他均属意外灾害造成损失,该损失保险公司同意赔偿2 800元。上述情况已报上级主管部门批准。

根据批准处理意见,编制如下会计分录:

借:管理费用	2 000	
营业外支出——非常损失	1 200	
其他应收款——保险公司	2 800	
贷:待处理财产损溢——待处理流动资产损溢		6 000

(三)固定资产清查结果的账务处理

企业在财产清查过程中发生固定资产盘盈时,其账务处理应根据账存实存对比表,按固定资产的现行市场价格及资产的新旧程度,确定固定资产重置成本,按重置成本作为入账价值,借记“固定资产”账户,贷记“以前年度损益调整”账户,视同前期差错的更正。根据我国《企业会计准则》的规定,固定资产的盘盈应作为前期差错处理,而不通过“待处理财产损溢”账户核算。

企业在财产清查过程中发生固定资产盘亏和毁损时,其账务处理应按盘亏固定资产的净值,借记“待处理财产损溢——待处理固定资产损溢”账户,按已提折旧,借记“累计折旧”账户,按固定资产的账面原价,贷记“固定资产”账户。盘亏的固定资产报经批准转销时,应根据固定资产出现盘亏的不同原因进行相应的账务处理。

(1)由于自然灾害而造成的固定资产毁损,在扣除保险公司赔款和残值收入后,经批准应列作“营业外支出”。

(2)由于责任事故所造成的固定资产毁损,应由责任人承担相应的责任,记入“其他应收款”。

(3)丢失的固定资产,经批准后,其损失应列作“营业外支出”。

【例7—6】 某企业在财产清查中发现账外设备一台,其重置成本为4 000元。

盘盈时,根据“账存实存对比表”,编制如下会计分录:

借:固定资产　　4 000
　　贷:以前年度损益调整　　4 000

【例7—7】 某企业在财产清查中发现盘亏机器一台,账面原价为6 500元,已提折旧2 000元。

批准前,根据“账存实存对比表”,编制如下会计分录:

借:待处理财产损溢——待处理固定资产损溢　　4 500
　　累计折旧　　2 000
　　贷:固定资产　　6 500

经查明,上述固定资产盘亏的原因是自然灾害造成的。保险公司同意给予赔款3 500元,其余损失经批准列入营业外支出。编制如下会计分录:

借:营业外支出——固定资产盘亏　　1 000
　　其他应收款——保险公司　　3 500
　　贷:待处理财产损溢——待处理固定资产损溢　　4 500

(四)往来款项清查结果的账务处理

1. 应收账款清查结果的账务处理

无法收回的应收账款通常称为坏账。坏账的确认标准主要有:债务人死亡,遗产处理后,仍不能收回的欠款;债务人宣布破产,以其破产财产清偿后仍然不能收回的应收账款;因债务人逾期未履行偿债义务超过3年仍然不能收回的应收账款。因坏账造成的损失,称为坏账损失。

企业在财产清查中查明确实无法收回的应收账款,不通过“待处理财产损溢”账户进行核算,而是在原来账面记录的基础上按规定程序报经批准后直接转账冲销。同时,在计提坏账准备的企业,冲减坏账准备金;在不计提坏账准备的小微企业,直接记入“营业外支出”。关于坏账损失的会计处理方法将在《中级财务会计》中学习。

【例7—8】 某企业在财产清查过程中查明应收利达公司的货款1 800元,因利达公司撤销已无法收回。

按规定程序报经批准后,编制如下会计分录:

(1)假设该企业是一般企业

借:坏账准备　　1 800
　　贷:应收账款——利达公司　　1 800

(2)假设该企业是小微企业

借:营业外支出　　1 800
　　贷:应收账款——利达公司　　1 800

2. 应付账款清查结果的账务处理

对于企业在财产清查中查明确属无法支付的应付账款,也不通过“待处理财产损溢”账户进行核算,而是在原来账面记录的基础上按规定程序报经批准后,将应付账款转入“营业外收入”账户。

【例7—9】 某企业在财产清查过程中查明原欠B公司的货款6 700元,因B公司已解散，确实无法支付。

经批准做销账处理，编制如下会计分录：

借：应付账款——B公司　　6 700

　　贷：营业外收入　　6 700

本章小结

财产清查是指通过对实物、现金的实地盘点以及对银行存款、债权债务的核对，来确定各项财产物资、货币资金、往来款项的实存数，并与账存数核对，借以查明账实是否相符的一种专门方法。财产清查的意义在于：确保会计核算资料的真实可靠、保证财产物资的安全完整、挖掘财产物资的潜力、维护财经纪律。

财产清查的种类：按照清查的对象和范围分为全面清查和局部清查；按照清查的时间分为定期清查和不定期清查；按照清查的执行单位分为内部清查和外部清查。财产清查的一般程序包括三个步骤：成立财产清查领导小组、做好业务准备工作、实施财产清查。

财产清查的一般方法包括确定财产物资实际结存数量的方法和确定财产物资账面结存数量的方法两类。确定财产物资实际结存数量的方法有实地盘点法、技术推算法、账面价值法和查询核对法。

确定财产物资账面结存数量的方法有永续盘存制和实地盘存制。永续盘存制，也称账面盘存制，是平时对企业单位各项财产物资分别设立明细账，根据会计凭证连续记载其增减变化并随时结出余额的一种管理制度。实地盘存制，是平时根据有关会计凭证，只登记财产、物资的增加数，不登记减少数，月末或一定时期可根据期末盘点资料，弄清各种实物的实有数额；然后，再根据“本期发出数量＝期初结存数量＋本期收入数量－期末实地盘存数量”的公式，倒算出本期的减少数额。

财产清查的专门方法有：库存现金的清查是通过实地盘点进行；银行存款的清查是采用与开户银行核对账目的方法进行；往来款项的清查与银行存款类似，也是采取同对方单位核对账目的方法；实物清查是通过实地盘点进行。

财产清查的结果处理一般指的是对账实不符，即发生盘盈、盘亏情况的处理，具体步骤如下：核准数字，查明原因；调整账簿，做到账实相符；按上级批准意见进行账务处理。为了核算和监督财产清查结果的账务处理情况，企业应开设“待处理财产损溢”账户。

关键名词

财产清查　　未达账项　　永续盘存制　　实地盘存制

复习思考题

1. 什么是财产清查？进行财产清查有何意义？
2. 简述财产清查的种类。
3. 什么是永续盘存制？什么是实地盘存制？
4. 确定财产物资实际结存数量的方法有哪些？
5. 确定财产物资账面结存数量的方法有哪些？
6. 简述财产清查的一般程序。
7. 简述库存现金的清查方法。
8. 什么是未达账项？如何编制银行存款余额调节表？
9. 简述“待处理财产损溢”账户的结构和用途。
10. 发生的财产盘盈、盘亏和毁损应如何进行账务处理？

同步练习

一、单项选择题

1. 对库存现金清查所采用的方法是（　　）。

A. 实地盘点法　　B. 核对法　　C. 技术推算法　　D. 估算法

2. 清查银行存款所采用的方法是（　　）。

A. 技术推算法　　B. 测量计算法　　C. 实地盘点法　　D. 核对法

3. 在永续盘存制下，平时在账簿中对各项财产物资的登记方法是（　　）。

A. 只登记增加数，不登记减少数　　B. 只登记减少数，不登记增加数

C. 既登记增加数，又登记减少数　　D. 上述方法都可以

4. 未达账项是指企业与银行之间由于结算凭证传递的时间不同而造成的（　　）。

A. 双方登记金额不一致的账项

B. 一方重复记账的账项

C. 一方已经登记入账，而另一方尚未登记入账的账项

D. 双方均尚未登记入账的账项

5. “待处理财产损溢”账户是一个（　　）。

A. 资产类账户　　B. 负债类账户　　C. 调整账户　　D. 损益类账户

6. 盘盈的固定资产处理时应（　　）。

A. 记入“以前年度损益调整”　　B. 记入“营业外收入”

C. 冲减“其他业务支出”　　D. 冲减“营业外支出”

7. 发现某种材料盘亏时，在报经批准前，其会计分录应为（　　）。

A. 借：管理费用
　　贷：待处理财产损溢

B. 借：原材料
　　贷：待处理财产损溢

C. 借：待处理财产损溢
　　贷：管理费用

D. 借：待处理财产损溢
　　贷：原材料

8. 财产物资的盘盈是指（　　）。

A. 账存数大于实存数　　B. 实存数大于账存数

C. 由于记账差错多记的金额　　D. 由于记账差错少记的金额

9. 企业银行存款日记账与银行对账单的核对，属于（　　）。

A. 账实核对　　B. 账证核对　　C. 账账核对　　D. 账表核对

10. 某企业期末银行存款日记账余额为 320 000 元，银行送来的对账单期末余额为 312 000 元；经对未达账项调节后，余额为 336 000 元，则企业在银行的实有存款为（　　）元。

A. 312 000　　B. 320 000　　C. 300 000　　D. 336 000

11. 下列各项中，需要进行全面财产清查的情形是（　　）。

A. 企业年终决算前　　B. 原材料发生火灾受损时

C. 包装物发生毁损时　　D. 出纳人员离职时

12. 某企业月末银行存款日记账的余额为 420 万元，银行对账单的余额为 600 万元。经逐笔核对，发现当期存在以下未达账项：企业签发转账支票 80 万元，对方尚未送存银行；银行代企业收取销售货款 100 万元并登记入账，但企业未收到收款通知。月末该企业编制的银行存款余额调节表中调节后的存款余额为（　　）万元。

A. 520　　B. 500　　C. 420　　D. 680

13. 下列各项中，关于财产清查方法的表述，正确的是（　　）。

A. 对应付账款采用发函询证的方法清查

B. 对银行存款采用实地盘点法清查
C. 对大型设备采用技术推算法清查
D. 对露天堆放的砂石采用实地盘点法清查
14. 下列各项中,导致银行存款日记账余额大于银行对账单余额的未达账项是(　　)。
A. 银行根据协议支付当月电话费并已入账,企业尚未收到付款通知
B. 银行已代收货款并入账,企业尚未收到收款通知
C. 企业签发现金支票并入账,收款方尚未提现
D. 企业签发转账支票并入账,收款方尚未办理转账
15. 下列财产物资中,可以采用技术推算法进行清查的是(　　)。
A. 现金　　B. 固定资产　　C. 煤炭　　D. 应收账款

二、多项选择题

1. 全面清查,一般是在(　　)时进行。
A. 年终　　B. 季终　　C. 月终　　D. 一次性清产核资
2. 不定期清查,一般是在(　　)时进行。
A. 年终　　B. 财产保管员变动
C. 自然灾害造成部分财产损失　　D. 企业财产被盗
3. 月末,企业银行存款日记账与银行对账单不一致,造成企业账面存款余额大于银行对账单存款余额的原因是(　　)。
A. 企业已收款入账,而银行尚未入账　　B. 企业已付款入账,而银行尚未入账
C. 银行已收款入账,而企业尚未入账　　D. 银行已付款入账,而企业尚未入账
4. "待处理财产损溢"账户的借方核算(　　)。
A. 发生的财产盘盈数　　B. 发生的财产盘亏数
C. 发生的财产毁损数　　D. 结转已处理的财产物资盘盈数
5. 财产清查中,采用实地盘点法进行清查的资产主要有(　　)。
A. 固定资产　　B. 产成品　　C. 银行存款　　D. 库存现金
6. 下列各项中,企业必须进行财产全面清查的有(　　)。
A. 清产核资前　　B. 股份制改造前
C. 单位改变隶属关系前　　D. 单位主要领导人离任交接前
7. 下列各项中,关于财产清查的相关表述,正确的有(　　)。
A. 往来款项清查一般采用发函询证方法
B. 实物资产清查只能采用实地盘点法
C. 库存现金清查采用实地盘点法
D. 银行存款清查采用与开户行核对账目的方法
8. 下列各项中,进行局部财产清查正确的做法有(　　)。
A. 库存现金每月应至少清点一次
B. 银行存款每月至少同银行核对一次
C. 贵重物品每月应清查盘点一次
D. 往来款项每年至少核对一至两次
9. 某企业编制"银行存款余额调节表"时,应调整该表中"企业账面存款余额"项目的未达账项有(　　)。
A. 银行已收,企业未收　　B. 银行已付,企业未付　　C. 企业已收,银行未收　　D. 企业已付,银行未付
10. 对下列资产的清查,不能采用实地盘点法的有(　　)。
A. 库存现金　　B. 银行存款　　C. 库存商品　　D. 债权债务
11. 发函询证法一般适用的清查项目有(　　)。

A. 应收账款　　B. 预收账款　　C. 预付账款　　D. 应付账款

12. 下列选项中，属于实物资产清查常用方法的有(　　)。

A. 实地盘点法　　B. 抽样盘点法　　C. 测量计算法　　D. 技术推算法

13. 下列业务中，会导致企业银行存款日记账的账面余额小于银行对账单余额的有(　　)。

A. 企业送存转账支票并入账，但银行尚未记账

B. 企业开出转账支票并入账，但持票单位尚未到银行办理转账

C. 银行接受企业委托代收货款并登记入账，但企业未收到收款通知

D. 银行代企业支付货款并登记，但企业未收到银行付款通知

14. 按清查时间不同，财产清查可分为(　　)。

A. 全面清查　　B. 定期清查　　C. 局部清查　　D. 不定期清查

15. 下列属于财产清查一般程序的有(　　)。

A. 组织清查人员学习有关政策规定　　B. 制定清查方案

C. 填制盘存清单　　D. 确定清查对象、范围，明确清查任务

三、判断题

1. 全面清查可以是定期进行，也可以是不定期进行。(　　)

2. 银行存款的清查，主要是将银行存款日记账与总账进行核对。(　　)

3. 未达账项是造成企业银行存款日记账与银行对账单余额不等的唯一原因。(　　)

4. 永续盘存制下，通过实地盘点确定的财产物资期末实存数等于其期末账面结存数。(　　)

5. 企业应根据银行存款余额调节表调节后的存款余额更改账簿记录。(　　)

6. 盘亏的存货，在减去过失人或者保险公司等赔款和残料价值之后，均应计入当期管理费用。(　　)

7. 产生未达账项的原因是记账错误，应采用适当的方法予以更正。(　　)

8. 在采用永续盘存制下，企业不需要再对各项财产物资进行实地盘点。(　　)

9. “待处理财产损溢”账户是损益类账户。(　　)

10. 对于无法收回的应收账款，应先记入“待处理财产损溢”账户，批准后再转入有关账户。(　　)

11. 月末进行银行对账时，如果不存在未达账项，银行存款日记账账面余额与银行对账单余额之间仍有差额，则说明企业与银行双方或其中一方存在记账错误。(　　)

12. 在银行存款余额调节表中银行对账单余额应减去企业已收、银行未收账项。(　　)

13. 在董事长调离工作岗位前，有关部门应对其所管辖企业的所有资产进行全面盘点和核对。(　　)

14. 定期清查，可以是全面清查，也可以是局部清查。(　　)

15. 在对存货等实物进行清查的过程中，实物保管人员和盘点人员必须同时在场。(　　)

四、业务题

习题一

【目的】练习编制银行存款余额调节表，掌握银行存款清查的方法。

【资料】某企业 2024 年 6 月份银行存款日记账和银行送来的对账单内容如表 7—7 和表 7—8 所示。

表 7—7　　银行存款日记账

2024 年		凭证号数	摘 要	结算凭证		借 方	贷 方	余 额
月	日			种类	号数			
6	24		余额					250 000
	25	银付 31	支付购料款	略	略		200 000	50 000
	26	银付 32	支付运费	略	略		1 000	49 000

续表

2024年		凭证号数	摘 要	结算凭证		借 方	贷 方	余 额
月	日			种类	号数			
6	27	银收 18	收销货款	略	略	234 000		283 000
	30	银付 33	支付购料款	略	略		90 000	193 000
	30	银付 34	支付修理费	略	略		2 500	190 500
	31	银收 19	收销货款	略	略	150 000		340 500

表 7—8 **银行对账单**

2024年		摘 要	结算凭证		借 方	贷 方	余 额
月	日		种类	号数			
6	24	余额					250 000
	26	代收销货款	略	略		234 000	484 000
	28	支付运费	略	略	1 000		483 000
	28	支付购料款	略	略	200 000		283 000
	28	支付电费	略	略	23 000		260 000
	29	代收销货款	略	略		63 200	323 200
	30	支付购料款	略	略	90 000		233 200

【要求】

1. 根据上述资料将银行存款日记账和银行对账单进行核对，确定未达账项。
2. 编制银行存款余额调节表，计算月末企业可以动用的银行存款实有数额。

习题二

【目的】练习财产清查结果的账务处理。

【资料】光华公司 2023 年年终进行财产清查，有关业务资料如下：

1. 清查中发现现金短缺 18 元。短款原因无法查明，经批准转作“管理费用”处理。
2. 盘亏办公设备一台，账面原值 1 700 元，已提折旧 920 元。经查明，盘亏办公设备已报废，经批准列作“营业外支出”。
3. 盘盈账外旧机器一台，重新估价原值为 6 800 元，估计已提折旧 3 800 元。
4. 盘盈乙种材料 250 千克，每千克单价为 15 元。经查明，盘盈乙种材料为计量不准造成，按规定转销“管理费用”。
5. 盘亏甲材料 400 千克，每千克单价为 18 元。其中，由于自然灾害造成甲材料损失，向保险公司索赔 5 000 元，其余可转作“营业外支出”。

【要求】根据上述财产清查资料，编制会计分录。

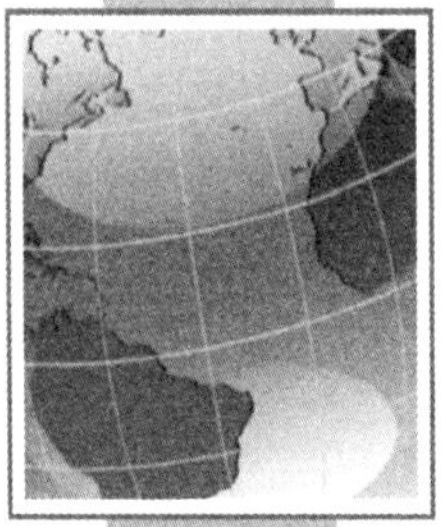

第八章 财务会计报告

本章导航

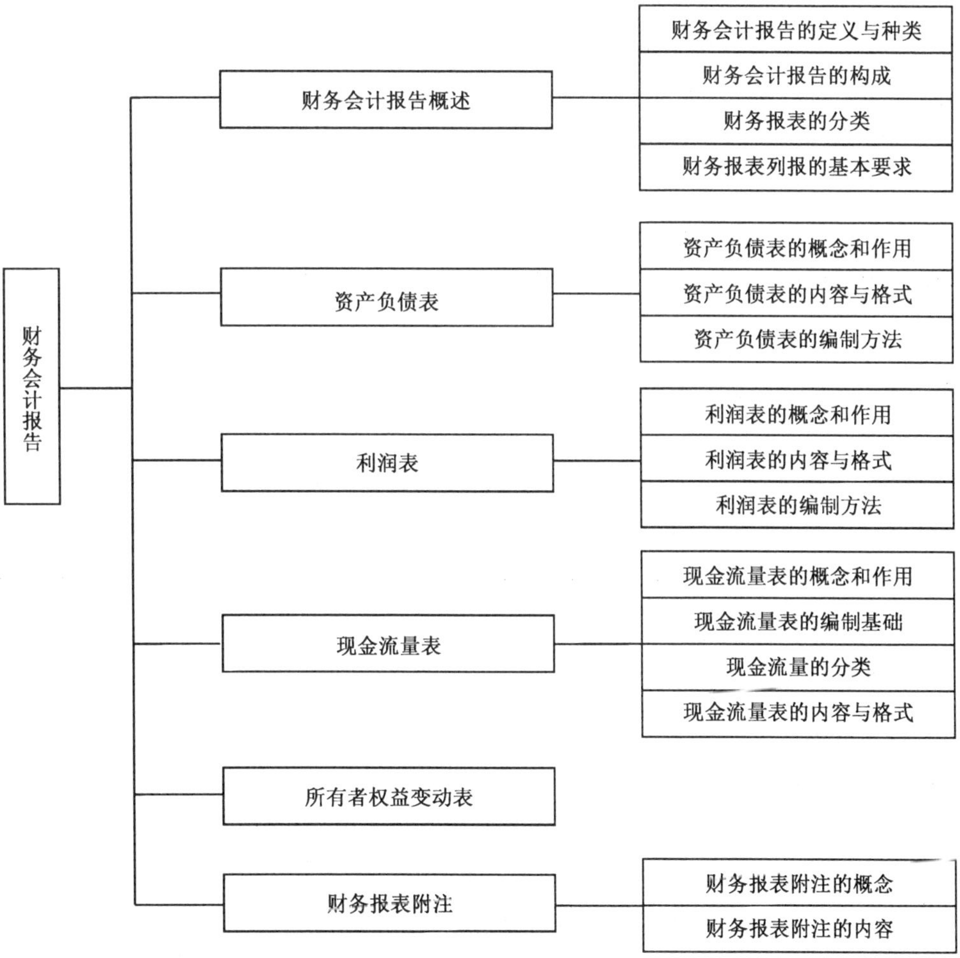

学习目的与要求

本章阐述财务会计报告的内容与财务报表的编制方法。学习本章，要求理解财务会计报告的概念、种类和构成；熟悉资产负债表和利润表的作用、内容与格式；初步掌握资产负债表和利润表的编制方法；了解财务报表的分类和列报的基本要求，现金流量表的概念、内容和格式，所有者权益变动表和财务报表附注的概念和内容。

学习重点与难点

本章重点是资产负债表、利润表的作用、内容、格式和编制方法。本章难点是资产负债表和利润表的编制方法。

第一节　财务会计报告概述

一、财务会计报告的定义与种类

(一)财务会计报告的定义

财务会计报告，也称财务报告，是指企业对外提供的反映企业某一特定日期财务状况和某一会计期间经营成果、现金流量等会计信息的文件。财务会计报告的主要作用是向财务会计报告使用者提供真实、公允的信息，用于落实和考核企业领导人经济责任的履行情况，并有助于包括所有者在内的财务会计报告使用者经济决策。我国《企业财务会计报告条例》规定：企业不得编制和对外提供虚假的或隐瞒重要事实的财务会计报告；企业负责人对本企业财务会计报告的真实性、完整性负责。

(二)财务会计报告的种类

我国《企业财务会计报告条例》规定：企业的财务会计报告分为年度、半年度、季度和月度财务报告。月度、季度财务会计报告是指月度和季度终了提供的财务会计报告；半年度财务会计报告是指在每个会计年度的前 6 个月结束后对外提供的财务会计报告；年度财务会计报告是指年度终了对外提供的财务会计报告。其中，将半年度、季度和月度财务会计报告统称为中期财务会计报告。

通常情况下，企业年度财务会计报告的会计期间是指公历每年的 1 月 1 日至 12 月 31 日；半年度财务会计报告的会计期间是指公历每年的 1 月 1 日至 6 月 30 日，或 7 月 1 日至 12 月 31 日；季度财务会计报告的会计期间是指公历每一季度；月度财务会计报告的会计期间则是指公历每月 1 日至最后一日。

二、财务会计报告的构成

关于财务报告应包括哪些内容，《企业会计准则——基本准则》第四十四条规定：企业的财务会计报告由财务报表、财务报表附注以及其他应当在财务会计报告中披露的相关信息和资料组成。企业对外提供的财务会计报告的内容、财务报表种类和格式、财务报表附注的主要内容等，由会计准则规定；企业内部管理需要的财务报表由企业自行规定。

财务报表是对企业财务状况、经营成果和现金流量的结构性表述。根据《企业会计准则第 30 号——财务报表列报》的规定，企业对外提供的财务会计报表至少应当包括资产负债表、利润表、现金流量表、所有者权益(或股东权益)变动表。

财务报表附注是对在资产负债表、利润表、现金流量表和所有者权益变动表等报表中列示项目的文字描述或明细资料，以及对未能在这些报表中列示项目的说明等。

财务报表是财务会计报告的核心内容，但是除了财务报表之外，财务会计报告还应当包括其他应当在财务会计报告中披露的相关信息和资料。

三、财务报表的分类

由于各单位的经济性质不同、会计核算内容不一样，所编制的财务报表种类也不尽相同。企业所编制的财务报表按不同的标准可以划分为不同的类别。

(一)按财务报表反映的经济内容分类

财务报表按其反映经济内容的不同，可分为资产负债表、利润表和现金流量表。

资产负债表是总括反映企业某一时日财务状况的报告文件。它是一种静态报表。通过资产负债表，可以反映企业资产、负债和所有者权益的基本情况，揭示资产、负债和所有者权益的规模、结构及其相互关系等财务状况。

利润表是反映企业在一定时期内的最终经营成果的报告文件。它是一种动态报表。通过利润表，可以反映企业的收入实现、成本耗费和利润形成及其分配等情况；并通过对相关指标的分析，评价经营者的经营业绩，揭示企业的获利能力。

现金流量表是反映企业一定会计期间的现金和现金等价物流入和流出的财务报表。它也是一种动态报表。通过现金流量表，可以预计企业未来的现金流量，评价企业的经营决策，揭示企业支付股利和还本付息的能力，说明净利润与现金变动的关系等。

(二)按财务报表的编制时间分类

财务报表按编制的时间可分为中期报表和年度报表。

中期报表是在年度中间的某一时期对外提供的财务报表。中期报表涵盖的时间短于一个会计年度，包括月份、季度和半年度报表，简称月报、季报和半年报。中期报表至少应包括资产负债表、利润表。月报应在月份终了后 6 日内对外报告；季报应于季度终了后 15 日内对外报告；半年报应于半年终了后 60 日内对外报告。

年度报表简称年报，也称年终决算报表。它是在年末编制的，按年度反映企业年末财务状况和年度内经营成果、现金流量的财务报表。年度报表包括资产负债表、利润表、现金流量表、所有者权益(股东权益)变动表和附注等。年报应于年度终了后 4 个月内对外报告。

(三)按财务报表所包含会计主体的范围分类

财务报表按所包含会计主体的范围，可分为个别财务报表和合并财务报表。

个别财务报表是由企业编制的单独反映本企业自身财务状况、经营成果及其现金流量情况的财务报表。合并财务报表是由企业集团中对其他企业拥有控制权的母公司编制的，综合反映企业集团整体财务状况、经营成果及其现金流量情况的财务报表。

(四)按财务报表所反映的资金运动状况分类

财务报表按其所反映的资金运动状况，可分为静态报表和动态报表。

静态报表是反映企业一定时日的财务状况的财务报表，如资产负债表。动态报表是反映企业在一定时期的经营成果或现金流量情况的财务报表，如利润表和现金流量表。

(五)按财务报表的编制单位分类

财务报表按其编制单位的不同，可分为基层财务报表和汇总财务报表。

基层财务报表是由实行独立核算的基层单位编制的财务报表。汇总财务报表是根据上级主管部门所属单位的基层财务报表和本部门的财务报表资料汇总编制的财务报表。汇总财务报表通常按行政隶属关系逐级汇总，以反映某一部门、行业或地区的总括情况。

(六)按财务报表的编制用途分类

财务报表按照其编制用途，可分为内部财务报表和外部财务报表。

内部财务报表是指企业为内部管理需要而编制的报表，如各种成本报表、费用报表。内部报表属保密性资料，一般不对外公开。

外部财务报表是指企业对外报送的报表，包括报送财税部门、开户银行、主管部门的报表，如资产负债表、利润表、现金流量表等，其具体格式和编制说明由会计制度统一规定。

四、财务报表列报的基本要求

财务报表是传递会计信息的主要形式。为了保证财务报表所提供的信息能够及时、准确、完整地反映企业的财务状况和经营成果，满足信息使用者的需要，企业在编制财务报表时必须符合财务报表列报的基本要求。

(一)财务报表列报的质量要求

会计核算应当根据实际发生的交易或事项，遵循《企业会计准则——基本准则》、各项具体会计准则及解释的规定进行确认和计量，并在此基础上编制财务报表。如果按照各项会计准则规定披露的信息不足以让报表使用者了解特定交易或事项对企业财务状况、经营成果和现金流量的影响，则还应当披露其他的必要信息。

(二)财务报表的列报基础

《企业会计准则第 30 号——财务报表列报》规定，企业应当以持续经营为基础编制财务报表。在编制财务报表的过程中，企业管理层应当全面评估企业的持续经营能力。企业在对其持续经营能力进行评估时应当利用其所有可能获得的信息。评估涵盖的期间应包括企业自资产负债表日起至少 12 个月，需要考虑的因素包括宏观政策风险、市场经营风险、盈利能力、偿债能力等。如果评估结果表明对持续经营能力产生重大怀疑，则企业应当在附注中披露导致对持续经营能力产生重大怀疑的影响因素以及企业拟采取的改善措施。

企业如果存在以下情况之一，则表明处于非持续经营状态：一是企业已在当期进行清算或停止营业；二是企业已经正式决定在下一个会计期间进行清算或停止营业；三是企业已确定在当期或下一个会计期间没有其他可供选择的方案时将被迫进行清算或停止营业。

(三)财务报表列报依据的原则

企业编制的财务报表反映了企业日常经营过程中涉及的多个要素项目，而这些项目在报表中的排列应遵循一定的原则。《企业会计准则第 30 号——财务报表列报》规定，项目在财务报表中是单独列报还是汇总列报，应遵循重要性原则来判断。在合理预期下，如果财务报表某项目的省略或错报会影响使用者据此做出经济决策，则该项目就具有重要性。重要性是判断财务报表项目是否单独列报的重要标准，如果某项目单个看不具有重要性，则可将其与其他项目汇总列报；如果具有重要性，则应单独列报。企业在列报财务报表时应遵循以下要求：

(1)性质或功能不同的项目，一般应当在财务报表中单独列报，但是不具有重要性的项目可以汇总列报。

(2)性质或功能类似的项目，一般可以汇总列报，但是对其具有重要性的类别应该单独列报。

(3)项目单独列报的原则不仅适用于本表，还适用于附注。

(4)《企业会计准则第 30 号——财务报表列报》规定在财务报表中单独列报的项目，企业应当单独列报。其他会计准则规定单独列报的项目，企业应当增加单独列报项目。

(四)财务报表列报的比较信息

《企业会计准则第 30 号——财务报表列报》规定，企业在列报当期财务报表时至少应当提供所有列报项目上一个可比会计期间的比较数据，以及与理解当期财务报表相关的说明，目的是向报表使用者提供对比数据，提高信息在会计期间的可比性。通常情况下，企业列报所有列报项目上一个可比会计期间的比较数据，至少包括两期各报表及相关附注。

在财务报表中列报比较信息的这一要求适用于财务报表的所有组成部分，也就是既适用于资产负债表、利润表、现金流量表和所有者权益变动表，又适用于财务报表附注。

(五)财务报表列报的期间

《企业会计准则第 30 号——财务报表列报》规定，企业至少应当按年编制财务报表。企业在编制年度财务报表时可能存在年度财务报表涵盖的期间短于一年的情况，如企业在年度中间开始设立等。在这种情况下，企业应当披露年度财务报表的实际涵盖期间及其短于一年的原因，并应当说明由此引起财务报表项目与比较数据不具有可比性这一事实。

(六)财务报表表首的列报要求

财务报表一般分为表首和正表两部分。《企业会计准则第 30 号——财务报表列报》规定，企业在财务报表的显著位置(表首)应当至少披露下列基本信息：

(1)编报企业的名称。如果企业名称在所属当期发生了变更，则应明确标明。

(2)对资产负债表而言，应当披露资产负债表日；对利润表、现金流量表和所有者权益变动表而言，应当披露报表涵盖的会计期间。

(3)货币名称和单位。按照我国企业会计准则的规定，企业应当以人民币作为记账本位币列报，并标明金额单位。

(4)财务报表是合并报表的，应当予以标明。

第二节 资产负债表

一、资产负债表的概念和作用

(一)资产负债表的概念

资产负债表是指反映企业在某一特定日期的财务状况的财务报表，是一张静态财务报表。它是以会计基本等式“资产＝负债＋所有者权益”为理论依据，按照一定的标准和顺序，把企业一定日期内的资产、负债、所有者权益等各项目予以适当排列，并对账簿余额进行高度概括后编制而成的，旨在为报表使用者提供有关企业财务状况方面的信息。资产负债表所提供的会计信息主要包括企业各项资产总额及其构成、负债总额及其构成、所有者权益总额及其构成等。

(二)资产负债表的作用

作为企业的主要财务报表，资产负债表具有以下几个方面的作用：

(1)通过资产负债表，可以了解某一特定日期企业所拥有的经济资源及其分布情况，从而分析企业的生产经营能力。

(2)通过资产负债表，可以了解企业的资金来源渠道及其构成情况，判断企业财务风险的大小。

(3)通过资产负债表有关项目的对比、分析，可以了解企业的财务实力，评价企业的偿债能力。

(4)通过前后期资产负债表的对比分析，可以了解企业资金结构的变化情况，掌握企业财务状况的变化趋势。

(5)与利润表结合,可以为解释、评价、预测企业经营能力和经营业绩提供资料。

二、资产负债表的内容与格式

(一)资产负债表的内容

资产负债表是依据"资产=负债+所有者权益"的会计恒等式设计而成,采取资产总额与负债和所有者权益总额相等的平衡对照结构,表中的基本内容分为资产、负债和所有者权益三大会计要素。为了帮助报表使用者理解、分析和评价资产负债表提供的信息,需要对资产负债表的基本内容,按照一定标准进行分类,排列项目,提供某一方面的具体信息。

1. 资产类项目

在资产负债表上,资产按照流动性的大小分为流动资产和非流动资产两类,设置项目予以反映。流动资产又按其变现能力强弱、周转速度快慢进行排列,将货币资金等流动性强的项目排在前面,将存货等流动性差的项目排在后面。非流动资产项目包括债权投资、固定资产、无形资产和其他非流动资产等项目。

2. 负债类项目

负债按其流动性分为流动负债和非流动负债两类,在表中分项列示。其中,流动负债又分为短期借款、应付账款、预收账款、应付职工薪酬、应交税费等项目;非流动负债又分为长期借款、应付债券、长期应付款等项目。

3. 所有者权益类项目

所有者权益按实收资本(或股本)、其他权益工具、资本公积、库存股、其他综合收益、专项储备、盈余公积和未分配利润的顺序排列。最后,根据"资产=负债+所有者权益"的等式来检验编制的正确性。

(二)资产负债表的格式

完整的资产负债表包括表首和表体两个部分。表首主要说明报表名称、编制单位名称、日期和计量单位等几项内容,其排列顺序有两种方式:一是将编制单位名称列在表首左侧;二是将编制单位名称列于表名之上。我国会计制度规定采用前一种方式。表体主要列示资产、负债、所有者权益三大会计要素的年初数(余额)和期末数(余额),其中每一要素都按照一定的分类标准列示具体的构成项目及其金额。资产负债表的格式主要有账户式和报告式两种。

1. 账户式资产负债表

账户式资产负债表也称横式资产负债表。该格式的报表采用左右结构,左边列示资产项目,右边列示负债和所有者权益项目,左边资产总额等于右边的负债和所有者权益总额。这种结构着重反映企业的全部资产及其资金来源,有利于报表使用者通过左右平衡关系,分析企业的财务状况。国际上,北美的一些国家主要采用账户式结构。我国资产负债表统一采用账户式结构,并规定表中各项目除反映期末数(余额)外,还应反映年初数(余额),有利于报表使用者通过年初数(余额)和期末数(余额)的比较,分析财务状况的变动趋势。账户式资产负债表的基本格式如表 8—1 所示。

表 8—1　　资产负债表(账户式)

编制单位：　　　　年　月　日　　　　单位：元

资　产	负债及所有者权益
资产：	负债：
具体项目(略)	具体项目(略)
	所有者权益：
	具体项目(略)
资产合计	负债及所有者权益合计

2. 报告式资产负债表

报告式资产负债表也称垂直式资产负债表。该格式的报表采用上下垂直结构，上面列示资产项目，下面列示负债和所有者权益项目。平衡公式为："资产＝负债＋所有者权益"或"资产－负债＝所有者权益"。这种结构通过资产与负债的比较，突出所有者权益。国际上，英国等国家主要采用报告式结构。报告式资产负债表的常用简化格式如表 8—2 所示。

表 8—2　　资产负债表(报告式)

编制单位：　　　　年　月　日　　　　单位：元

项　目	金　额
资产：	
具体项目(略)	
资产合计	
负债：	
具体项目(略)	
负债合计	
所有者权益：	
具体项目(略)	
所有者权益合计	

三、资产负债表的编制方法

(一)资产负债表中的"年初余额"和"期末余额"

资产负债表是静态报表，提供的是时点数，表中各项目反映的均是有关账户的余额。企业会计准则规定：会计报表至少应当反映相关两个期间的比较数据。也就是说，企业需要提供比较资产负债表，因此，资产负债表各项目需要分为"年初余额"和"期末余额"两栏分别填列。

表中"年初余额"栏各项目数字，应根据上年末资产负债表"期末余额"栏内所列数字填列。如果本年度资产负债表规定的各个项目的名称和内容同上年度不相一致，则应对上年末资产负债表各项目的名称和数字按照本年度的规定进行调整，按调整后的数字填入本表“年初余额”栏内。表中“期末余额”是指某一会计期末的数字，即月末、季末、半年末或年末的数字。资产负债表各项目“期末余额”栏内的数字，可通过以下几种方式取得：

1. 根据有关总分类账户的期末余额直接填列

资产负债表中的多数项目均可直接根据有关总分类账户的期末余额填列。例如，其他权益工具投资项目，根据“其他权益工具投资”账户的借方期末余额填列；短期借款项目，根据“短期借款”账户的贷方期末余额填列等。

2. 根据有关总分类账户的期末余额计算填列

资产负债表某些项目没有相对应的总分类账户，无法直接根据有关总分类账户的期末余额填列，只能根据有关总分类账户的期末余额计算填列。例如，货币资金项目，应根据“库存现金”“银行存款”“其他货币资金”三个账户的借方期末余额的合计数填列。其他应付款项目，应根据“其他应付款”“应付利息”“应付股利”三个总账科目余额的合计数填列。

3. 根据明细分类账户的期末余额分析计算填列

资产负债表某些项目不能根据有关总分类账户的期末余额直接或计算填列，只能根据有关总分类账户所属的相关明细分类账户的期末余额计算填列。例如，应付账款项目，应根据“应付账款”“预付账款”账户所属的相关明细分类账户的期末贷方余额计算填列。预收款项项目，应根据“预收账款”和“应收账款”账户所属各明细科目的期末贷方余额合计数填列。

4. 根据总分类账户和明细分类账户余额分析计算填列

资产负债表的某些项目不能根据有关总分类账户的期末余额直接或计算填列，也不能根据有关总分类账户所属的相关明细分类账户的期末余额计算填列，只能根据总分类账户和相关明细分类账户的期末余额分析计算填列。例如，长期借款项目，根据“长期借款”总分类账户的期末贷方余额扣除“长期借款”账户所属的明细账户中反映的将于一年内到期的长期借款部分计算填列。

5. 根据总分类账户余额减去其备抵项目后的净额填列

例如，固定资产项目，根据“固定资产”账户的期末借方余额减去“累计折旧”和“固定资产减值准备”账户贷方余额后的净额填列等。

(二)资产负债表中各项目的填列方法

(1)“货币资金”项目，反映企业期末持有的库存现金、银行存款和其他货币资金等总额。

(2)“交易性金融资产”“预付款项”“其他流动资产”“在建工程”“开发支出”“递延所得税资产”“其他非流动资产”等项目，反映企业持有的相应资产的期末价值。

(3)“应收账款”“应收票据”“其他应收款”“长期应收款”“存货”“投资性房地产”“长期股权投资”“固定资产”“生产性生物资产”“油气资产”“无形资产”等资产项目，反映企业期末持有的相应资产的实际价值，应当以扣减提取的相应资产减值准备后的净额填列。

其中，“固定资产”“无形资产”“生产性生物资产”“油气资产”项目，还应按减去相应的“累计折旧”“累计摊销”“生产性生物资产累计折旧”“累计折耗”期末余额后的金额填列。企业期末持有的公益性生物资产，应在“其他非流动资产”项目中反映。

(4)“短期借款”“交易性金融负债”“应付票据”“应付账款”“预收账款”“应付职工薪酬”“应交税费”“其他应付款”“预计负债”“其他流动负债”“长期借款”“应付债券”“递延所得税负债”“其他非流动负债”等项目，一般应反映企业期末尚未偿还的短期借款、应付未付给职工的各种薪酬、应交未交税费等。其中，“应付职工薪酬”“应交税费”等期末转为债权的，以“－”号填列。

(5)“实收资本(或股本)”“资本公积”“盈余公积”“库存股”等项目，一般应反映企业期末持有的接受投资者投入企业的实收资本、从净利润中提取的盈余公积余额、企业收购的尚未转让或注销的本公司股份金额等。其中，期末累计未分配利润为负数的，以“—”号填列。

(6)企业与同一客户在购销商品结算过程中形成的债权债务关系，应当单独列示，不应当相互抵销，即应收账款不能与预收账款相互抵销、预付账款不能与应付账款相互抵销、应付账款不能与应收账款相互抵销、预收账款不能与预付账款相互抵销。

【例 8—1】 长盛公司 2023 年底有关账户的期末余额如表 8—3 所示。

表 8—3　　长盛公司全部总账及有关明细账余额表

2023 年 12 月 31 日　　单位:元

总账科目	明细科目	借方余额	贷方余额	总账科目	明细科目	借方余额	贷方余额
库存现金		1 000		短期借款			80 000
银行存款		722 200		应付账款	A 公司	8 000	
交易性金融资产		36 000			B 公司		800 000
应收账款	甲公司	200 000		预收账款	A 单位		60 000
	乙公司		2 000		B 单位	100 000	
预付账款	甲单位		50 000	其他应付款	E 公司	800	
	乙单位	10 000			F 公司		50 000
其他应收款	丙公司	9 000		应付职工薪酬			227 916
	丁公司		400	应交税费			100 000
原材料		670 000		应付股利			70 484
生产成本		400 000		应付票据			1 700
库存商品		158 800		长期借款			120 000
应收票据		1 200		实收资本			5 500 000
长期股权投资		250 000		资本公积			200 000
固定资产		4 716 000		盈余公积			67 785
累计折旧			210 000	利润分配	未分配利润		442 715
无形资产		450 000					
长期待摊费用		250 000					

根据上述资料，按照各项目的填列方法，可以编制长盛公司 2023 年 12 月 31 日的资产负债表，如表 8—4 所示。

表 8—4　　资产负债表

编制单位:长盛公司　　2023 年 12 月 31 日　　单位:元

资　产	年初余数(略)	期末余额	负债和所有者权益	年初余数(略)	期末余额
流动资产:			流动负债:		
货币资金		723 200	短期借款		80 000
交易性金融资产		36 000	交易性金融负债		
应收票据		1 200	应付票据		1 700
应收账款		300 000	应付账款		850 000

续表

资　产	年初余数（略）	期末余额	负债和所有者权益	年初余数（略）	期末余额
预付账款		18 000	预收账款		62 000
其他应收款		9 800	应付职工薪酬		227 916
存货		1 228 800	应交税费		100 000
一年内到期的长期债权投资			其他应付款		120 884
其他流动资产			一年内到期的非流动负债		
流动资产合计		2 317 000	其他流动负债		
非流动资产：			流动负债合计		1 442 500
债权投资			非流动负债：		
其他债权投资			长期借款		120 000
长期应收款			应付债券		
长期股权投资		250 000	长期应付款		
投资性房地产			预计负债		
固定资产		4 506 000	递延所得税负债		
在建工程			其他非流动负债		
生产性生物资产			非流动负债合计		120 000
油气资产			负债合计		1 562 500
无形资产		450 000	所有者权益：		
开发支出			实收资本		5 500 000
商誉			资本公积		200 000
长期待摊费用		250 000	减:库存股		
递延所得税资产			盈余公积		67 785
其他非流动资产			未分配利润		442 715
非流动资产合计		5 456 000	所有者权益合计		6 210 500
资产总计		7 773 000	负债和所有者权益总计		7 773 000

第三节　利润表

一、利润表的概念和作用

(一)利润表的概念

利润表是指反映企业在一定会计期间(月份、季度、半年度、年度)经营成果的财务报表。利润表以“收入－费用＝利润”会计等式作为编制依据,将一定期间的收入与同一会计期间的费用相配比，从而计算出企业一定时期的净利润或净亏损，是一张动态财务报表。

(二)利润表的作用

利润表的列报必须反映企业经营业绩的主要来源和构成，以有助于使用者据此判断企业净利润的质量及其风险，预测企业净利润的持续性，从而做出正确的决策。具体地说，利润表的作用表现在以下几个方面：

1. 有助于投资者和债权人进行相关决策

利润表能够提供企业利润的相关指标，包括利润的绝对值和根据绝对值计算的相对指标，而且通过前后各期以及不同行业企业的比较，可以了解企业的盈利水平和未来增长趋势，帮助投资者和债权人做出是否追加投资和进一步贷款的决策，特别是企业的盈利能力会比资产的变现能力和资本结构优劣为债权人提供更大的安全保障。

2. 有助于评价企业管理层的经营绩效

在现代企业制度下，利润表提供的利润指标是个综合性指标，是企业在生产经营、理财和投资等活动中管理绩效的集中表现。因此，利润表所反映的各项指标是企业资源提供者考核和评价企业管理层受托责任履行情况的重要依据，也是衡量企业经营管理有效性的标准，据此还可以做出对企业管理者的聘用、奖惩、职位升降等决策。

3. 有助于企业管理层进行经营决策

利润表能够综合反映企业的各项营业收入、营业成本以及期间费用等。企业通过利润表可以观察构成利润的各个项目的变化趋势，分析变化的原因，查明存在问题的根源，进而明确以后工作的重点，也便于做出改进或调整的决策。

4. 有助于分析企业获利能力和预测盈利趋势

一个企业生存和发展的主要目的在于获利，而盈利能力如何是决定一个企业能否在激烈的市场竞争中生存和发展的关键因素。通过企业提供的利润表所显示的各项利润指标以及对多期利润表的比较，可以帮助使用者分析企业的盈利能力，并在此基础上进一步预测企业在未来一定时期内的盈利趋势。

5. 有助于企业正确地进行财务成果的分配

现代企业的一个重要特点是所有权与使用权相分离，由此就产生了一个不直接参与企业经营管理但又要从企业分得一定利益的群体——投资人、债权人等。投资人要从企业分得红利，债权人要从企业收回本息等。利润作为反映企业经营状况的一个综合性指标，直接关系到相关利益者的切身利益。因此，企业进行利润分配、支付本息、确定薪酬等内容都需要利润表提供信息，以保证各项内容准确无误。

二、利润表的内容与格式

(一)利润表的内容

利润表是根据“收入－费用＝利润”的会计等式，分列项目设计而成的财务报表。该表主要设置收入、费用和利润三类项目，反映企业一定期间的经营成果。

1. 收入类项目

收入类项目按照重要性原则，分设营业收入、投资收益和营业外收入等项目。

2. 费用类项目

费用类项目按照费用的性质，分设营业成本、税金及附加、销售费用、管理费用和财务费用等项目。

3. 利润类项目

利润类项目按照利润的构成，分设营业利润、利润总额和净利润等项目。

（二）利润表的格式

利润表由表首和表体两部分构成。表首包括报表名称、编制单位名称、时期和计量单位等几个部分。除了时间不同外，其他项目的设置与资产负债表基本相同。"编制单位名称"可列于表首左侧，也可列于表名之上，我国采用前一种做法。"时期"的表达方式可以为"××××年××月"或"××××年度"。

利润表的表体是根据利润表的构成因素，按收益计算过程排列表中的项目。利润表在项目排列上有两种格式：一种是单步式排列，用该方式排列的利润表称为单步式利润表；另一种为多步式排列，与其相应的利润表称为多步式利润表。

1. 单步式利润表

单步式利润表是将所有收入和所有费用分别加以汇总，用收入合计减去费用合计，从而得出本年利润。单步式利润表的格式如表 8—5 所示。

表 8—5　　利润表（单步式）

编制单位：　　年　月　　单位：元

项　目	本期金额	上期金额
收入		
营业收入		
公允价值变动净收益		
投资收益		
营业外收入		
收入合计		
成本与费用		
营业成本		
税金及附加		
销售费用		
管理费用		
财务费用		
资产减值损失		
营业外支出		
所得税费用		
成本与费用合计		
净利润		

单步式利润表的优点：结构简单，易于理解；对所有收入和费用一视同仁，不分先后顺序，避免可能使人误解或引起混乱的分类和配比顺序。单步式利润表的缺点：不能直接提供多层次的利润资料，不利于比较分析。实际工作中，规模小、收入与费用种类少的企业，可采用这种

格式。

2. 多步式利润表

多步式利润表将利润分成多个层次（营业利润、利润总额和净利润），通过多个步骤来分别计算每一层次的利润，最后计算出净利润。

第一步，计算营业利润。

营业利润＝营业收入－营业成本－税金及附加－销售费用－管理费用－研发费用－财务费用＋其他收益±投资收益（损失）±净敞口套期收益（损失）±公允价值变动收益（损失）－信用减值损失－资产减值损失±资产处置收益（损失）

第二步，计算利润总额。

利润总额＝营业利润＋营业外收入－营业外支出

第三步，计算净利润。

净利润＝利润总额－所得税费用

第四步，计算每股收益。

基本每股收益＝归属于普通股股东的当期净利润÷当期发行在外普通股的加权平均数

稀释每股收益＝基本每股收益÷调整系数

在确定调整系数时，企业要考虑可转换公司债券、认股权证和股份期权等稀释性潜在普通股的影响，对基本每股收益的分母和分子进行调整。

多步式利润表的优点：能直观地反映营业收益与非营业收益对利润总额的影响和净利润的形成过程；有利于企业对利润表的相应项目进行横向和纵向比较，便于企业进行盈利分析。

多步式利润表的缺点：将收入与费用的配比人为地排列出先后顺序，并按照顺序计算不同层次的利润，容易使报表使用者产生对利润形成的错觉，难以统一项目的分类方法。

我国采用多步式利润表，其格式如表8－6所示。

表8－6　　利润表（多步式）

编制单位：　　　　年　　月　　　　单位：元

项　目	本期金额	上期金额
一、营业收入		
减：营业成本		
税金及附加		
销售费用		
管理费用		
研发费用		
财务费用		
其中：利息费用		
利息收入		
加：其他收益		
投资收益（损失以“－”号填列）		
其中：对联营企业和合营企业的投资收益		

续表

项　目	本期金额	上期金额
以摊余成本计量的金融资产终止确认收益(损失以“－”号填列)		
净敞口套期收益(损失以“－”号填列)		
公允价值变动收益(损失以“－”号填列)		
信用减值损失(损失以“－”号填列)		
资产减值损失(损失以“－”号填列)		
资产处置收益(损失以“－”号填列)		
二、营业利润(亏损以“－”号填列)		
加:营业外收入		
减:营业外支出		
三、利润总额(亏损总额以“－”号填列)		
减:所得税费用		
四、净利润(净亏损以“－”号填列)		
五、每股收益		
(一)基本每股收益		
(二)稀释每股收益		

三、利润表的编制方法

(一)利润表中的“本期金额”与“上期金额”

企业会计准则规定:会计报表至少应当反映相关两个期间的比较数据。也就是说,企业需要提供比较利润表,所以,利润表各项目需要分为“本期金额”和“上期金额”两栏分别填列。

利润表中“上期金额”栏内各项数字,应根据上年该期利润表“本期金额”栏内所列数字填列。如果上年该期利润表规定的各个项目的名称和内容同本期不相一致,则应对上年该期利润表各项目的名称和数字按本期的规定进行调整,调整后的数字填入利润表的“上期金额”栏内。

利润表的“本年金额”栏反映本期实际发生数,一般应根据损益类科目的发生额分析填列。

(二)利润表中各项目的填列方法

利润表中各项目的金额,一般应根据有关账户的本期发生额填列。“本期金额”栏内各主要项目数字,根据以下方法填列:

(1)“营业收入”项目,反映企业经营主要业务和其他业务所确认的收入总额。“营业成本”项目,反映企业经营主要业务和其他业务发生的实际成本总额。这两个项目可分别根据“主营业务收入”“其他业务收入”“主营业务成本”“其他业务成本”账户本期发生额填列。

(2)“税金及附加”项目,反映企业经营业务应负担的消费税、城市维护建设税、资源税、土地增值税和教育费附加等。此项目可根据“税金及附加”账户本期发生额填列。

(3)“销售费用”项目,反映企业在销售商品过程中发生的包装费、广告费等费用以及为销售本企业商品而专设的销售机构的职工薪酬、业务费等经营费用。“管理费用”项目，反映企业为组织和管理生产经营发生的管理费用。“财务费用”项目，反映企业筹集生产经营所需资金等发生的筹资费用。这些项目可根据相应账户的本期发生额填列。

(4)“资产减值损失”项目，反映企业各项资产发生的减值损失。此项目可根据“资产减值损失”账户的本期发生额填列。

(5)“公允价值变动收益”项目，反映企业按照相关准则规定应当计入当期损益的资产或负债公允价值变动净收益，如交易性金融资产当期公允价值的变动额。若为净损失，则以“—”号填列。此项目可根据“公允价值变动损益”账户的本期发生额分析填列。

(6)“投资收益”项目，反映企业以各种方式对外投资所取得的收益。若为净损失，则以“—”号填列。

(7)“营业外收入”“营业外支出”项目，反映企业发生的与其经营活动无直接关系的各项收入和支出。这两个项目可根据相关账户的本期发生额填列。

(8)“利润总额”项目，反映企业实现的利润总额。若为亏损总额，则以“—”号填列。此项目通过计算后填列。

(9)“所得税费用”项目，反映企业根据所得税准则确认的应从当期利润总额中扣除的所得税费用。此项目根据该账户的本期发生额填列。

(10)“净利润”项目，反映企业实现的净利润。若为净亏损，则以“—”号填列。此项目通过计算后填列。

(11)“基本每股收益”和“稀释每股收益”项目，应当根据会计准则规定的每股收益计算方法计算的结果填列。

【例 8—2】 长盛公司 2023 年损益类账户的发生额如表 8—7 所示。

表 8—7　　**各损益类账户的发生额**　　单位：元

会计科目	金　额	会计科目	金　额
主营业务收入	4 550 000	财务费用	128 000
主营业务成本	3 150 000	管理费用	314 000
税金及附加	364 000	投资收益	10 000
其他业务收入	900 000	营业外收入	50 000
其他业务成本	700 000	营业外支出	40 000
销售费用	288 000	所得税费用	68 380

根据上述资料，编制长盛公司 2023 年度的利润表，如表 8—8 所示。

表 8—8　　**利润表**

编制单位：长盛公司　　2023 年　　单位：元

项　目	上期金额(略)	本期金额
一、营业收入		5 450 000
减：营业成本		3 850 000
税金及附加		364 000

续表

项　目	上期金额(略)	本期金额
销售费用		288 000
管理费用		314 000
财务费用		128 000
资产减值损失		—
加:公允价值变动收益(损失以“-”号填列)		—
投资收益(亏损以“-”号填列)		10 000
其中:对联营企业和合营企业的投资收益		—
二、营业利润(亏损以“-”号填列)		516 000
加:营业外收入		50 000
减:营业外支出		40 000
其中:非流动资产处置损失		—
三、利润总额(亏损总额以“-”号填列)		526 000
减:所得税费用		131 500
四、净利润(净亏损以“-”号填列)		394 500
五、每股收益		
(一)基本每股收益		
(二)稀释每股收益		

第四节　现金流量表

一、现金流量表的概念和作用

现金流量表是反映企业一定会计期间现金和现金等价物流入和流出情况的财务报表,属动态财务报表。作为三张主表之一,现金流量表主要是为使用者提供企业一定会计期间的现金和现金等价物的流入、流出信息,以便于报表使用者了解和评价企业获得现金和现金等价物的能力。现金流量表的作用如下:

(一)反映企业真正的偿债能力

报表使用者通过现金流量表提供的信息,结合资产负债表,可以计算现金流动负债比率、现金债务总额比率、现金利息保障倍数等偿债能力指标,据以分析企业用经营活动现金净流量偿还债务的真正偿债能力,而不是账面偿债能力,并做出相应的决策。

(二)反映企业真正的盈利能力和获取现金的能力

报表使用者通过现金流量表提供的信息,结合资产负债表,可以计算出每股现金流量、销售现金比率、全部资产现金回收率等指标,据以分析企业真正的盈利能力和获取现金的能力,为决策提供更真实、可信的依据。

(三)反映企业财务弹性和收益质量

报表使用者运用现金流量表提供的信息，结合其他资料，可以计算现金满足投资比率、营运指数等指标，据以分析企业适应经济环境变化和利用投资机会的能力，分析企业收益的质量，判断企业的财务弹性，并作为决策的参考。

二、现金流量表的编制基础

现金流量表是以现金为基础编制的。这里的现金是指企业的库存现金、可以随时用于支付的存款和现金等价物。

(一)库存现金

库存现金是指企业持有的、可随时用于支付的现金限额，即"库存现金"账户所核算的现金。

(二)银行存款

银行存款是指企业存在金融企业、随时可以用于支付的存款，它与"银行存款"账户核算的内容基本一致。区别在于：存在金融企业的不能随时用于支付的存款(如不能随时支取的定期存款)，不能作为现金流量表中的现金，但提前通知金融企业便可支取的定期存款，则包括在现金流量表中的现金范围内。

(三)其他货币资金

其他货币资金是指企业存在金融企业有特定用途的资金，即"其他货币资金"账户核算的存款，如外埠存款、银行汇票存款、银行本票存款、信用证保证金存款、信用卡存款等。

(四)现金等价物

现金等价物是指企业持有期限短、流动性高、易于转换为已知金额的现金且价值变动风险很小的投资。现金等价物虽然不是现金，但其支付能力与现金的差别不大，故可视为现金。典型的现金等价物通常是指企业持有的、自购买之日起 3 个月内到期的短期债券投资。

三、现金流量的分类

现金流量是指现金和现金等价物的流入和流出。它产生于不同的来源，也有不同的用途。例如，工业企业可通过销售商品、提供劳务或吸收投资等渠道取得现金；可通过支付职工工资、购买材料和固定资产等途径支付现金。

现金流入和现金流出的差额称为现金净流量，它可能是正数，也可能是负数。正数代表净流入，反映了企业现金流量的积极现象和趋势；负数代表净流出，反映了企业资金紧缺的现象和程度。

通常按照业务发生的性质现金流量可分为三类：经营活动产生的现金流量、投资活动产生的现金流量和筹资活动产生的现金流量。其中，经营活动是指企业投资活动和筹资活动以外的所有交易和事项，包括销售商品、提供劳务、购买商品、接受劳务、支付税费等。投资活动是指企业长期资产的购建和不包括在现金等价物范围内的投资及其处置活动。筹资活动是指导致企业资本以及债务规模和构成发生变化的活动，包括吸收投资、发行股票、分配利润等。

对于企业日常活动之外的、不经常发生的特殊项目，如自然灾害损失、保险赔款、捐赠等，应当在现金流量表中归并到相关类别中，并单独反映。

四、现金流量表的内容与格式

现金流量表由表首和表体两部分组成。表首部分列示报表名称、编制单位、编制年度、货币计量单位；表体分为正表和补充资料两部分。正表有六项内容：一是经营活动产生的现金流量；二是投资活动产生的现金流量；三是筹资活动产生的现金流量；四是汇率变动对现金的影响；五是现金及现金等价物净增加额；六是期末现金及现金等价物余额。其中，经营活动产生的现金流量是按直接法编制的。补充资料有三项内容：一是净利润调节为经营活动产生的现金流量；二是不涉及现金收支的投资活动和筹资活动；三是现金及现金等价物净变动情况。现金流量表的格式如表 8—9 和表 8—10 所示。

表 8—9 **现金流量表**

编制单位： 年 月 单位：元

项 目	本期金额	上期金额
一、经营活动产生的现金流量		
销售商品、提供劳务收到的现金		
收到税费返还		
收到其他与经营活动有关的现金		
经营活动现金流入小计		
购买商品、接受劳务支付的现金		
支付给职工以及为职工支付的现金		
支付各项税费		
支付其他与经营活动有关的现金		
经营活动现金流出小计		
经营活动产生的现金流量净额		
二、投资活动产生的现金流量		
收回投资所收到的现金		
取得投资收益所收到的现金		
处置固定资产、无形资产和其他长期资产所收到的现金		
处置子公司及其他营业单位收到的现金净额		
收到其他与投资活动有关的现金		
投资活动现金流入小计		
购建固定资产、无形资产和其他长期资产所支付的现金		
投资支付的现金		
取得子公司及其他营业单位支付的现金净额		
支付其他与投资活动有关的现金		
投资活动现金流出小计		

续表

项　目	本期金额	上期金额
投资活动产生的现金流量净额		
三、筹资活动产生的现金流量		
吸收投资收到的现金		
取得借款收到的现金		
收到其他与筹资活动有关的现金		
筹资活动现金流入小计		
偿还债务支付的现金		
分配股利、利润或偿付利息所支付的现金		
支付其他与筹资活动有关的现金		
筹资活动现金流出小计		
筹资活动产生的现金流量净额		
四、汇率变动对现金及现金等价物的影响额		
五、现金及现金等价物净增加额		
加:期初现金及现金等价物余额		
六、期末现金及现金等价物余额		

表 8—10　　现金流量表补充资料　　单位:元

补充资料	本期金额	上期金额
1.将净利润调节为经营活动现金流量		
净利润		
加:资产减值准备		
信用损失准备		
固定资产折旧、油气资产折耗、生产性生物资产折旧		
无形资产摊销		
长期待摊费用摊销		
处置固定资产、无形资产和其他长期资产的损失(收益以"—"号填列)		
固定资产报废损失(收益以"—"号填列)		
净敞口套期损失(收益以"—"号填列)		
公允价值变动损失(收益以"—"号填列)		
财务费用(收益以"—"号填列)		
投资损失(收益以"—"号填列)		
递延所得税资产减少(增加以"—"号填列)		

续表

补充资料	本期金额	上期金额
递延所得税负债增加(减少以“－”号填列)		
存货的减少(增加以“－”号填列)		
经营性应收项目的减少(增加以“－”号填列)		
经营性应付项目的增加(减少以“－”号填列)		
其他		
经营活动产生的现金流量净额		
2.不涉及现金收支的重大投资和筹资活动		
债务转为资本		
一年内到期的可转换公司债券		
融资租入固定资产		
3.现金及现金等价物净变动情况		
现金的期末余额		
减:现金的期初余额		
加:现金等价物的期末余额		
减:现金等价物的期初余额		
现金及现金等价物净增加额		

第五节　所有者权益变动表

所有者权益变动表是反映构成所有者权益的各组成部分在当期增减变动情况的报表。所有者权益变动表应当全面反映一定时期所有者权益变动的情况,不仅包括所有者权益总量的增减变动,还包括所有者权益增减变动的重要结构性信息,这样才能有助于报表使用者理解所有者权益增减变动的根源。

所有者权益的来源包括所有者投入的资本(包括实收资本和资本溢价等资本公积)、其他综合收益、留存收益(包括盈余公积和未分配利润)等。综合收益和与所有者(或股东)的资本交易导致的所有者权益的变动,应当分别列示。

《企业会计准则第30号——财务报表列报》规定,企业应当反映所有者权益各组成部分的期初和期末余额及其调节情况。因此,企业一方面应列示导致所有者权益变动的交易或事项,按所有者权益变动的来源对一定时期所有者权益的变动情况进行全面反映;另一方面,按照所有者权益各组成部分(包括实收资本、资本公积、其他综合收益、盈余公积、未分配利润、库存股)及其总额列示相关交易或事项对所有者权益的影响。

《企业会计准则第30号——财务报表列报》还规定,企业需要提供比较所有者权益变动表,表内各项目再分为“本年金额”和“上年金额”两个栏目。一般企业所有者权益变动表的格式如表8－11所示。

表 8－11　　所有者权益变动表

编制单位：　　年度　　单位：元

项　目	本年金额							上年金额						
	实收资本（或股本）	资本公积	减：库存股	其他综合收益	盈余公积	未分配利润	所有者权益合计	实收资本（或股本）	资本公积	减：库存股	其他综合收益	盈余公积	未分配利润	所有者权益合计
一、上年年末余额														
加：会计政策变更														
前期差错更正														
二、本年年初余额														
三、本年增减变动金额（减少以"—"号填列）														
（一）综合收益总额														
（二）所有者投入和减少资本														
1. 所有者投入资本														
2. 其他权益工具持有者投入资本														
3. 股份支付计入所有者权益的金额														
4. 其他														
（三）利润分配														
1. 提取盈余公积														
2. 对所有者（或股东）的分配														
3. 其他														
（四）所有者权益内部结转														
1. 资本公积转增资本（或股本）														
2. 盈余公积转增资本（或股本）														
3. 盈余公积弥补亏损														
4. 其他														
四、本年年末余额														

第六节 财务报表附注

一、财务报表附注的概念

财务报表附注是对在资产负债表、利润表、所有者权益变动表和现金流量表等报表中列示项目的文字描述或明细资料，以及对未能在这些报表中列示项目的说明等。

附注应当披露财务报表的编制基础，相关信息应当与资产负债表、利润表、现金流量表和所有者权益变动表等报表中列示的项目相互参照。

二、财务报表附注的内容

按照《企业会计准则第 30 号——财务报表列报》的规定，财务报表附注一般应当按照下列顺序披露：(1)财务报表的编制基础；(2)遵循企业会计准则的声明；(3)重要会计政策的说明，包括财务报表项目的计量基础和会计政策的确定依据等；(4)重要会计估计的说明，包括下一会计期间内很可能导致资产、负债账面价值重大调整的会计估计的确定依据等；(5)会计政策和会计估计变更以及差错更正的说明；(6)对已在资产负债表、利润表、现金流量表和所有者权益变动表中列示的重要项目的进一步说明，包括终止经营税后利润的金额及其构成情况等；(7)或有和承诺事项、资产负债表日后非调整事项、关联方关系及其交易等需要说明的事项。

企业应当在附注中披露在资产负债表日后、财务报表批准报出日前提议或宣布发放的股利总额和每股股利金额(或向投资者分配的利润总额)。

企业会计准则还规定，如果下列各项没有在与财务报表一起公布的其他信息中披露的，则企业应当在附注中披露：(1)企业注册地、组织形式和总部地址；(2)企业的业务性质和主要经营活动；(3)母公司以及集团最终母公司的名称等。

本章小结

财务报告，是指企业对外提供的反映企业某一特定日期财务状况和某一会计期间经营成果、现金流量等会计信息的文件。企业的财务报告由财务报表、财务报表附注以及其他应当在财务报告中披露的相关信息和资料组成。财务报告的主要作用是向财务报告使用者提供真实、公允的信息，用于落实和考核企业领导人经济责任的履行情况，并有助于包括所有者在内的财务报告使用者经济决策。我国《企业财务会计报告条例》规定，企业的财务报告分为年度、半年度、季度和月度财务报告。

财务报表是以企业日常的会计核算资料为依据，按照规定的格式、内容和填报要求编制，并对外提供的总括反映企业财务状况、经营成果和现金流量情况的书面报告文件。

财务报表按其反映经济内容的不同，可分为资产负债表、利润表和现金流量表；按编制的时间，可分为中期报表和年度报表；按所包括会计主体的范围，可分为个别财务报表和合并财务报表；按其所反映的资金运动状况，可分为静态报表和动态报表；按其编制单位的不同，可分为基层财务报表和汇总财务报表；按其编制用途，可分为内部财务报表和外部财务报表。

资产负债表是以“资产＝负债＋所有者权益”会计恒等式为依据设计的，反映企业在某一特定日期全部资产、负债及所有者权益情况的财务报表。其格式有两种：账户式和报告式。我国采用账户式结构。

利润表是以“收入－费用＝利润”会计等式为依据设计的、反映企业在一定会计期间(月份、季度、半年度、年度)生产经营成果的财务报表。其格式有多步式和单步式两种，我国采用多步式。

现金流量表是以现金为基础的，反映企业一定会计期间内经营活动、投资活动和筹资活动现金流入、流出和净流量的财务报表。该报表提供的信息有利于使用者分析企业的真正偿债、营运和盈利能力，而不是账面能力。

所有者权益变动表是反映构成所有者权益的各组成部分在当期增减变动情况的报表。通过该表，可以了解企业某一会计年度所有者权益（或股东权益）的各项目实收资本（或股本）、资本公积、盈余公积和未分配利润等的增加、减少及其余额的情况，分析其变动原因及预测未来的变动趋势。

财务报表附注是对在资产负债表、利润表、现金流量表和所有者权益变动表等报表中列示项目的文字描述或明细资料，以及对未能在这些报表中列示项目的说明等。

关键名词

财务会计报告　财务报表　资产负债表　利润表　现金流量表
所有者权益变动表　财务报表附注　单步式利润表　多步式利润表

复习思考题

1. 简述财务报表的概念与作用。
2. 财务报表主要有哪几种分类方法？分类的依据分别是什么？
3. 简述资产负债表的概念和作用。
4. 简述资产负债表的内容和格式。
5. 简述资产负债表的编制方法。
6. 简述利润表的概念和作用。
7. 简述利润表的内容和格式。
8. 简述利润表的编制方法。
9. 简述现金流量表的概念和作用。
10. 什么是财务会计报告？简述财务会计报告的构成和基本要求。
11. 什么是所有者权益变动表？什么是财务报表附注？

同步练习

一、单项选择题

1. 按照反映经济内容状态分类，资产负债表属于（　　）。
A. 动态报表　　B. 静态报表
C. 动静结合报表　　D. 反映经营成果的报表

2. 我国资产负债表的格式采用（　　）。
A. 账户式　　B. 报告式　　C. 多步式　　D. 财务状况式

3. 合并财务报表的会计主体为（　　）。
A. 企业　　B. 企业集团　　C. 母公司　　D. 子公司

4. 资产负债表“期末余额”栏的编制依据为（　　）。
A. 有关账户的期末余额　　B. 有关账户的本期借方发生额
C. 有关账户的期初余额　　D. 有关账户的本期贷方发生额

5. 利润表“本期金额”栏的编制依据是（　　）。
A. 有关账户的期初余额　　B. 有关账户的期末余额

C. 有关账户的本期发生额　　D. 本月数与上月本年累计数之和

6. 利润表是一张(　　)。

A. 静态财务报表　　B. 动态财务报表　　C. 年度财务报表　　D. 汇总财务报表

7. 企业对外部提供会计信息的形式是(　　)。

A. 记账凭证　　B. 原始凭证　　C. 会计账簿　　D. 财务报表

8. 某企业 2023 年 12 月 31 日编制的年度利润表中,"本期金额"一栏反映了(　　)。

A. 12 月 31 日利润或亏损的形成情况　　B. 12 月累计利润或亏损的形成情况

C. 本年度利润或亏损的形成情况　　D. 第 4 季度利润或亏损的形成情况

9. "应收账款"账户所属明细科目若有贷方余额,则应在资产负债表(　　)项目中反映。

A. 预付款项　　B. 预收款项　　C. 应收账款　　D. 应付账款

10. 财务报表中各项目数字的直接来源是(　　)。

A. 记账凭证　　B. 原始凭证　　C. 账簿记录　　D. 日记账

11. 下列各项中,反映企业某一特定日期财务状况的报表是(　　)。

A. 现金流量表　　B. 资产负债表　　C. 利润表　　D. 所有者权益变动表

12. 下列各项中,属于企业资产负债表中负债项目的是(　　)。

A. 递延收益　　B. 预付款项　　C. 其他收益　　D. 其他综合收益

13. 某企业 2023 年实现营业收入 600 万元,发生营业成本 400 万元,管理费用 20 万元,税金及附加 5 万元,营业外支出 10 万元。不考虑其他因素,该企业 2023 年的营业利润为(　　)万元。

A. 165　　B. 200　　C. 190　　D. 175

14. 下列各项中,影响利润表中"营业利润"项目的是(　　)。

A. 营业外收入　　B. 所得税费用　　C. 营业外支出　　D. 资产减值损失

15. 下列各项中,应列入企业现金流量表中"经营活动产生的现金流量"项目的是(　　)。

A. 支付的各项税费　　B. 取得子公司支付的现金净额

C. 购建固定资产支付的现金　　D. 偿还长期借款支付的现金

二、多项选择题

1. 财务报表的主表包括(　　)。

A. 资产负债表　　B. 利润表　　C. 利润分配表　　D. 现金流量表

2. 财务报表的使用者包括(　　)。

A. 投资人　　B. 债权人　　C. 企业管理者　　D. 上级主管机关

3. 下列项目中,属于财务报表的有(　　)。

A. 资产负债表　　B. 所有者权益变动表

C. 利润表　　D. 现金流量表

4. 财务报表的编制要求(　　)。

A. 数字真实　　B. 计算准确　　C. 内容完整　　D. 编报及时

5. 企业中期财务报表至少应当包括(　　)。

A. 资产负债表　　B. 利润表　　C. 现金流量表　　D. 附注

6. 下列财务报表中,属于动态报表的有(　　)。

A. 现金流量表　　B. 利润表

C. 资产负债表　　D. 所有者权益变动报表

7. 资产负债表中货币资金项目编制的依据是(　　)。

A. 库存现金　　B. 银行存款　　C. 其他货币资金　　D. 应收账款

8. 下列各项中,构成企业财务报表的有(　　)。

A. 现金流量表　　B. 收入费用表　　C. 资产负债表　　D. 附注

9. 下列有关财务报告的表述中，正确的有（　　）。

A. 财务报告是指企业对外提供的反映企业某一特定日期财务状况和某一会计期间经营成果、现金流量等会计信息的文件

B. 财务报表附注是对在资产负债表、利润表、现金流量表和所有者权益变动表等报表中列示项目的文字描述或明细资料，以及对未能在这些报表中列示项目的说明等

C. 财务报表至少应包括资产负债表、利润表、现金流量表、所有者权益变动表及附注，即“四表一注”

D. 财务报告就是指财务报表

10. 下列各项中，属于资产负债表中“流动负债”项目的有（　　）。

A. 赊购材料应支付的货款　　B. 本期从银行借入的3年期借款

C. 销售应税消费品应交纳的消费税　　D. 收取客户的购货订金

11. 工业企业发生的下列现金收支中，属于筹资活动产生的现金流量的有（　　）。

A. 向银行借款收到的现金　　B. 债券投资收到的利息

C. 发放现金股利　　D. 转让股票投资收到的现金

12. 下列各项中，关于财务报表附注的表述，正确的是（　　）。

A. 附注中包括财务报表重要项目的说明

B. 对未能在财务报表中列示的项目在附注中说明

C. 如果没有需要披露的重大事项，则企业不必编制附注

D. 附注中包括会计政策和会计估计变更以及差错更正的说明

13. 下列各项中，根据总账科目期末余额直接填列的资产负债表项目有（　　）。

A. 应收票据　　B. 资本公积　　C. 短期借款　　D. 应付账款

14. 下列各项中，属于企业利润表列示的项目有（　　）。

A. 每股收益　　B. 综合收益总额　　C. 其他收益　　D. 信用减值损失

15. 下列各项中，属于经营活动产生现金流量的项目有（　　）。

A. 购建固定资产支付的现金　　B. 购买债券支付的现金

C. 广告宣传支付的现金　　D. 购买商品支付的现金

三、判断题

1. 资产负债表反映的是时点数，属于静态报表。（　　）

2. 利润表和应交增值税明细表都属于企业财务报表的主表。（　　）

3. 利润表和现金流量表都属于动态财务报表。（　　）

4. 利润表中的“本期金额”栏应根据有关账户的期末余额编制。（　　）

5. 资产负债表中的“期末余额”栏应根据有关账户的本期发生额编制。（　　）

6. 资产负债表中资产项目的分类与排列，是按照资产的流动性即变现能力进行的。（　　）

7. 每个企业都必须按月编报资产负债表、利润表和现金流量表等。（　　）

8. 各种财务报表必须按照规定的时间及时编报，不能拖延，为此，可提前结账编制财务报表。（　　）

9. 利润表的格式主要有多步式和单步式两种，我国采用多步式。（　　）

10. 附注主要包括两部分：一是财务报表中各要素的补充说明；二是对在财务报表中无法详细描述的其他财务信息的补充说明。（　　）

11. 财务报告包括财务报表和其他应当在财务报告中披露的相关信息和资料。（　　）

12. 在企业年报所有者权益变动表中，“未分配利润”项目本年年末余额应与资产负债表中“未分配利润”项目年末余额相一致。（　　）

13. 企业在财务报表附注中应当披露采用的重要会计政策和会计估计，其中，对不重要的会计政策和会计估计可以不披露。（　　）

14. 反映企业某一特定日期财务状况的报表是利润表。（　　）

15.“长期股权投资”项目应根据“长期股权投资”科目的期末余额填列。 (   )

四、业务题

习题一

【目的】练习资产负债表的编制。

【资料】永利公司 2024 年 4 月 30 日的科目余额表如表 8—12 所示：

表 8—12　　科目余额表　　单位：元

科目名称	借方余额	科目名称	贷方余额
库存现金	3 400	短期借款	17 000
银行存款	22 950	应付票据	6 800
其他货币资金	9 350	应付账款	9 775
应收票据	850	其他应付款	425
应收账款	51 000	应付职工薪酬	2 975
预付账款	2 125	应交税费	3 400
其他应收款	1 275	应付利息	13 600
材料采购	8 075	长期借款	38 250
原材料	35 275	应付债券	25 500
周转材料	8 500	长期应付款	4 250
库存商品	6 800	股本	85 000
生产成本	12 325	资本公积	8 500
长期股权投资	44 200	盈余公积	42 500
固定资产	87 550	利润分配(未分配利润)	19 550
在建工程	3 400	累计折旧	34 000
无形资产	5 950		
长期待摊费用	8 500		
合　计	311 525	合　计	311 525

【要求】请根据以上资料编制永利公司 2024 年 4 月 30 日的资产负债表(“期初余额”栏略)。

习题二

【目的】练习利润表的编制。

【资料】兴华公司 2024 年 6 月份损益类账户的发生额如表 8—13 所示。

表 8—13　　各损益类账户的发生额　　单位：元

会计科目	金　额	会计科目	金　额
主营业务收入	55 000	管理费用	2 500
其他业务收入	10 000	财务费用	2 300
主营业务成本	28 000	投资净收益	8 700

续表

会计科目	金　额	会计科目	金　额
其他业务成本	6 000	营业外收入	6 600
税金及附加	1 200	营业外支出	4 500
销售费用	5 800		

【要求】请根据以上资料编制兴华公司 2024 年 6 月份的利润表(“上期金额”栏略)。

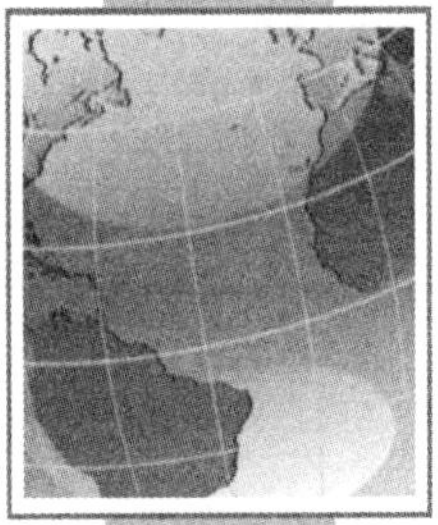

第九章 会计核算组织程序

本章导航

- 会计核算组织程序
  - 会计核算组织程序的意义和种类
    - 会计核算组织程序的概念
    - 设计会计核算组织程序的意义
    - 设计会计核算组织程序的要求
    - 会计核算组织程序的种类
  - 记账凭证核算组织程序
    - 记账凭证核算组织程序的定义
    - 记账凭证核算组织程序下记账凭证、会计账簿和会计报表系统
    - 记账凭证核算组织程序的基本步骤
    - 记账凭证核算组织程序的优缺点及适用范围
  - 科目汇总表核算组织程序
    - 科目汇总表核算组织程序的定义
    - 科目汇总表核算组织程序下记账凭证与会计账簿系统
    - 科目汇总表的编制方法
    - 科目汇总表核算组织程序的基本步骤
    - 科目汇总表核算组织程序的优缺点及适用范围
  - 汇总记账凭证核算组织程序
    - 汇总记账凭证核算组织程序的定义
    - 汇总记账凭证核算组织程序下记账凭证与会计账簿系统
    - 汇总记账凭证的编制及总账登记方法
    - 汇总记账凭证核算组织程序的基本步骤
    - 汇总记账凭证核算组织程序的优缺点及适用范围
  - 记账凭证核算组织程序举例

学习目的与要求

本章阐述各种会计凭证、会计账簿和会计报表与记账程序相互结合的方式，即会计核算组织程序。学习本章，要求理解会计核算组织程序的意义和选用会计核算组织程序应考虑的因素，掌握记账凭证核算组织程序和科目汇总表核算组织程序的特点、步骤、主要优缺点及适用范围；熟悉汇总记账凭证核算组织程序。

学习重点与难点

本章重点是记账凭证核算组织程序和科目汇总表核算组织程序的特点、步骤、主要优缺点及适用范围。本章难点是科目汇总表和汇总记账凭证的编制。

第一节　会计核算组织程序的概念、意义、要求和种类

一、会计核算组织程序的概念

原始凭证是编制记账凭证的依据，原始凭证和记账凭证是登记账簿的依据，账簿是编制会计报表的主要依据。这一过程就是将原始凭证中所记载的经济事项转换为会计语言、加工成会计信息并对外披露的过程。会计凭证与账簿联系的方法，由原始凭证到编制记账凭证、登记明细分类账和总分类账、编制会计报表的工作程序和方法等，就是会计核算组织程序。

会计核算组织程序（也称账务处理程序，或会计核算形式）是指在会计循环中会计主体所采用的会计凭证、会计账簿、会计报表的种类和格式与一定的记账程序有机结合的方法和步骤。会计循环是指一个会计主体在一定的会计期间内，从经济业务发生取得或填制会计凭证起到登记账簿、编制会计报表止的一系列处理程序。记账程序是指企业在会计循环中利用不同种类和格式的会计凭证、会计账簿和会计报表对发生的经济业务进行记录和反映的具体过程。

二、设计会计核算组织程序的意义

前面各章系统地阐述了设置会计科目和账户、复式记账、填制和审核会计凭证、登记账簿、成本计算、财产清查和编制财务会计报告等会计核算方法。在实际工作中，企事业单位还必须根据自身的业务性质、业务数量、人员配备和经营规模等具体情况，将上述各种方法按照一定的要求有机地结合起来，形成适合本单位特点的会计核算组织程序。

科学、合理地选择适用于本单位的会计核算组织程序，对于有效地组织会计核算工作具有重要意义：首先，有利于会计工作程序的规范化，确定合理的凭证、账簿与报表之间的联系方式，保证信息加工过程的严密性，提高会计信息的质量；其次，有利于保证会计记录的完整性、正确性，通过凭证、账簿及报表之间的牵制作用，增强会计信息的可靠性；最后，有利于减少不必要的会计核算环节，通过有序的会计核算程序，提高会计工作效率，保证会计信息的及时性。

三、设计会计核算组织程序的要求

设计会计核算组织程序必须符合以下要求：

（1）与本单位经济活动的特点、规模的大小和业务的繁简程度相适应。

（2）能够正确、全面、及时地提供有关经济活动和财务收支情况的指标，以满足本单位加强

经济管理、提高经济效益的需要，满足国家宏观调控和主管部门的需要。

(3)在保证核算质量的前提下，力求简化核算手续，节约人力、物力和财力，以提高会计核算工作的效率。

(4)便于会计人员分工协作和建立岗位责任制。

四、会计核算组织程序的种类

会计核算组织程序的建立是由多种因素决定的，主要有经济活动和财务收支的实际情况、经营管理的需要、会计人员的数量和素质、会计核算中的核算手续等。由于这些因素在不断变化，因此，由它们所决定的会计凭证系统组织、会计账簿系统组织和会计报表系统组织以及核算程序和方法也在不断发生变化，由此形成不同的会计核算组织程序。

目前，我国企业常用的会计核算组织程序主要有五种：记账凭证核算组织程序、科目汇总表核算组织程序、汇总记账凭证核算组织程序、日记总账核算组织程序、多栏式日记账核算组织程序。

在实际工作中，后两种会计核算组织程序极少采用，因此，下面主要介绍前三种会计核算组织程序。

第二节　记账凭证核算组织程序

一、记账凭证核算组织程序的定义

记账凭证核算组织程序是指对发生的经济业务事项，都要根据原始凭证或原始凭证汇总表填制记账凭证，然后直接根据记账凭证逐笔登记总分类账，并定期编制会计报表的一种账务处理程序。

记账凭证核算组织程序的特点是：直接根据记账凭证逐笔登记总分类账。它是一种最基本的会计核算组织程序，其他会计核算组织程序都是在此基础上发展起来的。

二、记账凭证核算组织程序下记账凭证、会计账簿和会计报表系统

在记账凭证会计核算组织程序中，记账凭证一般可采用收款凭证、付款凭证、转账凭证三种格式，也可采用通用记账凭证格式。

账簿一般需要设置总账、明细账和日记账。总分类账，采用三栏式账页，并按每一总分类科目开设账页。明细分类账，可根据管理需要，采用三栏式、数量金额式和多栏式账页。现金日记账和银行存款日记账一般都采用三栏式账页。

在记账凭证核算组织程序下使用的会计报表主要有资产负债表、利润表和现金流量表等。报表的种类不同，格式也不尽相同。由于在国家颁布的会计准则中对会计报表的种类与格式已有统一规定，因此不论在什么样的会计核算组织程序下，会计报表的种类与格式都不会有大的变动。因此，在研究会计核算组织程序内容的过程中，对会计报表的种类与格式问题不再做更多探讨。

三、记账凭证核算组织程序的基本步骤

在记账凭证核算组织程序下，对经济业务进行账务处理的程序大体包括以下六个步骤：

(1)根据原始凭证或原始凭证汇总表填制通用记账凭证或分别填制收款凭证、付款凭证和转账凭证；

(2)根据收款凭证和付款凭证或通用记账凭证逐笔登记库存现金日记账和银行存款日记账；

(3)根据记账凭证和原始凭证逐笔登记各种明细分类账；

(4)根据记账凭证逐笔登记总分类账；

(5)按照对账的具体要求定期进行总分类账与库存现金、银行存款日记账、明细账之间的核对；

(6)月末，根据总账和明细账的记录编制会计报表。

记账凭证核算组织程序的基本步骤如图 9—1 所示。

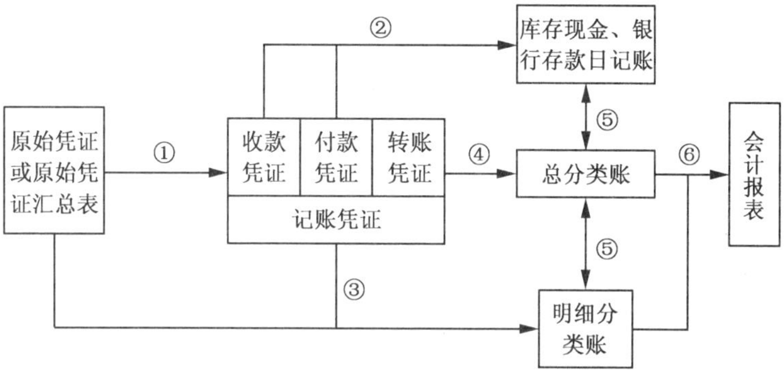

注："→"表示记账程序，"↔"表示核对，下同。

图 9—1　记账凭证核算组织程序步骤

四、记账凭证核算组织程序的优缺点及适用范围

记账凭证核算组织程序的优点是：直接根据记账凭证登记总账，能够详细地反映各项经济业务的发生情况，可以利用账户的对应关系进行分析，便于查账。其缺点是：登记总账的工作量比较大，对于经济业务较多、经营规模较大的企业，总分类账的登记工作过于繁重。

记账凭证核算组织程序一般适用于规模不大、经济业务较少且比较简单的单位。

第三节　科目汇总表核算组织程序

一、科目汇总表核算组织程序的定义

科目汇总表核算组织程序是指根据各种记账凭证先定期(或月末一次)按会计科目汇总编制科目汇总表，然后根据科目汇总表登记总分类账，并定期编制会计报表的一种账务处理程序。

科目汇总表核算组织程序的主要特点是：根据记账凭证定期编制科目汇总表，然后再根据科目汇总表登记总分类账。

二、科目汇总表核算组织程序下记账凭证与会计账簿系统

在科目汇总表核算组织程序下所设置的凭证和账簿与记账凭证核算组织程序下基本相同,不同的是除设置记账凭证外,还应根据记账凭证定期编制科目汇总表。为便于编制科目汇总表,一般要求编制单式记账凭证,以便于借、贷各账户分开汇总;若采用 T 型账户形式作为编制科目汇总表工作底稿的,则记账凭证可以编制复式记账凭证。

三、科目汇总表的编制方法

科目汇总表的编制方法是:根据一定时期内的全部记账凭证按照相同会计科目归类,定期(如每 10 天或 15 天,或每月一次)汇总每一账户的借方本期发生额和贷方本期发生额,并将其填列在科目汇总表的相应栏内,用以反映全部账户的借方本期发生额和贷方本期发生额。科目总表可以每月汇总一次,编制一张,其格式与内容如表 9—1 所示。

表 9—1 科目汇总表

年 月 日至 日 第 号

会计科目	总账页次	本期发生额		记账凭证起讫号数
		借 方	贷 方	
合 计				

科目汇总表也可以每旬汇总一次,每月编制一张,其格式与内容如表 9—2 所示。

表 9—2 科目汇总表

年 月 第 号

会计科目	总账页次	1—10 日		11—20 日		21—30 日		本月合计	
		借方	贷方	借方	贷方	借方	贷方	借方	贷方
合 计									

四、科目汇总表核算组织程序的基本步骤

在科目汇总表核算组织程序下,对经济业务进行账务处理的程序大体要经过以下七个步骤:

(1)根据原始凭证或原始凭证汇总表填制通用记账凭证或分别填制收款凭证、付款凭证和转账凭证;

(2)根据收款凭证和付款凭证或通用记账凭证逐笔登记库存现金日记账和银行存款日记账;

(3)根据记账凭证和原始凭证逐笔登记各种明细分类账;

(4)根据记账凭证定期汇总编制科目汇总表；

(5)根据科目汇总表登记总分类账；

(6)按照对账的具体要求定期进行总分类账与库存现金、银行存款日记账、明细账之间的核对；

(7)月末，根据总账和明细账的记录编制会计报表。

科目汇总表核算组织程序的基本步骤如图 9－2 所示。

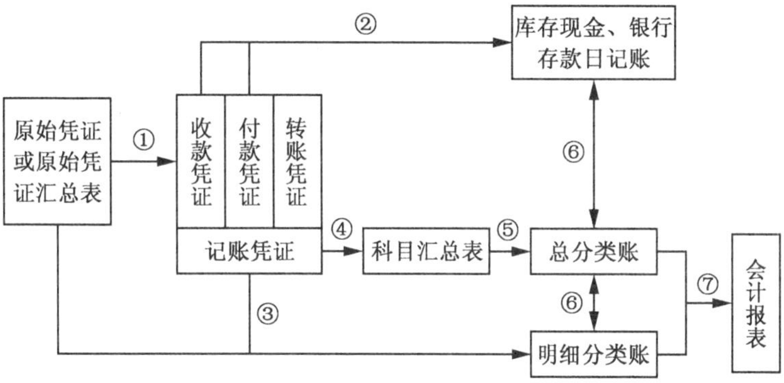

图 9—2 科目汇总表核算组织程序步骤

五、科目汇总表核算组织程序的优缺点及适用范围

科目汇总表核算组织程序的优点是：根据科目汇总表登记总分类账，可以大大减轻登记总账的工作量，而且科目汇总表可以起到试算平衡的作用。其缺点是：由于科目汇总表只能作为登记总分类账和试算平衡的依据，不能明确反映账户的对应关系，不便于分析检查经济业务的来龙去脉和查对账目；编制科目汇总表的工作量较大。

科目汇总表核算组织程序一般适用于规模较大、业务量较多、记账凭证数量较多的大中型企业。

第四节 汇总记账凭证核算组织程序

一、汇总记账凭证核算组织程序的定义

汇总记账凭证核算组织程序是指根据各种专用记账凭证定期汇总编制汇总记账凭证，然后根据汇总记账凭证登记总分类账，并定期编制会计报表的一种账务处理程序。

汇总记账凭证核算组织程序的特点是：根据记账凭证定期编制汇总记账凭证，然后根据汇总记账凭证登记总分类账。

二、汇总记账凭证核算组织程序下记账凭证与会计账簿系统

在汇总记账凭证核算组织程序下，除设置收款凭证、付款凭证和转账凭证三种专用记账凭证外，企业还应设置汇总收款凭证、汇总付款凭证和汇总转账凭证，作为登记总分类账的依据。

账簿的设置与记账凭证会计核算程序相同。

三、汇总记账凭证的编制及总账登记方法

汇总收款凭证按“库存现金”或“银行存款”借方科目分别设置，定期按其对应的贷方科目归类汇总，按月编制。登记总分类账时，企业应根据汇总收款凭证上的合计数，记入“库存现金”或“银行存款”总分类账户的借方；根据汇总收款凭证内各贷方科目的合计数，分别记入有关总分类账户的贷方，其格式如表 9－3 所示。

表 9－3 **汇总收款凭证**

借方科目：银行存款 年 月 日 汇收字第 号

贷方科目	金额(元)				总账页数	
	1 日至 10 日收款凭证 第 号至第 号	11 日至 20 日收款凭证 第 号至第 号	21 日至 31 日收款凭证 第 号至第 号	合计	借方	贷方
主营业务收入						
应收账款						
……						
合 计						

会计主管： 记账： 复核： 填制：

汇总付款凭证按“库存现金”或“银行存款”贷方科目分别设置，定期按其对应的借方科目归类汇总，按月编制。登记总分类账时，企业应根据汇总付款凭证上的合计数，记入“库存现金”“银行存款”总分类账户的贷方；根据汇总付款凭证内各借方科目的合计数，记入相应总分类账户的借方，其格式如表 9－4 所示。

表 9－4 **汇总付款凭证**

贷方科目：银行存款 年 月 日 汇付字第 号

借方科目	金额(元)				总账页数	
	1 日至 10 日付款凭证 第 号至第 号	11 日至 20 日付款凭证 第 号至第 号	21 日至 31 日付款凭证 第 号至第 号	合计	借方	贷方
应付账款						
……						
合 计						

会计主管： 记账： 复核： 填制：

汇总转账凭证通常按转账凭证的贷方科目分别设置，定期按与其设置科目相对应的借方科目归类汇总，按月编制。为方便汇总转账凭证的归类，填制转账凭证时，各账户之间应保持一借一贷或多借一贷的对应关系。登记总分类账时，企业应根据汇总转账凭证上的合计数，记入汇总转账凭证所列贷方科目相应的总分类账户的贷方；根据汇总转账凭证内各借方科目的合计数，记入相应总分类账户的借方，其格式如表 9－5 所示。

表 9—5　汇总转账凭证

贷方科目:原材料　　　　　　汇转字第　号

借方科目	金额(元)				总账页数	
	1 日至 10 日转账凭证 第　号至第　号	11 日至 20 日转账凭证 第　号至第　号	21 日至 31 日转账凭证 第　号至第　号	合计	借方	贷方
生产成本						
制造费用						
……						
合　计						

会计主管:　　　　记账:　　　　复核:　　　　填制:

四、汇总记账凭证核算组织程序的基本步骤

在汇总记账凭证核算组织程序下,对经济业务进行账务处理的程序大体经过以下七个步骤:

(1)根据原始凭证或原始凭证汇总表分别填制收款凭证、付款凭证和转账凭证;

(2)根据收款凭证、付款凭证逐笔登记库存现金日记账、银行存款日记账;

(3)根据记账凭证和原始凭证逐笔登记各种明细分类账;

(4)根据收款凭证、付款凭证和转账凭证,定期编制汇总收款凭证、汇总付款凭证和汇总转账凭证;

(5)根据汇总收款凭证、汇总付款凭证和汇总转账凭证登记总分类账;

(6)按照对账的具体要求定期进行总分类账与库存现金、银行存款日记账、明细账之间的核对;

(7)月末,根据总账和明细账的记录编制会计报表。

汇总记账凭证核算组织程序的基本步骤如图 9—3 所示。

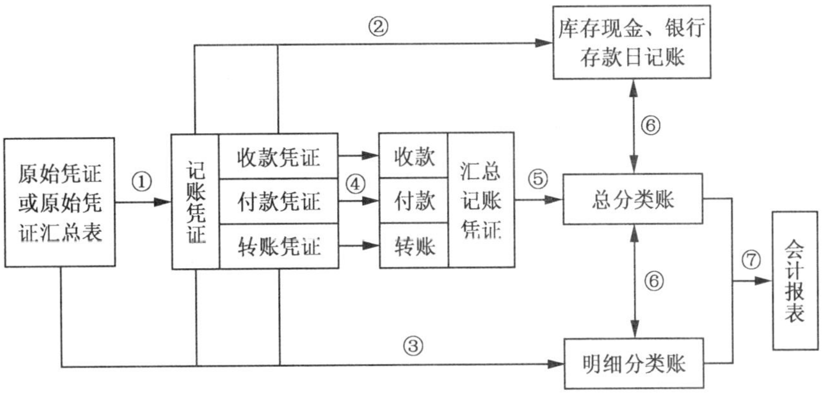

图 9—3　汇总记账凭证核算组织程序步骤

五、汇总记账凭证核算组织程序的优缺点及适用范围

汇总记账凭证核算组织程序的优点是:根据汇总记账凭证月终一次登记总账,既减少了登记总账的工作量,又保证了会计科目之间的对应关系。其缺点是:定期编制汇总记账凭证的工作量较大。

汇总记账凭证核算组织程序适用于规模大、经济业务较多的企业。

第五节 记账凭证核算组织程序举例

一、资料

(一)总分类账户的期初余额

长城公司 2024 年 6 月 1 日各有关总分类账户的期初余额如表 9—6 所示。

表 9—6 **总分类账户期初余额表** 单位:元

账户名称	借方余额	账户名称	贷方余额
库存现金	900	短期借款	180 000
银行存款	353 700	应付账款	90 000
应收账款	75 000	应交税费	4 500
其他应收款	750	其他应付款	1 050
原材料	240 000	实收资本	675 000
库存商品	120 000	资本公积	600 000
应收票据	1 500	本年利润	195 000
生产成本	19 500	累计折旧	150 000
固定资产	900 000		
利润分配	184 200		
合 计	1 895 550		1 895 550

(二)明细分类账户的期初余额

该公司有关明细分类账户的期初余额分别如表 9—7、表 9—8 和表 9—9 所示。

表 9—7 **原材料明细账**

原材料	数量(千克)	单价(元/千克)	金额(元)
A 材料	900	100	90 000
B 材料	750	200	150 000
合 计			240 000

表 9—8　　库存商品明细账

库存商品	数量(件)	单价(元/件)	金额(元)
甲产品	1 200	40	48 000
乙产品	1 500	48	72 000
合　计			120 000

表 9—9　　应收账款、应付账款明细表　　单位:元

总账科目	明细科目	借方余额	贷方余额
应收账款	大华公司	45 000	
应收账款	天桥公司	30 000	
应付账款	鲁光公司		60 000
应付账款	新华公司		30 000
合　计		75 000	90 000

(三)该公司 2024 年 6 月份发生的经济业务

(1)6 月 1 日,收到天桥公司还来前欠货款 30 000 元,存入银行。

(2)6 月 3 日,用银行存款缴纳上月应交所得税 4 500 元。

(3)6 月 5 日,销售大华公司甲产品 900 件,单价为 60 元,计 54 000 元,增值税为 7 020 元,款项尚未收到。

(4)6 月 7 日,向鲁光公司购进 A 材料 150 千克,单价为 100 元,向历城公司购进 B 材料 150 千克,单价为 200 元,增值税为 5 850 元。上列款项用银行存款支付。

(5)6 月 9 日,用银行存款发放职工工资 9 500 元。

(6)6 月 9 日,出售给历城公司乙产品 480 件,单价为 75 元,计 36 000 元,增值税为 4 680 元,款项收到存入银行。

(7)6 月 11 日,用银行存款偿还短期借款 150 000 元。

(8)6 月 12 日,车间领用 A 材料 120 千克,计 12 000 元,B 材料 150 千克,计 30 000 元,共计 42 000 元,用于制造乙产品。

(9)6 月 12 日,用银行存款偿还前欠新华公司的货款 30 000 元。

(10)6 月 13 日,李江同志出差预借差旅费 300 元,以现金支付。

(11)6 月 13 日,本月 7 日所购材料已全部入库,结转实际采购成本。

(12)6 月 14 日,以现金支付办公用品费 30 元。

(13)6 月 15 日,用银行存款支付本月电费计 1 800 元,其中,甲产品 750 元,乙产品 900 元,企业管理部门 150 元,支付增值税 234 元。

(14)6 月 17 日,李江同志出差报销差旅费 225 元,余款 75 元退回现金,结清本月 13 日借款。

(15)6 月 18 日,车间领用 A 材料 45 千克,计 4 500 元,B 材料 75 千克,计 15 000 元,共计 19 500 元,用于制造甲产品。

(16)6 月 20 日,用现金支付广告费 120 元。

(17)6 月 22 日,销售给天桥公司 B 材料 15 千克,计 3 750 元,增值税为 487.50 元,款项收

到存入银行。

(18)6 月 22 日,结转销售给天桥公司 B 材料的成本 3 000 元。

(19)6 月 25 日,用银行存款支付销售产品的运费(假设不考虑增值税)300 元。

(20)6 月 26 日,“其他应付款”中有 600 元确实无法支付,作“营业外收入”入账。

(21)6 月 26 日,“其他应收款”中有 750 元确实无法收回,作坏账损失处理。

(22)6 月 28 日,预提应由本月份负担的银行借款利息 300 元。

(23)6 月 28 日,计提本月固定资产折旧 3 000 元,其中,车间应负担 2 100 元,管理部门应负担 900 元。

(24)6 月 28 日,分配结转本月工资费用 9 500 元,其中,生产甲产品的工人工资为 3 000 元,生产乙产品的工人工资为 3 000 元,车间管理人员的工资为 750 元,行政管理部门人员的工资为 2 750 元。

(25)6 月 28 日,分别按职工工资总额的 12%、2%计提养老保险费、失业保险费。

(26)6 月 30 日,将本月发生的制造费用 2 955 元,按照甲、乙产品生产人员的工资比例分配结转。

(27)6 月 30 日,结转本月完工甲产品 1 116 件的生产成本 44 647.5 元,完工乙产品 996 件的生产成本 47 797.5 元。

(28)6 月 30 日,计算结转本月应交城市维护建设税 427.25 元,教育费附加 183.11 元。

(29)6 月 30 日,结转本月已销产品的生产成本 59 040 元,其中,甲产品 36 000 元,乙产品 23 040 元。

(30)6 月 30 日,将本月主营业务收入 90 000 元、营业外收入 600 元、其他业务收入 3 750 元,结转入“本年利润”账户。

(31)6 月 30 日,将本月主营业务成本 59 040 元、税金及附加 610.36 元、管理费用 4 440 元、财务费用 300 元、销售费用 420 元、其他业务成本 3 000 元,结转入“本年利润”账户。

(32)6 月 30 日,按本月利润总额 26 539.64 元的 25%计算应交所得税 6 634.91 元。

(33)6 月 30 日,将所得税费用 6 634.91 元转入“本年利润”账户。

二、编制记账凭证

根据长城公司第 1—3 笔经济业务分别编制收款凭证、付款凭证和转账凭证,如表 9—10、表 9—11、表 9—12 所示。

表 9—10 **收款凭证** 银收字第 1 号

借方科目:银行存款 2024 年 6 月 1 日 附件 1 张

摘　要	贷方科目		记账	金额(元)
	一级科目	二级或明细科目		
收到天桥公司还来欠款	应收账款	天桥公司		30 000
合　计				30 000

表 9—11　**付款凭证**　银付字第 1 号

贷方科目:银行存款　2024 年 6 月 3 日　附件 1 张

摘　要	借方科目		记账	金额(元)
	一级科目	二级或明细科目		
上交所得税	应交税费	应交所得税		4 500
合　计				4 500

表 9—12　**转账凭证**　转字第 1 号

附件 1 张

2024 年 6 月 5 日　单位:元

摘　要	会计科目		记账	借方金额	贷方金额
	一级科目	明细科目			
销售甲产品	应收账款	大华公司		61 020	
	主营业务收入	甲产品			54 000
	应交税费	应交增值税(销项税额)			7 020
合　计				61 020	61 020

为了简化工作,第 4—33 笔经济业务用会计分录簿代替记账凭证,如表 9—13 所示。

表 9—13　**会计分录簿**　单位:元

2024 年 月	日	凭证 字	号	摘　要	一级科目	明细科目	借方金额	贷方金额
6	7	略	(4)	购进材料	在途物资		45 000	
					应交税费	应交增值税(进项)	5 850	
					银行存款			50 850
	9		(5)	发放工资	应付职工薪酬		9 500	
					银行存款			9 500
			(6)	销售产品	银行存款		40 680	
					主营业务收入	乙产品		36 000
					应交税费	应交增值税(销项)		4 680
	11		(7)	归还短期借款	短期借款		150 000	
					银行存款			150 000
	12		(8)	车间领料	生产成本	乙产品	42 000	
					原材料	A 材料		12 000
						B 材料		30 000
			(9)	归还欠款	应付账款	新华公司	30 000	
					银行存款			30 000
	13		(10)	预支差旅费	其他应收款	李江	300	
					库存现金			300
			(11)	材料入库	原材料	A 材料	15 000	
						B 材料	30 000	
					在途物资			45 000

续表

2024年		凭证		摘要	会计科目		借方金额	贷方金额
月	日	字	号		一级科目	明细科目		
6	14	略	(12)	付办公用品费	管理费用		30	
					库存现金			30
	15		(13)	支付水电费	生产成本	甲产品	750	
						乙产品	900	
					管理费用		150	
					应交税费	应交增值税(进项)	234	
					银行存款			2 034
	17		(14)	报销出差费	管理费用		225	
					库存现金		75	
					其他应收款	李江		300
	18		(15)	车间领材料	生产成本	甲产品	19 500	
					原材料	A材料		4 500
						B材料		15 000
	20		(16)	支付广告费	销售费用		120	
					库存现金			120
	22		(17)	销售材料	银行存款		4 237.5	
					其他业务收入			3 750
					应交税费	应交增值税(销项)		487.5
			(18)	结转材料成本	其他业务成本		3 000	
					原材料	B材料		3 000
	25		(19)	支付销售费	销售费用		300	
					银行存款			300
	26		(20)	应付款转收入	其他应付款		600	
					营业外收入			600
			(21)	坏账损失	坏账准备		750	
					其他应收款			750
	28		(22)	预提借款利息	财务费用		300	
					应付利息			300
			(23)	计提折旧	制造费用		2 100	
					管理费用		900	
					累计折旧			3 000
			(24)	分配工资费用	生产成本	甲产品	3 000	
						乙产品	3 000	
					制造费用		750	
					管理费用		2 750	
					应付职工薪酬			9 500
			(25)	计提养老保险费、失业保险费	生产成本	甲产品	420	
						乙产品	420	
					制造费用		105	
					管理费用		385	
					应付职工薪酬	养老保险		1 140
						失业保险		190

续表

2024年		凭证		摘　要	会计科目		借方金额	贷方金额
月	日	字	号		一级科目	明细科目		
6	30	略	（26）	分配制造费用	生产成本	甲产品	1 477.5	
						乙产品	1 477.5	
					制造费用			2 955
			（27）	结转完工产品成本	库存商品	甲产品	44 647.5	
						乙产品	47 797.5	
					生产成本	甲产品		44 647.5
						乙产品		47 797.5
			（28）	计提城建税、教育费附加	税金及附加		610.36	
					应交税费	应交城建税		427.25
						教育费附加		183.11
			（29）	结转销售成本	主营业务成本		59 040	
					库存商品	甲产品		36 000
						乙产品		23 040
			（30）	结转本年收入	主营业务收入		90 000	
					其他业务收入		3 750	
					营业外收入		600	
					本年利润		67 810.36	94 350
			（31）	结转本年费用	主营业务成本			59 040
					税金及附加			610.36
					其他业务成本			3 000
					销售费用			420
					管理费用			4 440
					财务费用			300
			（32）	计提所得税	所得税费用		6 634.91	
					应交税费	应交所得税		6 634.91
	30		（33）	结转所得税	本年利润		6 634.91	
					所得税费用			6 634.91

三、登记日记账

根据有关收款凭证、付款凭证登记库存现金日记账和银行存款日记账，如表9—14、表9—15所示。

表9—14　　**现金日记账**

2024年		凭证		摘　要	对方科目	借方	贷方	金额
月	日	字	号					
6	1	略		期初余额				900
	13		（10）	李江借出差费	其他应收款		300	600
	14		（12）	购办公用品	管理费用		30	570
	17		（14）	李江交出差余额	其他应收款	75		645
	20		（16）	支付广告费	销售费用		120	525
6				本月发生额及期末余额		75	450	525

表 9—15　　银行存款日记账

2024年		凭证		摘　要	结算凭证		对方科目	借方	贷方	余额
月	日	字	号		种类	号数				
6	1	略		期初余额	略	略				353 700
	1		(1)	收天桥货款			应收账款	30 000		383 700
	3		(2)	上交所得税			应交税费		4 500	379 200
	7		(4)	购材料			在途物资		50 850	328 350
	9		(5)	发放工资			应付职工薪酬		9 500	318 850
	9		(6)	销售产品			主营业务收入	40 680		359 530
	11		(7)	归还借款			短期借款		150 000	209 530
	12		(9)	归还欠款			应付账款		30 000	179 530
	15		(13)	支付水电费			生产成本		2 034	177 496
							管理费用			
							应交税费			
	22		(17)	出售材料			其他业务收入	4 237.5		181 733.5
	25		(19)	支付销售费			销售费用		300	181 433.5
6	30			本月发生额及期末余额				74 917.5	247 184	181 433.5

四、登记明细账

根据期初余额和本期填制的记账凭证登记“原材料”“库存商品”“应收账款”“应付账款”明细分类账，分别如表 9—16—表 9—23 所示。

表 9—16　　原材料明细分类账

材料名称：A 材料　　单位：千克、元

2024年		凭证		摘　要	收入			发出			结存		
月	日	字	号		数量	单价	金额	数量	单价	金额	数量	单价	金额
6	1	略		期初余额							900	100	90 000
	12		(8)	车间领用				120	100	12 000	780	100	78 000
	13		(11)	材料入库	150	100	15 000				930	100	93 000
	18		(15)	车间领用				45	100	4 500	885	100	88 500
6	30			本月发生额及期末余额	150	100	15 000	165	100	16 500	885	100	88 500

表 9—17　　原材料明细分类账

材料名称：B 材料　　单位：千克、元

2024年		凭证		摘　要	收入			发出			结存		
月	日	字	号		数量	单价	金额	数量	单价	金额	数量	单价	金额
6	1	略		期初余额							750	200	150 000
	12		(8)	车间领用				150	200	30 000	600		120 000
	13		(11)	材料入库	150	200	30 000				750		150 000
	18		(15)	车间领用				75	200	15 000	675		135 000
	22		(18)	销售材料				15	200	3 000	660	200	132 000
6	30			本月发生额及期末余额	150	200	30 000	240	200	48 000	660	200	132 000

表 9—18　　**库存商品明细分类账**

产品名称:甲产品　　单位:件、元

2024年		凭证		摘　要	收　入			发　出			结　存		
月	日	字	号		数量	单位成本	金额	数量	单位成本	金额	数量	单位成本	金额
6	1	略		期初余额							1 200	40	48 000
	30		(27)	产品完工入库	1 116	40	44 647.5						92 647.5
	30		(29)	销售产品				900	40	36 000	1 416	40	56 647.5
6	30			本月发生额及期末余额	1 116	40	44 647.5	900	40	36 000	1 416	40	56 647.5

表 9—19　　**库存商品明细分类账**

产品名称:乙产品　　单位:件、元

2024年		凭证		摘　要	收　入			发　出			结　存		
月	日	字	号		数量	单位成本	金额	数量	单位成本	金额	数量	单位成本	金额
6	1	略		期初余额							1 500	48	72 000
	30		(27)	产品完工入库	996	48	47 797.5				2 496		119 797.5
	30		(29)	产品销售				480	48	23 040	2 016	48	96 757.5
6	30			本月发生额及期末余额	996	48	47 797.5	480	48	23 040	2 016	48	96 757.5

表 9—20　　**应收账款明细分类账**

明细科目:大华公司　　单位:元

2024年		凭证		摘　要	借　方	贷　方	借或贷	金　额
月	日	字	号					
6	1	略		期初余额			借	45 000
	5		(3)	销货应收款	61 020		借	106 020
6	30			本月发生额及期末余额	61 020		借	106 020

表 9—21　　**应收账款明细分类账**

明细科目:天桥公司　　单位:元

2024年		凭证		摘　要	借　方	贷　方	借或贷	金　额
月	日	字	号					
6	1	略		期初余额			借	30 000
	1		(1)	收回天桥公司欠款		30 000	平	0
6	30			本月发生额及期末余额		30 000	平	0

表 9—22 **应付账款明细账**

明细科目:鲁光公司 单位:元

2024年		凭证		摘 要	借 方	贷 方	借或贷	金 额
月	日	字	号					
6	1	略		期初余额			贷	60 000

表 9—23 **应付账款明细账**

明细科目:新华公司 单位:元

2024年		凭证		摘 要	借 方	贷 方	借或贷	金 额
月	日	字	号					
6	1	略		期初余额			贷	30 000
	12		(9)	归还欠款	30 000		平	0
6	30			本月发生额及期末余额	30 000		平	0

五、登记总分类账

根据期初余额和本期填制的记账凭证,登记各总分类账户,分别如表 9—24、表 9—25 所示。

表 9—24 **总分类账** 第×页

会计科目:原材料 单位:元

2024年		凭证		摘 要	借 方	贷 方	借或贷	余 额
月	日	字	号					
6	1	略		期初余额			借	240 000
	12		(8)	车间领料		42 000		198 000
	13		(11)	材料入库	45 000			243 000
	18		(15)	车间领料		19 500		223 500
	22		(18)	出售材料		3 000		220 500
6	30			本月发生额及期末余额	45 000	64 500	借	220 500

表 9—25 **总分类账** 第×页

会计科目:固定资产 单位:元

2024年		凭证		摘 要	借 方	贷 方	借或贷	余 额
月	日	字	号					
6	1	略		期初余额				900 000

以下总分类账户为了简化,皆改用 T 型账户列示其记录:

累计折旧

		期初余额：	150 000
		(23)	3 000
本期发生额合计:0		本期发生额合计：	3 000
		期末余额：	153 000

银行存款

期初余额：	353 700		
(1)	30 000	(2)	4 500
(6)	40 680	(4)	50 850
(17)	4 237.5	(5)	9 500
		(7)	150 000
		(9)	30 000
		(13)	2 034
		(19)	300
本期发生额合计：	74 917.5	本期发生额合计：	247 184
期末余额：	181 433.5		

库存商品

期初余额：	120 000		
(27)	92 445	(29)	59 040
本期发生额合计：	92 445	本期发生额合计：	59 040
期末余额：	153 405		

库存现金

期初余额：	900		
(14)	75	(10)	300
		(12)	30
		(16)	120
本期发生额合计：	75	本期发生额合计：	450
期末余额：	525		

应收账款

期初余额：	75 000		
(3)	61 020	(1)	30 000
本期发生额合计：	61 020	本期发生额合计：	30 000
期末余额：	106 020		

应收票据

期初余额：	1 500		
期末余额：	1 500		

其他应收款

期初余额：	750		
(10)	300	(14)	300
		(21)	750
本期发生额合计：	300	本期发生额合计：	1 050
期末余额：	0		

应交税费

		期初余额：	4 500
(2)	4 500	(3)	7 020
(4)	5 850	(6)	4 680
(13)	234	(17)	487.50
		(28)	610.36
		(32)	6 634.91
本期发生额合计：	10 584	本期发生额合计：	19 432.77
		期末余额：	13 348.77

制造费用

(23)	2 100	(26)	2 955
(24)	750		
(25)	105		
本期发生额合计：	2 955	本期发生额合计：	2 955
期末余额：	0		

应付利息

		(22)	300
本期发生额合计：	0	本期发生额合计：	300
		期末余额：	300

实收资本

		期初余额：	675 000
		期末余额：	675 000

资本公积

		期初余额：	600 000
		期末余额：	600 000

本年利润

		期初余额：	195 000
(31)	67 810.36	(30)	94 350
(33)	6 634.91		
本期发生额合计：	74 445.27	本期发生额合计：	94 350
		期末余额：	214 904.73

利润分配

期初余额：	184 200		
期末余额：	184 200		

主营业务收入

(30)	90 000	(3)	54 000
		(6)	36 000
本期发生额合计：	90 000	本期发生额合计：	90 000

其他业务收入

(30)	3 750	(17)	3 750
本期发生额合计：	3 750	本期发生额合计：	3 750

在途物资

(4)	45 000	(11)	45 000
本期发生额合计：	45 000	本期发生额合计：	45 000
期末余额：	0		

生产成本

期初余额：	19 500		
(8)	42 000	(27)	92 445
(13)	1 650		
(15)	19 500		
(24)	6 000		
(25)	840		
(26)	2 955		
本期发生额合计：	92 445	本期发生额合计：	92 445
期末余额：	0		

短期借款

		期初余额：	180 000
(7)	150 000		
本期发生额合计：	150 000	本期发生额合计：	0
		期末余额：	30 000

其他应付款

		期初余额：	1 050
(20)	600		
本期发生额合计：	600	本期发生额合计：	0
		期末余额：	450

应付账款

		期初余额：	90 000
(9)	30 000		
本期发生额合计：	30 000	本期发生额合计：	0
		期末余额：	60 000

应付职工薪酬

(5)	9 500	(24)	9 500
		(25)	1 330
本期发生额合计：	9 500	本期发生额合计：	10 830
		期末余额：	1 330

坏账准备

(21)	750		
本期发生额合计：	750	本期发生额合计：	0
期末余额:750			

营业外收入

(30)	600	(20)	600
本期发生额合计：	600	本期发生额合计：	600

主营业务成本

(29)	59 040	(31)	59 040
本期发生额：	59 040	本期发生额：	59 040

税金及附加

(28)	610.36	(31)	610.36
本期发生额合计：	610.36	本期发生额合计：	610.36

其他业务成本

(18)	3 000	(31)	3 000
本期发生额：	3 000	本期发生额：	3 000

管理费用

(12)	30	(31)	4 440
(13)	150		
(14)	225		
(23)	900		
(24)	2 750		
(25)	385		
本期发生额合计：	4 440	本期发生额合计：	4 440

销售费用

(16)	120	(31)	420
(19)	300		
本期发生额合计：	420	本期发生额合计：	420

财务费用

(22)	300	(31)	300
本期发生额合计：	300	本期发生额合计：	300

所得税费用

(32)	6 634.91	(33)	6 634.91
本期发生额合计：	6 634.91	本期发生额合计：	6 634.91

六、对账

月末，将库存现金日记账、银行存款日记账余额及各种明细账余额合计数分别与总分类账中有关科目的余额进行核对，编制各种明细分类账与总分类账核对表，其格式见表9—26。

表 9－26　　**各种明细分类账与总分类账核对表**

2024 年 6 月　　单位:元

会计科目	期初余额		本期发生额		期末余额	
	借方	贷方	借方	贷方	借方	贷方
原材料——A 材料	90 000		15 000	16 500	88 500	
——B 材料	150 000		30 000	48 000	132 000	
“原材料”总账	240 000		45 000	64 500	220 500	
库存商品——甲产品	48 000		44 647.5	36 000	56 647.5	
——乙产品	72 000		47 797.5	23 040	96 757.5	
“库存商品”总账	120 000		92 445	59 040	153 405	

七、编制会计报表

根据总分类账及所属明细账的有关资料，编制会计报表。其中，资产负债表如表 9－27，利润表如表 9－28 所示。

表 9－27　　**资产负债表**

编制单位:长城公司　　2024 年 6 月 30 日　　单位:元

资　产	年初余额	期末余额	负债和所有者权益	年初余额	期末余额
流动资产:			流动负债:		
货币资金		181 958.5	短期借款		30 000
交易性金融资产			交易性金融负债		
应收票据		1 500	应付票据		
应收账款		106 020	应付账款		60 000
预付账款			预收账款		
其他应收款		750	应付职工薪酬		1 330
存货		373 905	应交税费		13 348.77
一年内到期的长期债权投资			其他应付款		750
其他流动资产			一年内到期的非流动负债		
流动资产合计		664 133.5	其他流动负债		
非流动资产:			流动负债合计		105 428.77
可供出售的金融资产			非流动负债:		
持有至到期的投资			长期借款		
长期应收款			应付债券		
长期股权投资			长期应付款		
投资性房地产			专项应付款		

续表

资　产	年初余额	期末余额	负债和所有者权益	年初余额	期末余额
固定资产		747 000	预计负债		
工程物资			递延所得税负债		
工程物资			其他非流动负债		
固定资产清理			非流动负债合计		0
生产性生物资产			负债合计		105 428.77
油气资产			所有者权益：		
无形资产			实收资本		675 000
开发支出			资本公积		600 000
商誉			减:库存股		
长期待摊费用			盈余公积		
递延所得税资产			未分配利润		30 704.73
其他非流动资产			所有者权益合计		1 305 704.73
非流动资产合计		747 000			
资产总计		1 411 133.5	负债和所有者权益总计		1 411 133.5

表 9—28　　利润表

编制单位:长城公司　　2024 年 6 月　　单位:元

项　目	本期金额	本年累计金额
一、营业收入	93 750	略
减:营业成本	62 040	
税金及附加	610.36	
销售费用	420	
管理费用	4 440	
财务费用	300	
资产减值损失		
加:公允价值变动收益(损失以"—"号填列)		
投资收益(损失以"—"号填列)		
其中:对联营企业和合营企业的投资收益		
二、营业利润(亏损以"—"号填列)	25 939.64	
加:营业外收入	600	
减:营业外支出		
其中:非流动资产处置损失		
三、利润总额(亏损总额以"—"号填列)	26 539.64	

续表

项 目	本期金额	本年累计金额
减:所得税费用	6 634.91	
四、净利润(净亏损以“-”号填列)	19 904.73	
五、每股收益		
(一)基本每股收益		
(二)稀释每股收益		

本章小结

会计核算组织程序是指在会计循环中会计主体所采用的会计凭证、会计账簿、会计报表的种类和格式与一定的记账程序有机结合的方法和步骤。会计循环是指一个会计主体在一定的会计期间内从经济业务发生取得或填制会计凭证起,到登记账簿、编制会计报表止的一系列处理程序。记账程序是指企业在会计循环中利用不同种类和格式的会计凭证、会计账簿和会计报表对发生的经济业务进行记录和反映的具体过程。

会计核算组织程序中容纳、应用了所有会计核算方法,但更加强调会计凭证、会计账簿与会计报表之间的衔接关系。在我国,曾经使用过的会计核算组织程序主要有记账凭证核算组织程序、汇总记账凭证核算组织程序、科目汇总表核算组织程序、日记总账核算组织程序和多栏式日记账核算组织程序五种,其区别在于登记总账的依据和方法不同。现在常用的是记账凭证核算组织程序和科目汇总表核算组织程序。

记账凭证核算组织程序的主要特点是直接根据所有记账凭证逐笔登记总分类账,它是最基本的会计核算组织程序,简单明了,易于理解,能够详细地反映经济业务的发生情况,但登记总分类账的工作量大,因此适用于单位规模较小、经济业务量较少的单位。

科目汇总表核算组织程序的主要特点是根据所有记账凭证定期编制科目汇总表,再根据科目汇总表登记总分类账,这样可减轻登记总分类账的工作量,进行试算平衡,但不能明确反映账户的对应关系,不便于分析检查经济业务的来龙去脉和查对账目。科目汇总表会计核算组织程序一般适用于规模较大、业务量较多、记账凭证数量较多的大中型企业。

汇总记账凭证核算组织程序的特点是根据记账凭证定期编制汇总记账凭证,然后根据汇总记账凭证登记总分类账,其优点是根据汇总记账凭证月终一次登记总账,既减少了登记总账的工作量,又保证了会计科目之间的对应关系,缺点是定期编制汇总记账凭证的工作量较大。汇总记账凭证会计核算组织程序适用于规模大、经济业务较多的企业。

关键名词

会计核算组织程序　记账凭证核算组织程序　汇总收款凭证
科目汇总表核算组织程序　汇总付款凭证　汇总转账凭证
汇总记账凭证核算组织程序

复习思考题

1. 什么是会计核算组织程序?
2. 为什么要选择会计核算组织程序?

3. 会计核算组织程序有哪些?
4. 各会计核算组织程序之间的主要区别是什么?
5. 简述记账凭证核算组织程序的步骤。
6. 简述记账凭证核算组织程序的优缺点及适用范围。
7. 简述科目汇总表核算组织程序的步骤。
8. 简述科目汇总表核算组织程序的优缺点及适用范围。
9. 简述汇总记账凭证核算组织程序的步骤。
10. 简述汇总记账凭证核算组织程序的优缺点及适用范围。

同步练习

一、单项选择题

1. 会计核算组织程序是会计凭证、会计账簿、会计报表的(　　)。
A. 排列方式　B. 组合方式　C. 结合方式　D. 混合方式
2. 会计核算组织程序揭示了会计核算的(　　)。
A. 工作内容　B. 工作重点　C. 工作范围　D. 工作步骤
3. 在各种会计核算程序中,最基本的是(　　)。
A. 记账凭证核算组织程序　B. 汇总记账凭证核算组织程序
C. 科目汇总表核算组织程序　D. 日记总账核算组织程序
4. 科目汇总表核算组织程序之所以又称记账凭证汇总表核算组织程序,是因为其编制的依据是(　　)。
A. 原始凭证　B. 记账凭证　C. 科目汇总表　D. 明细分类账
5. 科目汇总表最长编制期间是(　　)。
A. 10 天　B. 一个月　C. 一个季度　D. 一年
6. 汇总记账凭证是依据(　　)编制的。
A. 记账凭证　B. 原始凭证　C. 原始凭证汇总表　D. 各种总账
7. 在不同会计核算组织程序中,不能作为登记总账依据的是(　　)。
A. 记账凭证　B. 汇总记账凭证　C. 汇总原始凭证　D. 科目汇总表
8. 汇总记账凭证核算组织程序的特点是根据(　　)登记总账。
A. 记账凭证　B. 汇总记账凭证　C. 原始凭证　D. 科目汇总表
9. 记账凭证核算组织程序的特点是根据记账凭证逐笔登记(　　)。
A. 日记账　B. 明细分类账
C. 总分类账　D. 总分类账和明细分类账
10. 在记账凭证账务处理程序下,企业登记总分类账的直接依据是(　　)。
A. 科目汇总表　B. 汇总记账凭证　C. 原始凭证　D. 记账凭证
11. 汇总记账凭证账务处理程序适用于(　　)。
A. 规模小、经济业务较少的企业　B. 规模大、经济业务较多的企业
C. 规模小、经济业务较多的企业　D. 规模大、经济业务较少的企业
12. 下列各项中,以汇总记账凭证为登记依据的是(　　)。
A. 总账　B. 明细账　C. 科目汇总表　D. 记账凭证
13. 下列各项中,不属于企业常用的会计核算组织程序的有(　　)。
A. 记账凭证核算组织程序　B. 汇总记账凭证核算组织程序
C. 科目汇总表核算组织程序　D. 日记总账核算组织程序
14. 下列关于会计核算组织程序的表述,不正确的有(　　)。
A. 发生的经济业务,先根据原始凭证或汇总原始凭证填制记账凭证,再直接根据记账凭证登记总分类账

B. 根据原始凭证或汇总原始凭证填制记账凭证，定期根据记账凭证分类编制汇总收款凭证、汇总付款凭证和汇总转账凭证，再根据汇总记账凭证登记总分类账

C. 根据记账凭证定期编制科目汇总表，再根据科目汇总表登记总分类账

D. 汇总记账凭证会计核算组织程序适用于规模较小、经济业务量较少的单位

15. 下列选项中，不属于科目汇总表账务处理程序的步骤的有(　　)。

A. 根据原始凭证或原始凭证汇总表填制记账凭证

B. 根据收款凭证、付款凭证逐笔登记库存现金日记账和银行存款日记账

C. 根据各种记账凭证编制有关汇总记账凭证

D. 根据科目汇总表登记总分类账

二、多项选择题

1. 下列项目中，会计核算组织程序涉及的有(　　)。

A. 原始凭证　　B. 记账凭证　　C. 日记账　　D. 分类账

2. 在各种会计核算组织程序中，登记各种明细分类账的依据包括(　　)。

A. 原始凭证　　B. 汇总原始凭证　　C. 收款凭证　　D. 付款凭证

3. 在各种会计核算组织程序中，登记库存现金日记账的依据包括(　　)。

A. 原始凭证　　B. 汇总原始凭证　　C. 收款凭证　　D. 付款凭证

4. 在记账凭证核算组织程序中，登记总分类账的依据包括(　　)。

A. 原始凭证　　B. 转账凭证　　C. 收款凭证　　D. 付款凭证

5. 根据记账凭证，按有关科目贷方设置，按借方科目归类汇总填制的有(　　)。

A. 汇总收款凭证　　B. 汇总付款凭证　　C. 汇总转账凭证　　D. 科目汇总表

6. 编制科目汇总表的依据包括(　　)。

A. 原始凭证　　B. 转账凭证　　C. 收款凭证　　D. 付款凭证

7. 下列各项中，关于科目汇总表核算组织程序的表述，正确的有(　　)。

A. 该核算组织程序不利于单位对账目进行检查

B. 该核算组织程序可减轻单位登记总分类账的工作量

C. 单位应根据记账凭证直接登记总分类账

D. 常适用于经济业务较多的单位

8. 下列属于记账凭证核算组织程序优点的有(　　)。

A. 直接根据记账凭证登记总分类账，能够详细反映各项经济业务的发生情况

B. 减轻了登记总分类账的工作量

C. 简单明了、易于理解

D. 可进行试算平衡

9. 下列凭证中，为汇总记账凭证核算组织程序特别设置的凭证有(　　)。

A. 汇总原始凭证　　B. 汇总收款凭证　　C. 汇总转账凭证　　D. 汇总付款凭证

10. 为便于编制汇总收款凭证，日常编制收款凭证时，分录形式最好是(　　)。

A. 一借一贷　　B. 一借多贷　　C. 多借一贷　　D. 多借多贷

11. 下列各项中，关于汇总记账凭证核算组织程序的表述，不正确的是(　　)。

A. 不能减轻登记总分类账的工作量　　B. 根据原始凭证编制汇总记账凭证

C. 根据汇总记账凭证登记明细分类账　　D. 根据汇总记账凭证登记总分类账

12. 某企业 2024 年 6 月共发生以下经济业务：3 日，从银行提取现金 5 000 元；10 日，厂部报销办公费用 600 元，以现金支付；20 日，为进行产品生产，领用原材料 3 000 元；26 日，将现金 20 000 元存入银行。如果该企业采用科目汇总表核算组织程序，则下列表述正确的有(　　)。

A. 本月科目汇总表借方发生额为 28 600 元，贷方发生额为 28 600 元

B. 本月科目汇总表借方发生额为 28 600 元，贷方发生额为 20 000 元

C. 本月库存现金账户借方发生额为 5 000 元，贷方发生额为 20 600 元

D. 本月库存现金账户借方发生额为 20 600 元，贷方发生额为 20 600 元

13. 记账凭证核算组织程序、汇总记账凭证核算组织程序和科目汇总表核算组织程序应共同遵循的程序有（　　）。

A. 根据原始凭证、汇总原始凭证和记账凭证登记各种明细分类账

B. 根据记账凭证逐笔登记总分类账

C. 期末，库存现金日记账、银行存款日记账和明细分类账的余额与有关总分类账的余额核对相符

D. 根据总分类账和明细分类账的记录编制财务报表

14. 下列选项中，属于记账凭证核算组织程序的有（　　）。

A. 根据原始凭证填制汇总原始凭证

B. 根据收款凭证和付款凭证逐笔登记库存现金日记账和银行存款日记账

C. 根据原始凭证、汇总原始凭证和记账凭证，登记各种明细分类账

D. 根据记账凭证逐笔登记总分类账

15. 会计核算组织程序是指将（　　）相结合的方式。

A. 会计科目　　B. 会计凭证　　C. 会计账簿　　D. 会计报表

三、判断题

1. 与会计核算方法不同，会计核算组织程序的选择未必遵循一致性原则。（　　）
2. 会计凭证、会计账簿、会计报表之间的结合方式不同，构成不同的会计核算组织程序。（　　）
3. 库存现金日记账和银行存款日记账是根据会计凭证登记的。（　　）
4. 在各种会计核算组织程序中，月末都要进行所有日记账、明细分类账与总账的核对。（　　）
5. 各种会计核算组织程序的主要区别在于登记总账的依据不同。（　　）
6. 在记账凭证核算组织程序中，只能采用通用记账凭证。（　　）
7. 在记账凭证核算组织程序中，总分类账可以根据记账凭证汇总后登记。（　　）
8. 由于记账凭证核算组织程序简单明了，易于理解，所以普遍应用于各类企业。（　　）
9. 科目汇总表既可以定期编制，又可以不定期编制。（　　）
10. 科目汇总表是检验账簿记录是否正确的有效手段之一。（　　）
11. 科目汇总表核算组织程序下，企业应直接根据记账凭证逐笔登记总分类账。（　　）
12. 科目汇总表核算组织程序下，总分类账能明确反映账户的对应关系。（　　）
13. 汇总记账凭证核算组织程序的优点是减轻了登记总分类账的工作量。（　　）
14. 记账凭证核算组织程序的优点是简单明了，易于理解，总分类账可以较详细地反映经济业务的发生情况。（　　）
15. 当转账凭证较多时，编制汇总转账凭证的工作量较大，并且按每一贷方账户编制汇总转账凭证，不利于会计核算的日常分工。（　　）

四、业务题

【目的】练习科目汇总表会计核算程序。

【资料】

1. 北林公司 2023 年 9 月 1 日总账及所属明细账的余额如表 9—29 所示。

表 9－29 单位：元

资 产	总账余额	明细账余额		权 益	总账余额	明细账余额	
		借方	贷方			借方	贷方
库存现金	1 000			短期借款	50 000		
银行存款	100 000			应付账款	30 000		
应收账款	40 000			——A 公司		2 000	
——甲公司		50 000		——B 公司			32 000
——乙公司			10 000	其他应付款	10 000		
其他应收款	4 000			应付账款	9 000		
原材料	55 000			——借款利息			9 000
——A 材料		40 000					
——B 材料		15 000		应交税费	20 000		
生产成本	20 000			实收资本	441 000		
直接材料		10 000		盈余公积	40 000		
直接人工		4 000					
制造费用		6 000					
库存商品	30 000						
固定资产	400 000						
累计折旧	50 000						
资产合计	600 000			权益合计	600 000		

2. 该公司 2023 年 9 月发生的经济业务如下（该公司只生产甲产品一种产品）。

(1)1 日，购入 A 材料 2 500 千克，单价为 20 元，增值税税率为 13%，价税款项均通过银行支付，材料已验收入库。

(2)2 日，收到投资者投资 100 000 元，存入银行。

(3)4 日，通过银行向异地甲公司预付购料款 40 000 元。

(4)6 日，仓库发出 A 材料，其中，生产甲产品耗用 50 000 元，生产车间耗用 4 000 元，公司行政部门耗用 6 000 元。

(5)10 日，采购员张明预借差旅费 1 000 元，以现金支付。

(6)17 日，通过银行发放本月工资 40 000 元。

(7)19 日，收到乙公司预付的购买甲产品的货款 50 000 元，存入银行。

(8)20 日，向预付货款的乙公司发出甲产品 200 件，销售总价为 200 000 元，增值税销项税额为 26 000 元，余额已收到并存入银行。

(9)21 日，以银行存款支付本月水电费（假设不考虑增值税）4 000 元，其中，生产车间水电费为 3 000 元，公司行政部门为 1 000 元。

(10)22 日，张明出差回来，报销差旅费 800 元，余额收回现金。

(11)24 日，以银行存款支付促销广告费 5 000 元。

(12)25 日，某购货单位交来包装物押金 500 元，存入银行。

(13)26 日，以银行存款 8 000 元支付支援灾区的捐赠支出。

(14)27 日，以银行存款支付已预提的本季度短期借款的利息支出 9 000 元。

(15)30 日，结算本月应付的工资，其中，生产甲产品的生产工人工资为 28 000 元，生产车间人员工资为 4 000 元，公司行政管理人员工资为 8 000 元。

(16)30 日，预提应由本月负担的短期借款利息 3 000 元。

(17)30 日，计提固定资产折旧，其中，生产用固定资产折旧 6 000 元，行政管理部门用固定资产折旧 2 000 元。

(18)30 日，结转本月发生的制造费用。

(19)30 日，结转本月完工的甲产品 250 件的生产总成本 100 000 元。

(20)30 日，计算结转本月应交城市维护建设税 1 365 元，教育费附加 585 元。

(21)30 日，计算出已销售的 200 件甲产品的生产成本为 110 000 元并结转。

(22)30 日，结转已销售的甲产品的销售收入 200 000 元。

(23)30 日，结转本月销售甲产品生产成本 110 000 元、税金及附加 1 950 元、产品销售费用 5 000 元、管理费用 17 800 元、财务费用 3 000 元、营业外支出 8 000 元。

(24)30 日，按照本月实现利润的 25%计算结转本月应交所得税。

【要求】根据以上资料，采用科目汇总表会计核算组织程序填制记账凭证，编制科目汇总表，登记账簿，编制资产负债表和利润表。

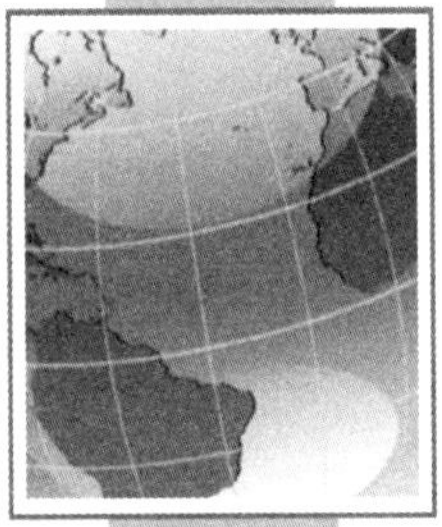

第十章 会计工作组织

本章导航

- 会计工作组织
  - 会计工作组织的意义和要求
    - 会计工作组织的意义
    - 会计工作组织的要求
  - 会计机构
    - 会计机构的设置
    - 会计工作的组织形式
    - 会计工作岗位责任制
  - 会计人员
    - 会计人员的配备
    - 会计人员的职责与权限
    - 会计人员的专业技术职务
    - 会计人员资格证书
    - 会计人员的任免
    - 会计职业道德
  - 会计规范
    - 会计规范概述
    - 会计法
    - 会计准则
    - 会计制度
  - 会计档案
    - 会计档案的内容
    - 会计档案的管理
    - 会计工作交接

学习目的与要求

本章阐述了会计工作的组织问题。学习本章，要求了解会计工作的组织形式、会计规范的含义及内容；理解会计工作组织的含义和基本要求、会计工作岗位责任制；熟悉会计机构和会计岗位的设置、会计人员的职责和权限、会计人员的专业技术职务和相关资格证书；掌握会计人员职业道德的基本内容、会计档案管理和会计工作交接的一般程序。

学习重点与难点

本章重点是会计工作岗位责任制、会计人员职业道德的基本内容、会计档案管理和会计工作交接的一般程序。本章难点是会计工作岗位责任制、会计规范和会计档案管理。

第一节 会计工作组织的意义和要求

一、会计工作组织的意义

会计工作组织是指为了适应会计工作的综合性、政策性、相关性和严密细致性的特点，对会计机构的设置、会计人员的配备、会计制度的制定与执行等项工作所做的统筹安排。会计工作组织，包括设置会计机构、配备会计人员、制定和执行会计行为规范、妥善保管会计档案等内容。科学地组织好会计工作，对于顺利完成会计工作任务、保证实现会计目标、充分发挥会计的职能作用、促进国民经济健康和有序发展等方面都具有十分重要的意义，具体可概括为以下几个方面：

（一）有利于提高会计工作质量和效率

会计是一项严密、细致的综合性经济管理工作，工作内容复杂，操作程序严密细致，在各个部门、各种程序、各项手续以及各项数字之间存在着紧密联系。任何一个数字的差错、一道手续的疏忽或会计程序之间的脱节，都会导致会计信息的不正确，因此，必须建立专门的会计机构，配备专职的会计人员，并遵循规定的会计规章制度从事会计工作，对于工作中形成的会计档案进行妥善保管。这样，可以防止差错的发生，即使发生差错，也易于查找并纠正，从而保证会计工作质量，提高会计工作效率。

（二）有利于巩固和发展各单位内部的经济责任制

实行内部经济责任制是经济管理的有效形式。会计作为经济管理的重要组成部分，与经济责任制有密切关系。正确地组织会计工作，可以促进单位内部各部门更好地履行自己的经济责任，管好用好资金，从而保证党和国家各种方针政策的贯彻实施，有效维护财经纪律，保护企业财产的安全完整。

（三）有利于正确处理与其他经济管理工作的关系

会计工作是一项综合性很强的经济管理工作，企业各项经济业务都通过会计进行核算和监督。会计工作既有独立性，又与其他经济管理工作存在十分密切的关系，并且相互影响、相互制约。会计核算、业务核算、统计核算三者之间，核算与管理之间，都存在着分工协作的关系，必须相互配合。只有这样，才能使核算口径一致，共同完成经济管理工作，提高经济管理水平和经济效益。

（四）有利于遵守和维护国家的财经法纪

企业的经济活动和财务收支，都必须按照国家的方针、政策、法律和制度的规定进行。会计工作既要如实地反映企业的经济活动和财务收支情况，同时还要以国家的方针、政策、法律和制度为标准，对企业的经济活动进行有效的监督。因此，科学、合理地组织会计工作，可以促进企业认真贯彻国家的经济工作方针、政策以及相关财经法律和制度，从而保护所有者的权益，保证财产的安全与完整。

总之，科学地组织管理会计工作有利于企业、事业和其他单位的经济活动的正常进行，有利于完成会计任务，充分发挥会计职能，有效地执行各项方针政策，促进国民经济的发展。

二、会计工作组织的要求

会计工作组织的要求，是指企业在会计工作组织的过程中为做好会计工作、提高会计工作质量和效率必须遵守的一般原则，具体来说，有以下要求：

（一）统一性

统一性是指会计工作组织应遵守国家对会计工作的统一要求和《企业会计准则》及《企业会计制度》的要求。会计工作所提供的信息，既要反映企业单位等遵守国家方针、政策、计划的情况和结果，同时又是国家确定相关方针、政策，编制计划和预算的主要依据之一。因此，只有按照统一的要求组织会计工作，才能发挥会计工作在维护社会主义市场经济秩序、加强经营管理、提高经济效益中的作用。

（二）适应性

适应性是指会计工作组织必须适应本单位经营管理的特点。各单位在执行国家统一的会计制度的前提下可以根据本单位的经营特点和规模大小等具体情况，制定实施国家统一规定的有关方针、政策、准则等的具体办法和补充规定，灵活采用适应企业自身特点的账簿组织、记账方法和记账程序，以及不同的成本核算方法。

（三）效益性

效益性是指在组织会计工作时，在保证质量的前提下，应讲求工作效益。会计工作十分复杂，如果组织不好，则势必造成重复劳动，浪费人力、财力和物力。因此，对会计管理程序的规定，会计机构的设置，会计凭证、账簿、报告的设计，以及会计人员的配备与分工等，都必须本着力求精简合理的原则，尽量节约会计工作的时间和费用，以较少的人力、财力和物力消耗取得尽可能大的工作效果。

（四）内部控制

内部控制是指组织会计工作应建立内部控制规范。建立内部控制规范，是会计工作组织的重要内容，主要包括现金出纳控制、财产物资进出控制和各项费用支出控制等。通过彼此相互牵制，可以防止错弊的发生，达到彼此监督的目的。

（五）责任制

责任制要求是指组织会计工作应在保证贯彻整个企业单位责任制的同时建立和完善会计工作本身的责任制度，包括合理进行分工，明确会计各岗位、手续和程序的职责。每个岗位上的会计人员都应当认真履行本岗位职责，同时各岗位之间应相互配合，共同做好本单位的会计工作。

第二节　会计机构

一、会计机构的设置

会计机构是企业、行政、事业等单位办理会计事务的职能部门。建立和健全会计机构，是做好会计工作、保证及时向有关利益团体提供会计信息的前提。

我国《会计法》规定："各单位应当根据会计业务的需要，设置会计机构，或者在有关机构中设置会计人员并指定会计主管人员；不具备设置条件的，应当委托经批准设立从事会计代理记账业务的中介机构代理记账。"新修订的《会计基础工作规范》规定："各单位应当根据会计业务的需要设置会计机构；不具备单独设置会计机构条件的，应当在有关机构中配备专职会计人员。没有设置会计机构或者配备会计人员的单位，应当根据《代理记账管理办法》的规定，委托会计师事务所或者持有代理记账许可证书的代理记账机构进行代理记账。"这说明各单位可以根据业务需要自主决定是否设置会计机构。在决定是否设置会计机构时，企业应考虑以下几个方面：

（一）单位规模的大小

一般来说，大中型企业以及业务较多的行政、事业单位和其他组织应设置单独的会计机构从事会计工作。会计机构的名称可以是财务部（处、科），也可以是财会部（处、科）。规模很小的企业以及业务较少的行政、事业单位和其他组织可以不单独设置会计机构，但需要设置专门的会计人员并指定会计主管人员，或委托经批准设立从事会计代理记账业务的中介机构进行代理记账。

（二）经济业务和财务收支的繁简

经济业务多、财务收支量大的单位，就有必要单独设置会计机构，以提高会计工作效率，满足为报表使用者提供会计信息的需求；相反，则可以不单独设置会计机构，而将会计业务并入计划、统计或经营管理部门，或进行代理记账。

（三）经营管理的需要

由于有效的经营管理是以信息的及时、准确、全面、系统为前提的，因此一个单位对经营管理的要求越高，对会计工作的要求也就越高，就越有设置专门会计机构的必要。

二、会计工作的组织形式

企业会计部门承担哪些会计工作，与企业的其他职能部门、车间、仓库等部门之间如何分工，这些都与会计工作的组织形式有关。为了科学地组织会计工作，企业必须根据企业规模的大小、业务的繁简以及企业内部其他各组织机构的设置情况，来确定企业会计工作的组织形式。会计工作的组织形式一般包括集中核算和非集中核算两种。随着信息技术的发展和在会计领域的应用，近年来大型企业集团、跨国公司出现了一种新的财务核算形式——财务共享服务中心。

（一）集中核算

集中核算是通过集中设置会计机构，使整个单位各部门的经济业务的会计处理均集中在财务部门统一进行，由财务部门全面进行各项经济业务的核算，包括经济业务的总分类核算、明细分类核算、会计报表的编制以及分析、检查等工作。单位内部的各个部门、组织只对发生的经济业务进行原始记录，并对原始凭证进行初步的审核与汇总，为进行集中核算提供原始材料。

集中核算的优点是有利于集中分析研究并统一口径解决问题，同时可以节省人力、物力，减少核算环节，简化核算手续，提高工作效率，及时掌握全面的经营情况和精简人员；但不利于各部门了解自身的经济活动和各项经济指标的完成情况，也不利于加强员工的责任感和调动员工的工作积极性，一般适合于规模较小的企业和行政事业单位。

（二）非集中核算

非集中核算又称分散核算，是指在单位财会部门的指导下会计核算工作一部分集中进行，另一部分分散在各职能部门。

企业单位内部各部门核算自身发生的经济业务，包括凭证的整理、明细账的登记、成本的核算、有关会计报表（特别是内部报表）的编制和分析等工作，而会计部门只是根据企业内部各部门报来的资料进行总分类核算，编报企业的综合性会计报表，并负责指导、检查和监督企业内部各部门的核算工作。

非集中核算有利于单位内部各部门及时了解自己的经营成果和成本费用的开支情况，从而将经济责任和经济利益挂钩，有利于加强员工的责任感，从而调动员工的积极性，不断提高企业的经济效益；但这种组织形式会使人力、物力、财力的耗费加大。这种方式一般适用于规模较大的企业和要求划小经济核算范围的企业。

一个企业实行集中核算还是非集中核算，应视企业规模大小和经营管理的要求而决定。但是，一般认为，无论采用哪种组织形式，企业的库存现金、银行存款的收支以及债权、债务的结算都应由单位财会部门集中核算。即使在非集中核算的情况下，单位财会部门也应贯彻遵循“统一领导，分级管理”的原则，对内部各单位、各部门的会计核算工作进行指导、监督。

（三）财务共享服务中心

随着企业规模越来越大，传统的独立核算模式已经不能满足大型企业集团或者跨国公司内部进行财务管理工作的需要，而对于大型企业集团而言，财务工作具有业务量大、分散化、重复性高、业务标准化程度高的特点，因此，在实践中，财务共享模式成为企业最先采用共享服务模式的业务。中国财务共享服务领域的创新先锋——中兴新云于 2011 年第一个将财务共享服务中心命名为“财务云”。“财务云”让财务重新聚合成一个平台，从 N 回归到 1。

财务共享服务中心，是企业集团在组织中进行的一项财务管理变革。企业在集团层面成立财务共享服务中心，将集团内分子公司原来分散的财务处理职能集中在财务共享服务中心，使各分子公司共享财务服务中心的财务处理服务，以促进企业集团降低成本、提高效率、保证质量、加强管控。

财务共享模式下的企业集团组织架构，主要是集团内将各业务单元的业务量大、分散化、重复性高、业务标准化程度高的“财务核算”集中到建立的“财务共享中心”统一进行处理。各业务单元则集中精力搞好企业运营管理。在财务共享模式下，集团公司内部财务职能的主要分配形式如下：

1. 分子公司财务部门（财务人员）的职能

企业集团下属的分子公司仅保留财务分析、业务支持、报税等财务职能和相应的人员。每个分子公司还可以配备专职或兼职的单据扫描员，负责将公司业务发生所产生的单据扫描上传系统。

2. 财务共享服务中心的职能

财务共享服务中心主要承担集团范围的财务核算职能，还可能根据需要承担财务分析职能、税务处理职能等；构建专业化的财务核算服务部门，通过分组完成不同类别的业务，提升专业化程度；制定财务共享服务中心制度，明确服务标准，归并同类业务，通过专业化分工提高效率。

3. 企业集团财务管理部门的职能

企业集团总部财务管理部门主要履行政策规范制定、管理会计、投融资、税务筹划、内部稽核等职能。

总之，传统的独立核算模式和财务共享服务中心最大的区别在于，财务共享服务中心将财务人员物理地集中在独立的财务共享服务中心完成企业集团的会计核算工作，企业集团的整个组织机构、人员配置、处理流程、信息系统都发生了变化；而传统的独立核算模式并没有改变企业集团原有的组织架构、人员配置、业务处理流程等。

三、会计工作岗位责任制

(一)会计工作岗位责任制的意义

在会计机构内部和会计人员中建立岗位责任制，是正确地组织会计工作、加强会计人员的责任感和纪律性、提高工作效率、保证工作质量的前提条件。会计工作岗位责任制就是在会计机构内部按照会计工作的内容，定岗位、定人员，明确分工，各司其职，使每一项会计工作都有专人负责，每一位会计人员都能明确自己的职责范围和工作要求的一种管理制度。它有利于会计工作程序化、规范化以及落实责任和会计人员的合理分工。

(二)会计工作岗位责任制的主要内容

《会计基础工作规范》对如何设置会计工作岗位规定了基本原则和示范性要求，主要内容如下：

(1)按人员分工的会计工作岗位一般可分为会计机构负责人或会计主管人员、出纳、财产物资核算、工资核算、成本费用核算、财务成果核算、资金核算、往来结算、总账报表、稽核、档案管理等。开展会计电算化和管理会计的单位，可以根据需要设置相应的工作岗位，也可以与其他工作岗位相结合。

(2)由于各单位的业务量和会计人员配备、分工情况不同，以上会计工作岗位可以一人一岗、一人多岗或者一岗多人，但应符合内部牵制制度的要求，出纳人员不得兼管稽核、会计档案管理和收入、费用、债权债务账目的登记工作。

(3)会计人员的工作岗位应当有计划地进行轮换，以促进会计人员全面熟悉业务，不断提高业务素质。

(4)国家机关、国有企业、事业单位任用会计人员应当实行回避制度。单位领导人的直系亲属不得担任本单位的会计机构负责人、会计主管人员。会计机构负责人、会计主管人员的直系亲属不得在本单位会计机构中担任出纳工作。需要回避的直系亲属为：夫妻关系、直系血亲关系、三代以内旁系血亲以及姻亲关系。

(三)会计工作岗位

根据新修订的《会计基础工作规范》，会计工作岗位主要分为以下 11 类。

1. 会计机构负责人工作岗位

该岗位负责组织领导本单位的财务会计工作，完成各项工作任务，对本单位的财务会计工作负全面责任；组织学习和贯彻党的经济工作方针、政策、法令和制度，根据本单位的具体情况，制定本单位的各项财务会计制度、办法，并组织实施；组织编制本单位的财务成本计划、单位预算，并检查其执行情况；组织编制财务会计报表和有关报告；负责财会人员的政治思想工作；组织财会人员学习政治理论和业务知识；负责对财会人员的工作考核；等等。

2. 出纳工作岗位

该岗位负责办理库存现金收付和银行结算业务；登记库存现金、银行存款日记账；保管库存现金和各种有价证券；保管有关印章、空白收据和空白支票。

3. 财产物资核算工作岗位

该岗位按财务会计的有关法规的要求，会同有关部门制定本企业材料物资核算与管理办法；负责审查材料物资供应计划和供货合同，并监督其执行情况；会同有关部门制订和落实储备资金定额，办理材料物资的请款和报销业务，计算确定材料物资采购成本；严格审核材料物资入库、出库凭证，进行材料物资明细核算，参与库存材料、物资的清查盘点工作；对于固定资产的核算，负责审核、办理有关固定资产的购建、调拨、内部转移、盘盈、盘亏、报废等会计手续，配合固定资产的管理部门和使用部门建立固定资产管理制度；进行固定资产的明细核算，参与固定资产清查，按规定正确计算、提取固定资产折旧，以真实地体现固定资产价值；制订固定资产重置、修理计划，指导和监督有关部门管好、用好固定资产。

4. 职工薪酬核算工作岗位

该岗位负责计算职工的各种薪酬，办理职工的薪酬结算，并进行有关的明细核算，分析职工薪酬总额计划的执行情况，控制职工薪酬总额支出，参与制订职工薪酬总额计划；在由各车间、部门的工资员分散计算和发放工资的组织方式下还应协助企业劳动工资部门负责指导和监督各车间、部门的职工薪酬计算和发放工作。

5. 成本费用核算工作岗位

该岗位负责编制成本、费用计划，并将其指标分解落实到有关责任单位和个人；会同有关部门拟定成本费用管理与核算办法，建立、健全各项原始记录和定额资料，遵守国家的成本开支范围和开支标准，正确地归集和分配费用，计算产品成本，登记费用成本明细账，并编制有关的会计报表，分析成本计划的执行情况。

6. 财务成果核算工作岗位

该岗位负责编制收入、利润计划并组织实施；随时掌握销售状况，预测销售前景，及时督促销售部门完成销售计划，组织好销售货款的回收工作，正确地计算并及时地解交有关税费；负责收入、应收款和利润的明细核算，编制有关收入、利润方面的会计报表，并对其进行分析和利用。

7. 资金核算工作岗位

该岗位负责资金的筹集、使用和调度；随时了解、掌握资金市场的动态，为企业筹集生产经营所需资金并满足需要，同时合理安排调度使用资金，本着节约的原则，运用好资金，以尽可能低的资金耗费取得尽可能好的效果。

8. 往来结算工作岗位

该岗位负责随时清理结算各种应收、应付、暂收、暂付等往来款项，应收的抓紧催收，应付的及时偿付，暂收、暂付款项要督促清算；负责备用金的管理和核算，负责其他应收款、应付款和备用金的明细核算；管理其他应收、应付款项的凭证、账册和资料等。

9. 总账报表工作岗位

该岗位负责总账的登记与核对，并与有关的日记账和明细账相核对，依据账簿记录编制有关会计报表和报表附注等相关内容；负责财务状况和经营成果的综合分析，收集、整理各方面经济信息，以便进行财务预测，制订或参与制订财务计划，参与企业的生产经营决策等。

10. 稽核工作岗位

该岗位负责确立稽核工作的组织形式和具体分工，明确稽核工作的职责、权限，审核会计凭证和复核会计账簿、报表。

11. 档案管理工作岗位

该岗位负责制定会计档案的立卷、归档、保管、查阅和销毁等管理制度，保证会计档案的妥善保管、有序存放，方便查阅，严防毁损、散失和泄密。

上述会计工作岗位的设置并非固定模式，企业单位可以根据自身的需要合并或重新分设。总而言之，企业应做到各项会计工作有岗有责，各司其职，必要时可以将各岗位人员进行适当的轮换，以便提高会计人员的综合能力，促进各岗位之间相互协调与配合。开展电算化会计和管理会计的单位，可以根据需要设置相应的工作岗位，也可以与其他工作岗位相结合。

第三节 会计人员

一、会计人员的配备

会计人员是指在企业、行政、事业等单位中从事财会工作的具体人员，包括会计机构负责人、总会计师、高级会计师、会计师、助理会计师、会计员、出纳以及在会计师事务所工作的注册会计师等其他会计人员。其中，总会计师属于行政职务。各企业单位应根据规模大小和业务需要，配备数量适当的会计人员，这是一个单位会计工作得以正常开展的重要条件。

会计人员的配备，应当符合会计机构内部岗位设置的要求。凡是设置专门会计机构的单位，除了按业务的繁简配备各个岗位的会计人员外，还应配备会计机构负责人或会计主管人员。大中型企事业单位还应设置总会计师，主管本单位的经济核算和财务会计工作。

(一)企业单位配备的会计人员应具备的基本条件

配备的会计人员应当具备必要的专业知识和专业技能，熟悉国家有关法律、法规、规章和国家统一会计制度，遵守职业道德。

(二)会计机构负责人、会计主管人员应具备的任职资格

(1)坚持原则，廉洁奉公；

(2)具备会计师以上专业技术职务资格或者从事会计工作不少于 3 年；

(3)熟悉国家财经法律、法规、规章和方针、政策，掌握本行业业务管理的有关知识；

(4)有较强的组织能力；

(5)身体状况能够适应本职工作的要求。

(三)总会计师的设置及任职要求

我国从 1961 年起在规模较大的企业逐步试行总会计师制度。1978 年，国务院颁发的《会计人员职权条例》正式规定，大中型企业要设置总会计师，主管本单位的经济核算和财务会计工作。《会计法》也作了设置总会计师的规定。1990 年 12 月 31 日，国务院发布了《总会计师条例》，对总会计师的地位、职责权限和任免作了明确规定。

总会计师是单位行政领导成员直接对单位主要行政领导人负责。总会计师应坚持原则，有组织领导能力，熟悉本单位和国内外同行业的生产、技术和经营情况，在企业管理、财政金融、经济核算、财务会计和审计等方面具有扎实的专业知识，具有会计师以上的技术职务，一般应由高级会计师担任。

二、会计人员的职责与权限

(一)会计人员的职责

为了充分调动和保护会计人员的工作积极性，《会计法》对会计人员的职责作了明确规定。会计人员的职责主要有以下几项：

1. 进行会计核算

进行会计核算就是按照会计法规和制度的规定，对本单位发生的经济业务及时地进行确认、计量、记录和报告，提供真实、可靠的会计信息。会计人员在进行会计核算时必须填制会计凭证、登记会计账簿、编制财务会计报告等。

2. 实行会计监督

实行会计监督就是会计人员依照有关法律、法规、制度，对本单位的经济活动进行会计监督，主要有：对不真实、不合法的原始凭证不予受理；对违反《会计法》和国家统一的会计制度规定的会计事项不予办理；配合财政、审计、税务机关的监督等。

3. 拟定本单位办理会计事务的具体办法

根据会计法规制度，结合本单位的具体情况，制定出本单位会计工作所必须遵守的内部会计管理制度，如会计人员岗位责任制度、内部稽核制度、成本核算制度、财务收支审批制度等。

4. 参与制订经济计划、业务计划，并分析其执行情况

经济和业务计划是指导经济活动以及编制财务计划的重要依据。会计人员通过参与经济计划、业务计划的制订，可以在增收节支、杜绝浪费、提高经济效益等方面发挥重要作用。会计人员在参与制订各项计划之后根据会计及有关资料，对计划执行情况进行分析、考核，查明存在的问题，总结经验，揭露矛盾，并提出改进措施。

5. 办理其他会计事项

其他会计事项是指不属于以上各项的会计事项。

会计人员的职责是考核会计人员工作质量的重要标准。会计人员应尽职尽责，努力做好会计核算、会计监督、会计分析、会计决策等各项会计工作，为经济建设服务。

(二)会计人员的权限

为了保障会计人员能够顺利履行自己的职责，国家赋予会计人员必要的工作权限，具体如下：

(1)会计人员有权要求本单位有关部门、人员认真执行国家批准的计划、预算，遵守国家的财经纪律和会计法、会计准则、会计制度等财务会计方面的法规、制度。若有违反，会计人员则有权拒绝付款、拒绝报销或拒绝执行，并向本单位领导人或上级机关执法部门报告。

(2)会计人员有权参与本单位编制计划、预算，制定定额，签订经济合同等工作；有权参加有关生产、经营管理会议；有权提出有关财务开支和经济效益方面的问题和意见。

(3)会计人员有权监督、检查本单位有关部门的财务收支、资金使用以及财产保管、收发、计量、检验等情况。

会计人员的工作权限是国家有关法规所赋予的，各级领导和有关人员要支持会计人员正确地行使其工作权限。

三、会计人员的专业技术职务

《会计专业职务试行条例》规定，会计专业职务分为高级会计师、会计师、助理会计师和会计员。其中，高级会计师为高级职务、会计师为中级职务、会计员和助理会计师为初级职务。各单位的会计人员通过全国通一考试，取得会计专业技术资格后，表明其已具备担任相应级别会计专业技术职务的任职资格。用人单位可根据工作需要和德才兼备的原则，从获得会计专业技术资格的会计人员中择优聘任。

(一)会计员

会计员的基本条件为初步掌握财会知识和技能，熟悉并能执行有关会计法规和财务会计

制度，能担任一个岗位的财务会计工作，大学专科或中等专业学校毕业，在财会岗位上见习 1 年期满。

会计员的基本职责为：负责审核和办理财务收支，编制记账凭证，登记会计账簿，编制会计报表和办理其他会计事务。

（二）助理会计师

助理会计师的基本条件为：通过全国会计专业技术初级资格考试，取得初级资格，并且符合下列条件：掌握一般的财务会计基础理论和专业知识；熟悉并能正确执行有关的财经方针、政策和财务会计法规、制度；能担负一个方面或某个重要岗位的财务会计工作；取得硕士学位或取得第二学士学位或研究生班结业证书，具备履行助理会计师职责的能力；大学本科毕业后在财务会计工作岗位上见习 1 年期满；大专毕业担任会计员职务满 2 年；中专毕业担任会计员职务满 4 年；不具备规定学历，担任会计员职务满 5 年。不符合上述条件的人员，只可聘任会计员职务。

助理会计师的基本职责为：负责草拟一般的财务会计制度、规定、办法；解释、解答财务会计法规、制度中的一般规定；分析、检查某一方面或某些项目的财务收支和预算的执行情况。

（三）会计师

会计师的基本条件为：通过全国会计专业技术中级资格考试，取得中级资格，并符合国家的下述规定：较系统地掌握财务会计基础理论和专业知识；掌握并能正确贯彻执行有关的财经方针、政策和财务会计法规、制度；具有一定的财务会计工作经验，能担负一个单位或管理一个地区、一个部门、一个系统某个方面的财务会计工作；取得博士学位并具有履行会计师职责的能力；取得硕士学位并担任助理会计师职务 2 年左右；取得第二学士学位或研究生班结业证书并担任助理会计师职务 2—3 年；大学本科或专科毕业并担任助理会计师职务 4 年以上。

会计师的基本职责为：负责草拟比较重要的财务会计制度、规定、办法；解释、解答财务会计法规、制度中的重要问题；分析、检查财务收支和预算的执行情况；培养初级会计人员。

（四）高级会计师

高级会计师的基本条件为：较系统地掌握经济、财务会计理论和专业知识；具有较高的政策水平和丰富的财务会计工作经验，能担负一个地区、一个部门或一个系统的财务会计管理工作；取得博士学位并担任会计师职务 2—3 年，或者取得硕士学位、第二学位或研究生班结业证书，或者大学本科毕业并担任会计师职务 5 年以上。

高级会计师的基本职责为：负责草拟和解释、解答在一个地区、一个部门、一个系统或在全国施行的财务会计法规、制度、办法；组织和指导一个地区或一个部门、一个系统的经济核算和财务会计工作；培养中级以上会计人才。

四、会计人员资格证书

（一）中国注册会计师（CPA）

注册会计师被认为是中国财会领域第一黄金职业证书，目前，该证书考试难度大，含金量高，获得后对会计人员职业发展有很大帮助。一般大中型企业（含国企和央企）对于中高级财务管理人员要求具有注册会计师证书，同时，知名的会计师事务所和税务师事务所的项目经理以上级别的业务岗位也要求具有注册会计师。注册会计师专业阶段考试科目有 6 门，分别是会计、审计、财务成本管理、公司战略与风险管理、经济法、税法；综合阶段考试科目为职业能力综合测试。

（二）税务师（TA）

税务师是中国涉税行业含金量较高的证书，也是真正懂财务、精税务、通管理和擅于筹划的企业价值创造者。会计人员持有该证书可以在税务师事务所或者会计师事务所从事纳税筹划、税务咨询、税务顾问等工作，可以在大中型企业财务岗位、税务岗位从事会计业务处理与审计等工作；可以在税务机关（政府）从事纳税征管和税务稽查工作；等等。该证书的考试科目有5门，分别是《税法一》《税法二》《涉税服务相关法律》《涉税服务实务》《财务与会计》。

（三）国际注册会计师（ACCA）

ACCA是国际注册会计师的英文简称，是国际上最权威的会计师机构组织的考试，是四大会计师事务所的敲门砖，获取该证书，可以进入外企工作或者出国深造。该证书对英文的要求较高。ACCA考试科目有15门，分别为《商业与技术》《管理会计》《财务会计》《公司法与商法》《业绩管理》《财务报告》《税务》《审计与鉴证》《财务管理》《战略商业领袖》《战略商业报告》《高级财务管理》《高级业绩管理》《高级税务》《高级审计与鉴证》。

（四）美国注册管理会计师（CMA）

CMA是美国注册管理会计师的英文简称，该证书获得国际通行的财务管理者专业资格认证和管理会计领域全球最高的、顶级权威资格认证。CMA注重的是会计人员业财技能的提升，帮助会计人员从传统核算型向管理型岗位的转型，为企业提供管理和决策上的建议。CMA的考试科目有《战略财务管理》和《财务规划、绩效和分析》这两门科目。

五、会计人员的任免

我国会计人员，特别是国有企业、事业行政单位的会计人员，一般来说，具有双重身份。他们既是企业单位的管理人员，要为本单位经营管理服务，又是国家财经政策、制度和财经纪律的执行者，要维护国家的整体利益，与各种违法乱纪的行为作斗争，保证会计信息的真实、可靠。根据会计人员工作的特点，为了从组织上保证会计人员依法行使职权，国家对会计人员，特别是会计机构的负责人和会计主管人员的任免，在《会计法》中做了如下规定：

（一）任免程序

企业单位的会计机构负责人、会计主管人员的任免，应当经过上级主管单位同意，不得任意调动或撤换。其程序是：各单位会计机构负责人和会计主管人员的任免，先由本单位行政领导人（厂长、经理）提名，报上级主管单位，上级主管单位人事部门与财会部门对所属单位上报的任免人员进行协商、考核，并报经行政领导人同意后，单位行政领导人方可正式任免。

（二）奖惩说明

会计人员在工作过程中要忠于职守、坚持原则，如果受到错误处理，上级主管单位则应当责成所在单位予以纠正。会计人员在工作过程中玩忽职守、丧失原则，不宜担任会计工作的，上级主管单位应责成所在单位予以撤换。对于认真执行《会计法》、忠于职守、做出显著成绩的会计人员，应给予精神的或物质的奖励。

六、会计职业道德

会计职业道德是指在会计职业活动中应遵循、体现会计职业特征的、调整会计职业关系的职业行为准则和规范。换句话说，会计职业道德是从事会计工作的人员在履行职能活动中应当具备的道德品质。

会计的目标是向会计信息使用者提供有用的会计信息，其工作质量的好坏直接影响着经营者、投资者和社会公众的利益,进而影响整个社会的经济秩序。会计人员在提供会计信息的过程中除了必须将本职工作置于法律、法规的约束和规范之下,还必须具备与其职能相适应的职业道德水准。根据我国会计工作、会计人员的实际情况,我国会计人员职业道德规范主要包括以下内容:

(一)爱岗敬业

爱岗就是会计人员热爱本职工作,安心本职岗位,并为做好本职工作尽心尽力、尽职尽责。敬业是指会计人员对其所从事的会计职业的正确认识和恭敬态度,并用这种严肃恭敬的态度,认真地对待本职工作,将身心与本职工作融为一体。

(二)诚实守信

诚实守信要求会计人员执业谨慎,信誉至上,不为利益所诱惑,不伪造账目,不弄虚作假,如实反映单位经济业务事项,同时还应当保守本单位的商业秘密,除法律规定和单位领导人同意外,不得私自向外界提供或者泄露本单位的会计信息。

(三)廉洁自律

廉洁自律要求会计人员必须树立正确的人生观和价值观,严格划分公私界限,做到不贪不占、遵纪守法、清正廉洁;正确处理会计职业权利与职业义务的关系,增强抵制行业不正之风的能力。

(四)客观公正

客观是指会计人员开展会计工作时要端正态度,依法办事,实事求是,以客观事实为依据,如实地记录和反映实际经济业务事项,会计核算要准确,记录要可靠,凭证要合法。公正是指会计人员在履行会计职能时要做到公平公正、不偏不倚,保持应有的独立性,以维护会计主体和社会公众的利益。

(五)坚持准则

坚持准则要求会计人员熟悉财经法律、法规和国家统一的会计制度,在处理经济业务的过程中不为主观或他人意志左右,始终坚持按照会计法律、法规和国家统一的会计制度的要求进行会计核算,实施会计监督,确保所提供的会计信息真实、完整,维护国家利益、社会公众利益和正常的经济秩序。

(六)提高技能

提高技能要求会计人员通过学习、培训和实践等途径,不断提高会计理论水平、会计实务能力、职业判断能力、自动更新知识能力、提供会计信息能力、沟通交流能力以及职业经验;运用所掌握的知识、技能和经验,开展会计工作,履行会计职责,以适应深化会计改革和会计国际化的需要。

(七)参与管理

参与管理要求会计人员在做好本职工作的同时树立参与管理的意识,努力钻研相关业务,全面熟悉本单位的经营活动和业务流程,主动向领导反映经营管理活动中的情况和存在的问题,主动提出合理化建议,协助领导决策,参与经营管理活动,做好领导的参谋。

(八)强化服务

强化服务要求会计人员具有强烈的服务意识、文明的服务态度和优良的服务质量。会计人员必须端正服务态度,做到讲文明、讲礼貌、讲信誉、讲诚实,坚持准则,真实、客观地核算单位的经济业务,努力维护和提升会计职业的良好社会形象。

第四节　会计规范

一、会计规范概述

(一)会计规范的含义及分类

会计规范是管理会计活动、规范会计行为的各种法律、法令、条例、规则、章程、制度等规范性文件的总称。制定和执行会计规范，有利于统一全国的会计核算工作，增强会计信息的可比性，有利于会计工作做到有法可依、有法必依、违法必究。从不同的角度，企业可以对会计规范进行不同的分类。

按照法规之间的相互关系，会计规范可分成三大部分：一是《会计法》。它是指导会计工作的根本法，也是最高层次的会计法规。二是会计准则。它是由财政部根据《会计法》的要求制定的、规范会计核算工作的指导性法规，包括基本准则、具体准则、具体会计准则应用指南三个部分。三是会计制度。它是由财政部制定的，规范会计核算中有关会计科目设置、账务处理、报表编制等具体核算工作的操作性较强的法规。

按照法规反映的内容，会计规范可分成三类：第一类是会计的基本法规，如《会计法》；第二类是有关会计业务的法规，如《企业会计准则》《企业会计制度》《会计档案管理办法》等；第三类是有关会计机构和会计人员的法规，如《会计专业技术职务试行条例》《总会计师条例》等。

(二)会计规范的作用

会计规范对于会计职能的发挥起着非常重要的作用，具体表现为以下几点：

1. 会计规范为会计人员履行会计职责提供相应的依据

会计规范的确定，明确了会计人员的基本要求、职责和权限范围，有利于企业强化内部管理，保证经济活动能够合法、合规、有效运行。

2. 会计规范能够促进会计工作的有序进行，从而提高会计信息质量

同一企业的不同时期和不同企业的相同时期的会计处理，包括会计操作的方法、内容和程序以及结果，只有按照统一的规范，才能保证会计信息的可比性，会计信息的使用者才能更好地运用数据作出正确的决策。

3. 会计规范为检查、管控会计工作中的不当行为提供了合理依据和参照标准

会计工作在开展过程中以会计规范为准绳来实施具体的会计处理，但是由于各种原因，导致会计处理过程和结果出现偏差，这时需要依据会计规范来进行检查，及时纠正，使得企业会计工作处于规范运行状态。

二、会计法

(一)《会计法》的制定及内容介绍

《会计法》是 1985 年 1 月 21 日第六届全国人大常委会第九次会议审议通过，于 1985 年 5 月 1 日实施的，为了适应经济发展的要求和环境的变化，实施后进行了三次修改：第一次是在 1993 年 12 月 29 日，第八届全国人大常委会第五次会议进行了修改；第二次是在 1999 年 10 月 31 日，第九届全国人大常委会第十二次会议进行了修改；第三次是在 2017 年 11 月 4 日，第十二届全国人大常委会进行了修改。修改后的《会计法》于 2017 年 11 月 5 日起施行。新修订的《会计法》共七章 52 条，主要包括以下内容：

第一章　总则(第 1—8 条),规定了《会计法》的立法宗旨、适用范围、会计工作管理体制,会计机构、会计人员的基本职责,依法设账的基本要求,单位负责人的会计责任,对会计人员的法律保护和奖励等方面的问题。

第二章　会计核算(第 9—23 条),规定了会计核算的基本要求、会计核算内容、会计年度、记账本位币、会计处理方法、会计凭证、会计账簿、账目核对、财务会计报告、或有事项披露、会计记录文字和会计档案管理等问题。

第三章　公司、企业会计核算的特别规定(第 24—26 条),主要规定了公司、企业确认、计量、记录会计要素的基本要求和公司、企业会计核算的禁止性问题。

第四章　会计监督(第 27—35 条),主要规定了单位内部会计监督制度、相关人员在单位内部会计监督中的职责、对违法行为的检举和会计工作外部监督等问题。

第五章　会计机构和会计人员(第 36—41 条),主要规定了会计机构的设置和会计人员配备、会计人员的从业资格与培训教育、会计机构内部稽核和内部牵制等方面的问题。

第六章　法律责任(第 42—49 条),主要规定了有关人员违反《会计法》的具体行为内容和处罚办法等问题,包括行政责任和刑事责任。

第七章　附则(第 50—52 条),主要规定了《会计法》中的一些名词解释、个体工商户会计管理的具体办法和制定机关、会计法实施日期等问题。

(二)修订后的《会计法》特点

新修订的《会计法》与前两次修订相比,主要是删除了“从事会计工作的人员,必须取得会计从业资格证书”的规定。

三、会计准则

会计准则是依据会计法制定的关于会计核算的规范,是会计人员从事会计工作的行为规则和指南。我国现有的会计准则可分为三个层次:基本准则、具体准则和企业会计准则应用指南。

(一)基本准则

基本准则主要是对会计核算的基本核心概念进行界定,如规定会计核算的基本前提、一般原则、会计要素、会计报告等。基本准则说明会计核算的指导思想、基本依据、主要规则和一般程序,是制定具体准则的依据和指导。我国于 2006 年 2 月 15 日发布并于 2007 年 1 月 1 日起首先在上市公司执行的《企业会计准则——基本准则》,共 11 章 50 条,主要包括会计核算的基本前提、会计信息质量要求、会计要素的确认与计量、会计计量属性、财务会计报告等方面的内容。

1. 总则(第 1 章)

总则规定了会计准则的性质、制定依据、适用范围、会计核算的基本前提(会计假设)、记账方法等。

2. 会计信息质量要求(第 2 章)

基本准则在第 2 章提出了 8 项会计信息的质量要求,包括客观性、相关性、明晰性、可比性、实质重于形式、重要性、谨慎性、及时性。

3. 会计要素的确认、计量(第 3—8 章)

会计要素准则规定了企业在会计核算中对各项会计要素进行确认、计量的基本要求。基本准则将会计要素划分为 6 项,即资产、负债、所有者权益、收入、费用和利润。

4. 会计计量属性(第 9 章)

会计计量准则规定了会计计量的基本属性，要求企业在对会计要素进行计量时一般应采用历史成本。采用重置成本、可变现净值、现值、公允价值计量的，应当保证所确定的会计要素金额能够取得并可靠计量。

5. 财务会计报告(第 10 章)

财务报告准则规定了财务报告体系的构成，提出了财务会计报告包括会计报表及其附注以及其他应当在财务会计报告中披露的相关信息和资料。会计报表至少应当包括资产负债表、利润表、现金流量表等报表。

6. 附则(第 11 章)

附则主要说明准则的解释部门和施行时间。

(二)具体准则

具体准则是按照基本准则的基本要求，对会计要素中的主要项目进行会计确认、计量和披露的规则。2006 年 2 月 15 日，我国财政部颁布的并于 2007 年 1 月 1 日执行的新会计准则体系共设立 42 个具体准则，分别是:《企业会计准则第 1 号——存货》《企业会计准则第 2 号——长期股权投资》(于 2014 年修订)、《企业会计准则第 3 号——投资性房地产》《企业会计准则第 4 号——固定资产》《企业会计准则第 5 号——生物资产》《企业会计准则第 6 号——无形资产》《企业会计准则第 7 号——非货币性资产交换》(于 2019 年修订)、《企业会计准则第 8 号——资产减值》《企业会计准则第 9 号——职工薪酬》(于 2014 年修订)、《企业会计准则第 10 号——企业年金基金》《企业会计准则第 11 号——股份支付》《企业会计准则第 12 号——债务重组》(于 2019 年修订)、《企业会计准则第 13 号——或有事项》《企业会计准则第 14 号——收入》(于 2017 年修订)、《企业会计准则第 15 号——建造合同》《企业会计准则第 16 号——政府补助》(于 2017 年修订)、《企业会计准则第 17 号——借款费用》《企业会计准则第 18 号——所得税》《企业会计准则第 19 号——外币折算》《企业会计准则第 20 号——企业合并》《企业会计准则第 21 号——租赁》(于 2018 年修订)、《企业会计准则第 22 号——金融工具确认和计量》(2017 年修订)、《企业会计准则第 23 号——金融资产转移》(于 2017 年修订)、《企业会计准则第 24 号——套期保值》(于 2017 年修订)、《企业会计准则第 25 号——保险合同》(于 2020 年修订)、《企业会计准则第 26 号——再保险合同》《企业会计准则第 27 号——石油天然气开采》《企业会计准则第 28 号——会计政策、会计估计变更和差错更正》《企业会计准则第 29 号——资产负债表日后事项》《企业会计准则第 30 号——财务报表列报》(于 2014 年修订)、《企业会计准则第 31 号——现金流量表》《企业会计准则第 32 号——中期财务报告》《企业会计准则第 33 号——合并财务报表》(于 2014 年修订)、《企业会计准则第 34 号——每股收益》《企业会计准则第 35 号——分部报告》《企业会计准则第 36 号——关联方披露》《企业会计准则第 37 号——金融工具列报》(于 2017 年修订)、《企业会计准则第 38 号——首次执行企业会计准则》《企业会计准则第 39 号——公允价值计量》(于 2014 年修订)、《企业会计准则第 40 号——合营安排》(于 2014 年修订)、《企业会计准则第 41 号——在其他主体中权益的披露》《企业会计准则第 42 号——持有待售的非流动资产、处置组和终止经营》。

(三)企业会计准则应用指南

企业会计准则应用指南是对具体会计准则中主要重点、难点、疑点的详细规范，列示了会计报表的基本格式、会计报表附注要求，附录列示了会计科目表以及各个会计科目的使用说明。

四、会计制度

会计制度主要是对会计科目的使用、会计报表的编制等做出的具体、详细的规范，具有很强的可操作性。我国曾经于1993年陆续制定和颁布了13个行业会计制度。为了增强会计核算的可比性，2000年12月29日，财政部颁布了综合的、打破行业和所有制限制的、主要适用于大中型工商企业的《企业会计制度》，于2001年1月1日起在股份有限公司和其他经过批准的企业施行；2001年12月17日，发布了《金融企业会计制度》，于2002年1月1日起在所有上市的金融企业施行；2004年4月27日，发布了《小企业会计制度》，于2005年1月1日起在小企业范围内施行；2004年8月18日，财政部正式发布了《民间非营利组织会计制度》，自2005年1月1日起在全国民间非营利组织范围内全面实施，此外，还出台了《新闻出版业会计核算办法》《施工企业会计核算办法》《证券公司会计核算办法》《农业企业会计核算办法》《会计师事务所、资产评估机构、税务师事务所会计核算办法》等。执行42项具体会计准则的企业不再执行《企业会计制度》和《金融企业会计制度》。

第五节 会计档案

一、会计档案的内容

会计档案是指单位在进行会计核算等过程中接收或形成的，记录和反映单位经济业务事项的，具有保存价值的文字、图表等各种形式的会计资料，包括通过计算机等电子设备形成、传输和存储的电子会计档案。按照《会计档案管理办法》的管理规定，企业会计档案包括以下两类：

（一）一般会计档案

一般会计档案主要是指以纸质形式保存的会计档案，主要有以下四类：

（1）会计凭证，包括原始凭证和记账凭证。

（2）会计账簿，包括总账、明细账、日记账、固定资产卡片及其他辅助性账簿。

（3）财务会计报告，包括月度、季度、半年度、年度财务会计报告。

（4）其他会计资料，包括银行存款余额调节表、银行对账单、纳税申报表、会计档案移交清册、会计档案保管清册、会计档案销毁清册、会计档案鉴定意见书及其他具有保存价值的会计资料。

（二）电子会计档案

单位可以利用计算机、网络通信等信息技术手段管理会计档案。单位内部形成的属于归档范围的电子会计资料，同时满足下列条件的，可仅以电子形式保存，形成电子会计档案。

（1）形成的电子会计资料来源真实、有效，由计算机等电子设备形成和传输。

（2）使用的会计核算系统能够准确、完整、有效地接收和读取电子会计资料，输出符合国家标准归档格式的会计凭证、会计账簿、财务会计报表等会计资料，设定了经办、审核、审批等必要的审签程序。

（3）使用的电子档案管理系统能够有效地接收、管理、利用电子会计档案，符合电子档案的长期保管要求，并建立了电子会计档案与相关联的其他纸质会计档案的检索关系。

（4）采取有效措施，防止电子会计档案被篡改。

(5)建立电子会计档案备份制度,能够有效防范自然灾害、意外事故和人为破坏的影响。

(6)形成的电子会计资料不属于具有永久保存价值或者其他重要保存价值的会计档案。

单位从外部接收的电子会计资料附有符合《中华人民共和国电子签名法》规定的电子签名的,可仅以电子形式归档保存,形成电子会计档案。

二、会计档案的管理

会计档案是一项重要的经济档案,各单位必须加强对会计档案管理工作的领导,建立会计档案的立卷、归档、保管、查阅和销毁等管理制度,保证会计档案妥善保管、有序存放、方便查阅,严防毁损、散失和泄密。财政部、国家档案局于 2015 年 12 月 11 日修订并公布了《会计档案管理办法》,自 2016 年 1 月 1 日起施行。该办法对会计档案的立卷、归档、保管、调阅、保管期限和销毁等方面的问题做出了明确的规定。

(一)会计档案的立卷

各单位每年形成的会计档案,都应由会计部门整理立卷,装订成册,并加上封面、编号。其中,记账凭证及所附原始凭证应按收款凭证、付款凭证、转账凭证分类,按月、按顺序号装订成册。凭证较多的单位,每类凭证每月可分别装订成若干册,在封面上应注明凭证名称、所属月份、凭证起止号码。会计报表按年装订成册,并在封面上注明单位、年度、报表种类等,其他会计资料也应整理立卷。

(二)会计档案的归档

当年形成的会计档案,在会计年度终了后可暂由会计机构保管一年,期满之后应当由会计机构编制移交清册,移交本单位档案机构统一保管;未设立档案机构的,应当在会计机构内部指定专人保管。出纳人员不得兼管会计档案。移交本单位档案机构保管的会计档案,原则上应当保持原卷册的封装。个别需要拆封重新整理的,档案机构应当会同会计机构和经办人员共同拆封整理,以分清责任。

(三)会计档案的保管

各单位对会计档案必须进行科学管理,做到妥善保管、存放有序、便于查找,同时,严格执行安全和保密制度,严防毁损、散失和泄密。对电算化会计档案管理要做好防磁、防火、防潮和防尘工作,重要会计档案应准备双份,存放在两个不同地点。采用磁性介质保存会计档案,要定期进行检查和复制,防止由于磁性介质损坏而使会计档案丢失。采用电子计算机进行会计核算的单位,应当保存打印出的纸质会计档案。具备采用磁带、磁盘、光盘、微缩胶片等磁性介质保存会计档案条件的,由国务院业务主管部门统一规定,并报财政部、国家档案局备案。

(四)会计档案的调阅

各单位保存的会计档案不得借出。如有特殊需要,经本单位负责人批准,可以提供查阅或者复制,并办理登记手续。查阅或者复制会计档案的人员,严禁在会计档案上涂画、拆封和抽换。各单位应当建立会计档案查阅、复制登记制度,设置“会计档案查阅登记簿”,用来登记查阅人、查阅日期、查阅理由、归还日期等。具体而言,本单位人员查阅会计档案,需经过会计主管人员同意;外单位人员查阅会计档案,要经过单位负责人批准,并出具正式介绍信。

(五)会计档案的保管期限

会计档案的保管期限分为永久和定期两类。定期保管期限一般分为 10 年和 30 年。会计档案的保管期限,从会计年度终了后的第一天算起。企业和其他组织会计档案的具体保管期限如表 10—1 所示。

表 10－1 企业和其他组织会计档案保管期限表

序号	档案名称	保管期限	备　注
一	会计凭证类		
1	原始凭证	30 年	
2	记账凭证	30 年	
二	会计账簿类		
3	总账	30 年	
4	明细账	30 年	
5	日记账	30 年	
6	固定资产卡片		固定资产报废清理后保管 5 年
7	辅助账簿	30 年	
三	财务会计报告		
8	月度、季度、半年度财务会计报告	10 年	
9	年度财务会计报告	永久	
四	其他会计资料		
10	银行存款余额调节表	10 年	
11	银行对账单	10 年	
12	纳税申报表	10 年	
13	会计档案移交清册	30 年	
14	会计档案保管清册	永久	
15	会计档案销毁清册	永久	
16	会计档案鉴定意见书	永久	

(六)会计档案的销毁

会计档案保管期满可以按照以下程序销毁：

(1)单位档案管理机构编制会计档案销毁清册，列明拟销毁会计档案的名称、卷号、册数、起止年度、档案编号、应保管期限、已保管期限和销毁时间等内容。

(2)单位负责人、档案管理机构负责人、会计管理机构负责人、档案管理机构经办人、会计管理机构经办人在会计档案销毁清册上签署意见。

(3)单位档案管理机构负责组织会计档案销毁工作，并与会计管理机构共同派员监销。监销人在会计档案销毁前应当按照会计档案销毁清册所列内容进行清点核对；在会计档案销毁后，应当在会计档案销毁清册上签名或盖章。

电子会计档案的销毁还应当符合国家有关电子档案的规定，并由单位档案管理机构、会计管理机构和信息系统管理机构共同派员监销。

需要注意的是，保管期满但未结清的债权债务原始凭证和涉及其他未了事项的原始凭证，不得销毁。纸质会计档案应当单独抽出立卷，电子会计档案单独转存，保管到未了事项完结时为止。单独抽出立卷或转存的会计档案，应当在会计档案鉴定意见书、会计档案销毁清册和会计档案保管清册中列明。

三、会计工作交接

会计工作交接，是指会计人员调动工作或者离职时，与接替人员办清交接手续的制度。

会计工作交接是会计工作中的一项重要内容。办好会计工作交接，有利于保持会计工作的连续性，明确各自的责任。《会计法》规定："会计人员调动工作或者离职，必须与接管人员办清交接手续。"一般会计人员办理交接手续，由会计机构负责人（会计主管人员）监交；会计机构负责人（会计主管人员）办理交接手续，由单位负责人监交，必要时主管单位可以派人会同监交。《会计基础工作规范》对此也有相关的规定。

（一）会计工作交接的要求

（1）会计人员工作调动或者因故离职，必须将本人所经管的会计工作全部移交给接替人员。没有办清交接手续的，不得调动或者离职。会计人员临时离职或者因病不能工作且需要接替或者代理的，会计机构负责人、会计主管人员或者单位领导人必须指定有关人员接替或者代理，并办理交接手续。临时离职或者因病不能工作的会计人员恢复工作的，应当与接替或者代理人员办理交接手续。移交人员因病或者其他特殊原因不能亲自办理移交的，经单位领导人批准，可由移交人员委托他人代办移交，但委托人对所移交的会计凭证、会计账簿、会计报表和其他有关资料的合法性、真实性承担法律责任。

（2）移交人员在办理移交时要按移交清册逐项移交，接替人员要逐项核对点收。移交清册一般应当填制一式三份，交接双方各执一份，存档一份。移交人员对所移交的会计凭证、会计账簿、会计报表和其他有关资料的合法性、真实性承担法律责任。接替人员应当认真接管移交工作，并继续办理移交的未了事项。接替人员应当继续使用移交的会计账簿，不得自行另立新账，以保持会计记录的连续性。

（3）会计人员办理交接手续，必须有监交人负责监交。一般会计人员交接，由单位会计机构负责人、会计主管人员负责监交；会计机构负责人、会计主管人员交接，由单位领导人负责监交，必要时可由上级主管部门派人会同监交。交接完毕后，交接双方和监交人员要在移交清册上签名或者盖章，并应在移交清册上注明单位名称，交接日期，交接双方和监交人员的职务、姓名，移交清册页数及需要说明的问题和意见等。

（4）单位撤销时必须留有必要的会计人员，会同有关人员办理清理工作，编制决算。未移交前，不得离职。接收单位和移交日期由主管部门确定。单位合并、分立的，其会计工作交接手续比照上述有关规定办理。

（二）会计工作交接前的准备工作

会计人员办理移交手续前必须及时做好以下工作：

（1）对已经受理的经济业务，应全部填制会计凭证。

（2）尚未登记的账目应登记完毕，并在最后一笔余额后加盖经办人员印章。

（3）整理应移交的各项资料，对未了事项写出书面材料。

（4）编制移交清册，列明应当移交的会计凭证、会计账簿、会计报表、印章、现金、有价证券、支票簿、发票、文件、其他会计资料和物品等内容；实行会计电算化的单位，从事该项工作的移交人员还应当在移交清册中列明会计软件及密码、会计软件数据磁盘（磁带等）及有关资料、实物等内容。

(三)会计工作交接内容

移交人员按移交清册逐项移交，接替人员逐项核对点收，具体内容如下：

(1)现金、有价证券要根据会计账簿有关记录进行点交。库存现金、有价证券必须与会计账簿记录保持一致。不一致时，移交人员必须限期查清。

(2)会计凭证、会计账簿、会计报表和其他会计资料必须完整无缺。若有短缺，则必须查清原因，并在移交清册中注明，由移交人员负责。

(3)银行存款账户余额要与银行对账单核对，若不一致，则应当编制银行存款余额调节表调节相符，各种财产物资和债权债务的明细账户余额要与总账有关账户余额核对相符；必要时，要抽查个别账户的余额，与实物核对相符，或者与往来单位、个人核对清楚。

(4)移交人员经管的票据、印章和其他实物等，必须交接清楚；移交人员从事会计电算化工作的，要对有关电子数据在实际操作状态下进行交接。

(5)会计机构负责人、会计主管人员移交时还必须将全部财务会计工作、重大财务收支和会计人员的情况等，向接替人员详细介绍。对需要移交的遗留问题，应当写出书面材料。

(四)交接后的责任

移交人员对移交的会计凭证、会计账簿、会计报表和其他会计资料的合法性、真实性承担法律责任。移交人员所移交的会计资料是在其经办会计工作期间内发生的，应当对这些会计资料的合法性、真实性承担法律责任。即使接替人员在交接时因疏忽没有发现所接会计资料在合法性、真实性方面的问题，如事后发现仍由原移交人员负责，原移交人员不能以会计资料已经移交为理由而推脱责任。如果所发现的会计资料真实性、合法性方面的问题不在原移交人员的经办期间发生，而是在其后，则不应由原移交人员承担责任，而应由接管人员承担责任。

本章小结

会计工作的组织管理，包括设置会计机构、配备会计人员、制定和执行会计行为规范、妥善保管会计档案等内容。科学地组织管理会计工作的意义表现在：有利于提高会计工作质量和效率；有利于巩固和发展各单位内部的经济责任制；有利于正确处理与其他经济管理工作的关系；有利于遵守和维护国家的财经法律。组织会计工作要坚持以下原则：统一性、适应性、效益性、内部控制和责任制。

会计机构是企业、行政、事业等单位办理会计事务的职能部门。企业单位设置会计机构时应考虑以下问题：单位规模的大小、经济业务和财务收支的繁简、经营管理的需要。会计工作的组织形式一般包括集中核算和非集中核算两种。财务共享服务中心是目前跨国公司、大型企业集团、国企和央企正在推进和运营的会计工作组织形式。

会计人员是指在企业、行政、事业等单位中从事财会工作的具体人员，包括会计机构负责人、总会计师、高级会计师、会计师、助理会计师、会计员、出纳以及在会计师事务所工作的注册会计师等其他会计人员。各企业单位应根据规模大小和业务需要，配备数量适当的会计人员。《会计法》对会计人员的职责作了明确规定，同时也赋予了会计人员必要的工作权限。

会计规范是管理会计活动、规范会计行为的各种法律、法令、条例、规则、章程、制度等规范性文件的总称。按照法规之间的相互关系，会计规范可分成三大部分：一是《会计法》；二是会计准则；三是会计制度。按照法规反映的内容，会计规范可分成三类：第一类是会计的基本法规；第二类是有关会计业务的法规；第三类是有关会计机构和会计人员的法规。

会计档案是指单位在进行会计核算等过程中接收或形成的，记录和反映单位经济业务事项的，具有保存价值的文字、图表等各种形式的会计资料，包括通过计算机等电子设备形成、传输和存储的电子会计档案。企业会计档案包括一般会计档案和电子会计档案。其中，一般会计档案包括会计凭证、会计账簿、财务会计报告、其他会计资料。会计档案是一项重要的经济档案,各单位必须加强对会计档案管理工作的领导,建立会计档案的立卷、归档、保管、查阅和销毁等管理制度,保证会计档案妥善保管、有序存放、方便查阅,严防毁损、散失和泄密。

会计工作交接,是指会计人员调动工作或者离职时与接替人员办清交接手续的制度。会计工作交接是会计工作中的一项重要内容。办好会计工作交接,有利于保持会计工作的连续性,明确各自的责任。

关键名词

会计机构	会计人员	集中核算	非集中核算
会计职业道德	会计档案	会计规范	会计工作岗位责任制

复习思考题

1. 简述设置会计机构时应考虑的因素。
2. 简述会计工作的组织形式及各自的适用范围。
3. 简述企业会计人员的职责与权限。
4. 简述会计人员专业技术职务的种类及各自的任职条件。
5. 简述会计规范的概念及构成。
6. 简述修订后的《会计法》的主要内容。
7. 简述《企业会计准则——基本准则》的主要内容。
8. 简述会计法、会计准则和会计制度的关系。
9. 简述企业会计人员的职业道德。
10. 简述会计档案的内容和管理方法。

同步练习

一、单项选择题

1. 库存现金日记账和银行存款日记账的保管期限为(　　)。

A. 30 年　　B. 5 年　　C. 15 年　　D. 25 年

2. 年度会计报表的保管期限为(　　)。

A. 永久　　B. 15 年　　C. 3 年　　D. 25 年

3. 会计规范中,位于最高层次的是(　　)。

A. 会计准则　　B. 会计制度　　C. 会计法　　D. 会计基础工作规范

4. 下列职务中,不属于会计专业技术职务的是(　　)。

A. 助理会计师　　B. 总会计师　　C. 会计师　　D. 高级会计师

5. 采用电子计算机进行会计核算的单位,应当保存的会计档案为(　　)。

A. 移动磁盘　　B. 软盘　　C. 光盘　　D. 打印出的纸质档案

6. 总账的保管期限为(　　)。

A. 永久　　B. 5 年　　C. 15 年　　D. 30 年

7. 会计机构负责人、会计主管人员应具备的任职资格中,除了应具备规定的基本条件外,还应具备会计师以上专业技术职务资格或者从事会计工作(　　)年以上的经历。

A. 3　　B. 2　　C. 1　　D. 5

8. 在不违反内部牵制制度的前提下,出纳员可以兼管(　　)。

A. 总账的登记工作　B. 固定资产卡片的登记工作
C. 会计档案的保管工作　D. 明细账的登记工作

9. 月度财务报告的保管期限为(　　)。
A. 3 年　B. 10 年　C. 5 年　D. 25 年

10. 银行存款余额调节表的保管期限为(　　)。
A. 5 年　B. 3 年　C. 10 年　D. 25 年

11. 财务共享服务中心是企业集团在组织中进行的一项(　　)变革。
A. 信息系统　B. 系统工程　C. 管理会计　D. 财务管理

12. 我国企业的具体准则(　　)。
A. 仅包括收入准则
B. 仅包括一般业务会计准则
C. 既包括一般业务会计准则又包括收入准则
D. 既包括一般业务会计准则又包括特殊业务准则

13. 保管期满但未结清的债权债务原始凭证和涉及其他未了事项的原始凭证(　　)。
A. 不得销毁,纸质会计档案应当单独抽出立卷,电子会计档案单独转存,保管到未了事项完结时为止
B. 与其他会计凭证一样,保存 30 年后方可销毁
C. 与年度财务报告一样,应永久保存
D. 与银行存款余额调节表一样,保存 10 年后方可销毁

14. (　　)不属于会计档案的范围。
A. 销售合同　B. 会计凭证　C. 会计账簿　D. 银行对账单

15. 我国的(　　)对会计人员的职业道德进行了具体规定。
A. 会计基础工作规范　B. 会计法
C. 中国注册会计师职业道德守则　D. 企业内部控制基本规范

二、多项选择题

1. 参加一般会计人员办理交接手续的人员主要有(　　)。
A. 移交人员　B. 接替人员　C. 单位负责人　D. 监交人员

2. 会计工作组织主要包括(　　)。
A. 会计机构的设置　B. 制定和执行会计行为规范
C. 会计档案的保管　D. 会计人员的配备

3. 设置会计机构时,应考虑的因素包括(　　)。
A. 业务的繁简　B. 会计人员的多少　C. 单位规模的大小　D. 管理的需要

4. 下列资料中,属于会计档案的有(　　)。
A. 原始凭证　B. 辅助账簿　C. 会计报表　D. 银行对账单

5. 下列会计档案中,应该永久保管的有(　　)。
A. 年度财务报告　B. 会计档案保管清册　C. 会计档案销毁清册　D. 总账

6. 下列项目中,属于企业会计人员职业道德的有(　　)。
A. 爱岗敬业　B. 廉洁自律　C. 参与管理　D. 客观公正

7. 某企业按规定销毁会计档案时应由(　　)共同派员监销。
A. 本单位档案部门　B. 本单位财务会计部门　C. 同级财政部门　D. 同级审计部门

8. 会计法规定,出纳人员不得兼管的工作有(　　)。
A. 稽核　B. 会计档案保管　C. 固定资产卡片的编制　D. 债权债务账目的登记

9. 下列项目中,属于会计人员专业技术职务的有(　　)。
A. 注册会计师　B. 高级会计师　C. 总会计师　D. 助理会计师

10. 下列会计档案需要保存 10 年的有(　　)。
A. 原始凭证　　B. 纳税申报表　　C. 银行对账单　　D. 会计移交清册
11. 我国会计人员的会计专业职务分为(　　)。
A. 会计员　　B. 会计师　　C. 助理会计师　　D. 高级会计师
12. 财务共享服务中心的作用有(　　)。
A. 降低成本　　B. 提高效率　　C. 保证质量　　D. 加强管控
13. 集团公司内部财务职能划分中,财务共享服务中心的职能有(　　)。
A. 财务核算职能　　B. 财务分析职能
C. 税务处理职能　　D. 履行政策规范制定职能
14. 国家机关、国有企业、事业单位任用会计人员应当实行回避制度,需要回避的直系亲属为(　　)。
A. 夫妻关系　　B. 直系血亲关系　　C. 三代以内旁系血亲　　D. 姻亲关系
15. 一般会计档案包括(　　)。
A. 会计凭证　　B. 会计账簿　　C. 财务会计报告　　D. 其他会计资料

三、判断题

1. 规模小、业务少的企业可以不设置专门的会计机构。(　　)
2. 实行集中核算与否主要取决于业务的繁简和企业规模的大小。(　　)
3. 会计档案的保管期限分为永久和定期两类。定期保管期限一般分为 10 年和 15 年。(　　)
4.《企业会计准则》暂时在上市公司执行,其他企业一律不得采用。(　　)
5. 出纳人员可以兼职保管会计档案。(　　)
6. 各单位保管的会计档案经负责人批准,可以对外借出。(　　)
7. 基本准则主要对会计核算的基本核心概念进行界定。(　　)
8. 保管期满的会计档案,保管人员可自行销毁,但必须进行记录。(　　)
9. 单位负责人应当对财务报告的真实性和完整性负责。(　　)
10. 保管期满但未结清的债权债务原始凭证和涉及其他未了事项的原始凭证,可以销毁。(　　)
11. 单独抽出立卷或转存的会计档案,应当在会计档案鉴定意见书、会计档案销毁清册和会计档案保管清册中列明。(　　)
12. 会计档案的保管期限,从会计年度终了后的当天算起。(　　)
13. 出纳人员可以兼管稽核、会计档案保管和收入、费用、债权债务账目的登记工作。(　　)
14. 电子会计档案的销毁应由单位档案管理机构、会计管理机构共同派员监销。(　　)
15. 总会计师是单位行政领导成员,直接对单位主要行政领导人负责。(　　)

四、业务处理题

2023 年 2 月,新华公司会计机构负责人组织会计人员对纸质及电子会计资料进行整理,移交给新华公司档案管理机构。2024 年 2 月,新华公司档案管理机构负责人组织相关机构对已到保管期限的会计档案进行鉴定。对确无保存价值可以销毁的会计档案,由档案管理员编制会计档案销毁清册,经相关人员签署意见后销毁。

【要求】根据上述资料,不考虑其他因素,分析回答下列问题:
(1)新华公司会计资料中,应当按照规定归档的会计档案有哪些?
(2)除档案管理机构经办人外,应在会计档案销毁清册上签署意见的相关人员有哪些?
(3)会计档案保管期满,可以按照什么程序销毁?

附录1
《中华人民共和国会计法》

1985年1月21日，第六届全国人民代表大会常务委员会第九次会议通过，根据1993年12月29日第八届全国人民代表大会常务委员会第五次会议《关于修改〈中华人民共和国会计法〉的决定》修正，1999年10月31日第九届全国人民代表大会常务委员会第十二次会议修订，2017年11月4日，十二届全国人大常委会议表决通过了《关于修改会计法的决定》，修改了“从事会计工作的人员，必须取得会计从业资格证书”等规定，并从2017年11月5日起实施。

第一章　总　则

第一条　为了规范会计行为，保证会计资料真实、完整，加强经济管理和财务管理，提高经济效益，维护社会主义市场经济秩序，制定本法。

第二条　国家机关、社会团体、公司、企业、事业单位和其他组织（以下统称“单位”）必须依照本法办理会计事务。

第三条　各单位必须依法设置会计账簿，并保证其真实、完整。

第四条　单位负责人对本单位的会计工作和会计资料的真实性、完整性负责。

第五条　会计机构、会计人员依照本法规定进行会计核算，实行会计监督。

任何单位或者个人不得以任何方式授意、指使、强令会计机构、会计人员伪造、变造会计凭证、会计账簿和其他会计资料，提供虚假财务会计报告。

任何单位或者个人不得对依法履行职责、抵制违反本法规定行为的会计人员实行打击报复。

第六条　对认真执行本法，忠于职守，坚持原则，做出显著成绩的会计人员，给予精神的或者物质的奖励。

第七条　国务院财政部门主管全国的会计工作。县级以上地方各级人民政府财政部门管理本行政区域内的会计工作。

第八条　国家实行统一的会计制度。国家统一的会计制度由国务院财政部门根据本法制定并公布。

国务院有关部门可以依照本法和国家统一的会计制度制定对会计核算和会计监督有特殊要求的行业实施国家统一的会计制度的具体办法或者补充规定，报国务院财政部门审核批准。

中国人民解放军总后勤部可以依照本法和国家统一的会计制度制定军队实施国家统一的会计制度的具体办法，报国务院财政部门备案。

第二章　会计核算

第九条　各单位必须根据实际发生的经济业务事项进行会计核算，填制会计凭证，登记会计账簿，编制财务会计报告。

任何单位不得以虚假的经济业务事项或者资料进行会计核算。

第十条　下列经济业务事项，应当办理会计手续，进行会计核算：

(一)款项和有价证券的收付；

(二)财物的收发、增减和使用；

(三)债权债务的发生和结算；

(四)资本、基金的增减；

(五)收入、支出、费用、成本的计算；

(六)财务成果的计算和处理；

(七)需要办理会计手续、进行会计核算的其他事项。

第十一条 会计年度自公历1月1日起至12月31日止。

第十二条 会计核算以人民币为记账本位币。

业务收支以人民币以外的货币为主的单位，可以选定其中一种货币作为记账本位币，但是编报的财务会计报告应当折算为人民币。

第十三条 会计凭证、会计账簿、财务会计报告和其他会计资料，必须符合国家统一的会计制度的规定。

使用电子计算机进行会计核算的，其软件及其生成的会计凭证、会计账簿、财务会计报告和其他会计资料，也必须符合国家统一的会计制度的规定。

任何单位和个人不得伪造、变造会计凭证、会计账簿及其他会计资料，不得提供虚假的财务会计报告。

第十四条 会计凭证包括原始凭证和记账凭证。

办理本法第十条所列的经济业务事项，必须填制或者取得原始凭证并及时送交会计机构。

会计机构、会计人员必须按照国家统一的会计制度的规定对原始凭证进行审核，对不真实、不合法的原始凭证有权不予接受，并向单位负责人报告；对记载不准确、不完整的原始凭证予以退回，并要求按照国家统一的会计制度的规定更正、补充。

原始凭证记载的各项内容均不得涂改；原始凭证有错误的，应当由出具单位重开或者更正，更正处应当加盖出具单位印章。原始凭证金额有错误的，应当由出具单位重开，不得在原始凭证上更正。记账凭证应当根据经过审核的原始凭证及有关资料编制。

第十五条 会计账簿登记，必须以经过审核的会计凭证为依据，并符合有关法律、行政法规和国家统一的会计制度的规定。会计账簿包括总账、明细账、日记账和其他辅助性账簿。

会计账簿应当按照连续编号的页码顺序登记。会计账簿记录发生错误或者隔页、缺号、跳行的，应当按照国家统一的会计制度规定的方法更正，并由会计人员和会计机构负责人(会计主管人员)在更正处盖章。

使用电子计算机进行会计核算的，其会计账簿的登记、更正，应当符合国家统一的会计制度的规定。

第十六条 各单位发生的各项经济业务事项应当在依法设置的会计账簿上统一登记、核算，不得违反本法和国家统一的会计制度的规定私设会计账簿、登记核算。

第十七条 各单位应当定期将会计账簿记录与实物、款项及有关资料相互核对，保证会计账簿记录与实物及款项的实有数额相符、会计账簿记录与会计凭证的有关内容相符、会计账簿之间相对应的记录相符、会计账簿记录与会计报表的有关内容相符。

第十八条 各单位采用的会计处理方法，前后各期应当一致，不得随意变更；确有必要变更的，应当按照国家统一的会计制度的规定变更，并将变更的原因、情况及影响在财务会计报告中说明。

第十九条 单位提供的担保、未决诉讼等或有事项，应当按照国家统一的会计制度的规定，在财务会计报告中予以说明。

第二十条 财务会计报告应当根据经过审核的会计账簿记录和有关资料编制，并符合本法和国家统一的会计制度关于财务会计报告的编制要求、提供对象和提供期限的规定；其他法律、行政法规另有规定的，从其规定。

财务会计报告由会计报表、会计报表附注和财务情况说明书组成。向不同的会计资料使用者提供的财务会计报告，其编制依据应当一致。有关法律、行政法规规定会计报表、会计报表附注和财务情况说明书须经注册会计师审计的，注册会计师及其所在的会计师事务所出具的审计报告应当随同财务会计报告一并提供。

第二十一条 财务会计报告应当由单位负责人和主管会计工作的负责人、会计机构负责人(会计主管人员)签名并盖章;设置总会计师的单位,还须由总会计师签名并盖章。

单位负责人应当保证财务会计报告真实、完整。

第二十二条 会计记录的文字应当使用中文。在民族自治地方,会计记录可以同时使用当地通用的一种民族文字。在中华人民共和国境内的外商投资企业、外国企业和其他外国组织的会计记录可以同时使用一种外国文字。

第二十三条 各单位对会计凭证、会计账簿、财务会计报告和其他会计资料应当建立档案,妥善保管。会计档案的保管期限和销毁办法,由国务院财政部会同有关部门制定。

第三章　公司、企业会计核算的特别规定

第二十四条 公司、企业进行会计核算,除应当遵守本法第二章的规定外,还应当遵守本章规定。

第二十五条 公司、企业必须根据实际发生的经济业务事项,按照国家统一的会计制度的规定确认、计量和记录资产、负债、所有者权益、收入、费用、成本和利润。

第二十六条 公司、企业进行会计核算不得有下列行为:

(一)随意改变资产、负债、所有者权益的确认标准或者计量方法,虚列、多列、不列或者少列资产、负债、所有者权益;

(二)虚列或者隐瞒收入,推迟或者提前确认收入;

(三)随意改变费用、成本的确认标准或者计量方法,虚列、多列、不列或者少列费用、成本;

(四)随意调整利润的计算、分配方法,编造虚假利润或者隐瞒利润;

(五)违反国家统一的会计制度规定的其他行为。

第四章　会计监督

第二十七条 各单位应当建立、健全本单位内部会计监督制度。单位内部会计监督制度应当符合下列要求:

(一)记账人员与经济业务事项和会计事项的审批人员、经办人员、财物保管人员的职责权限应当明确,并相互分离、相互制约;

(二)重大对外投资、资产处置、资金调度和其他重要经济业务事项的决策和执行的相互监督、相互制约程序应当明确;

(三)财产清查的范围、期限和组织程序应当明确;

(四)对会计资料定期进行内部审计的办法和程序应当明确。

第二十八条 单位负责人应当保证会计机构、会计人员依法履行职责,不得授意、指使、强令会计机构、会计人员违法办理会计事项。

会计机构、会计人员对违反本法和国家统一的会计制度规定的会计事项,有权拒绝办理或者按照职权予以纠正。

第二十九条 会计机构、会计人员发现会计账簿记录与实物、款项及有关资料不相符的,按照国家统一的会计制度的规定有权自行处理的,应当及时处理;无权处理的,应当立即向单位负责人报告,请求查明原因,作出处理。

第三十条 任何单位和个人对违反本法和国家统一的会计制度规定的行为,有权检举。收到检举的部门有权处理的,应当依法按照职责分工及时处理;无权处理的,应当及时移送有权处理的部门处理。收到检举的部门、负责处理的部门应当为检举人保密,不得将检举人姓名和检举材料转给被检举单位和被检举人个人。

第三十一条 有关法律、行政法规规定,须经注册会计师进行审计的单位,应当向受委托的会计师事务所如实提供会计凭证、会计账簿、财务会计报告和其他会计资料以及有关情况。

任何单位或者个人不得以任何方式要求或者示意注册会计师及其所在的会计师事务所出具不实或者不当的审计报告。

财政部门有权对会计师事务所出具审计报告的程序和内容进行监督。

第三十二条 财政部门对各单位的下列情况实施监督：

(一)是否依法设置会计账簿；

(二)会计凭证、会计账簿、财务会计报告和其他会计资料是否真实、完整；

(三)会计核算是否符合本法和国家统一的会计制度的规定；

(四)从事会计工作的人员是否具备专业能力、遵守职业道德。

在对前款第(二)项所列事项实施监督，发现重大违法嫌疑时，国务院财政部门及其派出机构可以向与被监督单位有经济业务往来的单位和被监督单位开立账户的金融机构查询有关情况，有关单位和金融机构应当给予支持。

第三十三条 财政、审计、税务、人民银行、证券监管、保险监管等部门应当依照有关法律、行政法规规定的职责，对有关单位的会计资料实施监督检查。

前款所列监督检查部门对有关单位的会计资料依法实施监督检查后，应当出具检查结论。有关监督检查部门已经做出的检查结论能够满足其他监督检查部门履行本部门职责需要的，其他监督检查部门应当加以利用，避免重复查账。

第三十四条 依法对有关单位的会计资料实施监督检查的部门及其工作人员对在监督检查中知悉的国家秘密和商业秘密负有保密义务。

第三十五条 各单位必须依照有关法律、行政法规的规定，接受有关监督检查部门依法实施的监督检查，如实提供会计凭证、会计账簿、财务会计报告和其他会计资料以及有关情况，不得拒绝、隐匿、谎报。

第五章 会计机构和会计人员

第三十六条 各单位应当根据会计业务的需要，设置会计机构，或者在有关机构中设置会计人员并指定会计主管人员；不具备设置条件的，应当委托经批准设立从事会计代理记账业务的中介机构代理记账。

国有的和国有资产占控股地位或者主导地位的大、中型企业必须设置总会计师。总会计师的任职资格、任免程序、职责权限由国务院规定。

第三十七条 会计机构内部应当建立稽核制度。

出纳人员不得兼任稽核、会计档案保管和收入、支出、费用、债权债务账目的登记工作。

第三十八条 会计人员应当具备从事会计工作所需要的专业能力。

担任单位会计机构负责人(会计主管人员)的，应当具备会计师以上专业技术职务资格或者从事会计工作三年以上经历。

本法所称会计人员的范围由国务院财政部门规定。

第三十九条 会计人员应当遵守职业道德，提高业务素质。对会计人员的教育和培训工作应当加强。

第四十条 因有提供虚假财务会计报告，做假账，隐匿或者故意销毁会计凭证、会计账簿、财务会计报告，贪污，挪用公款，职务侵占等与会计职务有关的违法行为被依法追究刑事责任的人员，不得再从事会计工作。

第四十一条 会计人员调动工作或者离职，必须与接管人员办清交接手续。

一般会计人员办理交接手续，由会计机构负责人(会计主管人员)监交；会计机构负责人(会计主管人员)办理交接手续，由单位负责人监交，必要时主管单位可以派人会同监交。

第六章 法律责任

第四十二条 违反本法规定，有下列行为之一的，由县级以上人民政府财政部门责令限期改正，可以对单位并处三千元以上五万元以下的罚款；对其直接责任的主管人员和其他直接责任人员，可以处两千元以上两万元以下的罚款；属于国家工作人员的，还应当由其所在单位或者有关单位依法给予行政处分：

(一)不依法设置会计账簿的；

(二)私设会计账簿的；

（三）未按照规定填制、取得原始凭证或者填制、取得的原始凭证不符合规定的；

（四）以未经审核的会计凭证为依据登记会计账簿或者登记会计账簿不符合规定的；

（五）随意变更会计处理方法的；

（六）向不同的会计资料使用者提供的财务会计报告编制依据不一致的；

（七）未按照规定使用会计记录文字或者记账本位币的；

（八）未按照规定保管会计资料，致使会计资料毁损、灭失的；

（九）未按照规定建立并实施单位内部会计监督制度或者拒绝依法实施的监督或者不如实提供有关会计资料及有关情况的；

（十）任用会计人员不符合本法规定的。

有前款所列行为之一，构成犯罪的，依法追究刑事责任。

会计人员有第一款所列行为之一，情节严重的，五年内不得从事会计工作。

有关法律对第一款所列行为的处罚另有规定的，依照有关法律的规定办理。

第四十三条 伪造、变造会计凭证、会计账簿，编制虚假财务会计报告，构成犯罪的，依法追究刑事责任。

有前款行为，尚不构成犯罪的，由县级以上人民政府财政部门予以通报，可以对单位并处五千元以上十万元以下的罚款；对其直接负责的主管人员和其他直接责任人员，可以处三千元以上五万元以下的罚款；属于国家工作人员的，还应当由其所在单位或者有关单位依法给予撤职直至开除的行政处分；其中的会计人员，五年内不得从事会计工作。

第四十四条 隐匿或者故意销毁依法应当保存的会计凭证、会计账簿、财务会计报告，构成犯罪的，依法追究刑事责任。

有前款行为，尚不构成犯罪的，由县级以上人民政府财政部门予以通报，可以对单位并处五千元以上十万元以下的罚款；对其直接负责的主管人员和其他直接责任人员，可以处三千元以上五万元以下的罚款；属于国家工作人员的，还应当由其所在单位或者有关单位依法给予撤职直至开除的行政处分；其中的会计人员，五年内不得从事会计工作。

第四十五条 授意、指使、强令会计机构、会计人员及其他人员伪造、变造会计凭证、会计账簿，编制虚假财务会计报告或者隐匿、故意销毁依法应当保存的会计凭证、会计账簿、财务会计报告，构成犯罪的，依法追究刑事责任；尚不构成犯罪的，可以处五千元以上五万元以下的罚款；属于国家工作人员的，还应当由其所在单位或者有关单位依法给予降级、撤职、开除的行政处分。

第四十六条 单位负责人对依法履行职责、抵制违反本法规定行为的会计人员以降级、撤职、调离工作岗位、解聘或者开除等方式实行打击报复，构成犯罪的，依法追究刑事责任；尚不构成犯罪的，由其所在单位或者有关单位依法给予行政处分。对受打击报复的会计人员，应当恢复其名誉和原有职务、级别。

第四十七条 财政部门及有关行政部门的工作人员在实施监督管理中滥用职权、玩忽职守、徇私舞弊或者泄露国家秘密、商业秘密，构成犯罪的，依法追究刑事责任；尚不构成犯罪的，依法给予行政处分。

第四十八条 违反本法第三十条规定，将检举人姓名和检举材料转给被检举单位和被检举人个人的，由所在单位或者有关单位依法给予行政处分。

第四十九条 违反本法规定，同时违反其他法律规定的，由有关部门在各自职权范围内依法进行处罚。

第七章　附　则

第五十条 本法下列用语的含义：

单位负责人，是指单位法定代表人或者法律、行政法规规定代表单位行使职权的主要负责人。

国家统一的会计制度，是指国务院财政部门根据本法制定的关于会计核算、会计监督、会计机构和会计人员以及会计工作管理的制度。

第五十一条 个体工商户会计管理的具体办法，由国务院财政部门根据本法的原则另行规定。

第五十二条 本法自 2017 年 11 月 5 日起施行。

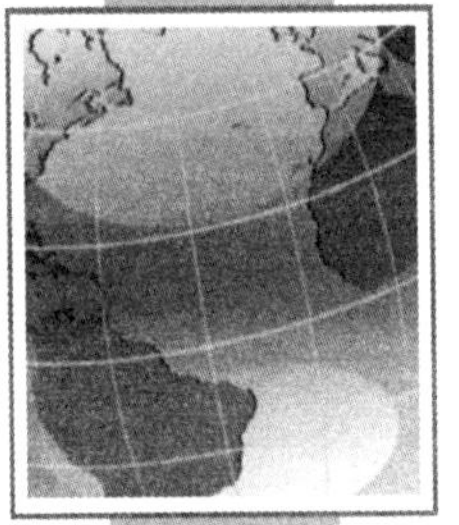

附录 2
《企业会计准则——基本准则》

（中华人民共和国财政部令第 33 号）
2006 年 2 月 15 日

第一章　总　则

第一条　为了规范企业会计确认、计量和报告行为，保证会计信息质量，根据《中华人民共和国会计法》和其他有关法律、行政法规，制定本准则。

第二条　本准则适用于在中华人民共和国境内设立的企业（包括公司，下同）。

第三条　企业会计准则包括基本准则和具体准则，具体准则的制定应当遵循本准则。

第四条　企业应当编制财务会计报告（又称财务报告，下同）。财务会计报告的目标是向财务会计报告使用者提供与企业财务状况、经营成果和现金流量等有关的会计信息，反映企业管理层受托责任履行情况，有助于财务会计报告使用者作出经济决策。

财务会计报告使用者包括投资者、债权人、政府及其有关部门和社会公众等。

第五条　企业应当对其本身发生的交易或者事项进行会计确认、计量和报告。

第六条　企业会计确认、计量和报告应当以持续经营为前提。

第七条　企业应当划分会计期间，分期结算账目和编制财务会计报告。

会计期间分为年度和中期。中期是指短于一个完整的会计年度的报告期间。

第八条　企业会计应当以货币计量。

第九条　企业应当以权责发生制为基础进行会计确认、计量和报告。

第十条　企业应当按照交易或者事项的经济特征确定会计要素。会计要素包括资产、负债、所有者权益、收入、费用和利润。

第十一条　企业应当采用借贷记账法记账。

第二章　会计信息质量要求

第十二条　企业应当以实际发生的交易或者事项为依据进行会计确认、计量和报告，如实反映符合确认和计量要求的各项会计要素及其他相关信息，保证会计信息真实可靠，内容完整。

第十三条　企业提供的会计信息应当与财务会计报告使用者的经济决策需要相关，有助于财务会计报告使用者对企业过去、现在或者未来的情况作出评价或者预测。

第十四条　企业提供的会计信息应当清晰明了，便于财务会计报告使用者理解和使用。

第十五条　企业提供的会计信息应当具有可比性。

同一企业不同时期发生的相同或者相似的交易或者事项，应当采用一致的会计政策，不得随意变更。确需变更的，应当在附注中说明。

不同企业发生的相同或者相似的交易或者事项，应当采用规定的会计政策，确保会计信息口径一致、相互可比。

第十六条 企业应当按照交易或者事项的经济实质进行会计确认、计量和报告，不应仅以交易或者事项的法律形式为依据。

第十七条 企业提供的会计信息应当反映与企业财务状况、经营成果和现金流量等有关的所有重要交易或者事项。

第十八条 企业对交易或者事项进行会计确认、计量和报告应当保持应有的谨慎，不应高估资产或者收益、低估负债或者费用。

第十九条 企业对于已经发生的交易或者事项，应当及时进行会计确认、计量和报告，不得提前或者延后。

第三章 资 产

第二十条 资产是指企业过去的交易或者事项形成的、由企业拥有或者控制的、预期会给企业带来经济利益的资源。

前款所指的企业过去的交易或者事项包括购买、生产、建造行为或其他交易或者事项。预期在未来发生的交易或者事项不形成资产。

由企业拥有或者控制，是指企业享有某项资源的所有权，或者虽然不享有某项资源的所有权，但该资源能被企业所控制。

预期会给企业带来经济利益，是指直接或者间接导致现金和现金等价物流入企业的潜力。

第二十一条 符合本准则第二十条规定的资产定义的资源，在同时满足以下条件时确认为资产：

（一）与该资源有关的经济利益很可能流入企业；

（二）该资源的成本或者价值能够可靠地计量。

第二十二条 符合资产定义和资产确认条件的项目，应当列入资产负债表；符合资产定义但不符合资产确认条件的项目，不应当列入资产负债表。

第四章 负 债

第二十三条 负债是指企业过去的交易或者事项形成的、预期会导致经济利益流出企业的现时义务。

现时义务是指企业在现行条件下已承担的义务。未来发生的交易或者事项形成的义务，不属于现时义务，不应当确认为负债。

第二十四条 符合本准则第二十三条规定的负债定义的义务，在同时满足以下条件时确认为负债：

（一）与该义务有关的经济利益很可能流出企业；

（二）未来流出的经济利益的金额能够可靠地计量。

第二十五条 符合负债定义和负债确认条件的项目，应当列入资产负债表；符合负债定义但不符合负债确认条件的项目，不应当列入资产负债表。

第五章 所有者权益

第二十六条 所有者权益是指企业资产扣除负债后由所有者享有的剩余权益。

公司的所有者权益又称为股东权益。

第二十七条 所有者权益的来源包括所有者投入的资本、直接计入所有者权益的利得和损失、留存收益等。

直接计入所有者权益的利得和损失，是指不应计入当期损益、会导致所有者权益发生增减变动的、与所有者投入资本或者向所有者分配利润无关的利得或者损失。

利得是指由企业非日常活动所形成的、会导致所有者权益增加的、与所有者投入资本无关的经济利益的流入。

损失是指由企业非日常活动所发生的、会导致所有者权益减少的、与向所有者分配利润无关的经济利益的流出。

第二十八条 所有者权益金额取决于资产和负债的计量。

第二十九条 所有者权益项目应当列入资产负债表。

第六章 收 入

第三十条 收入是指企业在日常活动中形成的、会导致所有者权益增加的、与所有者投入资本无关的经济利益的总流入。

第三十一条 收入只有在经济利益很可能流入从而导致企业资产增加或者负债减少且经济利益的流入额能够可靠计量时才能予以确认。

第三十二条 符合收入定义和收入确认条件的项目，应当列入利润表。

第七章 费 用

第三十三条 费用是指企业在日常活动中发生的、会导致所有者权益减少的、与向所有者分配利润无关的经济利益的总流出。

第三十四条 费用只有在经济利益很可能流出从而导致企业资产减少或者负债增加且经济利益的流出额能够可靠计量时才能予以确认。

第三十五条 企业为生产产品、提供劳务等发生的可归属于产品成本、劳务成本等的费用，应当在确认产品销售收入、劳务收入等时，将已销售产品、已提供劳务的成本等计入当期损益。

企业发生的支出不产生经济利益的，或者即使能够产生经济利益但不符合或者不再符合资产确认条件的，应当在发生时确认为费用，计入当期损益。

企业发生的交易或者事项导致其承担了一项负债而又不确认为一项资产的，应当在发生时确认为费用，计入当期损益。

第三十六条 符合费用定义和费用确认条件的项目，应当列入利润表。

第八章 利 润

第三十七条 利润是指企业在一定会计期间的经营成果，利润包括收入减去费用后的净额、直接计入当期利润的利得和损失等。

第三十八条 直接计入当期利润的利得和损失，是指应当计入当期损益、会导致所有者权益发生增减变动的、与所有者投入资本或者向所有者分配利润无关的利得或者损失。

第三十九条 利润金额取决于收入和费用、直接计入当期利润的利得和损失金额的计量。

第四十条 利润项目应当列入利润表。

第九章 会计计量

第四十一条 企业在将符合确认条件的会计要素登记入账并列报于会计报表及其附注（又称财务报表，下同）时，应当按照规定的会计计量属性进行计量，确定其金额。

第四十二条 会计计量属性主要包括：

（一）历史成本。在历史成本计量下，资产按照购买时支付的现金或者现金等价物的金额，或者按照购置资产时所付出的对价的公允价值计量。负债按照因承担现时义务而实际收到的款项或者资产的金额，或者承担现时义务的合同金额，或者按照日常活动中为偿还负债预期需要支付的现金或者现金等价物的金额计量。

（二）重置成本。在重置成本计量下，资产按照现在购买相同或者相似资产所需支付的现金或者现金等价物的金额计量。负债按照现在偿付该项债务所需支付的现金或者现金等价物的金额计量。

（三）可变现净值。在可变现净值计量下，资产按照其正常对外销售所能收到现金或者现金等价物的金额扣减该资产至完工时估计将要发生的成本、估计的销售费用以及相关税费后的金额计量。

（四）现值。在现值计量下，资产按照预计从其持续使用和最终处置中所产生的未来净现金流入量的折现金额计量。负债按照预计期限内需要偿还的未来净现金流出量的折现金额计量。

(五)公允价值。在公允价值计量下,资产和负债按照在公平交易中熟悉情况的交易双方自愿进行资产交换或者债务清偿的金额计量。

第四十三条 企业在对会计要素进行计量时一般应当采用历史成本。采用重置成本、可变现净值、现值、公允价值计量的,应当保证所确定的会计要素金额能够取得并可靠计量。

第十章 财务会计报告

第四十四条 财务会计报告是指企业对外提供的反映企业某一特定日期的财务状况和某一会计期间的经营成果、现金流量等会计信息的文件。

财务会计报告包括会计报表及其附注,以及其他应当在财务会计报告中披露的相关信息和资料。会计报表至少应当包括资产负债表、利润表、现金流量表等报表。

小企业编制的会计报表可以不包括现金流量表。

第四十五条 资产负债表是指反映企业在某一特定日期的财务状况的会计报表。

第四十六条 利润表是指反映企业在一定会计期间的经营成果的会计报表。

第四十七条 现金流量表是指反映企业在一定会计期间的现金和现金等价物流入和流出的会计报表。

第四十八条 附注是指对在会计报表中列示项目所作的进一步说明,以及对未能在这些报表中列示项目的说明等。

第十一章 附 则

第四十九条 本准则由财政部负责解释。

第五十条 本准则自 2007 年 1 月 1 起施行。

参考文献

[1] 中华人民共和国财政部. 企业会计准则(2021 年版)[M]. 上海:立信会计出版社,2021.
[2] 企业会计准则编审委员会. 企业会计准则应用指南(2021 年版)[M]. 上海:立信会计出版社,2021.
[3] 企业会计准则编审委员会. 企业会计准则案例讲解(2021 年版)[M]. 上海:立信会计出版社,2021.
[4] 陈文铭. 基础会计习题与案例[M]. 7 版. 大连:东北财经大学出版社,2018.
[5] 王炜,金跃武. 基础会计[M]. 4 版. 北京:高等教育出版社,2018.
[6] 葛军. 会计学原理[M]. 6 版. 北京:高等教育出版社,2020.
[7] 蔽洪岩. 基础会计[M]. 8 版. 上海:立信会计出版社,2020.
[8] 姚荣辉. 基础会计[M]. 2 版. 北京:清华大学出版社,2020.
[9] 陈国辉,迟旭升. 基础会计[M]. 7 版. 大连:东北财经大学出版社,2021.
[10] 唐国平,黄中生. 中级财务会计[M]. 4 版. 北京:高等教育出版社,2021.
[11] 石本仁,谭小平. 会计学原理[M]. 5 版. 北京:人民邮电出版社,2021.
[12] 石贵泉,宋国荣. 智能财务共享[M]. 北京:高等教育出版社,2021.
[13] 孟祥霞,程洋. 基础会计学[M]. 2 版. 北京:高等教育出版社,2022.
[14] 李占国. 基础会计学[M]. 4 版. 北京:高等教育出版社,2022.
[15] 高香林. 基础会计[M]. 6 版. 北京:高等教育出版社,2023.
[16] 中国注册会计师协会. 税法[M]. 北京:中国财政经济出版社,2024.
[17] 中国注册会计师协会. 会计[M]. 北京:中国财政经济出版社,2024.
[18] 财政部会计资格评价中心. 初级会计实务[M]. 北京:中国财政经济出版社,2024.